DEUTSCH IM SPRACHGEBRAUCH

REINHOLD K. BUBSER
University of Northern Iowa

WULF KOEPKE
Texas A&M University

JOHN WILEY & SONS
New York   Chichester   Brisbane   Toronto   Singapore

Wolf Wondratschek: FRÜHER BEGANN DER TAG MIT EINER SCHUSSWUNDE. Reihe Hanser Band 15. © 1969, 9. Auflage 1979. Carl Hanser Verlag, München.

Hans Magnus Enzensberger, „Middle Class Blues" (Gedicht) aus „Blindenschrift" © Suhrkamp Verlag, Frankfurt am Main, 1964.

Max von der Grün, „Stenogramm"; Copyright 1972 by Verlag Eremiten-Presse.

Auszug aus Bertolt Brecht, „Leben des Galilei." Copyright 1955 by Suhrkamp Verlag, Frankfurt am Main. Alle Rechte vorbehalten.

Wolfgang Fienhold, DER DICKE. From DIMENSION, Vol. 12, No. 1, 1979.

„Wilhelm Busch und die Comics", „Die Deutschen und die Amerikaner.–The Germans and the Americans." © Heinz Moos Verlag GMBH & CO. KG, Gräfeling 1977.

Günther Weisenborn: ZWEI MÄNNER. Copyright © 1969 for the Estate of Günther Weisenborn by Joy Margarete Weisenborn.

„Der Stoff, aus dem Erfolge sind." SCALA, No. 12, 1981.

„Anekdote zur Senkung der Arbeitsmoral." From „Erzahlungen 1950–1970" von Heinrich Boll. © 1972 by Verlag Kiepenheuer & Witsch Köln.

„Zwei Denkmäler" by Anna Seghers. © by Anna Seghers. Luchterhand Verlag. 1965.

„Die Erde ist rund" from Peter Bichsel, KINDERGESCHICHTEN © 1969 by Hermann Luchterhald Verlag, Darmstadt und Neuwied.

Angelika Mechtel, „Weit Weg" from Kindheitsgeschichten, herausgegeben von Uwe Friesel und Hannelies Taschau. 1979. Athenaum Verlag GmbH., Konigstein/Ts.

„Nicht nur sonntags", SCALA, No. 3, 1982. © 1982.

Wolfgang Hildesheimer, „Eine Größere Anschaffung." Aus: „Lieblose Legenden" © Suhrkamp Verlag Frankfurt am Main 1962.

Eugen Helmlè, „Die Reichen". Aus: „Papa, Charly hat gesagt" © Fackelträger-Verlag Schmidt-Küster Hannover 1974.

Christa Wolf, „Flucht nach Westen" NACHDENKEN ÜBER CHRISTA T., 1969, Hermann Luchterhand Verlag, Darmstadt und Neuwied, © by Christa Wolf.

DDR: Staatsaufbau, Rüdiger Thomas MODELL DDR. Die kalkulierte Emanzipation. © 1972, 7. erweiterte Auflage 1981. Carl Hanser Verlag, München.

„Zwischenfall an der Grenze" © by Wolfgang Ecke. Aus: „Der Mann in Schwarz". 1972.

„Die Gesellschaft der Bundesrepublik: Die Sozialstruktur," Kurt Sontheimer, GRUNDZÜGE DES POLITISCHEN SYSTEMS DER BUNDESREPUBLIK DEUTSCHLAND. © R. Piper & Co. Verlag, München, 1971.

„Die Probe" © Herbert Malecha 1982.

„Die Zweierkiste läuft nicht mehr". © Dieter E. Zimmer, „Die Zeit", Hamburg, 1981.

Franz Carl Weiskopf: „Die Geschwister von Ravensbrück" from Weiskopf: DAS ANEKDOTENBUCH. Aufbau-Verlag Berlin 1954, S. 150.

Walter Kempowski: „Haben Sie davon gewußt?" © Albrecht Knaus Verlag, Hamburg 1979.

Library of Congress Cataloging in Publication Data:

Bubser, Reinhold K.
    Deutsch im Sprachgebrauch.

    English and German.
    Includes index.
    1. German language—Grammar—1950–   2. German language—Readers. I. Koepke, Wulf, 1928–
I. Title.
PF3112.B75 1983   438.2′421   82-20290
ISBN 0–471–08794-7

Printed in the United States of America

10 9 8 7 6 5 4 3

VORWORT

Deutsch im Sprachgebrauch is a new textbook for intermediate college German. It offers an integrated approach and systematically develops proficiency in all four skill areas—speaking, reading, writing, and understanding. Specifically, it integrates a review grammar into a program of varied, classroom-tested reading texts. The vocabulary and grammatical structures that are embedded in the readings serve as the basis for grammar analysis and exercises, thus constantly reinforcing learning in both reading and grammar. The textbook is accompanied by a Student Workbook, laboratory tape recordings, and an Instructor's Manual.

The whole program is designed for use, with or without supplementary material, by intermediate students who have, in the first year course, covered basic grammatical structures and have developed functional use of the German language in the four skill areas. The wide variety of materials offered in this book allows each instructor to shape a program and vary the emphasis according to individual pedagogic goals and local conditions. It is *not* necessary to use all texts and exercises or to proceed in the sequence suggested by the book. However, the material of the later chapters, especially chapters 10 through 12, is clearly more difficult and should be reserved for the appropriate time late in the course.

Structure of Each Chapter

The book is divided into twelve chapters. Each consists of one or two fictional stories, usually short stories; with one exception, they were written in the twentieth century, mostly after 1945. Most texts use everyday German; they were chosen because they offer excellent examples of a variety of styles and subjects. Each story is followed by an exercise section consisting of content questions, vocabulary and grammatical exercises, and suggested topics for discussion and composition. These exercises assume that students, having had the first-year course, are familiar with all points of elementary grammar.

Following each group of exercises based on the stories is a descriptive grammar review section, consisting of detailed explanations, examples, and review exercises. A special effort has been made to stress those grammatical structures that traditionally create most difficulties for students, along with those that are not treated in first-year textbooks. Many learning hints have been included to raise the students' awareness of problems, such as word-formation, that can be mastered only through extensive practice and familiarity with a language.

Each chapter closes with a text selection on *Landeskunde.* These readings introduce cultural information about German-speaking countries. (In a few cases the text has been modified slightly to accommodate the students' linguistic ability.) These texts familiarize the students with the style and vocabulary of writers in journalism and the social sciences.

Time Required

On the average two weeks per chapter may be an appropriate amount of time to cover the majority of the material. Thus six or seven units per term could be mastered without difficulties. Again, we wish to emphasize that teachers can be selective in the use of the material offered; they may assign a good many exercises to the students as their own responsibility. More specific recommendations appear in the Instructor's Manual.

Readings

The reading selections should provide a solid basis for an understanding of modern German language usage. We suggest a reading approach that, as the first step, promotes the students' comprehension of the content and the idioms and that enables them to develop extensive communicative skills. Students should be able to summarize the main ideas of the story, explain the meaning of words and idioms, and use creative tasks to react to the story.

Vocabulary Building

Each text is followed by twenty important words and the most important idiomatic expressions. The book also contains an end vocabulary, and the Workbook has vocabulary lists for each reading selection in the order of appearance in the text. To reduce the likely discrepancy between students' active and passive vocabulary and to increase active vocabulary competence, a number of specially designed exercises have been included. We suggest that the twenty words be used in tests and additional drills, together with the common verbs that are indispensable for communication.

Grammar

This book is not meant to be a reference grammar; rather, it intends to provide a fairly complete and accurate source of information on the major structural elements of the German language. Students should be able to read and understand the grammar explanations on their own so that valuable classroom time can be dedicated to the enhancement of language skills. (The Workbook that accompanies this textbook includes grammar drills that cover elementary problems and may be assigned to those students who need more practice in fundamental grammatical structures.)

Grammatical exercises appear both in relation to readings and as an application of grammar review. The exercises differ in degree of difficulty, ranging from rudimentary fill-ins to more complex sentence-building, and thus provide essential elements for speaking and writing skills. Because of the book's flexibility, instructors have the opportunity to vary grammatical assignments according to their pedagogical goals or the individual student's language proficiency. In our experience students at this level of language learning need to be exposed to a variety of drills and exercises. Generally speaking, we emphasize the transition from drills to sentence-building, so that grammar is seen as a necessary step towards real communication. An effort has been made to include more difficult grammatical features (those reviewed in later chapters) in many exercises accompanying the reading texts.

The grammar review is not isolated from the rest of a chapter. On the contrary, the grammar review repeats the vocabulary and structural elements from the readings. Thus, if the sequence of material is altered, entire chapters, not parts of them, should be moved.

Speaking, Understanding, and Writing

Communication is the pronounced goal of this book. The text proceeds from simple everyday situations to more complex forms of oral and written presentations. Extensive listening comprehension practice is provided in the laboratory tapes.

The suggested assignments for composition serve as proposals for activities that may be useful and interesting in relation to the readings and grammatical elements. Each instructor is invited to use these suggestions as a general framework in developing writing skills.

Testing

It is suggested that the different segments of each chapter should be treated as equal bases for tests. Sample self-tests are included in the Workbook. The Instructor's Manual contains examples for unit tests.

Supplementary Material: Summary

The Workbook contains exercises on points of grammar (including refresher drills on elementary matters), vocabulary lists for each reading, basic cultural information, and sample self-tests.

The Instructor's Manual provides specific suggestions for using the material, proposals for scheduling class assignments, and examples of unit tests.

The laboratory tape program emphasizes listening comprehension and pronunciation. It is available, in reel-to-reel or cassette form, for purchase or on loan for local duplicaiton. A sample cassette is available from the publisher.

The authors wish to thank their students who were unwitting guinea pigs for most of the material; we are grateful to Mr. Ronald Nelson and the able staff at John Wiley & Sons for their interest in the project and the cooperation during the production. We thank the authors and publishers of the texts who generously granted permission for their use in this book. The authors would also like to acknowledge the following persons who reviewed all or portions of the manuscript: Professor John D. Barlow—Indiana University, Indianapolis; Professor Renate Born—University of Michigan, Ann Arbor; Dr. Reinhard Zollitsch—University of Maine, Orono.

We hope that the book will prove to be useful, stimulating, and enjoyable and that it will help students to achieve a better command of the German language, that it will promote a better understanding of German-speaking countries, and that it will help to make German studies a more interesting field.

WK
RKB

CONTENTS

DEUTSCH IM SPRACHGEBRAUCH

KAPITEL 1

LEKTÜRE

Wolf Wondratschek, **Mittagspause**

GRAMMATIK

Haben, Sein, Werden
Basic Verb Forms
Present Tense
Weak Verbs
Strong Verbs
Word Order / Past Participle
Mixed Conjugation

LANDESKUNDE

Die Bundesrepublik
Hans Magnus Enzensberger, **Middle Class Blues**

LEKTÜRE

Wolf Wondratschek

Er wurde 1943 in Rudolstadt / Thüringen (DDR) geboren und lebt jetzt in Frankfurt am Main. Neben Kurzgeschichten und anderer Prosa schreibt er auch Hörspiele und Gedichte. Die Geschichte „Mittagspause" stammt aus seinem Buch Früher begann der Tag mit einer Schußwunde, *das zum erstenmal 1969 erschienen ist.*

Mittagspause°

Sie sitzt im Straßencafé. Sie schlägt sofort die Beine übereinander. Sie hat wenig Zeit.

Sie blättert° in einem Modejournal. Die Eltern wissen, daß sie schön ist. Sie sehen es nicht gern.

Zum Beispiel. Sie hat Freunde. Trotzdem sagt sie nicht, das ist mein bester Freund, wenn sie zu Hause einen Freund vorstellt.

Zum Beispiel. Die Männer lachen und schauen herüber° und stellen sich ihr Gesicht ohne Sonnenbrille° vor.

Das Straßencafé ist überfüllt.° Sie weiß genau, was sie will. Auch am Nebentisch sitzt ein Mädchen mit Beinen.

Sie haßt Lippenstift. Sie bestellt einen Kaffee. Manchmal° denkt sie an Filme und denkt° an Liebesfilme. Alles muß schnell gehen.

Freitags reicht die Zeit, um einen Cognac zum Kaffee zu bestellen. Aber freitags regnet es oft.

Mit einer Sonnenbrille ist es einfacher, nicht rot zu werden. Mit Zigaretten wäre es noch einfacher. Sie bedauert,° daß sie keine Lungenzüge° kann. Die Mittagspause ist ein Spielzeug. Wenn sie nicht angesprochen° wird, stellt sie sich vor, wie es wäre, wenn sie ein Mann ansprechen würde. Sie würde lachen. Sie würde eine ausweichende° Antwort geben. Vielleicht würde sie sagen, daß der Stuhl neben ihr besetzt sei. Gestern wurde sie angesprochen. Gestern war der Stuhl frei. Gestern war sie froh, daß in der Mittagspause alles sehr schnell geht.

Beim Abendessen sprechen die Eltern davon, daß sie auch einmal jung waren. Vater sagt, er meine es nur gut. Mutter sagt sogar,° sie habe eigentlich Angst. Sie antwortet, die Mittagspause ist ungefährlich.°

Sie hat mittlerweile° gelernt, sich nicht zu entscheiden. Sie ist ein Mädchen wie andere Mädchen. Sie beantwortet eine Frage mit einer Frage.

Obwohl sie regelmäßig° im Straßencafé sitzt, ist die Mittagspause anstrengender° als Briefeschreiben. Sie wird von allen Seiten beobachtet.° Sie spürt sofort, daß sie Hände hat.

Der Rock ist nicht zu übersehen. Hauptsache,° sie ist pünktlich.

Im Straßencafé gibt es keine Betrunkenen. Sie spielt mit der Handtasche. Sie kauft jetzt keine Zeitung.

Es ist schön, daß in jeder Mittagspause eine Katastrophe passieren könnte.

---

die Mittagspause, -n lunch break

blättern to leaf through

herüber-schauen to look at s.o. from a distance
die Sonnenbrille, -n sunglasses
überfüllt overcrowded
manchmal sometimes
denken (an + acc.), **(dachte, gedacht)** to think (of, about)

bedauern to regret
der Lungenzug, ¨e to inhale smoke (into lungs)
an-sprechen, i, a, o to accost, to address, to speak to s.o.
ausweichend evasive

sogar even
ungefährlich harmless, not dangerous
mittlerweile in the meantime, meanwhile
regelmäßig regular(ly)
anstrengend strenuous, exacting
beobachten to observe
die Hauptsache main thing

Sie könnte sich sehr verspäten.° Sie könnte sich sehr verlieben. Wenn keine Bedienung° kommt, geht sie hinein und bezahlt den Kaffee an der Theke. An der Schreibmaschine hat sie viel Zeit, an Katastrophen zu denken. Katastrophe ist ihr Lieblingswort.° Ohne das Lieblingswort wäre die Mittagspause langweilig.

sich verspäten to be late, to be behind time
die Bedienung service personnel (= waiter, waitress)
das Lieblingswort, -e favorite word

Straßencafé in München

Beantworten Sie diese Fragen:

1. Ist das Straßencafé sehr besetzt?
2. Sehen Sie Leute mit einer Sonnenbrille?
3. Glauben Sie, daß die Bedienung bald kommt?
4. Was liest der Mann in der Mitte?
5. Kennen die beiden jungen Leute einander gut, oder hat der Mann die Frau gerade angesprochen? Warum denken Sie das?

Beschreiben Sie das Bild. Benutzen Sie diese Wörter: der Sonnenschirm / das Eis / der Kaffee / die Bedienung / die Kinoreklame / die Straßenlaterne / das Auto / die Seitenstraße / das Bürogebäude / die Sonne

Redewendungen

ich meine es gut	*I mean well*
rotwerden	*to blush*
Angst haben	*to be afraid*

20 Wichtige Wörter

das **Gesicht**	die **Katastrophe**	**pünktlich**	**passieren**
die **Antwort**	**manchmal**	**langweilig**	**bestellen**
das **Wort**	**eigentlich**	**sich vorstellen**	**bedauern**
die **Hauptsache**	**mittlerweile**	**sich verlieben**	**beobachten**
die **Angst**	**regelmäßig**	**sich verspäten**	**anstrengend**

Übungen

I. Fragen

Beantworten Sie die Fragen.

1. Wo verbringt° das Mädchen die Mittagspause?
2. Woran denkt sie manchmal im Café?
3. Was haßt sie?
4. Was machen die Männer im Straßencafé?
5. Wozu hat sie freitags Zeit?
6. Was würde° geschehen, wenn ein Mann sie ansprechen würde?
7. Wovon sprechen die Eltern?
8. Wovor hat die Mutter Angst?
9. Was könnte° in jeder Mittagspause geschehen?
10. Was ist das Lieblingswort des Mädchens?

verbringen to spend

würde would

könnte could

II. Grammatische Übungen

A. *Vervollständigen° Sie die Sätze.*

1. Sie weiß genau, _____.   *(what she wants)*
2. Die Eltern wissen, _____.   *(that she is pretty)*
3. Sie spürt sofort, _____.   *(that she has hands)*
4. Gestern war sie froh, _____.   *(that everything goes fast during lunch break)*
5. Die Eltern sprechen davon, _____   *(that they were also young once)*

vervollständigen to complete

B. *Verwandeln° Sie die Sätze ins Imperfekt und Perfekt.*

1. Sie bestellt einen Kaffee.
2. Sie blättert in einem Modejournal.
3. Es regnet oft in dieser Stadt.
4. Ich beantworte eine Frage mit einer Frage.
5. Sie haßt Lippenstift.

verwandeln to change

C. *Vervollständigen Sie die Infinitivsätze.*

1. Mit einer Sonnenbrille ist es einfacher, _____.   *(not to blush)*.
2. Sie hat mittlerweile gelernt, _____   *(not to make a decision)*
3. An der Schreibmaschine hat sie viel Zeit, _____.   *(to think about catastrophes)*
4. Freitags reicht die Zeit, _____.   *(/in order to/ to order a cognac with the coffee)*
5. Sie hat keine Zeit, _____.   *(to read a fashion magazine)*

D. *Bilden Sie zusammengesetzte Substantive. Wählen Sie den richtigen Artikel.*

Beispiel: die Lippe / der Stift = _____n_____

der Lippe**n**stift

1. die Straße / das Café = _____n_____
2. die Sonne / die Brille = _____n_____
3. die Lunge / der Zug = _____n_____
4. die Liebe / der Film = _____s_____
5. der Liebling / das Wort = _____s_____
6. die Mode / das Journal = _____
7. die Hand / die Tasche = _____
8. das Spiel / das Zeug = _____
9. der Abend / das Essen = _____

E. *Vervollständigen Sie die Sätze.*

1. Der Stuhl _____ ist besetzt.   *(next to her)*
2. Eine Katastrophe könnte _____ Mittagspause passieren.   *(in every)*
3. Sie wird _____ Seiten beobachtet.   *(from all)*
4. Sie blättert _____ Modejournal.   *(in a)*
5. Sie bezahlt den Kaffee _____ Theke.   *(at the)*

einsetzen to insert

F. *Setzen Sie die richtigen Adverbien ein°.*

1. _____ war der Stuhl frei.   *(Yesterday)*
2. _____ sagte sie nicht, das ist mein bester Freund.   *(In spite of that)*
3. Sie hat _____ gelernt, sich nicht zu entscheiden.   *(meanwhile)*
4. _____ denkt sie an Filme.   *(Sometimes)*
5. _____ regnet es oft.   *(Fridays)*

III. Übungen zum Sprechen und Schreiben

A. *Bilden Sie Sätze, in denen die beiden Gegensätze benutzt werden.*

> *die Hauptsache—die Nebensache*
> *Die Hauptsache bleibt, daß wir gesund sind.*
> *Ob wir viel Geld haben, ist Nebensache.*

1. manchmal—oft
2. regelmäßig—unregelmäßig
3. pünktlich—unpünktlich
4. langweilig—spannend
5. sich verspäten—pünktlich sein
6. bedauern—sich freuen
7. die Antwort—die Frage
8. anstrengend—leicht

B. *Bilden Sie Sätze, die mit „**weil**" beginnen.*

> Die Mittagspause ist kurz. / Deswegen° trinkt sie nur Kaffee. Weil die Mittag-   **deswegen** that is why
> spause kurz ist, trinkt sie nur Kaffee.

1. Sie hat nichts anderes zu tun. / Deswegen spielt sie mit der Handtasche.
   Weil sie . . .
2. Freitags regnet es oft. / Deswegen bleibe ich oft im Büro.
   Weil es . . .

3. Die Mittagspause ist langweilig. / Deswegen denke ich oft an Katastrophen.
   Weil die . . .

4. Ich kann keine Lungenzüge. / Deswegen rauche ich nicht.
   Weil ich . . .

5. Es kommt keine Bedienung. / Deswegen bezahle ich an der Theke.
   Weil keine . . .

C. *Fragen Sie einen Klassenkameraden / eine Klassenkameradin.*

1. Wo ißt du heute zu Mittag?—
   Allein?—
   Trinkst du auch Kaffee?—
   Beobachtest du manchmal andere Leute?—
   Wie findest du es, wenn andere Leute dich beobachten?—

2. Was für Filme hast du gern?—
   Liebesfilme? Cowboyfilme? Horrorfilme? Science Fiction Filme?—
   Lustige Filme? Kritische Filme?—
   Welchen Film hast du zuletzt gesehen?—
   Wer war der Star in diesem Film?—
   Was geschah° in diesem Film?—

   geschehen = passieren to happen

3. Was denken deine Eltern über dich?—
   Haben sie recht?—
   Kennen sie deinen Freund? / deine Freundin?—
   Was sagen deine Eltern, wenn du abends ausgehen willst?—

4. Stell dir vor, daß du eine langweilige Arbeit tun mußt. Woran denkst du dann
   bei der Arbeit?—
   Denkst du an dein Hobby?—
   Denkst du an deinen Freund? / deine Freundin?—
   Denkst du an einen Film?—

D. *Spielen Sie eine Szene.*

1. Ich sitze in einem Café. Ich will ein Mädchen / einen jungen Mann ansprechen.

2. Ich spreche mit zwei Freundinnen / Freunden beim Mittagessen über eine Party /
   ein politisches Thema / meine Pläne für den Sommer / meine Kurse / mein
   neues Auto /

3. Ich spreche mit meinen Eltern über meinen Tag im Büro / an der Universität /
   in einem Kaufhaus / in einem Straßencafé / in der Stadt . . .

E. *Sagen Sie Ihre Meinung zu der Geschichte „Die Mittagspause". Verwenden Sie
   diese Ausdrücke.°*

   der Ausdruck expression

1. Ich bedaure sehr, daß . . .

2. Ich hoffe, daß . . .

3. Ich bin sicher, daß . . .

4. Es ist schade,° daß . . .

   schade unfortunate

5. Ich glaube, daß . . .

6. Ich habe den Eindruck,° daß . . .

   der Eindruck impression

F. *Schreiben Sie, was Sie sehen oder denken.*

1. Ich beobachte einen Tisch mit mehreren Leuten in einem Café / Restaurant.

2. Ich denke über etwas nach, zum Beispiel ein schönes Erlebnis oder ein schweres Problem . . .

3. Ich beschreibe eine langweilige Arbeit . . .

4. Ich denke an eine Katastrophe . . .

GRAMMATIK

Verbs: haben, sein, werden

1. The three auxiliary verbs **haben, sein, werden** serve primarily in the formation of compound tenses:

   For conjugation of **haben, sein, werden,** see appendix pp. 295–296.

   a) **Haben** or **sein** is used in the active voice for the present perfect and past perfect tense:

PRESENT PERFECT	Ich **habe** den Kaffee bestellt.	have . . . ordered
	Sie **ist** ins Straßencafé gegangen.	has . . . gone
PAST PERFECT	Du **hattest** Cognac getrunken.	had . . . drunk
	Ich **war** im Büro geblieben.	had . . . stayed

   b) **Werden** is used in the active voice for the future tense and conditional:

FUTURE	Sie **werden** eine Antwort geben.	will . . . give
CONDITIONAL	Sie **würde** es ihnen sagen.	would . . . say

   Werden is also used in the passive voice in these tenses:

PRESENT	Sie **wird** nicht angesprochen.	is being . . . addressed
PAST	Sie **wurde** immer beobachtet.	was being . . . observed
FUTURE	Sie **wird** beobachtet werden.	will be . . . observed

   c) **Sein** and **werden** are used to form these passive voice tenses:

PRESENT PERFECT	Sie **ist** angesprochen **worden.**	has been . . . addressed
PAST PERFECT	Sie **war** angesprochen **worden.**	had been . . . addressed
FUTURE PERFECT	Sie **wird** beobachtet **worden sein.**	will have been . . . observed

   d) **Werden** and **haben** (or **sein**) are used in this active voice tense:

FUTURE PERFECT	Er **wird** im Büro gearbeitet **haben.**	will have . . . worked
	Er **wird** im Café gewesen **sein.**	will have . . . been

2. The verbs **haben, sein** and **werden** can also be used as full verbs:

   a) **Haben** in the meaning of *to own, to get* or *to receive;* **haben** always uses the *accusative* when it is a full verb:

Ich habe keine Zeit.	*I don't have any time.*
Das Buch ist nicht zu haben (= bekommen).	*The book cannot be obtained.*

Idiomatic Usage:·

Davon habe ich nichts.	*It is of no use to me.*
Was hat er denn?	*What is the matter with him?*
Die beiden haben etwas miteinander.	*The two have an affair.*

b) **Sein** in the meaning *to exist, to live, to take place* or *to be somewhere;* **sein** always uses the *nominative* when it is a full verb:

„Ich denke, also bin ich."	*"I think, therefore I am."*
Der Chef ist oben.	*The boss is upstairs.*
Die Mittagspause ist ein Spielzeug.	*The lunch break is a toy.*

c) **Werden** can mean *to become, to develop, to come into being* when used as a full verb:

Er wird Arzt.	*He is going to be a doctor.*
Daraus wird nie etwas.	*It will never develop into anything.*

3. **Haben** and **sein** can also be used with the preposition <u>zu</u> + infinitive:
   a) **Haben** + <u>zu</u> + infinitive: *to be obliged to, must*

   Sie **hat** pünktlich im Büro **zu sein.**   *She must be in the office on time.*

   b) **Sein** + <u>zu</u> + Infinitive: *to be obligated, must, should;* negative: *can not*

Das Haus **ist zu verkaufen.**	*The house must be sold*
Der Rock **ist** nicht **zu übersehen.**	*The skirt cannot be overlooked.*

Übungen

A. *Setzen Sie die Verbform von **haben** im Präsens ein.*
   1. Die Eltern _____ Angst.
   2. Das Mädchen _____ Freunde.
   3. Ich _____ wenig Zeit.
   4. Wo _____ du deine Schreibmaschine?
   5. Wir _____ zwei Hände.
   6. Wann _____ ihr Zeit?
   7. _____ Sie eine Zigarette?
   8. In der Handtasche _____ sie *(she)* einen Lippenstift.
   9. Wo _____ er seine Sonnenbrille?

B. *Setzen Sie die Verbform von **sein** im Präsens ein.*
   1. Mit einer Sonnenbrille _____ es einfacher.
   2. Wann _____ du nach Hause gekommen?
   3. Ich _____ in einem Straßencafé.
   4. Katastrophe _____ ihr Lieblingswort.
   5. Die Eltern _____ allein.
   6. Ihr _____ immer pünktlich.

7. Wann _____ er im Büro?

8. Das _____ eine schwere Frage.

9. Er _____ mein bester Freund.

10. _____ ihr regelmäßig im Büro?

11. Die Mutter _____ nicht mehr jung.

12. Freitags _____ ihre Arbeit sehr anstrengend.

C. *Setzen Sie die Verbform von* **werden** *im Präsens ein.*

1. Ich _____ lachen.

2. Sie (*she*) _____ eine ausweichende Antwort geben.

3. Wann _____ du den Kaffee bezahlen?

4. _____ ihr an der Theke sitzen?

5. Die Eltern _____ die Frage beantworten.

6. Es _____ keine Betrunkenen dort geben.

7. Wir _____ uns sehr verspäten.

D. *Geben Sie die Verbform im Imperfekt.*

1. Der Stuhl neben ihr ist besetzt.

2. Die Mutter hat Angst.

3. Sie wird von allen Seiten beobachtet.

4. Die Mittagspause ist ungefährlich.

5. Ich habe Freunde.

6. Die Fragen werden beantwortet.

7. An der Schreibmaschine habt ihr viel Zeit.

8. Die Mittagspausen sind anstrengend.

9. Warum seid ihr zu Hause?

10. Wo werden sie angesprochen?

11. Das ist meine beste Freundin.

12. Bist du pünktlich?

E. *Geben Sie die Verbform im Perfekt und Plusquamperfekt.*

1. Die Eltern waren einmal jung.

2. Warum ist die Mittagspause langweilig?

3. Gestern wurde sie angesprochen.

4. Mit einer Sonnenbrille ist es einfacher, nicht rot zu werden.

5. Hauptsache, ich bin pünktlich.

6. Wir haben noch viel Zeit.

7. Hast du eigentlich Angst?

8. Gestern war sie froh, daß sie eine Mittagspause hat.

9. Die Frage wird mit einer Frage beantwortet.

10. Haben Sie Cognac zum Kaffee?

11. Ich werde von allen Seiten beobachtet.

12. Du hast einen schönen Rock.

F. *Bilden Sie Sätze in den angegebenen Zeitformen.*

1. Ich / haben / keinen Kaffee mit Cognac. (Imperfekt)

2. Warum / sein / Mittagspause / langweilig?   (Perfekt)
3. Du / Antwort / geben.   (Futur)
4. Wann / du / haben / Zeit?   (Futur)
5. Das / sein / Freund / von mir.   (Imperfekt)
6. Gestern / Stuhl / sein / frei.   (Plusquamperfekt)
7. Wo / ich / haben / meine Handtasche?   (Präsens)
8. Haben / ihr / Spielzeug / zu Hause?   (Perfekt)
9. Sie (*she*) / bezahlen / Zigaretten / an Theke.   (Futur)
10. Männer / lachen.   (Futur)
11. Wo / ich / haben / meinen Lippenstift?   (Präsens)

Basic Verb Forms

The three basic forms of the verb are:

INFINITIVE:	**gehen; machen;** (stem **geh-** + **-en**) **wandern; lächeln;** (stem **wander-** + **-n**) (stem **lächel-** + **-n**)
PAST TENSE:	Weak verbs **machte** Strong verbs **ging**
PAST PARTICIPLE:	Weak verbs **ge-mach-t** Strong verbs **ge-gang-en**

Present Tense

1. There are three present tense forms in English:

Regular:	*He walks.*
Progressive:	*He is walking.*
Emphatic:	*He does walk.*

2. German has only one present tense form which corresponds to all three English forms:

   He walks.
   He is walking. ⎫ Er geht.
   He does walk.

Weak Verbs

1. German verbs are either classified as belonging to the *weak* or *strong* group. This distinction also exists in English:
   Weak: to work   Past Tense: work<u>ed</u>   Past Participle: (has) work<u>ed</u>
   Strong: to go   Past Tense: <u>went</u>   Past Participle: (has) <u>gone</u>
2. Weak verbs do <u>not</u> change their stem vowels or stem endings, strong verbs do.

Present Tense

1. The following endings are added to the stem of a weak verb such as **fragen** *to ask* to form the present tense:

	Singular			Plural	
ich	**frage**	-e	wir	**fragen**	-en
du	**fragst**	-st	ihr	**fragt**	-t
er			sie	**fragen**	-en
sie	**fragt**	-t	Sie	**fragen**	-en
es					

2. Verbs whose stem end in **-d** or **-t** add an **-e-** before the endings **-st** and **-t.**

red-en *to talk* du **redest** er **redet** ihr **redet**
wart-en *to wait* du **wartest** er **wartet** ihr **wartet**

The **-e-** is also added before **-st** and **-t** endings in verbs whose stem end in a consonant + **m** or consonant + **n:**

zeichn-en (*to draw*) du **zeichnest**
                           er **zeichnet**
                           ihr **zeichnet**
atm-en *to breathe*   du **atmest**
                           er **atmet**
                           ihr **atmet**

Exception:
Verbs whose stems end in the consonant cluster **-r- + -m-** or **-r- + -n-** <u>do not</u> add an unaccented **-e-** between the stem and the ending in the **du, er, sie, es** and **ihr**-forms:

lernen *to study, learn* du **lernst**
                              er **lernt**
                              ihr **lernt**
wärmen *to warm*   du **wärmst**
                              er **wärmt**
                              ihr **wärmt**

3. Verbs with the stem ending in **-s/-ss/-ß/-x/-z/-tz/** add only **-t** in the **du**-form:

reisen *to travel*   du **reist**
hassen *to hate*   du **haßt**
spaßen *to joke*   du **spaßt**
feixen *to grin*   du **feixt**
reizen *to irritate* du **reizt**
platzen *to burst*   du **platzt**

4. Verbs with stem endings in **-sch** do <u>not</u> add **-e** in the **du**-form:

fischen *to fish*   du **fischst**
wischen *to wipe*   du **wischst**

Übungen

A. *Setzen Sie die Verben im Präsens ein.*

   1. Ich _____ einen Kaffee.   (bestellen)
   2. Die Männer _____.   (lachen)
   3. Warum _____ du mit der Handtasche?   (spielen)
   4. Sie (*she*) _____ regelmäßig im Straßencafé.   (sitzen)
   5. Was _____ du?   (beobachten)
   6. Ich _____, daß ich keine Zeit habe.   (bedauern)
   7. Wir _____ es nur gut mit dir.   (meinen)
   8. Ihr _____ so laut.   (lachen)
   9. Freitags _____ es oft. (regnen)
  10. Das Mädchen _____ in einem Modejournal.   (blättern)

B. *Verändern Sie die Sätze mit dem neuen Subjekt (Präsens).*

   1. Ich antworte.   Du _____
   2. Sie haßt Lippenstift.   Ihr _____ Lippenstift.
   3. Er atmet schnell.   Du _____ schnell.
   4. Wo sitzen wir?   Wo _____ du?
   5. Ich zeichne ein Haus.   Er _____ ein Haus.
   6. Wo findet man das?   Wo _____ du das?
   7. Ich fische.   Du _____
   8. Sie bezahlt den Kaffee.   Ich _____ den Kaffee.
   9. Warum feixen sie?   Warum _____ du?
  10. Sie kauft keine Zeitung.   Wir _____ keine Zeitung.

Weak Verbs / Past Tense

Weak verbs add a **-t-** or **-et-** <u>and</u> endings to the verb stem:

Singular			Plural		
ich **machte**	-t-e		wir **machten**	-t-en	
du **machtest**	-t-est		ihr **machtet**	-t-et	
er			sie **machten**	-t-en	
sie **machte**	-t-e		Sie **machten**	-t-en	
es					

After verb stems which end in **-d-** (**reden** *to talk*), **-t-** (**warten** *to wait*), and consonant + **m** or **-n** (**atmen** *to breathe;* **zeichnen** *to draw*), an additional **-e-** is inserted between the stem and the **-t-**:

ich **red-e-te**   *I talked*

---

ich **redete**	ich **wartete**	ich **atmete**	ich **zeichnete**
du **redetest**	du **wartetest**	du **atmetest**	du **zeichnetest**
er **redete**	er **wartete**	er **atmete**	er **zeichnete**
. . . . .			

Übungen

A. *Setzen Sie die Sätze ins Imperfekt.*
1. Sie bestellt einen Kaffee.
2. Die Männer lachen.
3. Ich sage nichts.
4. Sie verspätet sich.
5. Warum spielst du mit der Handtasche?
6. Es regnet oft.
7. Er bezahlt den Kaffee an der Theke.
8. Alle beobachten sie.
9. Ich meine es nur gut.
10. Sie beantwortet eine Frage mit einer Frage.

B. *Setzen Sie die Verben im Imperfekt ein.*
1. Er _____ mit ihr.   (reden)
2. Die Männer _____ herüber.   (schauen)
3. Sie _____ in einem Modejournal.   (blättern)
4. Der Reifen _____   (platzen) [der Reifen = tire]
5. Ich _____ das Straßencafé.   (zeichnen)

C. *Auf deutsch. Imperfekt!*
1. She answered the question.
2. I ordered a cognac.
3. He fell in love.
4. The men laughed and looked over towards her.
5. I paid for the coffee at the counter.

Past Participle

1. For the past participle, the weak verb adds the prefix **ge-** and the suffix **-t** or **-et** to its stem; the **-et** suffix is used for verbs whose stem ends in **-d** or **-t** or consonant + **-m** or + **-n**:

Infinitive	Past Participle
fragen to ask	**ge-frag-t**
reisen to travel	**ge-reis-t**
hassen to hate	**ge-haß-t**
platzen to burst	**ge-platz-t**
fischen to fish	**ge-fisch-t**

-d-STEM OR **-t**-STEM

reden to walk	**ge-red-et**
warten to wait	**ge-wart-et**

CONSONANT + **-m** OR + **-n**

atmen to breathe	**ge-atm-et**
zeichnen to draw	**ge-zeichn-et**

2. Verbs ending in **-ieren** are considered weak verbs. However, they do not add the prefix **ge-**:

Infinitive	Past Participle
studieren to study	**studier-t**
passieren to happen	**passier-t**

3. Verbs with inseparable prefixes (**be-, emp-, ent-, er-, ge-, ver-, zer-**) do not take the prefix **ge-** to form the past participle. (This is also true for strong verbs with inseparable prefixes).

Infinitive		Past Participle
beantworten	to answer	**beantwortet**
beobachten	to observe	**beobachtet**
bestellen	to order	**bestellt**
bedauern	to regret	**bedauert**
besetzen	to occupy	**besetzt**
sich verlieben	to fall in love	**sich verliebt**
sich verspäten	to be late	**sich verspätet**

4. Verbs with separable prefixes (both weak and strong) add the **ge-** between the prefix and the stem of the verb:

Infinitive		Past Participle
herüber-schauen	to look at	**herübergeschaut**
vor-stellen	to introduce	**vorgestellt**

5. The past participle is used to form the following tenses:

a) PRESENT PERFECT   Ich habe einen Kaffee **bestellt** (*I have ordered*)
b) PAST PERFECT   Ich hatte einen Kaffee **bestellt** (*I had ordered*)
c) FUTURE PERFECT   Ich werde einen Kaffee **bestellt** haben (*I will have ordered*)

Past participles can also be used as adjectives:

Das **verliebte** Mädchen . . .   *the girl who is in love . . .*
Der **bestellte** Kaffee . . .   *the coffee which has been ordered . . .*
Die **beantwortete** Frage . . .   *the question which has been answered . . .*
Der **gehaßte** Lippenstift . . .   *the hated lipstick . . .*

Übung

A. *Setzen Sie die Partizipien ein.*

1. Das junge Mädchen hat sich sehr _____ (verlieben)
2. Ich habe einen Kaffee _____ (bestellen)
3. Freitags hat die Zeit nicht _____ (reichen), um einen Cognac zum Kaffee zu bestellen.
4. Sie hat keine Lungenzüge _____ (machen)
5. Sie hat Lippenstift _____ (hassen)
6. Ich habe keine Zeitung _____ (kaufen)
7. Sie hat sich nicht _____ (verspäten)
8. In der Mittagspause ist eine Katastrophe _____ (passieren)
9. Sie hat auf die Bedienung _____ (warten)
10. Es hat oft _____ (regnen)

Present Perfect

1. The present perfect is a compound tense. It has two components: an auxiliary verb (**haben** or **sein**) and the past participle. Most weak verbs use **haben** as the auxiliary verb.

Sie **hat** einen Kaffee **bestellt.**   *She ordered a coffee.*
Freitags **hat** es oft **geregnet.**   *It often rained on Friday.*
Das Mädchen **hat** sich **verspätet.**   *The girl arrived late.*

2. **Sein** must be used whenever a verb a) expresses motion or change of condition <u>and also</u> b) is intransitive (cannot take a direct object).

Die Katastrophe **ist passiert.**   *The catastrophe happened.*
Er **ist** drei Monate durch Deutschland **gereist.**   *He travelled through Germany for three months.*

3. Word Order:
In statements and questions, the past participle is the last element:

Freitags hat die Zeit nicht **gereicht.**   *There was not enough time on Fridays.*
Warum hat sie die Frage nicht **beanwortet?**   *Why did she not answer the question?*

In subordinate clauses, the past participle precedes the auxiliary verb at the end of the clause:

Ich weiß nicht, warum sie mit der Handtasche **gespielt hat.**   *I don't know why she was playing with her purse.*

Übungen:

A. *Setzen Sie die Sätze ins Perfekt.*
   1. Die Männer lachen und schauen herüber.
   2. Sie stellen sich ihr Gesicht ohne Sonnenbrille vor.
   3. In der Mittagspause passiert eine Katastrophe.
   4. Ich beantworte eine Frage mit einer Frage.
   5. Sie lernt, sich nicht zu entscheiden.
   6. Die Mutter blättert in einem Modejournal.
   7. Man beobachtet sie von allen Seiten.
   8. Ich hasse Lippenstift.
   9. Der Vater sagt nicht viel.
   10. Warum bezahlt sie den Kaffee an der Theke?

B. *Bilden Sie Sätze im Perfekt.*
   1. Das Mädchen / Eltern / vorstellen / zu Hause / Freund.
   2. Im Straßencafé / sie (she) / mit Handtasche / spielen.
   3. Freitags / Zeit / reichen, um einen Cognac zum Kaffee zu bestellen.
   4. Vater / sagen / , er meine es nur gut.
   5. Sie (she) / antworten / , die Mittagspause ist ungefährlich.

C. *Auf deutsch: Perfekt.*
   1. She didn't arrive late at the office.   (**das Büro**)
   2. They bought a newspaper.
   3. I did not answer the question.
   4. During the lunch break a catastrophe happened.
   5. The children played with the toys.

Past Perfect

The past perfect tense uses the past tense forms of **haben** or **sein** and the past participle of the main verb.

Ich **hatte** das Haus **gekauft.**   *I had bought the house.*
Die Katastrophe **war passiert.**   *The catastrophe had happened.*

Übungen

A. *Verwandeln Sie die Sätze ins Plusquamperfekt°.*
   1. Ich habe einen Kaffee bestellt.
   2. Sie beantwortet eine Frage mit einer Frage.
   3. Er hat wenig Zeit.
   4. Warum hast du den Lippenstift gehaßt?
   5. Die Mittagspause ist ein Spielzeug gewesen.
   6. Wo habt ihr eure Zeitung gekauft?
   7. Wir spielten mit der Handtasche.

(**Plusquamperfekt** = *past perfect*)

8. Ich habe mittlerweile gelernt, mich nicht zu entscheiden.

B. *Bilden Sie Sätze in den angegebenen Zeitformen.*

1. Es regnet freitags oft.   (Perfekt)
2. Katastrophe ist ihr Lieblingswort.   (Imperfekt)
3. Ich blätterte in einem Modejournal.   (Futur)
4. Wir bezahlen den Cognac an der Theke.   (Plusquamperfekt)

Strong Verbs

1. Verbs that change their stem vowel are called strong verbs. The stem vowel may change in the present tense, in the past tense, and in the past participle form of the strong verb. In some verbs, even the stem consonant must be changed.

See appendix pp. 303–305 for list of strong verbs.

2. English has a number of strong verbs that change the stem vowel and, in some cases, the stem consonant:

to fly: he flies, he flew, he has flown
to catch: she catches, she caught, she has caught

Present Tense

1. The following endings are added to the stem of a strong verb such as **sprechen** *to talk, to speak* to form the present tense:

Singular		Plural	
ich **spreche**	**-e**	wir **sprechen**	**-en**
du **sprichst**	**-st**	ihr **sprecht**	**-t**
er **spricht**	**-t**	sie **sprechen**	**-en**
sie **spricht**	**-t**	Sie **sprechen**	**-en**
es **spricht**	**-t**		

2. Strong verbs are put into categories depending on the stem vowel and stem consonant changes they undergo. This modification in the stem vowel is referred to as ablaut. The ablaut series of the English verb *to sink* is a, u (sank, sunk).

3. The stem vowels **a, au, o** change to **ä, äu, ö** in the second (**du**-form) and the third person (er, sie, es) singular of the present tense in some verbs:

fahren *to go, drive*   du **fährst**   er, sie, es **fährt**
laufen *to run, go*   du **läufst**   er, sie, es **läuft**
stoßen *to push, strike*   du **stößt**   er, sie, es **stößt**

This stem vowel change in the second person singular form of the strong verb does not occur in the imperative form:

PRESENT TENSE, **du**-FORM	IMPERATIVE FORM DERIVED FROM **du**-FORM
du **fährst**	**fahr!**
du **läufst**	**lauf!**
du **stößt**	**stoß!**

4. The stem vowel **e** of some verbs changes into either **i** or **ie** in the **du**-form and the **er, sie, es**-form:

geben *to give* du **gibst** er, sie, es **gibt**
lesen *to read* du **liest** er, sie, es **liest**

The stem vowel changes to **i** or **ie** are retained in the **du**-imperative forms of these verbs:

du **gibst** IMPERATIVE: **gib!**
du **liest** **lies!**

Some strong verbs change their stem along with the stem vowel in the second (**du**-form) and third (**er, sie, es**) person singular:

nehmen *to take* ich **nehme**
du **nimmst**
er, sie, es **nimmt**
treten *to step* ich **trete,** du **trittst,** er **tritt,** sie **tritt,** es **tritt.**

Übungen

A. *Bilden Sie Sätze mit dem neuen Subjekt in Klammern.°*

die **Klammer** *parenthesis*
schlafen *to sleep*

1. Ich schlafe° in der Mittagspause. (Er)
2. Nehmt ihr das Auto? (du)
3. Wir helfen den Eltern. (sie = *she*)
4. Sie sprechen über den langen Rock. (Das Mädchen)
5. Die Sonnenbrillen fallen auf den Tisch. (Die Sonnenbrille)
6. Fahrt ihr zum Café oder lauft ihr? (du / du)
7. Ich lese das Modejournal im Büro. (Die Frau)
8. Die Mädchen tragen Handtaschen. (Sie = *she*)
9. Ich treffe ihn um ein Uhr. (du)
10. Seht ihr das Haus meiner Eltern? (du)

B. *Bilden Sie den **du**-Imperativ.*
Beispiel: du fährst . . . . . . **Fahr!**

1. du schläfst
2. du triffst
3. du läufst
4. du hilfst
5. du trägst

C. *Bilden Sie Imperativsätze (**du**-Imperativ).*

1. Fahren / nicht / zu schnell

2. Helfen / deinen Eltern
3. Schlafen / in der Mittagspause / nicht
4. Sprechen / so viel / nicht
5. Tragen / meine Handtasche

Past Tense

1. Strong verbs change their stem in the past tense: **sprechen** (*to talk*)
   ⟶ **spr<u>a</u>ch.** No endings are added in the first- and third-person singular.

	Singular			Plural	
	ich **sprach**	—		wir **sprachen**	-en
	du **sprach<u>s</u>t**	-st		ihr **spracht**	-t
	er ⎫			sie ⎫	
	sie ⎬ **sprach**	—		Sie ⎬ **sprachen**	-en
	es ⎭				

2. The stem vowel change in the past tense (and the past participle) of the strong verb cannot be predicted in most cases. The stem changes in the various tenses must be memorized. (The table of strong verbs in the Appendix (page 330) will be useful as a reference and learning device.)

3. In the past tense, the **du**-form and **ihr**-form of the strong verb add an unaccented **e** after verb stems ending in **-d, -t, -s, -ss, -ß, -x, -z** and **-tz**:

INFINITIVE	PAST TENSE STEM	**du**-FORM	**ihr**-FORM
finden *to find*	**fand-**	du **fandest**	ihr **fandet**
halten *to hold, stop*	**hielt-**	du **hieltest**	ihr **hieltet**
lesen *to read*	**las-**	du **lasest**	ihr **laset**
sitzen *to sit*	**saß-**	du **saßest**	ihr **saßet**

Übungen

A. *Setzen Sie die Verben im Imperfekt ein.*
   1. Sie _____ im Straßencafé. (sitzen) /a/
   2. Sie _____ die Beine übereinander. (schlagen) /u/
   3. Der Mann _____ sie _____. (an-sprechen) /a/
   4. In der Mittagspause _____ alles sehr schnell. (gehen) /i/
   5. Im Straßencafé _____ es keine Betrunkenen. (geben) /a/

B. *Bilden Sie Sätze im Imperfekt.*
   1. Das Auto fährt auf der Bundestraße. /u/
   2. Ich sehe den Wagen. /a/
   3. Warum hältst du nicht an? /ie/
   4. Ich lasse den Wagen ausrollen. /ie/
   5. Die Frau ruft ihn zurück. /ie/

6. Was geht es dich an? /i/

7. Seht ihr den Baum? /a/

8. Wir steigen wieder in unseren Wagen und fahren weiter. /ie/ - /u/

9. Die Mädchen singen einen Schlager. /a/

10. Er tritt näher. /a/

C. *Bilden Sie Sätze im Präsens und Imperfekt.*

1. Fahrer / sehen / Wagen /

2. Er / trinken / morgens / viel Kaffee

3. Sie (*she*) / auf-schreien / leise /

4. Mann / für eine Sekunde / erschrecken /

5. Ich / herum-gehen / um den VW /

6. Glatzköpfige / beginnen / zu schwitzen.

7. Sehen / du / verunglückten Wagen?

D. *Bilden Sie Sätze mit dem neuen Subjekt.*

1. Sie las eine Zeitung.   Ich . . .

2. Er blieb bei ihnen.   Wir . . .

3. Der Mann stieg ein und fuhr langsam weiter.   Du . . .

4. Ich sah den Mann neben mir nicht mehr an.   Sie (*she*) . . .

5. Der Mann schrie sehr laut.   Ich . . .

6. Beide begannen, einen Schlager zu singen.   Ihr . . .

7. Wo sah er die Sonne?   Wir . . .

8. Trank sie die Milch?   Sie (*they*)

E. *Schreiben Sie diese Sätze im Imperfekt. Starke und schwache Verben gemischt.*

Ein junges Mädchen geht jeden Tag während der Mittagspause in ein Straßencafé. Dort bestellt sie fast immer einen Kaffee. Nur am Freitag trinkt sie gern Cognac mit ihrem Kaffee. Viele junge Männer, die auch zu dem Straßencafé kommen, schauen zu ihr herüber. Manchmal setzt sich auch ein junger Mann zu ihr an den Tisch. Nach der Mittagspause geht das Mädchen zurück ins Büro. Sie sitzt den ganzen Tag an der Schreibmaschine. Zu Hause spricht sie mit ihren Eltern über ihre Freunde und ihre Mittagspause. Das Mädchen findet in der Mittagspause etwas Unterbrechung von ihrer monotonen Arbeit und der Routine des Lebens.

F. *Bilden Sie Imperative.* **Du**-*Form.*

1. _____ langsamer!   (fahren)

2. _____ mit deinen Eltern!   (sprechen)

3. _____ die Geschichte!   (lesen)

4. _____ mir die Zeitung!   (geben)

5. _____ dem Autofahrer!   (helfen)

6. _____ heute abend zu mir!   (kommen)

7. _____ nicht so viel!   (trinken)

8. _____ mir einen langen Brief!   (schreiben)

G. *Setzen Sie die richtige Verbform im Präsens ein.*

1. Wann _____ du mit der Arbeit?   (beginnen)

2. Ich _____ dir bald eine Karte.   (schreiben)

3. Er _____ durch den Park.   (reiten)

4. Wann _____ wir nach Hause?   (gehen)

5. Die Tasse _____.   (brechen)

6. Warum _____ du ihn allein?   (lassen)

7. Sie _____ eine Handtasche.   (tragen)

8. Die Sonne _____.   (scheinen)

9. Zu Hause _____ sie (*she*) das Büro.   (vergessen)

10. Um fünf Uhr _____ sie (*she*) den Schreibtisch.   (verlassen)

H. *Geben Sie diese Sätze im Imperfekt wieder.*

1. Sie nimmt einen Kaffee mit Cognac.

2. Ich finde das Café nicht.

3. Der Bus hält vor meinem Haus.

4. Er bleibt bis fünf Uhr im Büro.

5. Wir rufen unsere Eltern an.

6. Das Buch fällt vom Tisch.

7. Die Sonne scheint am Morgen.

Past Participle

1. The past participle of strong verbs ends in **-en:**

   gelauf<u>en</u> *run*   **geschrieb<u>en</u>** *written*   **gefund<u>en</u>** *found*

2. The prefix **ge-** is not used when the verb has an inseparable (unaccented) prefix:

   <u>ver</u>gessen *forgotten*   **<u>be</u>schrieben** *described*

3. The prefix **ge-** is inserted between the separable prefix and the past participle stem of a verb:

   an<u>ge</u>kommen *arrived*   **stehen<u>ge</u>blieben** *stopped*

4. The stem of the past participle changes in accordance with its ablaut series:

INFINITIVE	ABLAUT SERIES	PAST PARTICIPLE
laufen	äu, ie, <u>au</u>	**gel<u>au</u>fen**
kommen	a, <u>o</u>	**gek<u>o</u>mmen**

Present Perfect / Past Perfect

1. The present perfect and past perfect tenses are compound tenses. They use either **haben** or **sein** as auxiliary verbs and combine them with the past participle; **haben** and **sein** are used in their respective tenses for the present perfect and past perfect:

PRESENT PERFECT:	Ich **habe** das Buch **gefunden.**	*I have found the book.*
	Ich **bin** nach Hause **gegangen.**	*I went home.*
PAST PERFECT:	Ich **hatte** das Buch **gefunden.**	*I had found the book.*
	Ich **war** nach Hause **gegangen.**	*I had gone home.*

2. **Haben** is used with the majority of the strong verbs. **Sein** must be used whenever a verb a) expresses motion or change of condition <u>and also</u> b) is intransitive (cannot take a direct object).

3. Also, the auxiliary verbs **sein** and **werden** as well as the verb **bleiben** (*to stay, remain*) use **sein** to form the present perfect and the past perfect tenses:

Wo **bist** du gestern **gewesen**?
Er **ist** Arzt **geworden.**
Ist sie lange dort **geblieben?**

4. Verbs of motion use **haben** or **sein** for the compound tenses depending on the situation they describe; if these verbs express the process and development of an event, they use **haben.** They use **sein** if they describe the conclusion or result of an event. They always use **haben** when they are used as transitive verbs (= with direct object).

Früher **habe** ich viel gerudert.   *I used to row a lot.*
Ich **bin** über den ganzen See gerudert.   *I rowed across the whole lake.*

Transitive-intransitive use:

Ich **bin** in seinem Auto gefahren.   *I was a passenger in his car.*
Ich **habe** seinen Wagen gefahren.   *I drove his car.*
(**seinen Wagen** is the direct object)

Word Order / Past Participle

1. In statements and questions, the past participle is the last element:

Sie hat die Zeitung **gelesen.**   *She read the newspaper.*
Wo hat sie **gesessen**?   *Where did she sit?*

2. In subordinate clauses, the past participle precedes the auxiliary verb at the end of the clause:

Ich weiß nicht, warum sie keinen Kaffee **getrunken hat.**   *I don't know why she didn't drink any coffee.*

Übungen

A. *Bilden Sie Sätze im Perfekt und Plusquamperfekt.*

1. Sie sitzt im Straßencafé.
2. Sie sehen es nicht gern.
3. Ein Mann spricht sie an.
4. Ich gebe eine ausweichende Antwort.
5. In der Mittagspause geht alles sehr schnell.
6. Es gibt keine Betrunkenen.

B. *Setzen Sie das richtige Partizip ein.*

1. Ich bin auf der Bundesstraße. _____. (fahren)
2. Im Wagen haben zwei Leute _____. (sitzen)
3. Sie waren von einem Besuch _____. (kommen)
4. Ich habe meine Papiere _____. (vergessen)
5. Der Mann am Lenkrad hatte _____. (schweigen)
6. Ich hatte den Wagen _____. (sehen)
7. Der Wagen war zum Stehen _____. (kommen)
8. Ich hatte für einen Moment die Augen _____. (schließen)
9. Die Mädchen haben weiter _____. (singen)
10. Sie haben vielleicht einen Cognac _____. (trinken)

C. *Setzen Sie* **haben** *oder* **sein** *und das Partizip ein. Bilden Sie Sätze im Perfekt.*

1. Wir _____ wenige Meter dahinter _____. (halten)
2. Er _____ für eine Sekunde _____. (erschrecken)
3. Seine Finger _____ weiß _____. (werden)
4. Ich _____ zu schwitzen _____. (beginnen)
5. Ihr _____ zur Polizei _____. (gehen)
6. Ich _____ schnell _____. (fahren)
7. Die junge Frau _____ laut _____. (schreien)
8. Warum _____ du nicht sofort den Arzt _____? (rufen)
9. Im Straßencafé _____ es keine Betrunkenen _____. (geben)
10. _____ du vielleicht meine Papiere _____? (sehen)

D. *Verben mit trennbaren° und untrennbaren Vorsilben:° Setzen Sie das Partizip Perfekt ein.*

trennbar *separable*
Vorsilben *prefixes*

1. Das Auto hatte sich in einen Stamm _____. (hineinfressen)
2. Ich habe meine Papiere _____. (vergessen)
3. Der Mann hatte den Wagen _____. (verlassen)
4. Warum hast du ihn _____? (zurückrufen)
5. Wir sind alle ins Auto _____. (einsteigen)
6. Ich bin langsam _____. (weiterfahren)
7. Die junge Frau hat das Auto in der Gewalt _____. (behalten)
8. Der Mann war für eine Sekunde _____. (erschrecken)
9. Ich habe sofort _____. (anhalten)
10. Warum seid ihr dort _____. (stehenbleiben)

E. *Bilden Sie Sätze im Perfekt und Plusquamperfekt.*

1. Beim Abendessen sprechen die Eltern davon.
2. Gestern war sie froh.
3. Warum schreist du so?
4. Sie gingen zurück, stiegen ein und fuhren weiter.
5. Beide beginnen, ein neues Lied zu singen.
6. Ich sah, daß sie kurz hinter dem Auto hielten.
7. Man weiß, daß alle die Zeitung lasen.

Mixed Conjugation

Strong and Weak Verb Forms

There are a few German verbs which combine elements of the strong and the weak verb conjugation. There are three groups of verbs with such combinations.

1. The verbs in one group change their stem vowel like strong verbs, but they retain the endings of the weak verb conjugation in the past tense and in the present perfect. The most frequent verbs of this group are:

kennen	*to know*	**kannte**	**gekannt**
senden	*to send*	**sandte**	**gesandt**
brennen	*to burn*	**brannte**	**gebrannt**
nennen	*to call*	**nannte**	**genannt**
rennen	*to run*	**rannte**	**gerannt**
wenden	*to turn*	**wandte**	**gewandt**

The verbs **senden** and **wenden** and their prefixed derivatives can also be used with weak stem vowels:

senden	**sendete**	**gesendet**
wenden	**wendete**	**gewendet**

The weak verb forms are used with specific meanings of **senden** and **wenden:** with **senden** the weak form applies to broadcasting and transmitting of programs on radio and TV; with **wenden** the weak verb form is used in the meaning of *to turn, to turn around* (= **umwenden**):

Im Fernsehen wurde ein Fußballspiel **gesendet.**   *There was a soccer game on TV.*
Der Schneider hat den Anzug **gewendet.**   *The tailor turned the suit (around).*

The usage of **senden** and **wenden** in their weak verb forms is rarely done with other meanings, although it is not uncommon to hear Germans say:

Wurde die grammatische Regel richtig **angewendet?**   *Was the grammatical rule applied correctly?*

instead of:

Wurde die grammatische Regel richtig angewandt?

2. Several verbs in German undergo not only stem vowel changes but also changes in the stem ending. In addition, they use the conjugation of weak verbs in the past tense and the past participle:

bringen *to bring, to take*	**brachte**	**gebracht**
denken *to think*	**dachte**	**gedacht**

Sie hat ihre Handtasche **mitgebracht.**   *She brought her purse along*
Sie **dachte** an einen Liebesfilm.   *She was thinking of a love movie.*

3. Three verbs use the **-en** past participle ending of the strong verbs without changing any vowels in the stem:

mahlen *to grind*   **mahlte**   *gemahlen*
salzen *to salt*   **salzte**   *gesalzen*
spalten *to split*   **spaltete** *gespalten*

While today's everyday language has eliminated weak and strong double forms of these participles, the regular weak form may be encountered in some texts. It used to be employed for the concrete original meaning, whereas the strong form indicated an abstract idea:

Sie hat die Suppe zu viel gesalzt.   *She put too much salt in the soup.*
Die Rechnung ist gesalzen.   *The bill is exorbitant.*

Irregular Verb: wissen

	Present	Past	Present Perfect		Past Perfect		Future	
ich	**weiß**	**wußte**	**habe**		**hatte**		**werde**	
du	**weißt**	**wußtest**	**hast** } + **gewußt**		**hattest** } + **gewußt**		**wirst** } + **wissen**	
er, sie, es	**weiß**	**wußte**	etc.		etc.		etc.	
wir	**wissen**	**wußten**						
ihr	**wißt**	**wußtet**						
sie, Sie	**wissen**	**wußten**						

Die Eltern wissen, daß sie schön ist.   *The parents know that she is pretty.*
Sie weiß genau, was sie will.   *She knows exactly what she wants.*
Haben Sie davon gewußt?   *Did you know about that?*

Übungen

A. *Geben Sie die Verbform im Imperfekt.*
   1. Ich weiß nichts davon.
   2. Wir kennen dieses Mädchen.
   3. Wann sendet er dir das Buch?
   4. Woher wißt ihr das?
   5. Er rennt um das Haus.
   6. Sie mahlt den Kaffee.
   7. Manchmal denkt sie an Filme.
   8. Das Hotel in der Stadt brennt.
B. *Geben Sie das Partizip Perfekt.*
   1. Das habe ich mir gleich _____. (denken)
   2. Hast du das _____? (wissen)
   3. Ich habe den Cognac _____. (mitbringen)
   4. Die Partei der „Grünen" hat sich _____. (spalten)

   5. Welchen Namen hat man _____? (nennen)
   6. Gestern habe ich Ihnen das Paket _____. (senden)
   7. Wo hat es denn jetzt wieder _____? (brennen)
   8. Mein Freund hat mich nach Hause _____. (bringen)
   9. Diese Rechnung ist aber _____. (salzen)
   10. Im Radio hat man sein neues Hörspiel (*radio play*) _____. (senden)

C. *Bilden Sie Sätze in den angegebenen Zeitformen.*

   1. Zigarette / brennen / nicht.   (Imperfekt)
   2. Kennen / du / Mädchen?   (Perfekt)
   3. Wann / rennen / nach Hause / er?   (Futur)
   4. Ich / mahlen / Kaffee / gestern.   (Plusquamperfekt)
   5. Wir / denken / immer / an dich.   (Futur)
   6. Er / senden / Schreibmaschine / nach Deutschland.   (Plusquamperfekt)
   7. Bringen / du / Zeitung / mir?   (Perfekt)
   8. Ihr / rennen / zu schnell.   (Perfekt)
   9. Ich / wissen / , daß sie schön ist.   (Imperfekt)

LANDESKUNDE

Die Bundesrepublik°

Die Geschichte der Bundesrepublik beginnt offiziell am 23. Mai 1949, als das „Grundgesetz"° verkündet wurde. Die vier Jahre zwischen dem Tag der bedingungslosen° Kapitulation am 8. Mai 1945 und dem Gründungstag° der Bundesrepublik ist die Zeit der Besatzungsmächte.° Die Álliierten USA, Großbritannien, Frankreich und die Sowjetunion hatten das Gebiet° östlich° der Flüsse Oder und Neiße abgetrennt° und den Rest Deutschlands unter sich in vier Besatzungszonen aufgeteilt.° Jede Besatzungszone hatte ihre eigene Militärverwaltung.° Die frühere Hauptstadt Berlin wurde in vier Sektoren aufgeteilt und erhielt einen Sonderstatus.°

Um 1949 lebten in den drei westlichen (amerikanischen, britischen und französischen) Besatzungszonen etwa 47 Millionen Menschen. Fast alle Lebensmittel° waren damals rationiert. Es gab pro Monat° ungefähr 10 Kilogramm Brot, 750 Gramm Fleisch, 1125 Gramm Fett, 250 Gramm Käse, 1 500 Gramm Zucker und drei Liter Magermilch° für jede Person.

   Die Jahre 1945 bis 1949 werden durch eine Reihe° von Stichworten° genau beschrieben: Hunger, Wohnungsnot, Flüchtlinge,° Arbeitslosigkeit,° Schwarzer Markt, Nürnberger Kriegsverbrecherprozesse,° Entnazifizierung,° Währungsreform° und Berliner Blockade.

In den fünfziger Jahren ging es stürmisch° bergauf.° Die erste Etappe° auf diesem Weg wird als „Freßwelle"° bezeichnet.° Danach kam die „Beklei-

die Bundesrepublik Federal Republic of Germany

das Grundgesetz "Basic Law", constitution

bedingungslos unconditional

der Gründungstag founding day

die Besatzungsmacht, ¨e occupation force

das Gebiet, -e territory, area

östlich (+ gen.) east of

ab·trennen to cut off, separate

auf·teilen to divide up

die Militärverwaltung, -en military government

der Sonderstatus special status

die Lebensmittel (pl.) food, groceries

pro Monat per month

die Magermilch skim milk

die Reihe, -n series

„Trümmerfrauen" (rubble women) arbeiten in den Ruinen einer deutschen Stadt.

dungswelle"° und die „Reisewelle". Auch die verblüffende° Geschwindigkeit, mit der sich der Wiederaufbau° der zerstörten Städte und der demontierten Industriebetriebe vollzog, und der schnell zusammengeraffte Reichtum wurde mit einem Schlagwort bezeichnet: das Wirtschaftswunder. Die Kehrseite° dieses „Wirtschaftswunders" beschäftigte° viele deutsche Schriftsteller,° die in ihren Schriften gern die innere Leere° und den falschen Glanz° des neuen Reichtums kritisierten. Ein Gedicht über dieses Thema wurde von Hans Magnus Enzensberger geschrieben:

Middle Class Blues

Wir können nicht klagen.°
Wir haben zu tun.
Wir sind satt.
Wir essen.

Das Gras wächst,
das Sozialprodukt,°
der Fingernagel,
die Vergangenheit.°

das Stichwort, -e cue, keyword

der Flüchtling, -e refugee

die Arbeitslosigkeit unemployment

der Kriegsverbrecher, - war criminal

die Entnazifizierung denazification

die Währungsreform, -en monetary reform

stürmisch stormy, fierce, furious

bergauf upward

die Etappe, -n stage

die Welle, -n wave

bezeichnen to label, call, denote

die Bekleidung clothes

verblüffend startling, amazing

der Wiederaufbau reconstruction

die Kehrseite, -n reverse side, other side of the coin

beschäftigen to occupy

der Schriftsteller, - writer

die Leere vacuum, emptiness

der Glanz gleam, gloss, glitter

klagen to complain

das Sozialprodukt national product

die Vergangenheit past

Die Straßen sind leer.
Die Abschlüsse° sind perfekt.
Die Sirenen schweigen.°
Das geht vorüber.°

Die Toten° haben ihr Testament gemacht.
Der Regen hat nachgelassen.°
Der Krieg° ist noch nicht erklärt.°
Das hat keine Eile.°

Wir essen das Gras.
Wir essen das Sozialprodukt.
Wir essen die Fingernägel.
Wir essen die Vergangenheit.

der Abschluß, ⁻sse settlement, agreement (of political treaties)
schweigen to be silent
vorüber·gehen, i, a to go by, to pass
der Tote, -n dead
nach·lassen, ä, ie, a to subside
der Krieg, -e war
erklären here: to declare
Eile haben to be in a hurry
das hat keine Eile there's no hurry

Nach dem Zweiten Weltkrieg sahen viele deutsche Städte so aus wie Berlin auf diesem Bild.

Wir haben nichts zu verheimlichen.°
Wir haben nichts zu versäumen.°
Wir haben nichts zu sagen.
Wir haben.

Die Uhr ist aufgezogen.°
Die Verhältnisse° sind geordnet.°
Die Teller° sind abgespült.°
Der letzte Autobus fährt vorbei.

Er ist leer.

Wir können nicht klagen.

Worauf warten wir noch?

verheimlichen to conceal, hide
versäumen to miss

auf·ziehen, o, o to wind up
das Verhältnis, -se condition, circumstance
ordnen to put in order
der Teller, - plate
ab·spülen to wash

Redewendungen

ein Testament machen	*to make a will*
den Krieg erklären	*to declare war*
der Regen läßt nach	*the rain is letting up*
das hat keine Eile	*there is no need to hurry*
wir haben nichts zu sagen	*we have nothing to say / we have no voice*
die Uhr aufziehen	*to wind a clock / a watch*
die Teller abspülen	*to do the dishes*

20 Wichtige Wörter

das **Grundgesetz**	der **Schriftsteller**	abtrennen	klagen
die **Hauptstadt**	das **Thema**	aufteilen	schweigen
die **Lebensmittel**	der **Reichtum**	bezeichnen	verblüffend
die **Arbeitslosigkeit**	der **Krieg**	vollziehen	pro Monat
der **Prozeß**	das **Gebiet**	beschäftigen	zerstört

Übungen

A. *Beantworten Sie die Fragen.*
   1. Wer waren die vier Alliierten in Deutschland nach 1945?
   2. Wie wurden die Besatzungszonen verwaltet?
   3. Was versteht man unter „Freßwelle", „Bekleidungswelle" und „Reisewelle"?
   4. Welche materiellen Vorteile (*advantages*) brachte das „Wirtschaftswunder"?
   5. Welche Nachteile (*disadvantages*) brachte das „Wirtschaftswunder"?
   6. Was kritisiert Enzensberger in seinem Gedicht „Middle Class Blues"?
B. *Schlagen Sie in einem Lexikon nach,° was dort über diese Begriffe steht.*

nach·schlagen *to look up*

   1. Entnazifizierung
   2. Nürnberger Kriegsverbrecherprozesse
   3. Berliner Blockade

C. *Vervollständigen° Sie die Sätze.*

    1. Fast alle Lebensmittel waren ———————. (rationed)

    2. Die Schriftsteller haben die innere Leere ———————. (criticized)

    3. Am 23. Mai 1949 wurde das „Grundgesetz" ———————. (proclaimed)

    4. Die Stadt Berlin hat einen Sonderstatus ———————. (received)

    5. Die frühere Hauptstadt wurde in vier Sektoren ———————. (divided)

D. *Bilden Sie Sätze im Imperfekt, Perfekt und Plusquamperfekt.*

    1. Du hast zu tun.

    2. Bist du satt?

    3. Das Gras wächst.

    4. Die Sirenen schweigen.

    5. Wir verheimlichen nichts.

    6. Ich ziehe die Uhr auf.

    7. Er spült die Teller ab.

    8. Der letzte Autobus fährt vorbei.

    9. Worauf wartest du noch?

   10. Ihr habt nichts zu sagen.

   11. Sie versäumt nichts.

   12. Der Regen läßt nach.

   13. Alles geht vorüber.

   14. Das hat keine Eile.

vervollständigen *to complete*

KAPITEL  **2**

LEKTÜRE

Max von der Grün, **Das Stenogramm**
Bertold Brecht, **Das Leben des Galilei**

GRAMMATIK

Modal Verbs

LANDESKUNDE

Die Grundrechte

LEKTÜRE I

Max von der Grün

geboren am 25. Mai 1926 in Bayreuth, besuchte das Gymnasium und die Handelsschule, war kaufmännischer Lehrling. Als Fallschirmjäger im Zweiten Weltkrieg wurde er gefangengenommen und kam nach New Mexiko, wo er den Beruf des Bergmanns erlernte. Nach seiner Rückkehr nach Deutschland arbeitete er weiter als Bergmann. Im Bergwerk erlebte er zwei schwere Unglücksfälle. Seine Werke beschäftigen sich meistens mit dem Arbeiter in Deutschland. In seinem ersten Roman Männer in zweifacher Nacht *(1962) handelt es sich um vier Bergarbeiter, die im Bergwerk verschüttet werden. Grün wurde berühmt durch seine Romane* Irrlicht und Feuer *(1963) und* Zwei Briefe an Pospischiel *(1968). Außer Romanen hat Grün Erzählungen geschrieben. Die Erzählung „Das Stenogramm" stammt aus seinem Buch* Am Tresen gehen die Lichter aus.

Das Stenogramm

Am Sonntag, dem 16. Februar 1969, fuhr auf der Bundesstraße° 13, Ansbach-Würzburg, drei Kilometer vor Ochsenfurt, ein weißer VW auf vereister° Straße aus einer Nadelkurve° heraus an einen Straßenbaum.

Der Aufprall° war so stark, daß sich der Stamm° in den Wagen hineinfraß°. Im Unglückswagen° saßen ein Arzt und seine Frau, sie waren von einem dringenden° Hausbesuch° gekommen, zu dem sie am frühen Morgen telefonisch gerufen worden waren.

Der Arzt war diesem Notruf° sofort nachgekommen, er hatte an diesem Wochenende Notdienst. Der Arzt hatte in einem abgelegenen° Dorf ein diphtherieverdächtiges° Kind behandelt. Das Unglück ereignete sich genau 10.30 Uhr.

10.35 Uhr

Ein grüner Mercedes mit drei Insassen° näherte sich mit mäßiger° Geschwindigkeit aus der Kurve heraus dem Unglückswagen. Am Steuer saß ein älterer Herr, auf dem Rücksitz eine junge Frau, neben ihr eine ältere, ihre Schwiegermutter°. Die junge Frau schaukelte° ein etwa dreijähriges Kind auf ihrem Schoß. Die junge Frau schrie: Ewald, du mußt anhalten. Um Gottes willen, da ist was passiert.

Der Mann schüttelte verärgert den Kopf.

Quatsch, sagte er, sowas ist nichts für das Kind.

Die ältere Frau pflichtete ihm bei°. Fahr weiter, nuschelte° sie, recht hat er, recht.

Aber wir können doch nicht . . die junge Frau sagte es hastig. Sei jetzt still, sagte ihre Schwiegermutter, und der Mann am Steuer ergänzte: Wir können in Ochsenfurt auch nicht zur Polizei gehen und den Unfall melden. Ich habe meine Papiere vergessen. Glaubst du, ich will wegen dem VW da in einen Schlamassel° kommen?

Der Mann schaute im Vorbeifahren geradeaus, die junge Frau scheu auf den

die Bundesstraße, -n federal highway
vereist icy
die Nadelkurve, -n needle curve, very sharp curve
der Aufprall impact
der Stamm, ⸚e (tree) trunk
sich hinein·fressen, i, a, e to eat one's way into s.th., to intrude
der Unglückswagen, - accident car
dringend urgent
der Hausbesuch, -e house call
der Notruf, -e emergency call
abgelegen remote
diphtherieverdächtig with a possible case of diphtheria
der Insasse, -n passenger
mäßig moderate
die Schwiegermutter, ⸚ mother-in-law
schaukeln to rock
bei·pflichten to agree
nuscheln to mumble

der Schlamassel mess

Das Auto fährt auf der vereisten Straße vorsichtig durch die Kurve.

Fragen:

1. Warum muß der Fahrer langsam fahren?
2. Warum ist wenig Verkehr auf dieser Straße?
3. Durch welche Landschaft führt die Straße?
4. Was denken Sie, daß das Schild (sign) hinten zeigt?
5. Was für eine Straße ist dies?

Beschreiben Sie das Bild. Benutzen Sie diese Wörter: die Bundesstraße / das Glatteis / der Wald / die Berge die Geschwindigkeit / der Vormittag / die Gefahr / der Unfall

Unglückswagen, ihre Schwiegermutter zündete sich eine Zigarette an, ihre Hände zitterten.

Als sie etwa einen Kilometer weitergefahren waren, sagte die junge Frau: Wir sollten doch zur Polizei gehen.

Der Mann am Lenkrad° und die ältere Frau schwiegen, nur das Kind auf dem Schoß seiner Mutter krähte°: Mami . . . tatü . . . tatü . . .

10.42 Uhr

Ein schwarzer VW mit vier Insassen fuhr forsch° aus der Kurve heraus. Der Fahrer des Wagens sah den Unglückswagen, wollte bremsen, ließ dann aber

das Lenkrad, ¨**er** steering wheel

krähen to crow

forsch quick, energetic

den Wagen ausrollen und kam etwa sechzig Meter weiter zum Stehen.

Der etwa Vierzigjährige verließ den Wagen. Der Mann schaute sich verstohlen° um, die Straße entlang. Seine Frau, die auf dem Beifahrersitz° Zeitung las, guckte erstaunt auf, fragte: Ist was? Trink doch morgens nicht so viel Kaffee, dann mußt du auch nicht so viel laufen. Die beiden jungen Mädchen auf dem Rücksitz, die Töchter der beiden, kicherten°. Eines der Mädchen rief: Papa, unser Wasserfall.

Da hinten ist ein VW an einen Baum gefahren, sagte der Mann.

Er wollte weggehen, die Frau rief ihn zurück.

Was geht es dich an, rief sie. Fahr weiter. Die sollen nicht immer so rasen. Die Mädchen riefen: Wo? Wowowo? ach . . . da . . . na, der Wagen ist futsch.

Der Mann zögerte. Die Frau beugte sich aus dem Fenster und sagte leise: Emil, komm rein, sei nicht kindisch. Dann mußt du als Zeuge bleiben, und die verlangen dann womöglich deinen Führerschein°. Was ist dann? Willst du die letzten vier Wochen, bis du ihn wiederkriegst°, auffallen°? Na also, steig ein.

Der Mann nickte, stieg ein und fuhr langsam weiter. Die Mädchen auf dem Rücksitz preßten ihre Gesichter an das Heckfenster°, bis der Unglückswagen nicht mehr zu sehen war.

Nun fahr doch ein bißchen schneller, zischte die Frau, wir sind sowieso zu spät dran. Wofür hat dir mein Vater eigentlich die Spikesreifen° gekauft? Na also.

10.53 Uhr

Ein kanarigelber Fiat tastete° sich vorsichtig in die Kurve, schlidderte trotzdem, die junge Frau am Steuer hatte Mühe, das Fahrzeug in der Gewalt zu behalten. Sie fuhr Schritt-Tempo aus der Kurve heraus, sie bemerkte den Wagen am Baum, sie schloß einen Moment die Augen, sie schrie leise auf.

Ihre Mutter, die neben ihr saß, bekreuzigte° sich, flüsterte: Else, um Himmels willen, fahr weiter, schnell, bevor jemand kommt. Wir wollen mit so was nichts zu tun haben. Else, Kind, ich kann so was nicht sehen, du weißt, Kind, mir wird bei so was gleich schlecht.

Wir müssen das der Polizei melden, Mutter.

Polizei? Kind, fahr weiter, wir wollen keine Scherereien haben, wir haben noch nie was mit der Polizei zu tun gehabt. Fahr weiter, wir haben einfach nichts gesehen, nach uns kommen auch noch welche.

Die Mutter bekreuzigte sich noch einmal, sie murmelte vor sich hin.

10.58 Uhr

Aus Richtung Ochsenfurt kam ein Wagen, er war am Ortsausgang° dem kanarigelben Fiat begegnet. Der Mann fuhr an dem Unglückswagen vorbei, als ob er überhaupt nicht vorhanden sei.

Das fehlte noch, dachte der Mann, daß ich jetzt angehalten werde, dann steht mein Name womöglich morgen in der Zeitung, das fehlte noch.

In der Kurve begegnete ihm ein Mercedes-Diesel um

---

verstohlen furtive

der Beifahrersitz, -e passenger seat

kichern to giggle

der Führerschein, -e driver's license

wieder·kriegen to get back

auf·fallen, ä, ie, a to attract attention

das Heckfenster, - rear window

der Reifen, - tire

tasten to grope, to feel

sich bekreuzigen to make the sign of the cross

der Ortsausgang, ⸚e end of town, town limits

10.59 Uhr
Am Steuer des klapprigen°, schwarzen Diesels saß ein weißhaariger Mann. **klapprig** rattling
Der Mann erschrak für eine Sekunde, als er den um den Baum gewickelten° **wickeln** to wrap
VW sah, er fuhr dann langsam weiter, an das verunglückte Fahrzeug heran,
und hielt wenige Meter dahinter. Der Mann stieg aus, er war etwa sechzig
Jahre alt, sehr beleibt° und irgendwie zu kurz geraten. Der dicke Mann ging **beleibt** fat, obese
um den VW herum, sah erschreckt ein paar Sekunden auf die beiden leblosen
Menschen durch die zerborstene° Windschutzscheibe°, flüsterte: furchtbar **zerborsten** smashed
. . . Dann, als er wie zufällig seine abgefahrenen Reifen sah, stieg er wieder in **die Windschutzscheibe, -n** windshield
seinen Wagen und fuhr weiter. Ich will doch keinen Ärger haben, wenn die
Polizei kommt, dachte er. Das Klappern des lose hängenden Auspuffs° war **der Auspuff** exhaust pipe
noch lange zu hören.

11.08 Uhr
Ein popbemalter Citroen 2 CV schlich in die Kurve, die vier jungen Leute,
zwei Jungen, zwei Mädchen, sangen einen Schlager,° sie waren, trotz der **der Schlager, -** pop song
vereisten Straße, ausgelassen,° als kämen sie von einer Party. **ausgelassen** wild, exuber-
Der Mann am Steuer schrie: Nun seid doch mal still. Schaut mal nach vorne, ant, in high spirits
da hängt einer am Baum.
Die Mädchen sangen weiter, und der junge Mann schrie noch lauter: Still jetzt!
Verdammt noch mal, ihr blöden Gänse, könnt ihr nicht mal still sein.
Er hielt an. Er und sein Begleiter stiegen aus, sie blieben einige Meter vor dem
VW stehen, sie bewegten ratlos° ihre Arme. Dann traten sie näher. **ratlos** helpless, perplexed, at
Mein Lieber, der muß vielleicht einen Zahn drauf gehabt haben.° Da ist nichts a loss
mehr zu machen, die sind hops.° **hops (coll.)** dead
Und jetzt? fragte der andere, sollen wir warten, bis die Polizei kommt? Oder
sollen wir in Ochsenfurt zur Polizei fahren?
Mensch, bist du verrückt? Ich hab gesoffen, ich bin noch von heute nacht voll,
ich hab doch eine Fahne,° die riechen das doch, die sind doch auch nicht von **eine Fahne haben (coll.)**
Dummsdorf. Wenn ich blasen muß, dann bin ich dran. Das kann ich mir nicht to smell of liquor
leisten.
Sie gingen zurück, stiegen ein und fuhren weiter. Eines der Mädchen fragte:
Sind die tot?
Nein, sagte der Mann am Steuer, und er umkrampfte° das Lenkrad so, daß **umkrampfen** to grip tightly
die Knöchel° weiß wurden, nein, die spielen nur Karten, die warten auf den **der Knöchel, -** knuckle
dritten Mann zum Skat.° **der Skat** card game (for
Ach, wie spaßig, sagte das andere Mädchen, und beide begannen, einen three players)
neuen Schlager zu singen.

11.15 Uhr
Ein roter VW, an der Antenne einen Fuchsschwanz,° fuhr äußerst gewagt in **der Fuchsschwanz** fox tail
die Kurve, forsch aus der Kurve heraus. Der Glatzköpfige,° allein im Auto, **glatzköpfig** bald headed
pfiff, als er den verunglückten Wagen sah, scharf durch die Zähne.
Verdammt, murmelte er, verdammt, das hat mir gerade noch gefehlt. Er gab
vorsichtig Gas, trotzdem drehten die Räder durch, der Wagen schlitterte° ein **schlittern** to slide, skid

paar Sekunden, dann fing er sich wieder auf einer trockenen Stelle der Straße. Der Glatzköpfige begann zu schwitzen,° seine Handflächen wurden feucht. Hoffentlich kommt mir jetzt keiner entgegen und merkt sich meine Nummer, brummelte er vor sich hin. Verdammt, wenn mich jetzt die Polizei anhält, mit dem geklauten Wagen . . . nicht auszudenken . . . laßt sie liegen . . . laßt sie liegen . . . sind ja sowieso übern Jordan.°

schwitzen to sweat

übern Jordan dead (i.e., across the Jordan river)

11.28 Uhr
Ein beiger BMW fährt in die Kurve, am Steuer eine blonde, sehr schöne Frau. Der Mann neben ihr ist schläfrig, er gähnt° dauernd.
Fahr nicht so leichtsinnig,° sagt er zu der blonden Frau. Da sieht er den verunglückten Wagen, und er sagt: Soll es uns so gehen wie denen da?
Die Frau wollte anhalten. Der Mann schrie: Bist du verrückt? Hinterher müssen wir noch als Zeugen° auftreten.
Na und? fragte die Frau.
Sag mal, keuchte der Mann, hast du vielleicht ein Brett° vor dem Kopf? Und wenn meine Frau die Vorladung° in die Finger kriegt, da steht doch dann auch dein Name drauf . . . was dann . . . na . . . kapiert?
Die Frau fuhr langsam weiter, aber sie sah den Mann neben ihr nicht mehr an.

gähnen to yawn
leichtsinnig thoughtless, careless, frivolous

der Zeuge, -n witness

ein Brett vor dem Kopf haben (idiom.) to be stupid, to be a blockhead
die Vorladung, -en summons to appear (in court)

11.35 Uhr
Langsam näherte sich mit rotierendem° Gelblicht der Streuwagen° aus der Kurve heraus dem Unglückswagen
Der Beifahrer schrie: Franz! Halt an . . . da . . . da. Ich hab's dir doch gleich gesagt, daß wir heute noch einen antreffen, der wo dranklebt. Hätten wir mal gewettet.°
Sie hielten hinter dem Unglückswagen, die beiden Männer stiegen aus, sie sahen kurz auf die leblosen Insassen, sahen sich an, zuckten die Schultern. Der Fahrer des Streuwagens stieg wortlos ein und meldete den Unfall per Sprechfunk° in die Zentrale. Sie warteten, ohne ein Wort zu wechseln, eine Viertelstunde, bis die Polizei kam, und noch weitere zehn Minuten bis zum Eintreffen des Krankenwagens, in dem ein Arzt mitgekommen war. Als der Arzt den Toten am Lenkrad sah, schrie er leise auf.
Ist was, Doktor, fragte einer der drei Polizisten.
Nein, nein, nichts. Sind mindestens eine Stunde tot, sagte der Arzt.
Eine Stunde? fragte ein anderer Polizist. Daß die aber nicht früher entdeckt wurden.
Wie soll auch, antwortete der Arzt. Wer fährt schon bei dem Sauwetter° und den Straßen und am Sonntagmorgen, wenn er nicht unbedingt muß. Und wer muß schon unbedingt am Sonntagmorgen.
Da haben Sie auch wieder recht, sagte der erste Polizist, und die drei Uniformierten begannen, den Tatbestand° zu protokollieren.

Meldung am 17. 2. 69 in allen Würzburger Zeitungen: Auf der Bundesstraße 13, kurz vor Ochsenfurt, verunglückte gestern Vormittag der praktische Arzt

rotieren to rotate
der Streuwagen salt truck (to put salt or sand on the icy road)

wetten to bet, to place a bet

der Sprechfunk radio, CB-radio

das Sauwetter (coll.) terrible weather

der Tatbestand facts (of the case), evidence

Wilhelm Altmann mit seiner Ehefrau tödlich. Die Polizei nimmt an, daß der Wagen infolge überhöhter° Geschwindigkeit auf spiegelglatter° Straße aus der Kurve getragen wurde und dann an einen Baum prallte. Die beiden Insassen waren nach Auskunft des hinzugeeilten° Arztes sofort tot.

Alle diejenigen, die am Sonntag, dem 16. 2. 69, in der Zeit von 10.30 Uhr und 11.35 Uhr die Unglücksstelle passierten, lasen am Montagmorgen die Zeitung.

überhöht excessive, too high
spiegelglatt slippery, smooth like a mirror
hinzu·eilen to rush to the scene

Redewendungen

Er schüttelt den Kopf.	*He shakes his head.*
Es geht mich etwas [nichts] an.	*It concerns [does not concern] me. (It is of [no] importance to me.)*
Was geht es dich an?	*Why should you care? (What is it to you?)*
Ich bin zu spät dran.	*I am late.*
Ich will nichts damit zu tun haben.	*I don't want to have anything to do with that.*
Mir wird dabei schlecht.	*That makes me sick.*
(=Es wird mir dabei schlecht.)	
Das fehlte (mir) noch.	*That's all (I) needed.*
Er hat einen Zahn drauf.	*He is driving at an excessive speed.*
Da ist nichts mehr zu machen.	*It's all over. (There is nothing that can be done.)*
Ich hab(e) eine Fahne.	*I have been drinking. (One can smell the alcohol.)*
Das kann ich mir nicht leisten.	*I can't afford that. (I can't risk that.)*
Es ist nicht auszudenken.	*It is hard to imagine.*
Er zuckt die Schultern.	*He shrugs his shoulders.*
Sie wechseln kein Wort.	*They do not talk to each other.*

20 Wichtige Wörter

die **Bundesstraße**	der **Rücksitz**	der **Schlager**	ratlos
der **Unglückswagen**	das **Lenkrad**	der **Zeuge**	forsch
der **Stamm**	der **Führerschein**	die **Vorladung**	beipflichten
der **Hausbesuch**	der **Reifen**	der **Auspuff**	auffallen
der **Insasse**	die **Windschutzscheibe**	dringend	Gas geben

Übungen

I. Fragen

Beantworten Sie die Fragen.

1. Wie geschah der Unfall?
2. Wer saß in dem Unglückswagen?
3. Was hatte der Arzt getan?
4. Wer saß in dem grünen Mercedes?

5. Was wollte die junge Frau im grünen Mercedes tun?

6. Wovor hatte der Mann im schwarzen VW Angst?

7. Warum sollte der Mann im schwarzen VW schneller fahren?

8. Warum wollte die Mutter im gelben Fiat nicht anhalten?

9. Welche Religion hatte die Mutter im gelben Fiat?

10. Was fürchtete der dicke Mann im Mercedes-Diesel?

11. Was würde geschehen, wenn der Fahrer des Citroen in die Tüte blasen müßte? (= *would have to blow into a bag* i.e., have to take a breath test)

12. Wie fuhr der Mann im roten VW?

13. Was dachte die blonde Frau im BMW von dem Mann neben ihr?

14. Wie lange dauerte es, bis der Unfall gemeldet wurde?

15. Wer meldete den Unfall?

16. Wie lange nach der Meldung kam der Krankenwagen?

17. Was sagte der Arzt über die Toten?

18. Worüber wunderte sich ein Polizist?

19. Wie erklärte der Arzt, daß es so lange gedauert hatte?

20. Was denkt man nach der Zeitungsmeldung?

II. Grammatische Übungen

A. *Setzen Sie die Endungen ein.*

1. Ein weiß _____ VW fuhr gegen ein _____ Baum.

2. Der Arzt kam von ein _____ dringend _____ Hausbesuch.

3. Er hatte in ein _____ abgelegen _____ Dorf ein Kind behandelt.

4. Die Frau hatte ein dreijährig _____ Kind auf ihr _____ Schoß.

5. Ein VW ist gegen ein _____ groß _____ Baum gefahren.

6. Er sah sein _____ abgefahren _____ Reifen (pl.) an.

7. Er fuhr mit ein _____ geklaut _____ Wagen.

8. Am Steuer sitzt ein _____ blond _____ Frau.

9. Nach Ansicht ein _____ herbeigeeilt _____ Arztes waren sie beide tot.

10. Sie lasen die Meldung in ein _____ lokal _____ Zeitung.

B. *Vergangenheit oder Plusquamperfekt°? Wählen Sie die richtige Zeitform des Nebensatzes°.*

das Plusquamperfekt = past perfect

der Nebensatz = subordinate clause

1. Nachdem der Arzt das Kind _____ (behandeln), wollte er nach Hause fahren.

2. Als die junge Frau den VW _____ (sehen), schrie sie auf.

3. Nachdem sie an dem VW _____ (vorbeifahren), zündete sich die Frau eine Zigarette an.

4. Die Mädchen drehten sich um, bis sie das Auto nicht mehr _____ (sehen).

5. Nachdem der vierzigjährige Mann _____ (aussteigen), rief ihn seine Frau zurück.

6. Seit das Unglück _____ (geschehen), waren acht Autos vorbeigefahren.

7. Als der Arzt den Toten _____ (untersuchen), erschrak er.

8. Obwohl der Mann mit dem roten VW zu schnell _____ (fahren), hatte er keinen Unfall.

9. Nachdem der Fahrer den Unfall _____ (melden), kam die Polizei.

10. Als der Mann die Zeitung _____ (lesen), schüttelte er den Kopf.

C. *Bilden Sie Sätze in der Vergangenheit, im Perfekt und Plusquamperfekt.*

1. Er / dem Notruf / folgen

2. Ich / meine Papiere / vergessen

3. Die Männer / den Wagen / verlassen

4. Die Frau / aufschreien

5. Der Wagen / weiterfahren

D. *Bilden Sie die Imperative (nur „du-" und „ihr-" Formen).*

1. sofort / anhalten

2. still / sein

3. keinen Kaffee / trinken

4. schneller / fahren

5. die Polizei / rufen

6. die Zeitung / lesen

E. *Setzen Sie das passende° Modalverb ein (Präsens).*

passend appropriate

1. Wir _____ den Unfall nicht bei der Polizei melden, ich habe meine Papiere vergessen.

2. Ich _____ nicht wegen der Sache Schwierigkeiten bekommen.

3. Die Frau sagte: Wir _____ zur Polizei gehen.

4. Wenn du zu viel Kaffee trinkst, dann _____ du oft laufen.

5. Wenn ich bleibe, _____ ich meinen Führerschein zeigen.

III. Übungen zum Sprechen und Schreiben

A. *Setzen Sie Adjektive ein.*
Beispiel: Er fuhr mit _____ Geschwindigkeit.
　　　　　Er fuhr mit **hoher** Geschwindigkeit.

1. Im Auto saß eine _____ Frau.

2. Die Reifen des Autos waren _____.

3. Sie fuhr _____ in die Kurve.

4. Das ist ein _____ VW. (3 Farben)

5. Ich kenne den _____ Mann im Wagen.

6. Die Straße war _____.

B. *Welche Redewendung kann man dafür einsetzen?*

1. Er fährt sehr schnell.

2. Ich rieche° nach Alkohol.

3. Ich sage „nein" durch eine Geste.°

4. Ich komme zu spät.

5. Ich fühle mich unwohl, wenn ich das sehe.

6. Man kann nichts mehr ändern oder nicht helfen.

riechen to smell

die Geste gesture

C. *Fragen Sie einen Klassenkameraden / -kameradin.*

1. Hast du schon einmal einen Autounfall gehabt?—Oder warst du Zeuge eines Unfalls?—Haben dir die Leute geholfen?—Kam die Polizei schnell?—Haben andere Autos gehalten?—Wie war das Wetter?—Wo geschah der Unfall?

2. Warst du einmal Zeuge im Gericht (**das Gericht** court)?—Was für ein Prozeß war es?—Was mußtest du aussagen? (**aussagen** to testify)—Was für ein Urteil (**das Urteil** judgement) gab es?—War es nur ein Richter (**der Richter** judge) oder eine Jury?

3. Wie sieht dein Auto aus?—Welche Farbe hat es?—Welche Marke (**die Marke** make, brandname) ist es?—Wie alt ist es? Sind die Reifen neu?—Kannst du dein Auto beschreiben?—Bist du schon einmal auf Glatteis gefahren?—Oder sonst in einem schlechten Wetter? (**sonst in ein-** in any other)—Was für Erfahrungen hast du dabei gemacht? (**Erfahrungen machen** to have an experience).

D. *Wir spielen eine Szene.*

1. Ein Polizist befragt einen Zeugen über einen Verkehrsunfall. Er befragt auch die beiden Fahrer. Erfinden Sie eine Situation!

2. Wir finden ein Auto an einem Baum auf der Bundesstraße. In dem verunglückten Auto sind zwei Verletzte, ein Mann und eine Frau. Sie und Ihre Freunde wollen helfen.

3. Vier Studenten kommen von einer Party und unterhalten sich im Auto über die Party.

4. Ein Mann und sein Beifahrer / seine Beifahrerin streiten sich im Auto über . . .

E. *Schreiben Sie.*

1. Mein Auto.

2. Ein Verkehrsunfall.

3. Ein Arzt fährt in ein abgelegenes Dorf zu einem Hausbesuch.

4. Menschen helfen einander (*each other*) /nicht/.

F. *Diskutieren Sie in der Klasse.*

1. Sicherheit auf der Straße: Was ist die Verantwortung (*responsibility*) des Staates und des einzelnen Fahrers?

2. Gibt Max von der Grün ein pessimistisches Bild von den Menschen? Was halten Sie davon?

GRAMMATIK

Modal Verbs

English Modal Verbs

Modal verbs are a group of verbs which do not describe any actions by themselves; rather, they express certain modalities (e.g., possibility, impossibility, necessity, or contingency) of an action. Therefore, they usually occur in conjunction with another (= full) verb.

He <u>can't</u> swim.
You <u>may</u> enter the room.

In English, most modal verbs cannot form infinitives or past participles. Substitute forms are used in compound tenses:

PRESENT He can't swim.
PAST PERFECT He had not been able to swim.

Modal Verbs in German

There are six modal verbs in German.

können *can, could, to be able to*
mögen *to like to*
dürfen *may, to be allowed to*
wollen *to want to, to intend to*
sollen *shall, should, to be supposed to*
müssen *must, to have to*

1. Conjugation of the present tense:

	können	mögen	dürfen	müssen	wollen	sollen
ich	**kann**	mag	darf	**muß**	**will**	**soll**
du	**kannst**	magst	darfst	**mußt**	**willst**	**sollst**
er	**kann**	mag	darf	**muß**	**will**	**soll**
wir	**können**	mögen	dürfen	**müssen**	**wollen**	**sollen**
ihr	**könnt**	mögt	dürft	**müßt**	**wollt**	**sollt**
sie	**können**	mögen	dürfen	**müssen**	**wollen**	**sollen**

2. Past tense: In the past tense, the modal verbs use the weak conjugational endings and no umlauts.

ich	**konnte**	**mochte**	**durfte**	**mußte**	**wollte**	**sollte**
du	**konntest**	**mochtest**	**durftest**	**mußtest**	**wolltest**	**solltest**

3. Compound tenses: If the modal verb uses a dependent infinitive in the future, present perfect, or past perfect, it results in a double infinitive construction:

FUTURE TENSE Ich werde nach Hause **gehen müssen.**
PRESENT PERFECT Ich habe den Film **sehen dürfen.**
PAST PERFECT Er hatte das Schnitzel **essen wollen.**

All modal verbs use **haben** to form the present perfect and past perfect tenses.
If the modal verb is used without a dependent infinitive, the past participle of the modal is employed in the present perfect and past perfect:

PRESENT PERFECT   Ich **habe** schnell in die Stadt **gemußt.**
PAST PERFECT   Er **hatte** das nicht **gekonnt.**

The past participles of modal verbs use

---

ge- + stem of modal + **t**
without umlaut

**gemußt, gesollt, gedurft,
gemocht, gewollt, gekonnt**

Übungen

A. *Setzen Sie das Modalverb ein (Präsens).*
  1. Der Arzt kommt dem Notruf nach.   (müssen)   4. Ich bremse schnell.   (wollen)
  2. Wir halten sofort an.   (sollen)   5. Die Mädchen steigen nicht aus.   (dürfen)
  3. Du gehst nicht zur Polizei.   (können)

B. *Setzen Sie die Sätze in die Vergangenheitsform.*
  1. Ich kann das nicht sehen.   4. Wir mögen solche Geschichten nicht lesen.
  2. Ihr müßt jetzt still sein.   5. Die Frau will nicht so lange warten.
  3. Ihr dürft nicht so schnell fahren.

C. *Setzen Sie die folgenden Sätze ins Perfekt.*
  1. Ich will nicht so schnell bremsen.   4. Wir können den Unfall nicht sehen.
  2. Er soll als Zeuge auftreten.   5. Sie darf den Wagen nicht anhalten.
  3. Du mußt zur Polizei gehen.

D. *Setzen Sie die folgenden Sätze ins Plusquamperfekt.*
  1. Wir können den Unfall nicht sehen.   4. Ihr müßt das der Polizei melden.
  2. Er muß an diesem Wochenende Notdienst machen.   5. Die Frau will anhalten.
  3. Du sollst als Zeuge bei dem Unfallwagen bleiben.

E. *Setzen Sie das passende Modalverb ein.*
  1. Vor der Kurve _____ er anhalten.   (*had to*)
  2. Wir haben damals nicht zur Polizei gehen _____.   (*to be able to*)
  3. Ich _____ deswegen keine Schwierigkeiten haben.   (*want to*)
  4. Die beiden Mädchen _____ nicht aufhören zu singen.   (*did not like to*)
  5. _____ wir nicht lieber zur Polizei gehen?   (*Should . . .*)
  6. Meine Mutter hat damit nichts zu tun haben _____.   (*want to*)
  7. Die Polizei _____ die abgefahrenen Reifen nicht sehen.   (*was . . . supposed to*)
  8. Er _____ seinen Führerschein nicht verlieren.   (*wanted to*)
  9. Der Streuwagen _____ nicht weiterfahren.   (*was not allowed to*)
  10. Wir werden alles in der Zeitung lesen _____.   (*be able to*)

F. *Schreiben Sie die Sätze auf deutsch.*
  1. The doctor had had to treat a sick child.
  2. They wanted to be home for lunch.
  3. The forty-year old man was not allowed to drive.

4. Nobody likes to appear as a witness.
5. All drivers are supposed to stop and help.
6. The man does not want to tell his wife about it.
7. The doctor has not been able to help the two passengers.
8. The police could not find the other drivers.
9. Nobody drives in this kind of weather unless he absolutely has to.
10. Everybody (has) wanted to read the newspaper story about the incident.

Objective and Subjective Meaning of Modal Verbs

1. Modal verbs can be used with an objective or a subjective meaning. Used in an objective way, modal verbs express a factual situation:

He must repair the car.

Used subjectively modals indicate some degree of probability or uncertainty about a current or past event. The modal indicates that the speaker has only incomplete or second-hand information. Usually, English speakers use the verb *to be* or the *perfect infinitive* with a modal when they try to convey a subjective meaning:

He may <u>be</u> sick.   (= It is probable or possible)
He must <u>have been</u> sick.   (= It is almost certain that he was)
(<u>must have been</u> = perfect infinitive)

2. In German, the subjective meaning of the modal verbs is as follows:

können   *to be possible*
mögen   *to be possible* (but not likely)
dürfen   *to be probable*
müssen   *to be almost certain*
wollen   *to claim*
sollen   *to be said to, to be rumored to*

The verb **dürfen** is used in the subjunctive II form to indicate probability.

Das **dürfte** wahr sein.   *That may be (is probably) true.*

Wollen expresses unsubstantiated claims by the subject of the sentence; however, **sollen** expresses the opposite: rumors by other people about the subject.

Er **will** sehr viel Geld verdient haben.   *He claims to have earned a lot of money.*
Er **soll** viel Geld verdient haben.   *People say that he earned a lot of money.*

3. Differentiate between the subjective meaning of a modal and objective usage by keeping apart the present perfect tense (objective) and the perfect infinitive (subjective):

PRESENT PERFECT TENSE   Er **hat** viel Geld **verdienen können.**
OBJECTIVE MEANING   *He has been able to make a lot of money.*

PREFECT INFINITIVE	Er **kann** sehr viel Geld **verdient haben.**
SUBJECTIVE MEANING	*He may have (= it is possible) made a lot of money.*

Übungen

A. *Bestimmen Sie, ob das Modalverb subjektiv oder objektiv verwendet wird. Geben Sie die englische Übersetzung der Sätze.*

1. Der Arzt hatte ein Kind mit hohem Fieber behandeln müssen.
2. Das Auto muß zu schnell gefahren sein.
3. Er hat keine Schwierigkeiten haben wollen.
4. Die Insassen wollen das Auto nicht gesehen haben.
5. Ich habe mir das nicht leisten können.
6. Sie kann nicht so schnell gefahren sein.
7. Die Frau hatte der Polizei den Unfall melden sollen.
8. Keiner der Fahrer soll angehalten haben.
9. Der Unfall dürfte vor einer Stunde passiert sein.
10. Der Polizist mag daran nicht gedacht haben.
11. Der Mann hat nicht als Zeuge erscheinen mögen.
12. Die Zeitung kann die Wahrheit nicht gewußt haben.

B. *Bilden Sie Sätze mit subjektivem Gebrauch der Modalverben. Geben Sie die englische Übersetzung der Sätze.* (Präsens!)

1. Mann / BMW / Angst haben / müssen
2. Ehepaar / VW / sofort / tot sein / können
3. Fahrer / schwarzer VW / Polizei / benachrichtigen / wollen
4. Frau / Zeitungsmeldung / lesen / dürfen
5. Mann / roter VW / Wagen / stehlen / sollen
6. Krankenwagen / eine Stunde / kommen / können
7. Streuwagen / eine halbe Stunde / warten / müssen
8. Viele Fahrer / Unglückswagen / sehen / sollen
9. Die Polizei / Ehepaar / Leben / retten / wollen
10. Polizist / Geschichte / nicht / glauben / mögen

C. *Bilden Sie Sätze mit objektivem Gebrauch der Modalverben im Präsens.*

1. Mann / roter VW / Wagen / stehlen / sollen
2. Streuwagen / eine halbe Stunde / warten / müssen
3. Frau / Fiat / die Zeitungsmeldung / lesen dürfen
4. Die Polizei / Ehepaar / Leben / retten / wollen
5. Mann / BMW / Angst haben / müssen

D. *Bilden Sie Sätze mit objektivem Gebrauch der Modalverben im Perfekt.*

1. Fahrer / schwarzer VW / Polizei / benachrichtigen / wollen
2. Krankenwagen / eine Stunde / kommen / können
3. Polizist / Geschichte / nicht glauben / mögen
4. Streuwagen / eine halbe Stunde / warten müssen
5. Frau / Fiat / die Zeitungsmeldung / lesen / dürfen

LEKTÜRE II

Bertolt Brecht

geboren am 10. Februar 1898 in Augsburg, gestorben am 14. August 1956 in Berlin (Ost). Brecht begann nach dem Ersten Weltkrieg mit Dramen wie Trommeln in der Nacht *(1922). Sein größter Erfolg wurde* Die Dreigroschenoper *(1928), nach John Gay's* Beggar's Opera *aus dem 18. Jahrhundert, mit Musik von Kurt Weill. Die Heilige Johanna der Schlachthöfe (1932) spielt in Chicago. 1933 emigrierte Brecht nach Dänemark, später auf der Flucht vor den deutschen Truppen nach Schweden, Finnland und schließlich in die USA. Im Exil schrieb er Dramen wie* Mutter Courage und ihre Kinder *(1941),* Der gute Mensch von Sezuan *(1942),* Das Leben des Galilei *(1943) und* Der kaukasische Kreidekreis *(1948). Brecht kehrte 1948 nach Deutschland zurück, wo er in Ost-Berlin das Theater am Schiffbauerdamm leitete. Er wird auch als einer der wichtigsten deutschen Lyriker des Jahrhunderts angesehen. Außer Dramen und Gedichten schrieb er auch erzählende Texte, zum Teil in der Tradition der Kalendergeschichte.*

Das Leben des Galilei

[. . .

I

Galileo Galilei, Lehrer der Mathematik zu Padua, will das neue kopernikanische° Weltsystem beweisen.°

> In dem Jahr sechzehnhundertundneun
> Schien das Licht des Wissens hell
> Zu Padua aus einem kleinen Haus.
> Galileo Galilei rechnete° aus:
> Die Sonn steht still, die Erd kommt von der Stell.°

kopernikanisch Copernican
beweisen, ie, ie to prove

rechnen to calculate
von der Stelle kommen to move

> Das ärmliche Studierzimmer des
> Galilei in Padua

Es ist morgens. Ein Knabe, Andrea, der Sohn der Haushälterin°, bringt ein Glas Milch und einen Wecken.°

die Haushälterin housekeeper
der Wecken, - bun

ANDREA:
> „O früher Morgen des Beginnens!
> O Hauch° des Windes, der
> Von neuen Küsten° kommt!"

der Hauch breeze
die Küste, -n coast

Und Sie müssen Ihre Milch trinken, denn dann kommen sofort wieder Leute.

GALILEI: Hast du, was ich dir gestern sagte, inzwischen° begriffen°?

ANDREA: Was? Das mit dem Kippernikus° seinem Drehen?

GALILEI: Ja.

ANDREA: Nein. Warum wollen Sie denn, daß ich es begreife? Es ist sehr schwer, und ich bin im Oktober erst elf.

GALILEI: Ich will gerade, daß auch du es begreifst. Dazu, daß man es begreift, arbeite ich und kaufe die teuren Bücher, statt den Milchmann zu bezahlen.

ANDREA: Aber ich sehe doch, daß die Sonne abends woanders° hält als morgens. Da kann sie doch nicht stillstehn! Nie und nimmer.°

GALILEI: Du siehst! Was siehst du? Du siehst gar nichts. Du glotzt° nur. Glotzen ist nicht sehen. *Er stellt den eisernen° Waschschüsselständer° in die Mitte des Zimmers.* Also das ist die Sonne. Setz dich. *Andrea setzt sich auf den einen Stuhl. Galilei steht hinter ihm.* Wo ist die Sonne, rechts oder links?

ANDREA: Links.

GALILEI: Und wie kommt sie nach rechts?

ANDREA: Wenn Sie sie nach rechts tragen, natürlich.

GALILEI: Nur so? *Er nimmt ihn mitsamt° dem Stuhl auf° und vollführt° mit ihm eine halbe Drehung.°* Wo ist jetzt die Sonne?

ANDREA: Rechts.

GALILEI: Und hat sie sich bewegt?

ANDREA: Das nicht.

GALILEI: Was hat sich bewegt?

ANDREA: Ich.

GALILEI: *brüllt°:* Falsch! Dummkopf! Der Stuhl!

ANDREA: Aber ich mit ihm!

GALILEI: Natürlich. Der Stuhl ist die Erde. Du sitzt drauf.

FRAU SARTI *ist eingetreten°, das Bett zu machen. Sie hat zugeschaut°:* Was machen Sie eigentlich° mit meinem Jungen, Herr Galilei?

GALILEI: Ich lehre ihn sehen, Sarti.

FRAU SARTI: Indem° Sie ihn im Zimmer herumschleppen°?

ANDREA: Laß doch, Mutter. Das verstehst du nicht.

FRAU SARTI: So? Aber du verstehst es, wie? Ein junger Herr, der Unterricht wünscht. Sehr gut angezogen und bringt einen Empfehlungsbrief.° *Übergibt diesen.* Sie bringen meinen Andrea noch so weit, daß er behauptet°, zwei mal zwei ist fünf. Er verwechselt° schon alles, was Sie ihm sagen. Gestern abend bewies er mir schon, daß die Erde sich um die Sonne dreht. Er ist fest überzeugt°, daß ein Herr namens° Kippernikus das ausgerechnet hat.

ANDREA: Hat es der Kippernikus nicht ausgerechnet, Herr Galilei? Sagen Sie es ihr selber!

FRAU SARTI: Was, Sie sagen ihm wirklich einen solchen Unsinn°? Daß er es in der Schule herumplappert° und die geistlichen° Herren zu mir kommen, weil er lauter° unheiliges° Zeug° vorbringt. Sie sollten sich schämen, Herr Galilei.

GALILEI *frühstückend:* Auf Grund° unserer Forschungen°, Frau Sarti, haben,

---

inzwischen in the meantime
begreifen, i, i to understand
Kippernikus Copernicus

woanders somewhere else
nie und nimmer never at any time
glotzen to gape, stare, goggle
eisern iron
der Waschschüsselständer washbasin stand

auf·nehmen, i, a, o to pick up
mitsamt together with
vollführen to carry out, execute
die Drehung, -en turn

brüllen to shout

ein·treten, i, a, e to enter
zu·schauen to watch
eigentlich really, exactly, actually
indem by . . . -ing
herum·schleppen to drag around
der Empfehlungsbrief, -e letter of recommendation
noch so weit bringen to succeed in
behaupten to assert, maintain
verwechseln to confuse
überzeugen to convince
namens by the name of
der Unsinn nonsense
herum·plappern to babble around
geistlich religious, clerical
lauter nothing but, mere, pure
unheilig profane, unholy
das Zeug stuff

Galileo Galilei im Streit mit Frau Sarti.

Fragen:

1. Warum ist Frau Sarti böse auf Galilei?
2. Woran denkt Galilei, während sie spricht?
3. Was will Galilei ihr erklären?

nach heftigem° Disput, Andrea und ich Entdeckungen gemacht, die wir nicht länger der Welt gegenüber geheimhalten° können. Eine neue Zeit ist angebrochen°, ein großes Zeitalter°, in dem zu leben eine Lust° ist.

FRAU SARTI: So. Hoffentlich können wir auch den Milchmann bezahlen in dieser neuen Zeit, Herr Galilei. Tun Sie mir den einzigen° Gefallen° und schicken Sie den nicht auch wieder weg. Ich denke an die Milchrechnung°. *Ab.*

GALILEI *lachend:* Lassen Sie mich wenigstens° meine Milch austrinken!—*Zu Andrea:* Einiges° haben wir gestern also doch verstanden!

ANDREA: Ich habe es ihr nur gesagt, damit sie sich wundert. Aber es stimmt nicht. Den Stuhl mit mir haben Sie nur seitwärts um sich selber gedreht und nicht so. *Macht eine Armbewegung vornüber°,* Sonst° wäre ich nämlich heruntergefallen, und das ist ein Fakt. Warum haben Sie den Stuhl nicht vorwärts

auf Grund based upon
die Forschung, -en research
heftig vehement, severe
geheim·halten, ä, ie, a to keep secret
an·brechen, i, a, o to start
das Zeitalter, - age, era
die Lust joy, fun
einzig only
einen Gefallen tun to do a favor
die Milchrechnung bill for milk
wenigstens at least
einiges some of the things

vornüber bent forward
sonst otherwise

gedreht? Weil dann bewiesen ist, daß ich von der Erde ebenfalls° herunterfallen würde, wenn sie sich so drehen würde. Da haben Sie's.

GALILEI: Ich hab dir doch bewiesen . . .

ANDREA: Aber heute nacht habe ich gefunden, daß ich da ja, wenn die Erde
sich so drehen würde, mit dem Kopf die Nacht nach unten hängen würde.
Und das ist ein Fakt.

GALILEI *nimmt einem Apfel vom Tisch:* Also das ist die Erde.

ANDREA: Nehmen Sie nicht lauter solche Beispiele, Herr Galilei. Damit schaf-
fen° Sie's immer.

GALILEI *den Apfel zurücklegend:* Schön.

ANDREA: Mit Beispielen kann man es immer schaffen, wenn man schlau ist.
Nur, ich kann meine Mutter nicht in einem Stuhl herumschleppen wie Sie
mich. Da sehen Sie, was das für ein schlechtes Beispiel ist. Und was ist, wenn
der Apfel also die Erde ist? Dann ist gar nichts.

GALILEI *lacht:* Du willst es ja nicht wissen.

ANDREA: Nehmen Sie ihn wieder. Wieso hänge ich nicht mit dem Kopf nach
unten nachts?

GALILEI: Also hier ist die Erde, und hier stehst du. *Er steckt einen Holzsplitter°
von einem Ofenscheit° in den Apfel.* Und jetzt dreht sich die Erde.

ANDREA: Und jetzt hänge ich mit dem Kopf nach unten.

GALILEI: Wieso? Schau genau hin! Wo ist der Kopf?

ANDREA *zeigt am Apfel:* Da. Unten.

GALILEI: Was? *Er dreht zurück.* Ist er etwa nicht an der gleichen° Stelle? Sind
die Füße nicht mehr unten? Stehst du etwa, wenn ich drehe, so? *Er nimmt
den Splitter heraus und dreht ihn um.*

ANDREA: Nein. Und warum merke° ich nichts von der Drehung?

GALILEI: Weil du sie mitmachst! Du und die Luft über dir und alles, was auf
der Kugel° ist.

ANDREA: Und warum sieht es so aus, als ob die Sonne läuft?

GALILEI *dreht wieder den Apfel mit dem Splitter:* Also unter dir siehst du die
Erde, die bleibt gleich, sie ist immer unten und bewegt sich für dich nicht.
Aber jetzt schau über dich. Nun ist die Lampe über deinem Kopf, aber jetzt,
was ist jetzt, wenn ich gedreht habe, über deinem Kopf, also oben?

ANDREA *macht die Drehung mit:* Der Ofen.

GALILEI: Und wo ist die Lampe?

ANDREA: Unten.

GALILEI: Aha!

ANDREA: Das ist fein, das wird sie wundern.

. . .]

ebenfalls also

schaffen to accomplish

der Holzsplitter, - wood
splinter
das Scheit, -e log, firewood

gleich same

merken to notice

die Kugel, -n ball, sphere

Redewendungen

die Erde kommt von der Stelle	the earth is moving
nie und nimmer	never at any time
Sie bringen ihn noch so weit, daß	you will succeed in . . . -ing
tun Sie mir einen Gefallen	*please do me a favor*

20 Wichtige Wörter

beweisen	verstehen	die **Drehung**	die **Kugel**
begreifen	behaupten	der **Unterricht**	ebenfalls
sich schämen	überzeugen	der **Unsinn**	einzig
sich wundern	die **Entdeckung**	die **Mitte**	wenigstens
sich bewegen	die **Forschung**	die **Luft**	sonst

Übungen

I. Fragen

Beantworten Sie die Fragen.

1. Wofür interessiert sich Galilei?
2. Woran denkt Galilei nicht?
3. Warum erklärt Galilei dem Andrea so viel?
4. Woran denkt Frau Sarti?
5. Was für ein Herr ist draußen und wartet auf Galilei?
6. Mit wem kann Galilei Schwierigkeiten bekommen?
7. Was für eine Methode hat Galilei?
8. Versteht Andrea, was Galilei ihm erklärt?
9. Was für ein Mensch ist Frau Sarti?
10. Was für ein Mensch ist Andrea?

II. Grammatische Übungen

A. *Bilden Sie Präsens, Perfekt und Futur der Verben.*

1. begreifen—du das?
2. er—sehen—gar nichts
3. sie (*she*)—kommen—nach rechts
4. Wir—sitzen—hier
5. ihr—verstehen—es nicht
6. sie (*they*)—hängen—nach unten
7. die Sonne—laufen
8. er—nehmen—das Beispiel

B. *Setzen Sie die Artikel und / oder Endungen ein.*

1. Er setzt sich auf _____ Stuhl.
2. Er nimmt ihn mit _____ Stuhl hinüber.
3. Wie kommt die Erde nach _____ ander _____ Seite.
4. Er sitzt auf _____ Stuhl.
5. Was machen Sie mit _____ Jungen?
6. Die Erde dreht sich um _____ Sonne.
7. Nach heftig _____ Disput.
8. Es geht uns gut in dies _____ neu _____ Zeit.
9. Er fällt von _____ Erde herunter.
10. Der Apfel ist an _____ gleich _____ Stelle.

C. *Stellen Sie die richtigen Fragen.*

Beispiel: Er trinkt **die Milch.**
   Was trinkt er?

1. Er sieht **nichts.**
2. Die Sonne kommt **durch die Drehung** nach links.
3. **Der Mann** geht ins Zimmer.
4. Der Apfel ist **in der Hand.**
5. **Weil er sie mitmacht,** merkt er nichts von der Drehung.
6. Die Lampe ist **unten.**
7. **Ein gut angezogener Herr** wartet draußen.
8. Er kennt **diesen Herrn** nicht.

D. *Setzen Sie die Sätze (a) ins Perfekt und (b) bilden Sie die subjektive Form der Modalverben. (c) Erklären Sie dann die Bedeutung des neuen Satzes.*

Beispiel: —Frau Sarti will Galilei ein Glas Milch bringen.—
    (a) Frau Sarti **hat** Galilei ein Glas Milch **bringen wollen.**
    (b) Frau Sarti **will** Galilei ein Glas Milch **gebracht haben.**
    (c) Frau Sarti **behauptet, sie habe** Galilei ein Glas Milch **gebracht; andere Leute glauben das aber nicht.**

1. Andrea will die Theorie begreifen.
2. Die Sonne kann sich nicht bewegen.
3. Galilei muß seine Schulden° bezahlen.   **die Schulden** *debts*
4. Andrea soll Mathematik lernen.
5. Galilei mag gern gut essen.
6. Mit Beispielen kann er es schaffen.
7. Galilei will den Dummkopf nicht unterrichten.
8. Frau Sarti muß Galilei warnen.

E. *Bilden Sie Substantive aus dem Stamm der Verben und bilden Sie einen Satz aus dem neuen Substantiv.*

Beispiel: beweisen—der Beweis
    Er kann mir keinen Beweis für seine Behauptung geben.

1. begreifen   der . . .
2. sich bewegen   die . . .
3. verstehen   das . . .
4. sich wundern   das . . .
5. behaupten   die . . .
6. überzeugen   die . . .
7. entdecken   die . . .
8. sich drehen   die . . .

III. Übungen zum Sprechen und Schreiben

A. *Vervollständigen Sie die Sätze.*

1. Er begreift   4. Wir sitzen
2. Wir sehen   5. Er beweist
3. Ich trage   6. Sie sagen

B. *Bilden Sie Sätze mit diesen Ausdrücken.*

1. herumschleppen
2. verwechseln
3. Entdeckungen machen
4. einen Gefallen tun
5. sich wundern
6. merken
7. die Kugel
8. der Ofen

C. *Fragen Sie einen Klassenkameraden / eine Klassenkameradin.*

1. Wer war Galileo Galilei?—Wo und wann hat er gelebt?—Was hat er geleistet (leisten = *to achieve*)?—Warum kennst du seinen Namen heute noch?
2. Kennst du einen anderen berühmten Naturforscher / eine andere berühmte Naturforscherin?—Kannst du mir etwas von ihm / ihr erzählen?
3. Für welche Wissenschaft interessierst du dich?—Kannst du mir die Lösung eines wichtigen Problems dieser Wissenschaft erklären?

D. *Wir spielen eine Szene.*

1. Meine Mutter fragt mich über mein Studium.
2. Ich spreche mit einem Studienberater / einer Studienberaterin. (der Studienberater / -in = *advisor*)
3. Galilei erklärt dem Papst (der Papst = *pope*) seine Theorie.

E. *Die Klasse diskutiert.*

1. Ich studiere, weil ich später in meiner Wissenschaft etwas leisten möchte—weil ich später viel Geld verdienen will—weil es mir einfach Spaß macht.—Ich studiere, aber ich denke nicht an die Zukunft.
2. Wie viel und was kann ein Elfjähriger lernen?—Könnten Elfjährige mehr in der Schule lernen als es normalerweise der Fall ist?

F. *Schreiben Sie.*

1. Eine kurze Zusammenfassung° des Dialogs. (10 Sätze)
2. Ihre Erklärung, wie und warum sich die Erde um die Sonne dreht.
3. Wer war Galileo Galilei? (10 Sätze)

die Zusammenfassung
synopsis

LANDESKUNDE

Die Grundrechte°

Die Verfassung° der Bundesrepublik Deutschland heißt das Grundgesetz°. Es enthält als erste Abteilung° die Grundrechte für alle Bewohner des Landes und wurde am 23. Mai 1949 verkündigt°.

Artikel 1
„Die Würde° des Menschen ist unantastbar°. Sie zu achten° und zu schützen° ist Verpflichtung° aller staatlichen Gewalt°."

Die weiteren Abschnitte° dieses Artikels betonen°, daß sich das deutsche Volk zu den Menschenrechten als Grundlage des Zusammenlebens der Menschen in der Welt bekennt°. Die Grundrechte sind die bindende Grundlage

das Grundrecht, -e basic rights, fundamental rights
die Verfassung, -en constitution, condition
das Grundgesetz, -e Basic Law
die Abteilung, -en division, segment, part
verkündigen to proclaim, announce
die Würde dignity, honor
unantastbar inalienable, sacrosanct, untouchable
achten to respect, esteem
schützen to protect

> **D**er Parlamentarische Rat hat das vorstehende Grundgesetz für die Bundesrepublik Deutschland in öffentlicher Sitzung am 8. Mai des Jahres Eintausendneunhundertneunundvierzig mit dreiundfünfzig gegen zwölf Stimmen beschlossen. Zu Urkunde dessen haben sämtliche Mitglieder des Parlamentarischen Rates die vorliegende Urschrift des Grundgesetzes eigenhändig unterzeichnet.
>
> BONN AM RHEIN, den 23. Mai des Jahres Eintausendneunhundertneunundvierzig.
>
> *Konrad Adenauer*
>
> PRÄSIDENT DES PARLAMENTARISCHEN RATES
>
> *Adolph Schönfelder*
>
> I. VIZEPRÄSIDENT DES PARLAMENTARISCHEN RATES
>
> *Hermann Schäfer*
>
> II. VIZEPRÄSIDENT DES PARLAMENTARISCHEN RATES

Ein Blatt aus dem Grundgesetz mit den Unterschriften von Konrad Adenauer, Adolph Schönfelder und Hermann Schäfer.

für die Gesetzgebung°, die vollziehende° Gewalt und die Rechtsprechung°.

Artikel 2

„1) Jeder hat das Recht auf die freie Entfaltung° seiner Persönlichkeit."

Natürlich hat diese Entfaltung ihre Grenzen°, wenn man die Rechte anderer Menschen verletzt°, gegen die Verfassung oder das Sittengesetz° verstößt°.

„2) Jeder hat das Recht auf Leben und körperliche° Unversehrtheit°. Die Freiheit der Person ist unverletzlich°."

Artikel 3

„1) Alle Menschen sind vor dem Gesetz gleich."

„2) Männer und Frauen sind gleichberechtigt°."

„3) Niemand darf wegen seines Geschlechts, seiner Abstammung°, seiner Rasse, seiner Sprache, seiner Heimat und Herkunft°, seines Glaubens, seiner religiösen oder politischen Anschauungen° benachteiligt° oder bevorzugt° werden."

die Verpflichtung, -en obligation
die Gewalt, -en power, might
der Abschnitt, -e section, part
betonen to emphasize, stress
sich bekennen, a, a (+ zu) to profess, to embrace
die Gesetzgebung legislature
vollziehen, o, o to execute, conclude
die Rechtsprechung administration of justice, jurisdiction
die Entfaltung development
die Grenze, -n limit
verletzen to violate, go against
das Sittengesetz, -e moral law, moral code
verstoßen, ö, ie, o to violate, go against
körperlich bodily, physical
die Unversehrtheit safety
unverletzlich inviolable
gleichberechtigt to have equal rights
die Abstammung origin, descent
die Herkunft origin, descent, heritage
die Anschauung, -en view, opinion
benachteiligen to put at a disadvantage, discriminate
bevorzugen to favor, prefer, privilege

Konrad Adenauer, Präsident des Parlamentarischen Rates und späterer Bundeskanzler (1949–1963), verkündet am 23. Mai 1949 das Grundgesetz für die Bundesrepublik Deutschland. Adenauer in der Mitte, links von ihm Hermann Schäfer, rechts Adolph Schönfelder.

Artikel 4

Der Artikel garantiert die Freiheit der Religion und der Religionsausübung°. Er stellt ebenfalls° fest°:

„3) Niemand darf gegen sein Gewissen° zum Kriegsdienst° mit der Waffe° gezwungen° werden."

Artikel 5

Dieser Artikel garantiert die Pressefreiheit° und verbietet die Zensur°. Ebenfalls bestimmt° er: „Kunst und Wissenschaft, Forschung und Lehre sind frei." Die Grenzen dieser Freiheit liegen in den allgemeinen Gesetzen, dem Recht auf persönliche Ehre°, dem Schutz° der Jugend und der Treue° zur Verfassung.

Artikel 6:   Schutz der Ehe° und Familie.

Artikel 7:   Das Schulwesen° ist unter der Aufsicht° des Staates. Der Religionsunterricht an den Schulen ist ordentliches° Lehrfach°, doch kein Lehrer darf dazu gezwungen werden, Religionsunterricht zu erteilen°.

Artikel 8:   Versammlungsfreiheit°

Artikel 9:   Das Recht, Vereine° und Gesellschaften zu bilden.

Artikel 10:   Das Briefgeheimnis° ist unverletzlich.

Artikel 11:   Freizügigkeit° im ganzen Bundesgebiet°.

die Ausübung, -en exercise, practice
fest·stellen to establish, state, define
ebenfalls also
das Gewissen conscience
der Kriegsdienst, -e military service
die Waffe, -n weapon
zwingen, a, u to force, coerce
die Pressefreiheit freedom of the press
die Zensur censorship
bestimmen to determine, define
die Ehre, -n honor
der Schutz protection
die Treue loyalty, faithfulness
die Ehe, -n marriage
das Schulwesen educational system
die Aufsicht supervision
ordentlich regular
das Lehrfach, ⸚er subject
erteilen to give
die Versammlung, -en gathering
der Verein, -e club
das Briefgeheimnis, -se mail secret, privacy of letters
die Freizügigkeit, -en freedom of movement
das Bundesgebiet, -e BRD territory

Artikel 12: Das Recht, Beruf, Arbeitsplatz und Ausbildungsstätte° frei zu wählen. Frauen dürfen nicht zum Wehrdienst° gezwungen und auf keinen Fall° für einen Dienst mit der Waffe verwendet werden.

Artikel 13: Die Wohnung ist unverletzlich.

Artikel 14: Eigentum° und Erbrecht° werden garantiert.

Artikel 15: Grund° und Boden, Naturschätze° und Produktionsmittel° können in Gemeineigentum° überführt° werden, aber nur durch Gesetz und gegen Entschädigung.

Artikel 16: Die deutsche Staatsangehörigkeit° darf nicht entzogen° werden.

Artikel 17: Jeder Deutsche hat das Recht zu Beschwerden° und Petitionen. Die Formulierung° der Grundrechte spiegelt die schlechten Erfahrungen der Vergangenheit wider°, besonders der Zeit des Nationalsozialismus und der Weimarer Republik. Die Verfassung versucht, den Einzelnen in seinen Rechten zu schützen und zu verhindern, daß das Grundgesetz, wie ab 1933 die Weimarer Verfassung, formell gültig° bleibt, aber praktisch aufgehoben° wird. Deshalb° sind Verfassungsänderungen° sehr schwer durchzuführen°. Für Verfassungsfragen wurde ein eigenes Gericht°, das Bundesverfassungsgericht° in Karlsruhe, eingerichtet°.

die Ausbildungsstätte, -n place of professional training
der Wehrdienst, -e military service
auf keinen Fall in no way
das Eigentum property, possessions
das Erbrecht, -e right to inherit
der Grund land
die Naturschätze (pl.) natural resources
die Produktionsmittel (pl.) means of production
das Gemeineigentum state property, common property
überführen (+ in + acc.) to transfer (into)
die Staatsangehörigkeit nationality
entziehen, o, o to withdraw, remove
die Beschwerde, -n complaint
die Formulierung, -en formulation
wider·spiegeln to reflect
gültig valid, in force
auf·heben, o, o to nullify, remove
deshalb therefore
die Änderung, -en change, modification
durch·führen to carry out
das Gericht, -e court
das Bundesverfassungsgericht Federal Constitutional Court
ein·richten to set up, institute

Redewendungen

den Unterricht erteilen	*to teach, to give instruction*
auf keinen Fall	*under no circumstances*
gültig bleiben	*to remain in effect, to remain valid*
das Recht auf (+ acc.)	*the right to*
gegen die Verfassung verstoßen	*to violate the constitution*

20 Wichtige Wörter

die **Verfassung**	das **Gesetz**	bilden	zwingen
der **Bewohner**	das **Gewissen**	wählen	ebenfalls
die **Gewalt**	die **Kunst**	verletzen	körperlich
die **Grundlage**	die **Wissenschaft**	bevorzugen	deshalb
das **Recht**	die **Forschung**	benachteiligen	gleichberechtigt

Übungen

A. *Beantworten Sie folgende Fragen.*

1. Was sind die deutschen Wörter für Legislative, Exekutive und Judikative?
2. Wie nennen die Einwohner der Bundesrepublik die Verfassung?
3. Wodurch wird die freie Entfaltung der Persönlichkeit beschränkt?
4. Was für Gründe gibt es, einen Menschen zu bevorzugen oder zu benachteiligen?

5. Was sagt des Grundgesetz über Männer und Frauen?

6. Wo sind die Grenzen der Meinungsfreiheit,
   a) bei einem Journalisten?
   b) bei einem Lehrer?

7. Welche Rechte sind für das Privatleben eines Menschen besonders wichtig?

8. Was sagt Artikel 15? Besteht ein Konflikt zu Artikel 14?

9. Wer ist für Verfassungsfragen in der Bundesrepublik zuständig?

10. Welche Beziehung haben die Grundrechte zu der Geschichte Deutschlands?

B. *Erklären Sie folgende Wörter durch einen Satz.*

   1. unverletzlich

   2. das Menschenrecht

   3. der Verein

   4. die Abstammung

   5. garantieren

   6. die Freizügigkeit

   7. das Gemeineigentum

   8. schützen

C. *Wählen Sie das richtige Wort und setzen Sie es ein.*

   1. Die _____ des Menschen ist unantastbar.

   2. Jeder hat das Recht auf freie _____ seiner Persönlichkeit.

   3. Die _____ der Person ist unverletzlich.

   4. Männer und Frauen sind _____.

   5. Niemand darf gegen sein Gewissen zum _____ mit der Waffe gezwungen werden.

   6. Jeder hat das Recht, seinen Beruf frei _____.

   7. Das Schulwesen ist unter der Aufsicht _____.

   8. Die Wohnung ist _____.

   9. Die deutsche Staatsangehörigkeit darf nicht _____ werden.

   10. Artikel 5 verbietet _____.

D. *Diskussionsthemen.*

   1. Mit welchem Grundrecht wären Sie nicht einverstanden?

   2. Welche Grundrechte wären für Sie besonders wichtig?

   3. Wo sehen Sie Probleme im deutschen Grundgesetz?

   4. In welchem Falle würde die Würde des Menschen angetastet? Geben Sie ein Beispiel.

   5. Was halten Sie von (*to think of*) dem Recht, den Kriegsdienst verweigern zu können?
      (In der Bundesrepublik muß ein Kriegsdienstverweigerer ((= jemand, der nicht zum Militär will) einen zivilen Ersatzdienst leisten, zum Beispiel in einem Krankenhaus arbeiten. Wären Sie damit einverstanden? Warum oder warum nicht?)

   6. Was halten Sie vom Unterschied zwischen Männern und Frauen beim Kriegsdienst?

LEKTÜRE I

Marie von Ebner-Eschenbach

geborene Gräfin Dubsky; geboren am 13. September 1830 in Zdislawitz bei Kremsier (Tschechoslowakei), gestorben am 12. März 1916 in Wien. Sie verbrachte den größten Teil ihres Lebens in Wien. Sie schrieb im Zeitalter des Realismus. Ihre Werke entsprangen (came) größtenteils aus eigenen Erlebnissen. Bekannte Erzählungen sind: Das Gemeindekind (1887/8), Lotte, die Uhrmacherin (1889), Glaubenslos (1893), Bertram Vogelweid (1896). Sie schrieb auch die Autobiographie Meine Kinderjahre (1906). Neben Romanen und Erzählungen veröffentlichte sie Aphorismen und Parabeln. Die Parabel „Die Nachbarn" stammt aus dem Gemeindekind.

Die Nachbarn

Der Blonde und der Braune waren Nachbarn; jeder von ihnen stand an der Spitze eines gutmütigen° Hirtenvolkes°. Sie tauschten nach Bedarf° die Produkte ihrer Ländereien° und blieben einander stets hilfreich in Not und Gefahr. Niemand hätte bestimmen können, welchem von beiden ihr Bündnis° mehr Nutzen brachte.

Eines Tages, im Herbste, begab° es sich, daß ein heftiger° Sturm großen Schaden anrichtete° im Walde des Braunen. Viele junge Bäume wurden entwurzelt° oder gebrochen, viele alte Bäume verloren mächtige Äste.

Der Herr rief seine Knechte°; sie sammelten die dürren° Reiser° und schichteten° sie in Bündel°.

Aus dem frischen Holze aber wurden Stöcke zugehauen°. Im Frühjahr sollten sie verwendet werden zu einem neuen Zaune° für den Hühnerhof der braunen Herrin.

Nun wollte der Zufall, daß ein Diener des Blonden die Stöcke in die Scheune bringen sah. Ihre Anzahl schien seinen etwas blöden Augen ungeheuer°. Von Angst ergriffen lief er heim und sprach zu seinem Gebieter: „Ein Verräter° will ich sein, wenn der Nachbar nicht Böses wider uns im Schilde führt!"

Er und andere ängstliche Leute—es waren auch Weise° darunter—schürten° so lange das Mißtrauen°, das sie ihrem Herrn gegen den Freund eingeflößt° hatten, bis jener sich entschloß, zu rüsten° gegen die vermeintlich Gerüsteten.

Eine Scheune voll von Stöcken hatte der Braune; der Blonde wollte drei Scheunen voll von Stöcken haben.

Holzknechte wurden in den Wald geschickt. Was lag ihnen an° seiner hohen Kultur? Ihnen tat es nicht leid, einen jungen Baum zu fällen, ihm die aufstrebende Krone abzuhauen und die lichtsuchenden Äste und die Zweige mit den atmenden° Blättern.

Nach kurzer Zeit war der Wald verwüstet°, aber der Blonde hatte viele tausend Stöcke.

---

gutmütig good-natured
das Hirtenvolk, ⸚er people of shepherds, pastoral people
der Bedarf need
die Länderei, -en land, property
das Bündnis, -se alliance
sich begeben, i, a, e (impersonal) to happen
heftig violent
an·richten to cause, prepare
entwurzeln to deracinate
der Knecht, -e servant
dürr dry
das Reis, -er twig, shoot
schichten to pile (up)
das Bündel, - bundle
zu·hauen to trim to fit
der Zaun, ⸚e fence
ungeheuer huge, awesome, gigantic
der Verräter, - traitor
der Weise, -n wise man
schüren to stir (up)
das Mißtrauen distrust
ein·flößen to instill, to inspire
rüsten to arm
es liegt mir . . . an (+ dat.) I care . . . for

atmen to breathe
verwüsten to destroy

Heuernte (Hay harvest) in Niederösterreich (Lower Austria).

Fragen:
1. Welche Tiere ziehen den Heuwagen?
2. Wie ist das Wetter?
3. Welche Jahreszeit ist es?
4. Was machen die Leute mit dem Heu?
5. Wie sind die Frauen gekleidet?

Beschreiben Sie, wie der Tag des Bauern während der Heuernte verläuft.

Wie es ihm ergangen war°, erging es nun seinem ehemaligen° Freunde. Die Klugen und die Törichten°, die Verwegenen° und die Zaghaften° im Lande, alle schrien: „Es ist deine Pflicht, Herr, dafür zu sorgen, daß uns der Tag des Kampfes reich an Stöcken finde!"

Und der Braune und der Blonde überboten° einander in der Anschaffung° von Verteidigungsmitteln° und bedachten nicht, daß sie endlich nichts mehr zu verteidigen hatten als Armut und Elend°. Weit und breit war kein Baum zu erblicken, die Felder waren unbebaut°; nicht Pflug°, noch Egge°, noch Spaten° gab es mehr, alles war in Stöcke verwandelt.

Es kam so weit, daß die größte Menge des Volkes zu Gott betete: »Laß den Kampf ausbrechen, laß den Feind über uns kommen; wir würden leichter zugrunde gehen° unter seinen Stöcken als unter den Qualen° des Hungers!«— Der Blonde und der Braune waren alt und müde geworden, und auch sie sehnten sich im stillen nach° dem Tode. Ihre Freude am Leben und Herrschen war abgestorben° mit dem Glücke ihrer Untertanen°.

Und einmal wieder trieb der Zufall sein Spiel.

es ergeht mir it happens to me
ehemalig former
töricht dumb, stupid
verwegen daring
zaghaft timid, hesitant, cowardly
überbieten, o, o to outdo, to outbid
die Anschaffung, -en purchase, acquisition
das Verteidigungsmittel, - means of defense
das Elend misery
unbebaut uncultivated, barren
der Pflug, ¨e plough
die Egge, -n harrow
der Spaten, - spade
zugrunde gehen to perish
die Qual, -en pain, torture
sich sehnen . . . nach to long for
ab·sterben, i, a, o to die, to cease
der Untertan, -en subject, subordinate person

Die beiden Nachbarn stiegen zugleich auf einen Berg, der die Grenze zwischen ihren Besitzungen bildete.

Jeder von ihnen dachte: Ich will mein armes, verwüstetes Reich noch einmal überschauen°.

Sie kletterten mühsam° empor, kamen zugleich auf dem Grate° des Berges an, standen plötzlich einander gegenüber und taumelten zurück°... Aber nur einen Augenblick. Ihre abwehrend° ausgestreckten° Hände sanken herab und ließen die Stöcke fallen, auf welche sie sich gestützt° hatten.

Die ein halbes Jahrhundert in Haß verkehrte° Liebe trat in ihr altes Recht. Mit schmerzvoller Rührung betrachtete der Freund den Freund aus halb erloschenen° Augen. Nicht mehr der Blonde, nicht mehr der Braune! Wie aus einem Munde riefen sie: „Oh, du Weißer!" und lagen Brust an Brust.

Wer zuerst die Arme ausgebreitet°, wußten sie ebensowenig, als sie sich besinnen konnten, wer dereinst° die ersten Stöcke aufgestellt wider den anderen. Sie begriffen nicht, wie das Mißtrauen hatte entstehen können, dem alles zum Opfer gefallen war, was ihr Dasein und das der Ihren lebenswert gemacht hatte.

Eines nur stand ihnen fest°: die niederdrückende° Überzeugung, daß nichts auf Erden ihnen ersetzen konnte, was die Furcht vor dem Verlust ihrer Erdengüter° ihnen geraubt° hatte.

überschauen to look over, to view
mühsam painful(ly)
der Grat, -e ridge
zurück·taumeln to stagger back
ab·wehren to defend
aus·strecken to stretch out
sich stützen . . . auf to rest on, to lean on
verkehren to convert, to pervert
erlöschen, o, o to extinguish, to go out
aus·breiten to spread out
dereinst some day, in far away times
es steht fest it is certain
niederdrückend depressing
das Erdengut, ¨er earthly good(s)
rauben to rob, to steal

Redewendungen

an der Spitze stehen	to be the leader of
Schaden anrichten	to do damage
die Angst ergreift mich	fear grips me
das Mißtrauen schüren	to stir up distrust
der Zufall treibt sein Spiel	chance plays its game
zum Opfer fallen	to fall victim of

Unpersönliche Verben

es begibt sich	it happens, it occurs
es tut mir leid	I am sorry
es ergeht mir	it happens to me
es gibt	there is, there are
es kommt soweit, daß	the result is that
es steht fest	it is certain

20 Wichtige Wörter

der **Bedarf**	die **Krone**	**heftig**	**bestimmen**
das **Bündnis**	der **Pflug**	**dürr**	**fällen**
der **Zaun**	der **Untertan**	**blöde**	**zugrundegehen**
die **Scheune**	der **Verlust**	**mühsam**	**sich sehnen . . . nach**
das **Mißtrauen**	der **Spaten**	**zaghaft**	**ersetzen**

Übungen

I. Fragen

Beantworten Sie die Fragen.

1. Wie waren die Beziehungen zwischen den beiden Ländern am Anfang?
2. Was begab sich eines Tages im Herbst?
3. Was sah der Diener des Blonden? Was dachte er?
4. Was befahl der Blonde? Warum?
5. Was taten schließlich beide, der Blonde und der Braune?
6. Was bedachten die beiden Herrscher nicht?
7. Wie weit kam es?
8. Was brachte der Zufall zustande?
9. Was taten der Blonde und der Braune, als sie einander sahen?
10. Was begriffen sie nicht mehr?
11. Welche Überzeugung stand fest?
12. Wie hätten die Herrscher am Anfang anders handeln sollen?
13. Worauf und auf wen hätten sie hören sollen?
14. Denken Sie, daß Mißtrauen eine gute Eigenschaft ist?
15. Welche Folgerung (= conclusion) ziehen Sie aus der Geschichte?

II. Grammatische Übungen

A. *Bilden Sie Sätze im Präsens, Imperfekt und Perfekt.*

1. Er / stehen / an der Spitze des Volkes
2. Das Bündnis / bringen / uns Nutzen
3. Die Bäume / verlieren / viele Äste
4. Die Anzahl / scheinen / sehr groß
5. Ich / sprechen / zu dem Herrn
6. Der Herr / sich entschließen / zu rüsten
7. Das / tun / ihnen nicht leid
8. Der Zufall / treiben / sein Spiel
9. Was / denken / du?
10. Der Mann / treten / aus dem Haus

B. *Setzen Sie die angegebenen Modalverben ein. (Retain tense of original verb)*

1. Niemand weiß das.   (können)
2. Die Stöcke wurden für den Hühnerhof verwendet.   (sollen)
3. Er ist ein Verräter gewesen.   (wollen)
4. Ich überschaute das ganze Land.   (wollen)
5. Das Mißtrauen wird entstehen.   (können)
6. Nichts ersetzte ihnen das Verlorene.   (können)
7. Das Land ist aufgebaut worden.   (müssen)
8. Das Volk erfuhr nicht die Wahrheit.   (sollen)

C. *Setzen Sie die Adjektivendungen ein.*

1. Er stand an der Spitze eines gutmütig _____ Volkes.
2. Ein heftig _____ Sturm richtete groß _____ Schaden an.
3. Viele jung _____ Bäume wurden entwurzelt.
4. Sie verwendeten sie zu einem neu _____ Zaun.
5. Die Anzahl schien seinen blöd _____ Augen ungeheuer.
6. Was lag ihnen an seiner hoh _____ Kultur?
7. So erging es seinem ehemalig _____ Freund.
8. Ich will mein arm _____ Land noch einmal sehen.
9. Mit schmerzvoll _____ Rührung sahen sie einander an.
10. Sie betrachteten einander aus halb erloschen _____ Augen.

D. *Bilden Sie Passivsätze.*

Beispiel: Viele Bäume / brechen (Imperfekt)
   Viele Bäume wurden gebrochen.

1. Aus dem Holz / Stöcke / zuhauen (Präsens)
2. Später / Stöcke / verwenden (Imperfekt)
3. Holzknechte / in den Wald / schicken (Plusquamperfekt)
4. die Feindschaft / schnell / vergessen (Futur)
5. alles / durch das Mißtrauen / ihnen / rauben (Perfekt)
6. Liebe / in Haß / verkehren (Plusquamperfekt)

E. *Setzen Sie das passende Verb ein.*

1. An der Spitze der Firma _____ ein alter Mann.
2. Als er das Gespenst sah, _____ ihn die Angst.
3. Wieder einmal _____ der Zufall sein Spiel.
4. Hunderte sind der Epidemie zum Opfer _____.
5. Gottseidank hatte das Feuer nur wenig Schaden _____.
6. Das Mißverständnis _____ das Mißtrauen.

III. Übungen zum Sprechen und Schreiben.

A. *Bilden Sie Sätze aus diesen Elementen.*

1. ergehen / diese Stadt / gut
2. nichts / Verlust / ersetzen / können
3. Mißtrauen / mühsam / überwinden
4. Bedarf / Produktion / bestimmen
5. Untertanen / sich sehnen nach
6. heftig / Sturm / dürr / Baum / entwurzeln
7. Holz / Zaun / um / Scheune / verwenden
8. zaghaft / Tür / klopfen

B. *Schreiben Sie diese Sätze zuende.*

1. Es hat mir leid getan, daß
2. Dort gab es
3. Es wird noch so weit kommen, daß
4. Bis jetzt steht fest, daß
5. Zu dieser Zeit begab es sich, daß

C. *Beschreiben Sie in einigen Sätzen, wie jeder Mensch handelt.*

1. Der Kluge / der Dumme / kauft ein Haus
2. Der Mutige / der Zaghafte / muß auf einen steilen Felsen klettern
3. Der Mißtrauische / der Vertrauensvolle / kauft sich einen Gebrauchtwagen
4. Der Arme / der Reiche / geht in ein Restaurant
5. Der Alte / der Junge / heiratet ein junges Mädchen

D. *Fragen Sie Ihre Klassenkameraden.*

1. Wie kommt es zu einem Streit zwischen den Menschen?—Kannst du einen konkreten Fall beschreiben?
2. Gegen wen und wogegen bist du mißtrauisch?—Warum?
3. Glaubst du, daß Mißverständnisse schlimme Folgen haben können?—Wie kann man Mißverständnisse vermeiden?

E. *Wir spielen eine Szene.*

1. Ich kaufe einen Gebrauchtwagen (= used car) und bin mißtrauisch gegen das, was der Verkäufer sagt.
2. Ich telefoniere mit einem Freund / einer Freundin, der / die gedacht hat, daß ich schlecht über ihn / sie rede.
3. Zwei Geschwister streiten sich um eine Erbschaft.

F. *Zur Diskussion.*

1. Die Geschichte sieht einen Zusammenhang zwischen der Produktion von Verteidigungsmitteln und der Verarmung und Verwüstung des Landes. Kann man das akzeptieren?
2. Die Geschichte sagt, daß es genügt, Mißverständnisse zu klären und das Mißtrauen abzubauen, um Frieden zu bringen. Ist das nicht zu einfach?
3. Der Blonde und der Braune sprechen nicht miteinander, als ihnen die verdächtige Tätigkeit gemeldet wird. Hätten sie nicht durch persönlichen Kontakt das Problem lösen können?
4. Am Anfang wird gesagt, daß zwei friedliche Völker nebeneinander leben, miteinander Handel treiben und einander in Not und Gefahr helfen. Ist das ein zu optimistisches Bild von den Menschen?

G. *Schreiben Sie eine Geschichte.*

1. Mißtrauen zwischen Freunden.
2. Ein Mißverständnis.

GRAMMATIK I

I. Nouns

Gender

German nouns have three genders: masculine, feminine, and neuter, indicated by the articles **der, die, das.**

There is no <u>general</u> rule indicating the gender of a noun. Each noun should be learned with its article and plural ending. However, certain groups of nouns require a specific gender, either because of their <u>endings</u> or because of their <u>meanings</u>. Examples for such groups are:

1. <u>Masculine:</u>
   a) Male persons and animals:

      der Vater, der Mann, der Kater (*tomcat*), **der Hahn** (*rooster*)

   b) The names for the days of the week, the months of the year, the seasons, and the directions:

      der Montag, der April, der Herbst (*fall*), **der Norden** (*north*)
      Exception: **das Frühjahr** (*but:* **der Frühling**)
      <u>Note:</u> **der Tag, der Monat, die Woche, die Jahreszeit** (*season*)

   c) Names of stones:

      der Stein, der Granit, der Diamant

   d) Nouns with the ending **-er,** designating either professions of people or tools:

      der Lehrer (*teacher*), **der Bäcker** (*baker*), **der Bohrer** (*drill*)

   e) Nouns ending in **-ling:**

      der Lehrling (*apprentice*), **der Säugling** (*baby*)

   f) Most nouns ending in **-el** and **-s:**

      der Schlüssel (*key*), **der Gips** (*plaster of Paris*)

   g) Brand names of automobiles:

      der VW, der Opel

   h) Loan words from other languages with the endings **-and, -ant, -är, -ast, -ent, -eur, -ier, -iker, -ist, -or** (*persons!*), **-ismus,** and **-us:**

      der Doktorand (*doctoral candidate*), **der Fabrikant** (*factory owner*), **der Kommissar, der Legionär, der Gymnasiast** (*high school student*), **der Friseur** (*barber*), **der Student, der Offizier, der Bankier** (*banker*), **der Musiker, der Anarchist, der Expressionismus, der Rektor, der Genius**

2. <u>Feminine:</u>
   a) Female persons and animals:

      die Frau, die Stute (*mare*), **die Amerikanerin**

   b) Numbers as nouns:

      die böse Sieben, die Million

   c) Names of ships and airplanes:

      die Bismarck, die Boeing

d) Nouns with the suffixes **-ei, -heit, -keit, -schaft, -t, -d,** and **-ung:**

die Bäckerei, die Dummheit, die Höflichkeit, die Gemeinschaft, die Fahrt, die Jagd, die Wohnung

e) Loan words with these endings: **-a, -ade, -age, -ance, -anz, -elle, -esse, -ette, -euse, -enz, -ere, -ie, -ik, -ion, -ine, -isse, -itis, -ive, -ose, -tät, -ur:**

die Kamera, die Fassade (*façade*), **die Etage** (*story*), **die Renaissance, die Arroganz, die Zitadelle, die Delikatesse, die Etikette, die Masseuse, die Kalorie, die Materie** (*matter, substance*), **die Lizenz, die Misere** (*misery*), **die Musik, die Nation, die Margarine, die Prämisse, die Arthritis, die Offensive, die Sklerose, die Universität, die Natur**

3. <u>Neuter</u>:
   a) Names of cities, continents, and most countries:

   das alte Rom, das neue Afrika, das große Brasilien

   Some countries have a different gender.

   die Schweiz, der Iran, der Irak, der Libanon, der Sudan, die Vereinigten Staaten, die USA (*pl.*).

   Those ending in -ei are feminine:

   die Türkei, die Mongolei

   Names of countries that are not neuter <u>always</u> have to be used with the article:

   <u>die</u> Schweiz

   b) Most names for metals and chemical elements:

   das Gold, das Eisen (*iron*), **das Blei** (*lead*), **das Uranium;** *but:* **<u>der</u> Schwefel** (*sulfur*), **<u>der</u> Sauerstoff** (*oxygen*)

   c) Infinitives used as nouns, also pronouns, adjectives and other words used as nouns, if they do not designate persons:

   das Leben, das Trinken, das Ich, das helle Grün, das Ja und Amen

   d) Diminutives with the endings **-chen** or **-lein:**

   das Städtchen, das Fräulein

   e) Words with the suffixes **-icht, -tum:**

   das Dickicht, das Eigentum

   f) Fractions ending in **-el:**

   das Viertel, das Hundertstel

g) Loan words with the endings **-ett, -in, -um, -ma, -ment:**

> **das Bankett** (*banquet*), **das Benzin** (*gasoline*), **das Album, das Dogma, das Experiment, das Engagement**

4. Compound nouns: The gender is determined by the last part:

> der Hirte + **das** Volk   = **das Hirtenvolk**
> das Holz + **der** Knecht = **der Holzknecht**

Übung

Wie ist der Artikel folgender Substantive?

1. Bücherei	11. Irland	21. Reisen
2. Ingenieurin	12. Mongolei	22. Duett
3. Kapitalismus	13. Konfirmand	23. Dramatiker
4. Juli	14. Christentum	24. Doktor
5. Sonntag	15. Feigling	25. Kusine
6. Krankheit	16. Freundschaft	26. Italiener
7. Bäumchen	17. Sommer	27. Dozentin
8. Korrektur	18. Milliarde	28. Schlips
9. Hahn	19. Fünftel	29. Bronchitis
10. Kristall	20. Silber	30. Hoffnung

Declension

The four cases—nominative, accusative, dative, genitive—are always indicated by the article endings. Most case endings for the nouns have been dropped, but the following are still in force:

GENITIVE SINGULAR, MASCULINE AND NEUTER	**(e)s**
DATIVE PLURAL	**(e)n**

There is an optional ending in dative singular, masculine and neuter: **-e:** zu Haus**e**, am Tag**e**.

The declension table looks as follows:

	Masculine	Feminine	Neuter	Plural
NOMINATIVE	**der**	**die**	**das**	**die**
ACCUSATIVE	**den**	**die**	**das**	**die**
DATIVE	**dem (-e)**	**der**	**dem (-e)**	**den -(e)n**
GENITIVE	**des -(e)s**	**der**	**des -(e)s**	**der**

Nouns that end in **-s, -ß, -x,** and **-z** have to use **-es** in the genitive: **des Fußes, des Arztes, des Reflexes.** Many one-syllable nouns use **-es: des Tages, des Giftes;** but not those that end in a vowel sound: **des Sees, des**

Schuhs. The **-n** ending in dative plural is not added with nouns whose plural ending is **-s** (**den Fotos**) or with those that have **-(e)n** as the plural ending: **die Hoffnungen, den Hoffnungen.**

Übung

Wie ist der Dativ Plural dieser Substantive.

1. das Auto—von den . . .
2. die Sonnenbrille—mit den . . .
3. das Gebäude—aus den . . .
4. der Knecht—von den . . .
5. die Krone—mit den . . .
6. die Scheune—in den . . .
7. der Film—in den . . .
8. die Freundin—von den . . .
9. das Büro—in den . . .
10. das Mädchen—von den . . .

Weak Declension of Nouns

A fairly small number of <u>masculine</u> nouns use the adjective or weak declension, which means that they have **-en** endings in all cases except nominative singular. These are all words ending in **-ent** (**Präsid<u>ent</u>, Stud<u>ent</u>**), in **-ant** (**Musik<u>ant</u>**), in **-ist** (**Journal<u>ist</u>**), in **-aut** (**Austron<u>aut</u>**), and in **-e** for professional functions (**Kolleg<u>e</u>**) as well as certain other words for male persons or animals:

der Herr, Nachbar, Neffe, Elefant, Bär, etc.

The declension looks as follows:

	Singular	**Plural**
NOMINATIVE	der Elefant	die Elefant**en**
ACCUSATIVE	den Elefant**en**	die Elefant**en**
DATIVE	dem Elefant**en**	den Elefant**en**
GENITIVE	des Elefant**en**	der Elefant**en**

Words ending with a vowel, like **Kollege,** add **-n.** For **Herr,** the form **Herr<u>n</u>** is commonly used in the singular, **Herr<u>en</u>** in the plural.

Übung

Wie ist der Genitiv dieser Substantive?

1. das Haus   3. das Foto
2. der Dozent   4. der Fuß

5. der Herr   8. der Onkel
6. der Nachbar   9. die Tante
7. der Putsch   10. das Hindernis

Plural noun endings

No general rule can be given for the formation of plural endings in German, although certain groups of nouns form a weak plural with the ending **(e)n**. The following possibilities exist:

1. <u>No change</u> in the noun:

   das Fenster, **die Fenster**

   This is frequent in nouns with **-er** or **-el** at the end, but only in masculine and neutral gender. In feminine nouns there has to be an ending:

   die Schwester, **die Schwestern**

2. <u>Umlaut</u>, but <u>no</u> ending:

   der Vater, **die Väter;** die Tochter, **die Töchter.**

3. Ending **-e:**

   das Bein, **die Beine**

4. Ending **-e** <u>with</u> Umlaut:

   der Baum, **die Bäume**

5. Ending **-er:**

   das Kind, **die Kinder**

6. Ending **-er** <u>with</u> Umlaut:

   das Haus, **die Häuser**

7. Ending **(e)n:**

   die Straße, **die Straßen**

8. Ending **-s:**

   das Auto, **die Autos**

Plural endings **-en** and **-s** can<u>not</u> be combined with <u>Umlaut</u>. Diminutives on **-chen** and **-lein** have no plural endings:

das Mädchen, **die Mädchen**

Feminine nouns ending in **-ei, -heit, -keit, -schaft, -ung, -in** use the plural ending **-en,** in the case of the **-in**-ending the **-n** is doubled: **-innen:**

Grafschaft, **Grafschaften;** Werbung, **Werbungen;** Lehrerin, **Lehrerinnen**

Words ending in **-ling** use the ending **-e.**

Lehrling, **Lehrlinge**

Loan words on **-ar, -är, -eur, -ier, -us** use the ending **-e.**

der Offizier, **die Offiziere**; der Friseur, **die Friseure**

Words with most other foreign endings such as **-age, -ant, -ion, -ist, -or, -tät, -ur** use the ending **-en.**

die Nation, **Nationen**; der Sozialist, **Sozialisten**; der Professor, **Professoren**; die Natur, **Naturen**

Some masculine nouns ending in **-us** and neutral nouns ending in **-um** also use **-en** as a plural:

der Virus, **die Viren**; der Rhythmus, **die Rythmen**; des Museum, **die Museen**

Plural ending **-s** is used when all else fails, especially in modern words ending in a vowel:

die Kamera, **Kameras**

with abbreviations:

der Pkw, **die Pkws**

in colloquial language:

der Junge, **die Jungens** (<u>or:</u> **Jungs**)

Some words have a <u>double</u> plural ending with a different meaning:

die Bank	**die Banken**	*banks*
	die Bänke	*benches*
die Mutter	**die Mütter**	*mothers*
	die Muttern	*nuts* (with bolts)
das Wort	**die Wörter**	*isolated words*
	die Worte	*words in context*

The use of singular and plural differs sometimes from language to language. For example, with measurements, in German, only feminine nouns use plural forms:

	drei Tassen Tee	*three cups of tea*
BUT	**vier Pfund Mehl (das Pfund)**	*four pounds of flour*
	drei Glas Bier	*three glasses of beer*

Some nouns for groups are used only in the plural.

die Eltern, die Leute, die Geschwister

Infinitives of verbs used as nouns normally do not form plural forms.

das Leben but not **die Leben**

Übung

Wie ist die Pluralform dieser Substantive?

1. das Volk
2. der Baum
3. der Herr
4. die Kultur
5. das Mittel
6. die Menge
7. die Überzeugung
8. die Gesellschaft
9. der Musiker
10. der Säugling
11. das Kino
12. die Erzählerin
13. der Spediteur
14. die Qualität
15. die Station
16. das Album

LEKTÜRE II

Wolfgang Fienhold

Er wurde 1950 in Frankfurt am Main geboren und lebt jetzt dort als Schriftsteller. Im Jahre 1973 gab er heraus: I.G. Papier und Schreibmaschine: junge Autoren zur Lage . . . die Lage der jungen Autoren. Bisher sind drei kleine Bände seiner literarischen Texte erschienen. Er schreibt für mehrere Alternative-Zeitschriften und ist auch Herausgeber dieser Magazine, darunter Nonsenf und Virus. Viele seiner Geschichten und Gedichte für Kinder sind im Radio übertragen worden und in Anthologien erschienen.

Der Dicke°

Wir sahen ihn oft auf der Straße. Alle nannten ihn nur den Dicken, den Fettsack°, den Vielfraß°. Er ging in eine andere Schule, deshalb wußten wir nicht, wie er wirklich hieß. Es hätte ihm auch wenig genützt, er wäre von uns trotzdem Dicksack° oder ähnlich° genannt worden. Klugerweise° ließ sich der Feigling° auch selten auf der Straße blicken°, er hatte wohl Angst, gehänselt° zu werden. Wenn er sich dann doch einmal sehen ließ, weil ihn seine Mutter zum Einkaufen schickte, waren wir gleich hinter ihm her und veralberten° ihn. Er hätte einer alten Frau über die Straße helfen können, einem von uns das Leben retten oder sonst was tun können, wir hätten ihn trotzdem weiter geärgert und Fettsack genannt.

Im letzten Schuljahr kam ein Neuer in unsere Klasse, er war schwer in Ordnung, ließ sich von den Lehrern nichts gefallen°, war im Sport der Beste. Die Jungen und Mädchen bewunderten ihn. Als ihm das auffiel, fragte er mich: „Brigitte, was findet ihr eigentlich besonderes dabei, wenn einer in Sport besser ist als die Anderen?"

Ich wußte keine andere Antwort als: „Das imponiert° eben."

„Warum?" fragte er.

der Dicke, -n fat, obese person

der Fettsack, ⸚e fatso
der Vielfraß, -e glutton, gourmand
der Dicksack, ⸚e chubby
ähnlich similar(ly)
klugerweise wisely
der Feigling, -e coward
sich blicken lassen to appear, to let o.s. be seen
hänseln to tease
veralbern to make fun of s.o.

sich nichts gefallen lassen not to put up with anything

imponieren to impress

Dicke Menschen: Die Familie des Präsidenten, von Fernando Botero, 1967; aus dem Museum of Modern Art in New York. (Botero, Fernando. *The Presidential Family.* 1967. Collection, The Museum of Modern Art, New York. Gift of Warren D. Benedek.)

Fragen:

1. Glauben Sie, daß diese Menschen zufrieden sind?
2. Sehen sie ernst oder lustig aus?
3. Sollen wir diese Menschen gut finden oder kritisieren?
4. Würden Sie dicke Menschen so malen?
5. Finden Sie das Bild gut? Warum?

Wir schreiben oder diskutieren:

1. Wie paßt das Bild zur Geschichte?
2. Ist es wirklich schlimm, dick zu sein? Warum?

„Weil man dann bewundert wird," sagte ich.
Er sah mich nachdenklich und wie ich glaubte, auch ein wenig mitleidig° an.
„Was ist daran so schön, bewundert zu werden?"
Ich fand ihn jetzt ziemlich° blöd° und hätte ihm am liebsten keine Antwort mehr gegeben, er sah mich aber so komisch° an, daß ich wieder antwortete:
„Weil dich die anderen dann mögen."
„So ist das also bei euch, wenn du etwas gut, also besser als die anderen kannst, wirst du bewundert und sie mögen dich."
„Genau," sagte ich und dachte, er wäre jetzt zufrieden.
„Dann ist es aber falsch, daß ihr den Dicken aufzieht°, denn er hat euch allen etwas voraus°. Er ist dicker. Keiner von euch kann so gut dick sein wie er."
„Das ist doch Blödsinn°, dick ist doch häßlich."

mitleidig sympathetic, compassionate

ziemlich fairly, relatively
blöd stupid
komisch strange

auf·ziehen, o, o to make fun of s.o.
voraus·haben to have an advantage
der Blödsinn nonsense

„Ach ja, wer hat euch denn das gesagt?" fragte er.

„Das, das," stotterte° ich, „ist doch klar, wir sind doch alle viel dünner."

„So, und ich bin viel besser in Sport und Deutsch als ihr alle, dann bin ich wohl auch einer, den man ärgern muß?"

„Aber das ist doch ganz was anderes!"

„Das ist gar nichts anderes, das ist genau dasselbe, ich bin besser im Sport und er ist besser im Dicksein. Also ist er auch etwas Besonderes. Woher wißt ihr denn, daß das Eine gut ist und das Andere schlecht?"

„Ich weiß es nicht genau," gab ich zu.

„Ganz einfach," sagte er, „ihr wißt überhaupt nicht, was gut und schlecht ist, ihr plappert nur das nach°, was eure Eltern sagen, was die gut finden."

„Das stimmt doch gar nicht," versuchte ich ihn zu überzeugen°, „er ist eben zu dick und das ist irgendwie lustig."

„Ist dein Vater nicht dick?" fragte er mich.

„Doch, ziemlich."

„Also, was macht den Unterschied°?"

„Er ist kein Junge!"

„Aha, ältere Leute dürfen also dick sein. Warum?"

Ich antwortete nicht und lief davon°.

Von dem Tag an hatte ich Angst vor ihm, er war so . . . anders.

stottern to stutter

nach·plappern to repeat mechanically
überzeugen to convince

der Unterschied, -e difference

davon·laufen, äu, ie, au to run away

Redewendungen

es hätte ihm wenig genützt	*it wouldn't have helped him much*
er ließ sich selten blicken	*he did not come out very often*
Angst haben	*to be afraid*
hinter ihm her sein	*to be after him*
er ist schwer in Ordnung	*he is really o.k.*
er läßt sich von ihnen nichts gefallen	*he doesn't put up with anything from them*
was findet ihr eigentlich besonders dabei?	*what is really so special about it?*
er hat euch etwas voraus	*he has an advantage over you*
das ist doch ganz was anderes!	*that's something totally different*

20 Wichtige Wörter

deshalb	komisch	ärgern	mitleidig
trotzdem	blöd	bewundern	der **Blödsinn**
selten	häßlich	auffallen	der **Unterschied**
ziemlich	überzeugen	davonlaufen	der **Feigling**
ähnlich	stottern	nachdenklich	in Ordnung sein

Übungen

I. Fragen

Beantworten Sie folgende Fragen.

1. Warum wußten die Kinder nicht, wie der Dicke hieß?

2. Wann konnten die Kinder den Dicken sehen?

3. Wovor hatte der Dicke Angst?

4. Was machten die Kinder mit dem Dicken?

5. Was hätte der Dicke tun können, ohne etwas zu ändern?

6. Wann kam der Neue in die Klasse?

7. Warum bewunderten die Jungen und Mädchen den Neuen?

8. Warum hätte das Mädchen ihm am liebsten keine Antwort gegeben?

9. Was hält der Neue für falsch und warum?

10. Woher wissen die Kinder, daß das Eine gut und das Andere schlecht ist?

11. Wo liegt der Unterschied, ob Kinder dicke Leute lustig finden oder nicht?

II. Grammatische Übungen

A. *Bilden Sie Sätze im Konjunktiv II / Imperfekt.*

Beispiel: Es hat ihm wenig genützt.
Es hätte ihm wenig genützt.

1. Wir haben ihn weiter geärgert.

2. Er hat einer alten Frau über die Straße helfen können.

3. Er hat einem von uns das Leben retten können.

4. Ich habe ihm keine Antwort mehr gegeben.

5. Keiner von uns hat so gut dick sein können.

B. *Bilden Sie Sätze im Imperfekt.*

1. Ich gehe in eine andere Schule.

2. Seine Mutter schickt ihn zum Einkaufen.

3. Ich weiß keine andere Antwort.

4. Er läßt sich selten auf der Straße blicken.

5. Sie antwortet nicht und läuft davon.

6. Er sieht mich nachdenklich und mitleidig an.

7. Ein Neuer kommt in unsere Klasse.

C. *Setzen Sie die Präpositionen und Artikel ein.*

1. Er war _____ Sport der Beste.   (in the)

2. Er half einer alten Frau _____ Straße.   (across the)

3. Ich hatte Angst _____ ihm.   (of)

4. Ein Neuer kam _____ letzten Schuljahr in unsere Klasse.   (in the)

5. Seine Mutter schickte ihn _____ Einkaufen.   (to the)

D. *Setzen Sie die Adverbien ein.*

1. Er ließ sich _____ nicht oft auf der Straße sehen.   (wisely)

2. _____ hätten wir ihn weiter geärgert.   (Nevertheless)

3. Ich fand ihn _____ blöd.   (fairly)

4. Ich hätte ihm _____ keine Antwort gegeben.   (best of all)

5. Er sah mich _____ an.   (thoughtfully)

E. *Bilden Sie die Pluralformen.*

1. die Mutter   2. das Mädchen

3. die Antwort   6. der Lehrer

4. der Feigling   7. die Klasse

5. die Straße   8. die Schule

F. *Geben Sie den Artikel von . . . .*

1. _____ Vater   5. _____ Leben

2. _____ Klasse   6. _____ Feigling

3. _____ Mädchen   7. _____ Dummheit

4. _____ Einkaufen 8. _____ Ordnung

G. *Bilden Sie Substantive aus diesen Adjektiven und Verben mit* -heit, -keit *oder* -ung:

1. wirklich   5. klug

2. retten   6. bewundern

3. blöd   7. zufrieden

4. überzeugen   8. nachdenklich

III. Übungen zum Sprechen und Schreiben

A. *Fragen Sie Ihre Klassenkameraden.*

1. Was für Menschen bewunderst du?—Was für Menschen findest du lächerlich?

2. Ist es wichtig im Sport der Beste zu sein? Warum / Warum nicht?

3. Was für Spitznamen (= *nickname*) gibst du deinen Freunden?—Was für Spitznamen gibst du deinen Lehrern oder Professoren?

4. Hast du Vorurteile (**das Vorurteil** = *prejudice*) gegen bestimmte Leute?

B. *Wir spielen eine Szene.*

1. Zwei Menschen sprechen über einen dritten.

2. Ich interviewe einen siegreichen (*victorious*) Sportler / eine siegreiche Sportlerin.

3. Drei Leute hänseln einen vierten.

C. *Diskussionsfragen.*

1. Sind Leute, die anders sind, besser oder schlechter?

2. Sollen die Menschen gleich sein und sich gleich benehmen? (**sich benehmen** = *to behave*)

3. Warum hat man Vorurteile gegen bestimmte Menschen?

D. *Schreiben Sie.*

1. Ein Erlebnis in der Schule.

2. Mein Freund. / Meine Freundin.

3. Wie kommt es, daß Leute, die anders sind, bewundert, gehänselt oder veralbert werden?

GRAMMATIK II

Formation of nouns

The formation of nouns in German is relatively easy and very productive. The most obvious way is to join two or more words into one, a practice that is very much in evidence in scientific and technical language. However, the use of prefixes and suffixes to change meaning is equally important—perhaps more so. Following are examples of how verbs and adjectives are changed into nouns and how nouns are formed from other nouns.

1. Prefixes and suffixes:

-chen, -lein   These suffixes change a noun into its diminutive form, normally requiring an Umlaut.

Buch, **Büchlein;** Stadt, **Städtchen**

Words ending in **-chen** and **-lein** are neuter (**das Büchlein**).

Ge-   The prefix **Ge-,** sometimes combined with the ending **-e,** gives a noun a collective meaning.

der Berg, **das Gebirge** (*a group of mountains*)

It can also be used to derive a noun from a verb, indicating repeated (and sometimes excessive or unnecessary) action.

schreien, **das Geschrei;** laufen, **das Gelaufe**

These nouns are neutral gender.

-ei   This suffix indicates a place of work or institution.

die Bäckerei, die Tischlerei

Sometimes, when directly attached to a verb, it is used to suggest an activity of questionable value.

die Singerei (*singing which is bothersome*), **die Lauferei** (*a lot of running around*)

-er   This suffix can mean:

1. The designation of the professional status of a male person:

   Lehrer, Verkäufer, Tischler (*carpenter*)

2. a tool or other equipment:

   Bohrer (*drill*), **Wecker** (*alarm clock*), **Schalter** (*light switch*)

3. characterization of a person by his dominant trait:

   Bettler (*beggar*), **Betrüger** (*crook*), **Horcher** (*eavesdropper*)

4. nationalities:

   Italiener, Amerikaner, Inder

also most words indicating origin from a <u>city</u>

der Berliner, der Hamburger, der New Yorker, der Berner

Except for nationalities, all nouns of this type are directly or indirectly derived from <u>verbs</u>:

schalten (*to switch*)—**Schalter; horchen** (*to listen*)—**Horcher.**

(er)in　　　The female counterpart of the **-er** words:

die Lehrerin, die Tischlerin, die Horcherin, die Bettlerin, die Inderin, die Amerikanerin, die Berlinerin

-heit ⎱　These suffixes are used to change an adjective into a
-keit ⎰　noun.

krank **Krankheit;** schön **Schönheit**

-keit is used for adjectives with the endings **-bar, -ig, -lich, -sam,** <u>sometimes</u> also **-el** and **-er.**

Fruchtbarkeit (*fertility*), **Traurigkeit** (*sadness*), **Höflichkeit** (*politeness*), **Einsamkeit** (*loneliness*), **Tapferkeit** (*courage*), **Eitelkeit** (*vanity*)

In individual words, **-heit** generalizes nouns or signifies their essence.

die Menschheit (*humanity*), **die Gottheit** (*deity*), **die Kindheit** (*childhood*)

Nouns ending in **-heit** and **-keit** are feminine.

-ling　　　A person, animal or plant that needs development.

der Säugling (*baby*), **der Lehrling** (*apprentice*), **der Steckling** (*seedling*), **der Keimling** (*bud*)

Derived from nouns and adjectives, **-ling** can have negative connotations.

der Feigling (*coward*), **der Schreiberling** (*poor poet, poor writer*)

Nouns ending in **-ling** are masculine.

-nis　　　This suffix forms feminine or neutral nouns designating a place or condition, derived from verbs or adjectives.

die Finsternis (*darkness*), **das Gefängnis** (*prison*), **das Hindernis** (*barrier*), **die Kenntnis** (*knowledge*)

-schaft　　　This suffix forms collective nouns from other nouns, usually in the social or political area, and also designates conditions.

die Herrschaft (*rule, domination*), **die Freundschaft** (*friendship*), **die Grafschaft** (*county*), **die Gewerkschaft** (*union*), **die Arbeiterschaft** (*work force*)

Nouns ending in **-schaft** are feminine.

-tum   This suffix is similar to **-schaft;** it generates more formations that designate conditions.

das Bistum (*bishopric*), **das Fürstentum** (*principality*), **das Christentum** (*Christianity*), **das Eigentum** (*property*), **der Irrtum** (*error*), **der Reichtum** (*wealth*)

-ung   This suffix forms nouns from verbs: very productive!

die Erfahrung (*experience*), **die Hoffnung** (*hope*), **die Übersetzung** (*translation*), **die Planung** (*planning*), **die Verständigung** (*communication*)

Nouns ending in **-ung** are feminine.

2. <u>Compound Nouns</u>. Nouns can be combined with other nouns.

das Haus + die Tür → die Haustür.

But the first part may also be a verb, and adjective or another word.

das Trinkgeld (*tip*), **der Spaziergang** (*walk*), **das Hinterhaus** (*back of the house*), **die Altbauwohnung** (*apartment in an old building*)

Sometimes, two nouns are connected with case endings, **(e)s** or **-(e)n.** These by no means reflect present-day declension models and have to be learned as individual vocabulary items.

der Liebesbrief (die Liebe); der Wochentag

Nor is there any recognizable system for determining whether the first word is used in the singular or in the plural.

der Hausbau (*construction*), **die Häuserfront, die Hausverwaltung** (*administration*), **der Hausherr** (*landlord*), **der Häusermakler** (*realtor*), **das Häusermeer** (lit., *sea of houses; rows and rows of houses*)

Generally speaking, however, plural forms refer to several objects or general conditions.

The gender and the plural forms of compound nouns are determined by the last word.

Der Lieferwagen, **die Lieferwagen** (*delivery van*); die Wagentür, **die Wagentüren** (*car door*)

When the first word ends in **-heit, -keit, -ing, -ion, -ling, -schaft, -tät, -tum,** and **-ung,** the words are always combined with an **-s.**

der Freiheitsdrang (*desire for freedom*), **die Lehrlingsausbildung** (*apprenticeship*), **der Herrschaftsanspruch** (*claim to power*), **die Universitätsverwaltung** (*university administration*), **der Hoffnungsschimmer** (*glimmer of hope*)

Übungen

A. *Wer verrichtet° die folgenden Tätigkeiten?*   *to do*

   Beispiel: er lehrt Schüler = **der Lehrer**

   1. Er malt ein Bild.   5. Er spielt Karten.
   2. Er jagt das Wild.   6. Er druckt Bücher.
   3. Er verkauft Waren.   7. Er macht Töpfe.
   4. Er arbeitet in der Fabrik. 8. Er erobert (*to conquer*) andere Länder.

   Wie sind die **weiblichen** Formen dieser Wörter in Übung A?

B. *Ein weicher Mensch ist ein Weichling. Was ist . . .?*

   1. ein Mensch, der flüchten muß
   2. ein Mensch, den man liebt
   3. ein Mensch, den man lehrt
   4. ein Mensch, der fremd ist
   5. ein Mensch, der eine Strafe absitzt
   6. ein schlechter Dichter
   7. ein schwacher Mensch (*Umlaut*)
   8. eine Pflanze, die keimt (*Umlaut*)

C. *Der Bäcker arbeitet in der Bäckerei.*

   1. Wo arbeitet der Tischler?
   2. Wo arbeitet der Schlosser?
   3. Wo wohnt der Abt?
   4. Wo macht man Ziegel?
   5. Wo sammelt man Bücher?
   6. Was ist unnötiges Quälen?   (*use -rei*)
   7. Was ist unnötiges Klingeln?
   8. Was ist langes Fahren?   (*use -rei*)

D. *Bilden Sie Substantive mit -heit oder -keit:*

   1. wenn jemand freundlich ist = die . . .
   2. wenn man frei ist   = die . . .
   3. wenn man sich einig° ist   = die . . .   *to agree*
   4. wenn jemand blind ist   = die . . .
   5. wenn jemand dumm ist   = die . . .
   6. wenn jemand traurig ist   = die . . .
   7. wenn etwas ewig° ist   = die . . .   *eternal*
   8. wenn jemand schön ist   = die . . .

E. *Bilden Sie Substantive mit* **-schaft.**
   1. wenn man wie ein Knecht° lebt = die . . .   servant
   2. alle Verwandten°   =   relatives
   3. wenn man ein Meister ist   =
   4. wo ein Botschafter° arbeitet   =   ambassador
   5. das Land eines Grafen   =
F. *Bilden Sie Substantive mit* **-tum.**
   1. was man besitzt   = das . . .
   2. ein Ort, der heilig ist = das . . .
   3. das Land eines Herzogs = das . . .
   4. wenn man reich ist   = der . . .
   5. wenn man sich irrt   = der . . .

Personal Pronouns

Personal pronouns are used to replace nouns. Many of the pronouns in German are declined and indicate the gender of the noun that they replace.
1. The personal pronouns have the following declension:

Singular

NOMINATIVE	**ich**	**du**	**er**	**sie**	**es**
ACCUSATIVE	**mich**	**dich**	**ihn**	**sie**	**es**
DATIVE	**mir**	**dir**	**ihm**	**ihr**	**ihm**
GENITIVE	**meiner**	**deiner**	**seiner**	**ihrer**	**seiner**

Plural

NOMINATIVE	**wir**	**ihr**	**sie**	**Sie**
ACCUSATIVE	**uns**	**euch**	**sie**	**Sie**
DATIVE	**uns**	**euch**	**ihnen**	**Ihnen**
GENITIVE	**unser**	**euer**	**ihrer**	**Ihrer**

NOMINATIVE	**Ich** gehe jetzt.
	Er sieht das Haus.
DATIVE	Wir helfen dem Mann. Wir helfen **ihm.**
	Sie antwortet der Mutter. Sie antwortet **ihr.**
ACCUSATIVE	Kennst du den Lehrer? Kennst du **ihn**?
	Ich gebe dem Vater das Buch. Ich gebe **es** dem Vater.

2. The personal pronouns are rarely used in the genitive case, since there are only a few verbs which require genitive objects:

Er spricht in **unser** aller Namen.   *He speaks in all our names.*

Niemand gedachte **ihrer.**   *Nobody remembered them.*
Erbarme dich **meiner**!   *Have mercy upon me.*

Note that the genitive case is derived from the possessive pronoun. There are no changes in the ending in the genitive case. The personal pronoun can be used with some prepositions governing the genitive case. The final **-r** is then replaced by a **-t.** This pronoun + preposition combination functions as an adverb.

meinethalber	(. . . -halber / -halben)	*for my sake*
deinethalben		*for your sake*
um **seinet**willen	(um . . . -willen)	*for his sake*
ihretwegen	(. . . -wegen)	*on their accounts*

3. In correspondence, all forms of pronouns used in addressing other persons are capitalized.

   „Liebe Eltern, ich danke **Euch,** daß **Ihr** mir die Bilder geschickt habt . . .“

4. After nouns with neuter gender such as **das Mädchen, das Fräulein,** the personal pronoun (as well as the possessive pronoun but <u>not</u> the relative pronoun) agrees with the natural gender of the noun and not its grammatical gender:

   Das Mädchen ging in **ihr** Zimmer. **Sie** las dort ein Buch.

5. Word order:
   a) Whenever a sentence has two <u>noun</u> objects (dative + accusative), the sequence is dative object before accusative object.

   Ich zeige **dem Fahrer die Straße.**   *I show the driver the street.*

   b) Whenever the sentence has two <u>pronoun</u> objects, the accusative object precedes the dative object.

   Ich zeige **sie ihm.**   *I show it to him.*

   c) Whenever nouns and pronouns are <u>mixed</u>, the pronoun precedes the noun regardless of the cases of either one.

   Ich zeige **ihm die Straße.**   (**ihm** = dative / **die Straße** = accusative)
   Ich zeige **sie dem Fahrer.**   (**sie** = accusative / **dem Fahrer** = dative)

Übungen

A. *Ersetzen Sie die Dativ- und Akkusativobjekte durch Pronomen.*
   1. Die Mädchen begannen, einen Schlager zu singen.
   2. Er umkrampfte das Lenkrad.
   3. Was lag den Knechten an dem Wald?
   4. Es tat dem Knecht nicht leid, dem Baum die Krone abzuhauen.
   5. Sie ließen die Stöcke fallen.

6. Ich habe meine Papiere vergessen.

7. Der Mann schüttelte den Kopf.

8. Die junge Frau schaukelte ein Kind auf ihrem Schoß.

9. Die ältere Frau pflichtete dem Mann bei.

10. Sie bewegten ratlos ihre Arme.

B. *Setzen Sie das Pronomen ein.*

1. Ich kaufe _____ das Auto, Rainer.   (you)

2. Wissen Sie, wann ich _____ die Handtasche gegeben habe.   (you)

3. Sie bestellt _____ einen Kaffee.   (/for/me)

4. Der Stuhl neben _____ ist besetzt.   (/to/her)

5. Ich hasse _____.   (it)

6. Siehst du _____?   (her)

7. Warum wollen _____ denn, daß ich es begreife, Herr Galilei?   (you)

8. Hast du, was ich _____ gestern sagte, inzwischen begriffen?   (you)

9. Ich lehre _____ sehen, Frau Sarti.   (him)

10. Liebst du _____?   (her)

C. *Setzen Sie die Substantive oder Pronomen in der richtigen Reihenfolge (sequence) ein.*

1. Ich habe _____ _____ gesagt.   (ihr / es)

2. Er bringt _____ _____.   (den Stuhl / ihm)

3. Gib _____ _____!   (sie / ihr)

4. Sie zeigt _____ _____.   (uns / die Lampe)

5. Haben Sie _____ _____ gegeben?   (den Studenten / die Bücher)

6. Er brachte _____ _____.   (einen Empfehlungsbrief / mir)

7. Er fragte, ob sie _____ _____ gekauft hat.   (ihm / die Zeitung)

D. *Auf deutsch.*

1. Nobody remembered us.

2. He did it for her sake.

3. Answer your father! Answer him!

4. Have mercy upon us!

LANDESKUNDE

Wilhelm Busch und die Comics

Unter den zahlreichen° „amerikanischen" Erfindungen° gelten° die Comics vielleicht als die amerikanischste. Doch schon eine der ersten „echten"° Comicserien verweist° mit dem Titel „Katzenjammer Kids" auf Deutschland. In der Tat sind deutsche und europäische Einflüsse° nicht ganz unbeteiligt° an der Entstehung° der Comics.

Der Schweizer Rodolphe Toepffer (1799–1846), dessen „Bilderromane"° schon Goethe lobte°, und Wilhelm Busch (1832–1908), dessen „Max und

zahlreich numerous
die Erfindung, -en invention
gelten, i, a, o to be regarded
echt genuine, real, true
verweisen, ie, ie to point (to), to hint
der Einfluß, -sse influence

Moritz" anfangs von Pädagogen ebenso° attackiert wurde wie hundert Jahre später die Comic-Hefte°, waren Mitte° des 19. Jahrhunderts Geburtshelfer des neuen Mediums. Busch und viele Autoren der zahllosen europäischen Bilderbogen benutzten schon manche der zeichnerischen° Mittel°, die auch für die ‚komischen Streifen'° unserer Tage noch charakteristisch sind: Zerlegung° der Handlung° in eine „filmische" Folge° von Einzelbildern°, Überzeichnung° der Mimik°, dynamische Bildgestaltung°, unmittelbare° Zuordnung° von Bild zum Text, wenn auch noch ohne die typischen Sprechblasen°. Selbst humoristische Wochenendbeilagen°, die Wiege° der Comics, waren nicht auf amerikanische Zeitungen beschränkt°. So hatte zum Beispiel das *Neue Münchener Tagblatt* schon um 1890 jede Woche die mit Witzen und Bildgeschichten gefüllte achtseitige Beilage „Münchener Humoristische Blätter". In einer ähnlichen Zeitungsbeilage des *New York Journal* von William Randolph Hearst (1863–1951) erschienen am 12. Dezember 1897 auch erstmals die „Katzenjammer Kids", die in zweierlei Hinsicht° deutsche Eltern haben: Zum einen entstanden° sie, weil Hearst eine Übersetzung von „Max und Moritz" gelesen hatte und etwas Ähnliches als Attraktion im harten Konkurrenzkampf° mit Joseph Pulitzers (1847–1911) *New York World* suchte. Zum anderen° war Rudolph Dirks, der die Erlebnisse von Hans und Fritz zeichnete, 1877 in Deutschland geboren worden und 1884 mit seiner Familie in die USA gekommen. Seit 1912 gibt es die mit starkem deutschen Akzent sprechenden „Katzenjammer Kids" doppelt°, weil Dirks von der Konkurrenz° abgeworben°

unbeteiligt to play no part
die Entstehung development, rise
der Roman, -e novel
loben to praise
ebenso just as much
das Heft, -e book, notebook
die Mitte middle
zeichnerisch graphic
das Mittel, - means, tools, methods
komisch comic
der Streifen, - strip
die Zerlegung, -en dissection
die Handlung, -en action
die Folge, -n sequence, consequence
das Einzelbild, -er individual picture
die Überzeichnung, -en exaggeration
die Mimik facial expression
die Bildgestaltung, -en drawing
unmittelbar close, immediate
die Zuordnung relationship
die Sprechblase, -n (word) bubble, "balloon"
die Beilage, -n supplement
die Wiege, -n cradle, origin
beschränken to limit, confine
in zweierlei Hinsicht for two reasons
entstehen, a, a to come about, to develop
der Konkurrenzkampf competition (in business)
zum anderen secondly
doppelt double
die Konkurrenz competition
ab·werben i, a, o to lure away

Wilhelm Busch

wurde. Hearst durfte laut° Gerichtsbeschluß° die Serie unter dem ursprünglichen° Titel mit einem anderen Zeichner weiterproduzieren°, während Dirks die Figuren unter dem Titel „The Captain and the Kids" ebenfalls weiterzeichnete°.

Amerikanische Zeitungsverleger° hatten in den Comics ein Mittel entdeckt, neue Leser anzulocken°. Doch um die Jahrhundertwende° waren in den Vereinigten Staaten noch nicht genügend° Zeichner verfügbar°, die das neue Medium beherrschten°. So suchte James Keely von der *Chicago Tribune* 1905 in Berlin Mitarbeiter für die sonntägliche Comicsbeilage. Anfang 1906 stieß° er auf einen in Amerika aufgewachsenen° Sohn deutschstämmiger° Eltern, der eigentlich Musiker werden sollte, nun aber in Hamburg und Berlin als Zeichner lebte: Lyonel Feininger (1871–1956). Von März bis Spätsommer 1906 zeichnete Feininger für die *Chicago Tribune* insgesamt° 47 Seiten der Serien „The Kin-der-Kids" und „Wee Willie Winkie's World". In den „Kin-der-Kids" arbeitete er comic-üblich° mit Sprechblasen, bei „Wee Willie Win-kie" in der eher° europäischen Tradition einer Trennung° von Bild und Text. Feiningers Comics sind Vorboten° seines künstlerischen° Werkes. Sie verdeutlichen°, was man in Europa erst langsam zu erkennen beginnt: Daß Comics von Künstlern und auch—wenn nicht sogar in erster Linie°—für Erwachsene gemacht werden. Noch auf der großen Feininger-Retrospektive 1973 in München wurden seine Comics völlig° übergangen°, während das New Yorker Museum of Modern Art schon 1963 auf diesen Bereich° seines Wirkens° hinwies°. Feininger selbst hat sich von seinen Karikaturen und Comics nie distanziert.

Feininger und Dirks waren nur zwei von zahlreichen Zeichnern, die deutsche und europäische Illustratorentradition zur amerikanischen Comics-Tradition umformten°. In Deutschland wurde diese Zeichnertradition zwischen den beiden Weltkriegen zwar aufrechterhalten°, mit Ausnahme von E. O. Plauens „Vater und Sohn" blieb sie auf dem Comic-Sektor jedoch international ohne Bedeutung. Vereinzelt° gab es in dieser Zeit schon Comic-Importe wie „Winnie Winkle", „Micky Maus" und „Prinz Eisenherz".

Nach dem zweiten Weltkrieg wurde zunächst° versucht, mit deutschen Themen („Rumpelstilzchen") an die durch den Krieg unterbrochene° Tradition anzuknüpfen°. Doch es überwogen° sehr bald deutsche Ausgaben amerikanischer Reihen° wie die heute immer noch führende° Heftserie „Micky Maus". Diese Importe behinderten eine eigenständige° deutsche Comic-Produktion sehr stark und erweckten den Eindruck, daß es sich bei Comics um ein rein° amerikanisches Phänomen handele.

Nach einer Anti-Comics-Welle° in den 50er Jahren erfreuen° sich heute in der Bundesrepublik die Comics auch im akademischen Bereich lebhaften° Interesses. Eine Flut° von Büchern beschäftigt sich mit° ihnen, zahlreiche Studenten bestreiten° ihre Prüfungen mit diesem Thema. Selbst° Lehrpläne° und Schulbücher umgehen° den einst heiklen° Gegenstand° nicht mehr: Comics sind nicht nur zum Unterrichtsthema, sondern sogar schon zu einem didaktischen Hilfsmittel° avanciert°.

---

laut according to
der Gerichtsbeschluß, -sse ruling of the court
ursprünglich original
weiter·produzieren to continue to produce
weiter·zeichnen to continue to draw
der Verleger, - publisher
an·locken to attract
die Jahrhundertwende turn of the century
genügend sufficient
verfügbar available
beherrschen to master
stoßen, ö, ie, o (auf + acc.) to run into, to meet
auf·wachsen, ä, u, a to grow up
deutschstämmig of German ancestry
insgesamt altogether
comic-üblich as is customary in comics
eher predominantly
die Trennung separation
der Vorbote, -n precursor
künstlerisch artistic
verdeutlichen to make clear, demonstrate
in erster Linie primarily
völlig completely
übergehen, i, a to ignore, disregard
der Bereich, -e area, phase
das Wirken work
hin·weisen, ie, ie to point out, to call attention to
um·formen to reshape
aufrecht·erhalten, ä, ie, a to preserve, maintain
mit Ausnahme von with the exception of
vereinzelt here and there
zunächst at first
unterbrechen, i, a, o to interrupt
an·knüpfen to reestablish
überwiegen, o, o to predominate
die Reihe, -n series
führend leading
eigenständig independent
den Eindruck erwecken to give the impression
rein purely
die Welle, -n wave
sich erfreuen to enjoy
lebhaft considerable, vivid
die Flut, -en flood

Ein bekannter Maler als Comic-Zeichner: Ent-
würfe Lyonel Feiningers für „The Kin-der-Kids",
1909.

sich beschäftigen mit to
be concerned with
bestreiten to fulfill
selbst even
der Lehrplan, ¨e curriculum
umgehen, i, a to avoid
heikel controversial
der Gegenstand, ¨e subject
das Hilfsmittel, - aid
avancieren to advance

Redewendungen

gelten als	*to be considered as*
verweisen auf (+ acc.)	*to refer to, to point to*
beschränkt sein auf (+ acc.)	*to be limited to*
in zweierlei Hinsicht	*for two reasons*
laut Gerichtsbeschluß	*according to the ruling by the court*
in erster Linie	*primarily*
hinweisen auf (+ acc.)	*to point to*
mit Ausnahme von (+dat.)	*with the exception of*
den Eindruck erwecken	*to give the impression*
es handelt sich um	*it is dealing with*
sich beschäftigen mit	*to be concerned with*

20 Wichtige Wörter

die **Erfindung**	die **Handlung**	**künstlerisch**	**loben**
der **Einfluß**	der **Bereich**	**ursprünglich**	**entstehen**
der **Roman**	die **Bedeutung**	**genügend**	**beherrschen**
das **Heft**	der **Gegenstand**	**zahlreich**	**einst**
das **Mittel**	**lebhaft**	**gelten**	**völlig**

Übungen

A. *Bilden Sie zusammengesetzte Substantive; geben Sie die Artikel.*

1. das Bild / die Geschichte   = _____
2. die Zeitung / die Beilage   = _____ s _____
3. das Gericht / der Beschluß   = _____ s _____

   4. die Konkurrenz / der Kampf   = _____

   5. die Geburt / der Helfer   = _____ s _____

   6. spät / der Sommer   = _____

   7. der Zeichner / die Tradition = _____

   8. die Welt / der Krieg   = _____

   9. der Unterricht / das Thema   = _____ s _____

   10. der Bund / die Republik   = _____ es _____

B. *Geben Sie das Genus°: der, die oder das?*   gender

   1. _____ Erfindung   6. _____ Figur

   2. _____ Akzent   7. _____ Wirken

   3. _____ Mimik   8. _____ Zeichner

   4. _____ Medium   9. _____ Museum

   5. _____ Attraktion   10. _____ Künstler

C. *Geben Sie das Partizip Perfekt.*

   1. Er hat sich von seinen Comics nie _____. (distanzieren)

   2. Seine Comics wurden völlig _____. (übergehen)

   3. Eine Flut von Büchern hat sich mit ihnen _____. (beschäftigen)

   4. Dirks wurde von der Konkurrenz _____. (abwerben)

   5. Er hat die Erlebnisse von Hans und Fritz _____. (zeichnen)

   6. Comics waren nicht auf amerikanische Zeitungen _____. (beschränken)

   7. Hearst hatte eine Übersetzung von „Max und Moritz" _____. (lesen)

D. *Bilden Sie Verben im Deutschen, die im Englischen die Bedeutung „to continue to do something" haben.*

   BEISPIEL: *to continue to draw* = **weiterzeichnen**

   1. *to continue to work*   =

   2. *to continue to go / drive* =

   3. *to continue to produce*   =

   4. *to continue to read*   =

   5. *to continue to speak / talk* =

E. *Beantworten Sie die Fragen.*

   1. Welche zeichnerischen Mittel benutzte Wilhelm Busch für seine „komischen Streifen"?

   2. Warum erschienen die „Katzenjammer Kids" im *New Yorker Journal*?

   3. Warum gibt es seit 1912 die „Katzenjammer Kids" doppelt?

   4. Warum haben die amerikanischen Zeitungsverleger Comics in ihren Zeitungen abgedruckt (*printed*)?

   5. Wer ist Lyonel Feininger?

   6. Welche deutschen und amerikanischen Comics kennen Sie?

   7. Warum gibt es in Deutschland kaum eine eigenständige Comics-Produktion?

   8. In welchen Bereichen findet man oder beschäftigt man sich heute mit Comics in der Bundesrepublik?

F. *Schreiben Sie eine Geschichte zu diesen Bildern.*

„The Katzenjammer Kids" von dem deutschstämmigen Zeichner Rudolph Dirks
war einer der ersten echten Comic Strips. Er erscheint seit 1897. Dieses frühe
Beispiel der Serie ist zugleich die erste 1908 in Europa nachgedruckte Folge.

Letzter Streich

der Streich, -e prank

Max und Moritz, wehe euch!
Jetzt kommt euer letzter Streich!
Wozu müssen auch die beiden
Löcher in die Säcke schneiden?

wehe euch! woe you!
das Loch, -̈er hole
schneiden, i, i to cut

Seht, da trägt der Bauer Mecke
Einen seiner Maltersäcke.

das Malter (obsolete) corn-measure (about 150 liters)

Aber kaum, daß er von hinnen,
Fängt das Korn schon an zu rinnen.

kaum scarce
von hinnen away from there
an·fangen, ä, i, a to begin
rinnen to run, flow

Und verwundert steht und spricht er:
„Zapperment! Dat Ding werd lichter!"

verwundert astonished, amazed
zapperment! bless my soul
das Ding, -e thing
lichter (=leichter) lighter

Hei! da sieht er voller Freude
Max und Moritz im Getreide.

das Getreide grain

Rabs! — in seinen großen Sack
Schaufelt er das Lumpenpack.

schaufeln to shovel
das Lumpenpack ragamuffin

Max und Moritz wird es schwüle,
Denn nun geht es nach der Mühle. —

schwül(e) sick, ill, uncomfortable
die Mühle, -n mill

„Meister Müller, he, heran!
Mahl er das, so schnell er kann!"

heran this way
mahlen to grind

„Her damit!" Und in den Trichter
Schüttelt er die Bösewichter. —

der Trichter, - funnel
schütteln to shake
der Bösewicht, -e(r) rascal

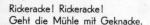
Rickeracke! Rickeracke!
Geht die Mühle mit Geknacke.

das Geknacke cracking sound

Hier kann man sie noch erblicken,
Fein geschroten und in Stücken.

erblicken to see
schroten to grind coarsely
das Stück, -e piece

Doch sogleich verzehret sie
Meister Müllers Federvieh.

sogleich right away, at once
verzehren to devour
das Federvieh feathered animals

Schluß

Als man dies im Dorf erfuhr,
War von Trauer keine Spur.
Witwe Bolte, mild und weich,
Sprach: „Sieh da, ich dacht es gleich!"
„Ja, ja, ja!" rief Meister Böck,
„Bosheit ist kein Lebenszweck!"
Drauf, so sprach Herr Lehrer Lämpel:
„Dies ist wieder ein Exempel!"
„Freilich!" meint der Zuckerbäcker,
„Warum ist der Mensch so lecker!"
Selbst der gute Onkel Fritze
Sprach: „Das kommt von dumme Witze!"
Doch der brave Bauersmann
Dachte: „Wat geiht meck dat an?!"
Kurz, im ganzen Ort herum
Ging ein freudiges Gebrumm:
„Gott sei dank! Nun ist 's vorbei
Mit der Übeltäterei!!"

der Schluß end
das Dorf, -¨er village
erfahren, ä, u, a to hear, become known
die Trauer sadness, mourning
die Spur, -en trace
die Witwe, -n widow
weich gentle
die Bosheit, -en malice
der Lebenszweck, -e goal in life
freilich of course
lecker nice, tasty
von dumme Witze *dialect form! (wrong grammar)*
brav upright, honest
wat geiht meck dat an? (Was geht mich das an?) What do I care?
der Ort, -e village
das Gebrumm mutter, mumble
vorbei over
die Übeltäterei mischief

KAPITEL

LEKTÜRE

Günther Weisenborn, **Zwei Männer**

GRAMMATIK

Adjectives

LANDESKUNDE

Der Stoff, aus dem Erfolge sind . . .

LEKTÜRE

Günther Weisenborn

geboren am 10. Juli 1902 in Velbert (Rheinland), gestorben am 26. März 1969 in Berlin. Er lebte zeitweilig im Exil in Argentinien (als Farmarbeiter) und in New York (als Reporter), kehrte aber 1937 nach Deutschland zurück und kämpfte im innerdeutschen Widerstand gegen die Nazis mit. 1942–1945 war er im Zuchthaus (penitentiary). Sein erstes Drama U-Boot S 4 wurde 1928 aufgeführt. Seine bekanntesten Werke sind das Memorial (1948), die Dramen Die Illegalen (1946), Ballade vom Eulenspiegel (1949) und die Erzählung Das Mädchen von Fanö (1935). Er gab eine von Ricarda Huch begonnene Dokumentation des innerdeutschen Widerstands heraus: Der lautlose Aufstand (1953).

Zwei Männer

Als der Wolkenbruch°, den sich der argentinische Himmel damals im Februar leistete, ein Ende gefunden hatte, stand das ganze Land unter Wasser. Und unter Wasser standen die Hoffnungen des Pflanzers von Santa Sabina. Wo ein saftgrünes° Vermögen in Gestalt von endlosen Teefeldern mit mannshohen° Yerbabüschen gestanden hatte, dehnte sich morgens ein endloses Meer.

Der Farmer war vernichtet, das wußte er. Er saß auf einer Maiskiste neben seinem Haus und zählte die fetten Blasen°, die an seine Schuhe trieben und dort zerplatzten. Das Maisfeld glich einem See. Der Rancho des Peons war darin verschwunden. Sein Schilfdach° trieb im Strom davon°, eine nickende Straußenleiche° vor sich herschiebend. Der Peon hatte sich zu seinem Herrn geflüchtet und saß neben ihm. Es war ein Indio, der mit breitem, eisernem Gesicht ins Leere starrte. Seine Frau war ertrunken, als sie sich losließ, um ihre Hände zur Madonna zu erheben. Der Peon hatte drei Blasen gezählt. Ihre Hand hatte die letzte Blase erschlagen°.

Der Farmer hatte seine Frau in der Stadt. Sie würde vergeblich° auf seinen Schritt vor der Tür warten. Denn der Farmer gab sich noch eine Nacht.

Es ist unter Männern Brauch°, daß man sich in gewissen Lagen die letzte Zigarette teilt. Der Farmer, im Begriff nach Mannes Art zu handeln, wurde von seinem Peon unterbrochen. „Herr!" rief der Indio, „der Parana! Der Strom kommt . . .!" Er hatte recht. Man hörte in der Ferne ein furchtbares Donnern. Der Parana, angeschwollen° von Wasser und Wind, brach in die Teeprovinzen ein. Parana, das heißt der größte Strom Argentiniens. Dieses Donnern war das Todesurteil° für die Männer von Santa Sabina. Sie verstanden sich auf diese Sprache, die Männer. Sie hatten tausendmal dem Tod ins Auge gesehen.

Sie hatten das Weiße im Auge des Pumas gesehen und der Korallenschlange ins kaltstrahlende Gesicht. Sie hatten dem Jaguar gegenübergestanden und der großen Kobra, die sich blähte. Sie hatten alle diese Begegnungen für sich entschieden, denn ihr Auge war kalt, und gelassen° ihre Hand.

---

der Wolkenbruch, ⸚e cloudburst

saftgrün sap green
mannshoch as high as a man

die Blase, -n bubble
das Schilfdach, ⸚er reed roof, thatched roof
davon·treiben, ie, ie to drift away
der Strauß, -e ostrich
die Leiche, -n corpse
erschlagen, ä, u, a to kill, to slay

vergeblich in vain, unsuccessful(ly)

der Brauch, ⸚e custom

an·schwellen, i, o, o to swell

das Todesurteil, -e death sentence

gelassen composed, calm

Jetzt aber halfen keine Patronen° und kein scharfes Auge. Dieser Feind hier, das Wasser, war bösartig° wie hundert Schlangen, die heranzischten°, und todesdurstig° wie der größte Puma auf dem Ast. Man konnte das Wasser schlagen, es wuchs. Man konnte hineinschießen, es griff an. Es biß nicht, es stach nicht, das Wasser, es suchte sich nur mit kalten Fingern eine Stelle am Mann, seinen Mund, um ihn anzufüllen, bis Blasen aus der Lunge quollen°. Das Wasser war gelb und lautlos. Und man sah vor Regen den Himmel nicht.

Auf einer kleinen Insel, halb unsichtbar in der triefenden° Finsternis, saß der Farmer mit seinem Peon vor seinem Haus.

Dann kam der große Parana. Er kam nicht mit Pauken und Posaunen. Nein, man merkte ihn gar nicht. Aber plötzlich stand der Schuh des Farmers im Wasser. Er zog ihn zurück. Aber nach einer Weile stand der Schuh wieder im Wasser, weiß der Teufel . . . Und wenn man die Maiskiste zurücksetzte, so mußte man sie bald noch ein wenig zurücksetzen, denn kein Mann sitzt gern im Wasser.

Das war alles, aber das war der Parana.

Gegen Abend fiel das Hühnerhaus um. Man hörte das halberstickte° Kreischen° der Vögel, dann war es wieder still. Später zischte° es plötzlich im Wohnhaus auf, denn das Wasser war in den Herd gedrungen.

Als es dunkel wurde, standen der Farmer und sein Peon bereits bis zum Bauch im Wasser. Sie kletterten auf das Schilfdach. Dort auf dem Gipfel saßen sie schweigend, dunkle Schatten in der dunkelsten aller Nächte, indes Töpfe und Kästen° aus den Häusern hinausschwammen. Ein Stuhl stieß unten das Glasfenster in Scherben. Das Wasser rauschte. Die Blasen platzten. Ein totes Huhn schwamm im Kreise vor der Haustür.

Als das Wasser das Dach erreicht hatte, stieß es die Hausmauern nachlässig° um. Das Dach stürzte von den gebrochenen Pfosten, schaukelte° und krachte°, dann drehte es sich um sich selbst und trieb in die rauschende Finsternis hinaus.

Das Dach ging einen langen Weg. Es fuhr kreisend° zu Tal. Es trieb am Rande der großen Urwälder vorbei. Es segelte durch eine Herde von Rindern, die mit himmelwärts gestreckten Beinen totenstill auf dem wirbelnden° Wasser trieben. Glotzäugige° Fische schossen vor dem Schatten des Daches davon. Schwarze Aasgeier° trieben, traubenweise an ein Pferd gekrallt°, den Strom hinab. Sie blickten mordlustigen° Auges herüber . . . Blüten, Möbel und Leichen vereinigten sich zu einem Zug des Todes, der talwärts fuhr, einem undurchsichtigen° Ende entgegen.

Gegen Morgen richtete sich der Farmer auf und befahl seinem Peon, nicht einzuschlafen. Der Indio verwunderte sich über die harte Stimme seines Herrn.

Er wäre bedenkenlos° dem Farmer um die Erde gefolgt. Er war Indio und wußte, was ein Mann ist. Aber er wußte auch, daß ein Mann ein schweres Gewicht hat. Wenn nur ein Mann auf dem Dach sitzt, so hält es natürlich länger, nicht wahr, als wenn es unter dem schweren Gewicht zweier Männer auseinanderbricht und versinkt. Und dann gute Nacht . . .

Er glaubte nicht, daß der Farmer gutwillig das Dach verlassen würde, aber

---

die Patrone, -n cartridge
bösartig malicious
heran·zischen to hiss (coming closer)
todesdurstig thirsty to kill

quellen, i, o, o to gush, to flow

triefen, o, o to drip

halberstickt half-choking
das Kreischen shriek
zischen to hiss

der Kasten, : box

nachlässig negligent
schaukeln swing
krachen crash

kreisen to circle

wirbeln to whirl
glotzäugig goggle-eyed
der Aasgeier, - vulture
krallen to claw, to clutch
mordlustig murderous

undurchsichtig opaque, unclear

bedenkenlos without hesitation, unhesitatingly

Ein Strohdach in Norddeutschland wird neu gedeckt (covered).

Fragen:

1. Wie kommen die Männer auf das Dach?
2. Wo haben die das Stroh?
3. Wieviele Stockwerke hat das Haus?
4. Was für ein Straßenschild kann man sehen?
5. Glauben Sie, daß es ein neues oder ein altes Haus ist? Warum?

Beschreiben Sie: Drei Männer decken das Dach.

man konnte ihn hinunterkippen°, denn es ging hier um Leben und Tod. Das dachte der Indio, und er rückte näher. Sein Gesicht war steinern, es troff vor Regen.

Das Dach würde auf keinen Fall mehr bis zum Morgen schwimmen. Jetzt schon brachen einzelne Bündel ab und schwammen nebenher. Die Männer mitten auf dem furchtbaren Strom wußten nicht, wo sie waren. Dichter Nebel fuhr mit ihnen. Ringsum das Wasser schien still zu stehen. Fuhren sie im Kreis? Sie wußten es nicht. Sie sahen sich an.

Da folgte der Farmer dem Brauch aller Männer, zog seine letzte Zigarette, brach sie in zwei Teile und bot dem Indio eines an. Sie rissen das Papier ab und kauten den Tabak, da sie kein Feuer hatten.

Er ist ein guter Kamerad, dachte der Peon. Es hat keinen Zweck. Es soll alles seinen Weg gehen. Als er den würzigen° Geschmack des Tabaks fühlte, wurde aus der Feindschaft langsam ein Gefühl der Treue. Was willst du? Der Peon hatte seine Frau verloren und sein Kind. Sie hatte die letzte Blase ihres Atems mit ihrer Hand zerschlagen. Er hatte nichts mehr, was ihn zu leben verlockte°. Das Schilfdach sank immer tiefer. Wenn er selbst ins Wasser sprang, hielt das Dach vielleicht noch und trug seinen Herrn bis zum Morgen.

hinunter·kippen to tip over the edge, to down

würzig aromatic, tasty

verlocken to entice, to allure

Der Dienst ist aus, adios, Señor! Der Peon kletterte° über den Giebel bis an den Rand° des Daches, als er plötzlich im dunklen Wasser Kaimane° rauschen° sah, Jaquares, die ihn aufmerksam anstarrten°. Zum erstenmal verzog der Indio sein Gesicht°, dann hielt er den Atem an und sprang.

Aber er wurde im selben Moment von seinem Herrn gehalten, der ihn wieder aus dem Wasser zog und seinen Peon zornglühend° anschrie. Kreideweiß°, mit rotgeränderten° Augen und triefenden Haaren, beugte sich der Farmer über ihn, nannte ihn den Vater allen Unsinns und rüttelte ihn. Dann befahl er ihm, seinen Platz einzunehmen und den Mut nicht zu verlieren, verdammt noch mal . . . !

Gegen Morgen trieben sie an Land, sprangen über Baumäste° und wateten° stundenlang, bis sie ins Trockene kamen. Sie klopften den Boden mit Stöcken nach Schlangen ab°, und ehe sie sich zum Schlafen in das Maisfeld legten, sagte der Farmer:

„Morgen gehen wir zurück und fangen wieder an."

„Bueno", sagte der Indio. Der Regen hörte auf.

kletter to climb
der Rand, ¨er edge, rim
der Kaiman, -e cayman
rauschen to roar
an·starren to stare at (somebody)
(das Gesicht) verziehen, o, o to make a wry face
zornglühend glowing with anger
kreideweiß white as chalk
rotgerändert with red rims
der Baumast, ¨e branch of tree
waten to wade
ab·klopfen to knock around

Redewendungen

ein Ende finden	to find an end, to come to an end
er gibt sich noch eine Nacht	he expects to live another night
ich verstehe mich auf diese Sprache	I am familiar with this language
es geht um Leben und Tod	it is a question of life and death
es geht seinen Weg	it follows its (expected) path
er verliert den Mut	he loses courage

20 Wichtige Wörter

der **Pflanzer**	das **Todesurteil**	nachlässig	krachen
die **Blase**	der **Rand**	bedenkenlos	kreisen
der **Herd**	der **Unsinn**	würzig	kauen
der **Brauch**	vergeblich	erschlagen	rauschen
der **Strom**	gelassen	triefen	waten

Übungen

I. Fragen

Beantworten Sie die Fragen.

1. Wann und wo findet die Geschichte statt?
2. Welche zwei Personen lebten noch?
3. Wie starb die Frau des Indios?
4. Wo war die Frau des Farmers?
5. Was hatte der Farmer angebaut?
6. Was ist unter Männern Brauch?
7. Was merkte der Indio zuerst?
8. Warum ist das Wasser ein schlimmerer Feind als der Puma?

9. Wohin gingen der Farmer und der Indio, als das Wasser höher stieg?

10. Was geschah mit dem Dach, als die Mauern umfielen?

11. Was sahen die Männer, als sie auf dem Fluß trieben?

12. Was wollte der Indio auf dem Dach tun? Warum?

13. Was dachte der Indio, als der Farmer die Zigarette geteilt hatte?

14. Warum wollte der Indio ins Wasser springen?

15. Was tat der Farmer, als der Indio ins Wasser sprang?

16. Wann trieben sie ans Land?

17. Was mußten sie tun, als sie an Land kamen?

18. Was wollte der Farmer am nächsten Tag tun?

19. War der Indio damit einverstanden?

20. Was hätte der Farmer am Ende auch tun können?

II. Grammatische Übungen

A. *Setzen Sie die Adjektivendungen ein.*

1. der argentinisch _____ Himmel

2. ein saftgrün _____ Vermögen

3. die fett _____ Blasen

4. mit breit _____ eisern _____ Gesicht

5. ein furchtbar _____ Donnern

6. auf einer klein _____ Insel

7. am Rande der groß _____ Urwälder

8. unter dem schwer _____ Gewicht

9. dicht _____ Nebel

10. die letzt _____ Blase

B. *Verwandeln° Sie die Sätze in den Komparativ und Superlativ.* to change

1. der große Strom	6. der gute Kamerad
2. das scharfe Auge	7. das Wasser war tief
3. es war dunkel	8. der dichte Nebel
4. das Haus hält lange	9. viele Fische
5. das Land war nahe	10. wenige Menschen

C. *Beginnen Sie die Sätze mit dem Nebensatz°. Vorsicht: Zeitformen beachten°!* dependent clause / Watch for tenses

1. als/ der Regen/ sein/ zu Ende// das Land/ stehen/ unter Wasser

2. wo/ Teefelder/ stehen// ein Meer/ sich dehnen

3. als/ das Wasser/ erreichen/ das Dach// es/ halten/ nicht länger

4. wenn/ nur ein Mann/ sitzen/ auf/ Dach// es/ halten/ länger

5. wenn/ er/ springen/ in/ Wasser// das Dach/ tragen/ der Herr/ bis/ zu/ Morgen

6. bis/ sie/ kommen/ zu/ ein Maisfeld// sie/ müssen/ gehen/ stundenlang

7. als/ der Indio/ sehen/ schwimmen/ Kaimane/ in/ Wasser// er/ warten/ fünf Minuten

8. was/ der Indio/ denken/ damals// der Pflanzer/ erfahren/ niemals

D. *Bilden Sie Relativsätze mit dem zweiten Teil der Sätze.*

1. Der Wolkenbruch fand ein Ende—der Himmel leistete sich ihn im Februar

2. Er zählte die Blasen—sie trieben an seine Schuhe

3. Das Dach segelte durch eine Herde Rinder—sie trieben auf dem Wasser

4. Er wurde von dem Herrn festgehalten—er zog ihn wieder aus dem Wasser

5. Der Peon saß neben ihm—er hatte sich zu seinem Herrn geflüchtet

6. Das Wasser wa sehr gefährlich—es zischte in der Dunkelheit heran

7. Das Dach schwamm davon—es wurde von dem Wasser hochgehoben

8. Er wollte den Herrn retten—er war ihm treu bis in den Tod

E. *Verwandeln Sie die Sätze in den Konjunktiv II/Imperfekt.*

Beispiel: er verdiente viel—**er hätte viel verdient**

1. Sie wartete vergeblich.
2. Man konnte auf ihn schießen.
3. Das Hühnerhaus fiel um.
4. Er folgte seinem Herrn.
5. Sie wurden ans Land getrieben.
6. Sie fingen wieder an.
7. Plötzlich kam das Wasser.
8. Er wollte springen.
9. Er wurde aus dem Wasser gezogen.
10. Es war kaum zu glauben.

F. *Bilden Sie zusammengesetzte Substantive.*

1. die Wolke—der Bruch   = d_____   _____ n _____
2. der Mais—das Feld   = d_____   _____
3. der Strauß—die Leiche   = d_____   _____ en _____
4. der Tod—das Urteil   = d_____   _____ es _____
5. das Haus—die Mauer   = d_____   _____
6. der Baum—der Ast   = d_____   _____
7. der Schilf—das Dach   = d_____   _____
8. das Glas—das Fenster   = d_____   _____

G. *Ersetzen Sie die Objekte durch Pronomen.*

1. Der Farmer gab dem Peon eine Zigarette.
2. Der Peon zeigte dem Farmer das Wasser.
3. Der Farmer schenkte der Frau das Feld.
4. Die Frau brachte den Arbeitern das Essen.
5. Er glaubte dem Peon nicht die Geschichte.
6. Er brach dem Freund das Brot ab.

H. *Ersetzen Sie die Substantive nach der Präposition durch Pronomen.*

1. Er saß neben seinem Herrn.
2. Er flüchtete mit der Frau.
3. Der Farmer war ohne seine Frau.
4. Er bekam die Zigarette von dem Peon.
5. Es war das Todesurteil für die Männer.
6. Sie standen dem Jaguar gegenüber.
7. Der Peon wunderte sich über den Farmer.
8. Er wurde von dem Herrn gehalten.
9. Der Farmer beugte sich über den Mann.
10. Er sagte etwas zu dem Farmer.

I. *Beschreiben Sie jedes Substantiv (= noun) mit drei Adjektiven.*

1. Der Indio hatte ein _____ Gesicht.
2. Ihr Auge war _____.
3. Das _____ Wasser des Flusses.
4. Die _____ Aasgeier auf dem Pferd.
5. Er kaute den _____ Tabak.
6. Der Farmer beugte sich über den _____ Indio.
7. Es waren zwei _____ Männer.
8. Wir lesen eine _____ Geschichte.

III. Übungen zum Sprechen und Schreiben

A. *Fragen Sie Ihre Klassenkameraden.*

1. Haben Sie schon einmal Hochwasser erlebt?—Was ist passiert?—Oder eine andere Naturkatastrophe? Zum Beispiel: Einen Tornado, viel Schnee, spiegelglatte Straßen, ein Erdbeben oder ein Feuer?
2. Waren Sie einmal in Lebensgefahr?—Können Sie die Situation beschreiben?
3. Erzähle mir eine Situation, wo du daran gedacht hast aufzugeben.
4. Beschreibe eine Szene, wo Menschen einander helfen.

B. *Wir spielen eine Szene.*

1. Zwei Menschen auf einem Floß° bei Hochwasser.   raft
2. Ich erzähle den Mitbewohnern meiner Wohnung, daß unser Haus abgebrannt°   **ab·brennen** to burn down
   ist.
3. Zwei Menschen kommen nach dem Hochwasser zu ihrem Haus zurück.
4. Wir diskutieren, ob wir bleiben oder wegfahren sollen, weil ein Hurrikan kommt.

C. *Wir diskutieren.*

1. Wie benehmen sich Menschen, wenn sie in Lebensgefahr sind?
2. Will der Autor dieser Geschichte *Zwei Männer* die „Männlichkeit" beschreiben? Oder sind die zwei Männer nur Beispiele für alle Menschen, Männer oder Frauen?—Wie wäre eine Geschichte „Zwei Frauen"?
3. Die Menschen und die Natur.

D. *Bilden Sie Sätze mit folgenden Wörtern.*

1. mannshoch / Teepflanzen
2. Maisfeld/ gleichen
3. ins Leere/ starren
4. vergeblich/ warten
5. sich verstehen auf/ Sprache
6. gegen Morgen/ sich aufrichten
7. gehen um/ Leben und Tod
8. Platz/ einnehmen
9. zum Schlafen/ legen
10. Regen/ aufhören

E. *Beantworten Sie folgende Fragen.*

Was täten Sie, wenn *Sie* . . .

1. einem Puma begegneten?
2. Angst hätten zu ertrinken?
3. einen Menschen töten müßten, um Ihr Leben zu retten?
4. glaubten, daß Sie bald sterben müßten?

F. *Schreiben Sie einen kleinen Aufsatz.*
1. Eine Naturkatastrophe.
2. Zwei Freunde.
3. Ein Mensch gibt nicht auf.
4. Ein Farmer.
5. Leben an einem Fluß.

GRAMMATIK

Adjectives

Declension

1. Adjectives may be used before nouns as attributive (*descriptive*) adjectives or as predicate adjectives after certain verbs, such as **sein, werden, bleiben, heißen, scheinen.** All attributive adjectives, unlike predicate adjectives, use declensional endings in German. There are three basic situations that determine the declensional ending.

   a) Adjectives that follow a definite article and **der**-words:

      der argentinisch**e** Himmel

   b) Adjectives that follow an indefinite article and **ein**-words:

      mit **einem** breit**en**, eisern**en** Gesicht

   c) Adjectives that precede a noun without any articles at all:

      mit mannshoh**en** Yerbabüschen

2. Adjectives that follow a definite article or a **der**-word end in either **-e** or **-en**, depending on the case, number, and gender of the articles or **der**-words. This is called the weak declension:

	Masculine	Feminine	Neuter	Plural
NOMINATIVE	e	e	e	en
ACCUSATIVE	en	e	e	en
DATIVE	en	en	en	en
GENITIVE	en	en	en	en

These endings are also used for adjectives that follow the **der**-words **dies-** this; **welch-** which; **solch-** such; **jen-** that; **jed-** each, every; **manch-** some.

in **dieser** lang**en** Geschichte

3. Attributive adjectives that follow indefinite articles or **ein**-words use the ending **-en.** There are three exceptions in the singular:
   a) Nominative masculine singular: **-er**
   b) Nominative and accusative feminine: **-e**
   c) Nominative and accusative neuter: **-es**

	Masculine	**Feminine**	**Neuter**	**Plural**
NOMINATIVE	-er	-e	-es	-en
ACCUSATIVE	-en	-e	-es	-en
DATIVE	-en	-en	-en	-en
GENITIVE	-en	-en	-en	-en

Man hörte **ein** furchtbar**es** Donnern.   (Accusative, neuter, singular)
Er ist **ein** gut**er** Kamerad.   (Nominative, masculine, singular)
Sie saßen neben **ihrer** alt**en** Maiskiste.   (Dative, feminine, singular)

4. Unpreceded adjectives use endings that are almost identical to those of the definite articles and **der**-words.

endlos**e** Teefelder   (Nominative, plural)
dicht**er** Nebel   (Nominative, masculine, singular)

Exceptions are the genitive masculine and neuter, in the singular.
Numerical adjectives (**viele** = *many, a lot of;* **wenige** = *few;* **andere** = *other;* **einige** = *some;* **mehrere** = *several*) use the same endings as unpreceded adjectives in the plural.

Viele gefährliche Kobras lebten dort.   (Nominative, plural)

Unpreceded adjectives and numerical adjectives have the following endings, also referred to as <u>strong</u> <u>declension</u>:

	Masculine	**Feminine**	**Neuter**	**Plural**
NOMINATIVE	-er	-e	-es	-e
ACCUSATIVE	-en	-e	-es	-e
DATIVE	-em	-er	-em	-en
GENITIVE	-en	-er	-en	-er

5. Exceptions:
   a) Attributive adjectives ending in **-el, -abel,** and **-ibel** drop the **-e-** of the final syllable (also in the comparative):

   in dunk**ler** Nacht; ein sensi**bler** Mensch; eine respekta**ble** Leistung

b) The attributive form of the adjective **hoch** is **hoh-**:

Das Wasser ist **hoch.**   (Predicate adjective)
Das **hohe** Wasser.   (Attributive adjective)

c) An attributive adjective that occurs after the word **all-** (*all*) is declined
like those following definite articles or **der**-words:

all**e** kreischend**en** Vögel

d) An attributive adjective that occurs after the word **ander-** (*other*) uses
the same declensional endings as **ander-**:

die ander**en** schwimmend**en** Schilfdächer
ander**e** berühmt**e** Städte

Übungen

A. *Setzen Sie die Adjektivendungen ein.*

1. ein endlos _____ Teefeld
2. diese endlos _____ Teefelder
3. er sah den alt _____ Farmer
4. er folgte dem gut _____ Herrn
5. es gab dort schrecklich _____ Überschwemmungen
6. er lebt am Rand des groß _____ Urwaldes
7. ich sehe ein tot _____ Huhn
8. auf diesen weit _____ Feldern
9. zwei mutig _____ Männer
10. das Ende dieser kurz _____ Geschichte
11. er mag kräftig _____ Tabak
12. gut _____ Rat ist teuer
13. ich helfe gern alt _____ Leuten
14. ich gebe es dieser nett _____ Frau
15. das ist ein neu _____ Buch
16. ich möchte hell _____ Bier
17. das ist ein lang _____ Weg
18. bring mir die neu _____ Zeitung mit
19. er rief seine ängstlich _____ Frau an
20. das ist die Frau des alt _____ Farmers

B. *Setzen Sie die Artikel und / oder Endungen ein.*

1. von dies _____ endlos _____ Teefeldern
2. er sitzt auf _____ alt _____ Maiskiste
3. zu sein _____ freundlich _____ Herrn
4. das Todesurteil für _____ beid _____ Männer
5. aus _____ gelb _____ Wasser

6. er stand in _____ schmutzig _____ Wasser

7. das Wasser drang in _____ klein _____ Hühnerhaus

8. er saß vor _____ offen _____ Haustür

9. von _____ gebrochen _____ Mauern

10. durch ein _____ lang _____ Straße

11. sein _____ schnell _____ Ende entgegen

12. er sitzt auf _____ treibend _____ Dach

13. er brach die Zigarette in zwei gleich _____ Teile

14. mit mein _____ recht _____ Hand

15. er legte sich in _____ trocken _____ Maisfeld

C. *Vervollständigen Sie die Endungen.*

1. ein-/ lang/ Reise
2. dies-/ jung/ Mann
3. bei/ hoch/ Zinsen
4. nach/ dies-/ groß/ Anschaffung
5. mit/ klein/ Kinder
6. interessant/ Angebote
7. gut/ Bedienung
8. in/ alt/ Häuser
9. ein-/ ruhig/ Leben
10. mit/ viel/ Geld

Comparison

1. Adjectives have three <u>degrees</u>, called positive, comparative, superlative. English expresses them in two ways.

   long, longer, longest; interesting, more interesting, most interesting.

   German follows the pattern of <u>long, longer, longest</u>. There is no comparison with "more" and "most". You can<u>not</u> say **mehr interessant;** you have to say **interessanter.**

   a) In a noun phrase, comparatives add **-er,** superlatives **-st** or **-est.** Comparatives and superlatives use adjective endings as usual:

      der klein**e** Baum, der klein**ere** Baum, der klein**ste** Baum.

      In one-syllable adjectives with **a,o,u,au** as their stem vowels, comparatives and superlatives usually use the <u>Umlaut</u> of these vowels:

      der lange Weg, der l**ä**ngere Weg, der l**ä**ngste Weg; das dumme Huhn, das d**ü**mmere Huhn, das d**ü**mmste Huhn.

      Some adjectives can be used with <u>or</u> without Umlaut.

      frommer—frömmer; schmaler—schmäler

   b) Adjectives in a <u>verb phrase</u> have to use a special form for the superlative.

      der Zug fährt schnell, der Zug fährt schneller, der Zug fährt **am schnellsten.**

      The form **schnellst-** without ending cannot be used, instead the customary form ist **am** schnellst**en** (*the fastest*).

   c) There are a few irregular forms in comparison:

gut	besser	am besten
viel	mehr	am meisten
gern	lieber	am liebsten
groß	größer	am größten (instead of größesten)
hoch	höher	am höchsten
nah	näher	am nächsten

2. Exceptions:
   a) With adjectives ending on **-el,** the **e** is dropped in the comparative:

   dunkel—dun**kl**er (*dark*).

   This is <u>sometimes</u> done with adjectives ending on **-en** or **-er:**

   teuer—teu**r**er (*expensive*).

   <u>Note</u>: **Hoch** drops the **c** when it is declined.

   das Wasser steht ho**ch,** *but:* das ho**h**e Wasser, eine hö**h**ere Miete (**die Miete** = *rent*)

   b) <u>Note</u>: **Gern** is an adverb that indicates liking:

   I like to swim: Ich schwimme **gern;** *I prefer to swim:* Ich schwimme **lieber;** *I like best to swim:* Ich schwimme **am liebsten.**

   c) **Mehr** and **weniger** (comparative of **wenig** = *little*) are <u>always</u> used in their undeclined forms, they <u>never</u> take endings.

   mehr Leute waren da als gestern, aber **weniger** Leute als vorgestern.

3. Comparative phrases:
   a) A positive comparison of inequality (*more than* in English) is completed by **als** (*than*).

   er ist älter **als** sie; ich habe ein größeres Zimmer **als** du

   Als can also introduce a clause.

   Er hat ein größeres Zimmer, **als** ich gedacht habe.   *He has a larger room than I thought.*

   b) Comparisons of equality are expressed by **wie** (*as*).

   Das Zimmer ist so groß **wie** meines; ein nicht so großes Zimmer **wie** meines. (**so groß wie**—*as big as*)

   c) A negative comparison of inequality (*less than* in English) is expressed by **weniger** . . . **als** or **nicht so** . . . **wie.**

   Es ist **nicht so** kalt **wie** bei uns, es ist **weniger** kalt **als** bei uns.

   d) Repeated comparatives (*better and better*) are normally replaced by **immer** + comparative:

Das Essen wird immer besser.

e) An absolute comparative is usually limiting, qualifying (*rather*).

Das ist eine **kleinere** Stadt. (*a rather small town; comparatively small*)

Thus a „**jüngerer Mann**" is older than a „**junger Mann**". Absolute superlatives are expressed by **sehr, höchst, besonders.**

Das war **sehr** interessant; ein **besonders** höflicher Kellner.

The word **recht** frequently does not mean *very* but *rather*.

Es geht ihm **recht** gut. (*He is doing rather well*)

f) The strongest form of the superlative is the combination with **aller-.**

Das war der **allerschönste** Tag meines Lebens. (*most beautiful*)

Not all adjectives have meaningful comparatives and superlatives, for instance, colors: **die weißeste Wäsche** makes sense only in advertising.

g) Two comparative actions are combined by **je—desto:**

Je langsamer du fährst, **desto** sicherer kommst du an.   *The slower you drive the safer you arrive.*
Je mehr er mich fragt, **desto** weniger antworte ich ihm.   *The more he asks me the less I answer him.*

<u>Word Order</u>: Adjectives follow **je** and **desto;** in the **je**-part the verb is last, in the **desto**-part, the verb follows the adjective. **Umso** can be used instead of **desto:**

Je langsamer du fährst, **umso** sicherer kommst du an.   *The slower you drive, the safer you will get there.*

Übungen

A. *Bilden Sie den Komparativ und Superlativ.*
 1. Er kommt schnell.
 2. Er wohnt nahe.
 3. Sie arbeitet viel.
 4. Sie ist hübsch.
 5. Ich tanze gern.
 6. Schinken schmeckt gut.
 7. Das Fieber ist hoch.
 8. Der Nebel ist dicht.
 9. Der Himmel ist dunkel.
 10. Obst ist gesund.

B. *Setzen Sie ein: Adjektivendungen und **als** oder **wie**.*
 1. Er hat ein besser _____ Gedächtnis _____ ich.
 2. Ich kenne ihn so gut _____ mich selbst.
 3. Sein Haus ist größer _____ unseres.
 4. Wir machen nicht so lang _____ Reisen _____ ihr.
 5. Ich freue mich mehr über das Geschenk _____ du denkst.
 6. Der Esel hat länger _____ Ohren _____ das Pferd.
 7. Wir sind nicht so reich _____ behauptet wird.
 8. Er liest ebenso viel _____ Bücher _____ du.

9. Ist sie wirklich älter _____ ihre Schwester?

10. Sie ist lange nicht so alt _____ ich dachte.

C. *Bilden Sie Adjektive im Superlativ. Verwenden Sie* **aller**-.

Beispiel: ein großer Hut—**der allergrößte Hut**

1. eine neue Idee
2. ein dummes Huhn
3. ein später Bus
4. ein falscher Augenblick
5. ein unglücklicher Zufall
6. ein gutes Auto
7. ein hohes Haus
8. eine schöne Frau
9. eine schwierige Operation
10. ein seltener Besuch

D. *Bilden Sie Sätze im Komparativ mit* **je** . . . **desto.**

1. es wird spät—es wird dunkel
2. viele Leute sehen den Film—er läuft lange
3. du antwortest schnell—seine Chancen sind gut
4. die Zinsen sind hoch—wenige Leute kaufen Autos
5. die Geschichte ist interessant—die Studenten lesen sie gern
6. du kommst früh—es geht schnell
7. ich schlafe spät ein—ich wache früh auf
8. er redet viel—sie hört wenig zu

E. *Auf deutsch.*

1. He had more problems than expected.
2. That was more urgent than you thought.
3. Don't you know me anymore?
4. He gave me more good advice.
5. I had expected her to be more prudent.
6. Ask me no more questions of this kind.
7. He became more and more suspicious.
8. We don't need any more factories in this city.
9. He is more popular than before.
10. We need more exercises like these.

Adjective Formation

Adjectives can be formed from nouns, verbs, and adverbs by using certain suffixes. The most common suffixes are:

-bar   This forms adjectives from verbs, occasionally from nouns, that are usually the equivalent of English words with the suffix **-able.**

       tragbar (*bearable*)

       The **-en** ending of the infinitives is dropped to form these words.

       denkbar (= **kann** gedacht werden), **haltbar, erziehbar.**

-ig   This forms adjectives mostly from nouns.

       Freude, **freudig**

It is also used to change adverbs, especially time and place adverbs, into adjectives.

heutig, gestrig, dortig, hiesig (= **hier**)

It also forms adjectives from possessives.

seinig (**sein**), **unsrig** (= **unser**)

-isch   This forms adjectives from nouns; they express a characterization or membership in a group. The suffix is also used for adjectives formed from nationalities.

römisch, münchnerisch, chemisch, biologisch, himmlisch, malerisch, kindisch, launisch (*moody*), **amerikanisch, indisch**

-lich   This forms adjectives, usually from nouns, that are characterizations: **-lich** comes from a word meaning "like"; it is roughly equivalent to English -<u>ly</u> (in adjectives!).

freundlich (*friendly* = *like a friend*)

Words ending in **-n** are joined with a **-t** or **-d.**

wissentlich

-los   This gives a word a negative meaning; it is equivalent to English *-less.*

herzlos (*heartless*), **gewaltlos** (*nonviolent, passive*), **obdachlos** (*homeless*).

-sam   This forms adjectives from abstract words.

arbeitsam (*diligent*), **biegsam** (*flexible*), **betriebsam** (*industrious*)

The prefix **un-** expresses the opposite.

unklug (*unwise*), **ungeduldig** (*impatient*)

Some words are used to form adjectives, especially **-reich** and **-voll** "rich in", "full of".

kinderreich, sorgenvoll, prachtvoll

Adjectives from materials (= made of) take the endings **-en** or **-ern.**

golden (*golden*), **silbern** (*of silver*), **hölzern** (*wooden*), **seiden** (*of silk*).

Übungen

A. *Ersetzen Sie die kursiv gedruckte Wendung durch ein Adjektiv.*

     Beispiel: Er freute sich *wie ein Kind*—**Er freute sich kindlich.**

       1. Das ist ein Zaun *aus Eisen.*   (eis-)

       2. Seine Handlung war *ohne Gewissen.*   (gewissen-)

3. Der Himmel in Argentinien war *blau*. (*add umlaut to* blau-)

4. Es war ein Meer *ohne Ende*. (end-)

5. Das Donnern war *zum Fürchten*. (fürchter-)

6. Er folgte dem Farmer *mit gutem Willen*. (will-)

7. Die Krokodile sahen ihn *mit Ungeduld* an. (ungeduld-)

8. Diese Geschichte *machte Langeweile*. (langweil-, change verb)

9. In Argentinien *gibt es viel Regen*. (regner-, change verb)

10. Der Farmer saß *voll von Gedanken* vor dem Haus. (gedanken-)

11. Die Insel *konnte erreicht werden*. (erreich-, change verb)

12. Die Nachricht über die Flut stand in der Zeitung *von gestern*. (gestr-)

B. *Ergänzen Sie Suffix und Endung.*

Es war ein fürchter-_____ Gewitter. Wir lebten in einem ein_____ Haus in einem ein-_____ Wald. Wir hatten frucht-_____ Land in dem amerikan-_____ Urwald und mehrere freund-_____ Nachbarn. Es gab wenig schäd-_____ Tiere, und so haten wir sorgen-_____ Tage und waren immer fröh-_____. Aber eines Tages kam deiser gewalt-_____ Regen und überschwemmte alles niedr-_____ Land. Wir packten alle erreich-_____ Sachen und warfen sie in ein kürz-_____ gebautes Boot. Es war schwer ertrag-_____, die Tiere sterben zu sehen. Unsere Fahrt schien uns unend-_____. End-_____ kamen wir zu trockenem Land und bauten uns eine hölz-_____ Hütte.

Adjectival Nouns

1. Any adjective, also participles used as adjectives,* may take on the function of a noun. It is then capitalized and takes articles and possibly other modifiers, but it retains its <u>adjective declension</u>. A number of these adjectival nouns are customary, such as **der Kranke, der Deutsche, der Reisende,** and others may be formed as the need arises. **Der** indicates a male person, **die** a female person, and **das** an abstract idea.

   der Gute = *the good man,* **die Gute** = *the good woman,* **das Gute** = *good things (in general), the principle of goodness*

2. Superlatives are commonly used with neuter gender.

   das Beste, das Neueste, das Schönste, das Interessanteste

3. While most names for nationalities are <u>nouns</u> ending in **-er** or the feminine **-erin,** a few are adjectival nouns.

   der Deutsche, die Deutsche (*but:* **der Russe, die Rus<u>sin</u>**)

   Note these changes according to the adjective declension:

der Blind**e**	ein Blind**er**	
das Gut**e**	etwas Gut**es**	
die Reisend**en**	zwei Reisend**e**	
ein Deutsch**er**	die Deutsch**en**	viele Deutsch**e**

---

* On the formation of present and past participles, see chapter XI.

Übungen

A. *Wie heißt?*

   1. eine Frau, die stumm ist = eine . . .

   2. ein Mann, der betrunken ist = ein . . .

   3. alles, was wissenswert ist = das . . .

   4. was am höchsten ist = das . . .

   5. ein Mann, der singt = ein . . .

   6. eine Frau, die verhaftet worden ist = eine . . .

   7. alles, was neu ist = das . . .

   8. ein Mann, der fremd ist = der . . .

   9. ein weiser Mann = ein . . .

   10. jemand, der zaghaft ist = ein . . .

B. *Setzen Sie die Endungen ein.*

   1. Der Blond _____ und der Braun _____ waren Nachbarn.

   2. Die Klug _____ und Töricht _____ schrien laut.

   3. Ein Weis _____ warnte davor.

   4. Ich sprach mit dem Neu _____.

   5. Erzähle mir doch über den Dick _____.

   6. Das ist der Koffer eines Reisend _____.

   7. Kennen Sie viele Deutsch _____?

   8. Der Hund half dem Blind _____?

   9. Sie ist eine Verwandt _____ von mir.

   10. Das ist das Verrücktest _____, was ich je gehört habe.

   11. Er meint etwas Bestimmt _____.

   12. Ich rede von etwas ander _____.

LANDESKUNDE

Der Stoff, aus dem Erfolge sind . . .

Lilo Fink, „Unternehmerin des Jahres 1981": Irgendwie wird man sehr einsam.

„Weißt', Mädle", sagte einst der Personalchef eines großen deutschen Elektrounternehmens° wohlwollend zu seinem einzigen weiblichen Lehrling, „weißt', Mädle, wenn du ausgelernt° hast, brauchst du nicht in die Welt, dann gehst du hinter'n Herd und wirst Hausfrau."

Eigenartigerweise° hat gerade diese Aussicht° das zierliche° junge Mädchen „gar nicht so gereizt"°. Lilo Fink hatte ganz andere Vorstellungen° von ihrer Zukunft. Sie wollte gern als Stewardeß durch die Lüfte fliegen und die Welt

das Elektrounternehmen, - manufacturer of electric goods
aus·lernen to finish one's apprenticeship
eigenartigerweise strangely
die Aussicht, -en prospect, view, perspective
zierlich petite, delicate, slim
reizen to attract; also: to irritate
Vorstellungen haben to have ideas

kennenlernen; ein Berufswunsch, der letztlich daran scheitern° sollte, daß sie die Höhenunterschiede° beim Fliegen nicht ganz problemlos überwinden° konnte. Damals.

Heute ist Lilo Fink das Fliegen längst zur Routine geworden—allerdings° nicht als Stewardeß, sondern als Unternehmerin in Sachen° Mode. Sie hat die Welt kennengelernt—und die Welt hat sie kennengelernt; zumindest° die Modewelt, denn Lilo Fink befindet sich° seit einigen Jahren auf unternehmerischen Höhenflügen°. Gelegentliche° Zwischenlandungen° sind vorprogrammiert°— zum Beispiel, um Preise und Auszeichnungen° entgegenzunehmen, wie etwa das Bundesverdienstkreuz am Band, den Modepreis der Stadt München oder die „Trophée internationale de l'Industrie des Instituts internationaux de Promotion et de Prestige" (Genf); eine Auszeichnung°, die vorher so prominente Firmen wie der Röhrenriese° Mannesmann, der Computergigant° IBM und der Ölmulti Dutch Shell erhielten.

1981 schließlich wurde die Frau, die Mode macht, von der sich Millionen Frauen im In- und Ausland angezogen fühlen, als erfolgreichste der gegenwärtig 23 000 deutschen Geschäftsfrauen zur „Unternehmerin des Jahres" gewählt. In Europa ist seit eh und je Mode maßgeblich° von Frauen beeinflußt worden, besonders von Frauen, die gerade „in Mode" waren; das große Geschäft mit der Mode blieb jedoch—abgesehen von° wenigen Ausnahmen° wie etwa der legendären Coco Chanel—eine männliche Domäne°. Auch und gerade in der Bundesrepublik Deutschland—bis Lilo Fink vor fünf Jahren nach dem Tode ihres Mannes die Geschicke° der Unternehmensgruppe Fink mit ihren rund 2500 Beschäftigten zu lenken begann.

Die Bundesrepublik Deutschland ist ein kostspieliger° Industriestandort°, der auf der einen Seite mit ständig steigenden Kosten belastet° ist, auf der anderen Seite von Importen aus südeuropäischen und fernöstlichen Billigländern° überschwemmt° wird.

Wenn jemand unter diesen Marktbedingungen° zweistellige° Zuwachsraten° erzielt°, eine Exportquote von 40 Prozent erreicht und außerdem den Umsatz° innerhalb von fünf Jahren von 100 auf 200 Millionen Mark verdoppelt, dann beweist er ausgeprägtes° unternehmerisches Geschick.

Das Geheimnis ihres Erfolges mag zum Teil darin liegen, daß Lilo Fink sich nicht nur am Modell orientiert („Ich mache Mode, die funktionell ist, die in die 80er Jahre paßt und dazu erschwinglich° ist"), sondern vor allem an der Kalkulation. Und hier macht sich ihre kaufmännische° Ausbildung bezahlt°, von der sie sagt, daß sie hart gewesen sei. Wenn Lilo Fink heute pro Jahr zwölf Kollektionen mit über 1500 Modellen produziert, die weltweit in etwa 4000 Fachgeschäften° ihre Käufer finden, dann hat das nicht nur etwas mit einer geschickten° Unternehmensstrategie zu tun, sondern vor allem mit der Persönlichkeit dieser Frau.

Während ihrer Ausbildung in der Elektrobranche°, wo „der einzige weibliche Lehrling" tatkräftig° mitmontierte°, entdeckte Lilo Fink ihr Faible° dafür „alles zu fahren, was fahrbar ist"—vom Motorrad bis zum Lkw. Es dauerte dann auch nicht mehr lange, bis sie—als Zwanzigjährige—Autorennen fuhr, als einzige Frau im Männerpulk°.

---

scheitern to fail
der Höhenunterschied, -e difference in altitude
überwinden, a, u to overcome
allerdings however
in Sachen in matters (related to)
zumindest at least
sich befinden auf (+ dat.) to be (located) on / at
der Höhenflug, ⁻e flight at great height
gelegentlich occasional
die Zwischenlandung, -en stopover
vor·programmieren to pre-program
die Auszeichnung, -en award
der Röhrenriese, -n giant producer of (steel) pipes
der Computergigant, -en giant computer company
maßgeblich decisively
abgesehen von aside from
die Ausnahme, -en exception
die Domäne, -n domain, area
das Geschick, -e fate; also: skill
kostspielig expensive
der Industriestandort, -e industrial site
belasten to burden
das Billigland, ⁻er country with cheap labor
überschwemmen to flood, inundate
die Marktbedingung, -en market conditions
zweistellig double digit
die Zuwachsrate, -n growth rate
erzielen to achieve, to gain
der Umsatz, ⁻e turnover, sale
ausgeprägt pronounced, distinct
erschwinglich affordable
kaufmännisch business (adjective)
sich bezahlt machen to pay off, to be lucrative
das Fachgeschäft, -e specialty store
geschickt skillful
die Elektrobranche, -n electric industry
tatkräftig energetic

Lilo Fink mit ihrem Porträt von Andy Warhol.

Wie so häufig im Leben erfolgreicher Menschen kam der Zufall als Chance; Lilo Fink, die sich vergeblich° nach Abschluß ihrer Lehre bemüht° hatte, Stewardeß zu werden und die unbedingt° einen Beruf ergreifen° wollte, „der feminin ist", bekam durch die Heirat ihrer Schwester Zugang zur Konfektion und wurde—Mannequin°. In diesem Beruf interessierte sich Lilo Fink in erster Linie° für das Produkt. Sie begnügte sich nicht damit, effektvoll über den Laufsteg° zu schreiten, sie ging auch in die Ateliers°, in die Werkstätten, sah sich um°, informierte sich, musterte° mit. Lilo Fink macht die Arbeit Freude°— und ganz offensichtlich überträgt sich° das auf ihre Umgebung. Daß im Hause Fink sowohl die Motivation als auch die Umgebung „stimmen", beweist eine große Anzahl langjähriger Mitarbeiter, die dem Unternehmen über 10, 20 oder 30 Jahre die Treue hielten°. Über 25 Prozent aller Angestellten arbeiten seit mehr als 10 Jahren im Haus Fink. Ein Zeichen° dafür, daß Berufstätige° auch in Zeiten beruflicher Flexibilität dort bleiben, wo sie sich wohl fühlen. „Man kann heute einen Betrieb° nicht von oben dirigieren", sagt sie, „Menschen sind keine Computer. Man muß sie ansprechen—und man muß sie auch motivieren."

Nach einem schweren Autounfall mußte Lilo Fink etwa zwei Jahre im Krankenhaus verbringen. „Ich hatte alles gebrochen, was zu brechen war. Für mein

mit·montieren to help in the construction
das Faible preference, predilection
das Autorennen, - auto races
der Männerpulk, -s group of men
vergeblich unsuccessful, in vain
sich bemühen to strive, to try hard
unbedingt at all cost
einen Beruf ergreifen to pick up a trade
das Mannequin, -s fashion model
in erster Linie primarily
der Laufsteg, -e walkway
das Atelier, -s studio
sich um·sehen, ie, a, e to look around
mustern to examine, here: select patterns
sich übertragen, ä, u, a to carry over, transfer, transmit
die Treue halten to stay with, to be loyal to
das Zeichen, - sign
der Berufstätige, -n worker (adjectival noun)
der Betrieb, -e company

Gesicht hat niemand mehr einen Pfifferling gegeben°." Auf dem Krankenlager°—zwischen sieben Operationen—lernte Lilo Fink, instinkiv Menschen zu beobachten; ihr Gespür° für die Reaktionen anderer zu sensibilisieren—ihr Gespür für „Echtheit"°.

Die lange Krankheit brachte einen Wandel° in der Einstellung° zu vielen Dingen des Lebens mit sich. Zum Beispiel auch zum Erfolg. Lilo Fink ist sich über den Preis im klaren°, den sie für ihre unternehmerischen Höhenflüge zahlt. „Ich kann heute viele Dinge überhaupt nicht mehr° genießen°. Und ich vermisse° durch diese viele Arbeit, die ich habe, engere Kontakte zu anderen Menschen; irgendwo habe ich meinen Freundeskreis° vernachlässigt°. Wissen Sie—in irgendeiner Weise° wird man sehr einsam."

Nachdenkenswerte° Worte aus dem Mund einer Frau, die tagtäglich° von einer Vielzahl° von Menschen umgeben ist, die zum Teil nicht nur von ihr abhängig sind, sondern die sie bewundern und vielleicht sogar verehren°. Einer Frau, für die „Emanzipation" ein Reizwort° ist, bei dem sie „aggressiv werden kann". Einer Frau, die als Mutter zweier heranwachsender° Kinder „im Grunde genommen° sehr häuslich" ist—und die dennoch regelmäßig einmal im Monat nach New York fliegt, viermal jährlich nach Tokio und die außerdem ständig zwischen den internationalen Modezentren Paris, London, Mailand und Rom pendelt°, ständig auf der Suche nach° Marktlücken° und neuen Trends. Hilfe leistet° ihr dabei der Pariser Modeschöpfer° Louis Féraud, mit dem die Darmstädterin seit über einem Jahrzehnt erfolgreich zusammenarbeitet—und weiterhin zusammenarbeiten wird, denn: „Einige Märkte haben wir noch lange nicht ausgereizt°."

Wenn Lilo Fink—ganz Frau und ganz Managerin, wie sie ein führendes deutsches Wirtschaftsmagazin charakterisiert—Bilanz zieht°, zeigt sich deutlich: der Stoff°, aus dem Erfolge sind, hat ein weibliches Grundmuster°.   E.R.

keinen Pfifferling geben not to give a hoot
das Krankenlager, - sickbed
das Gespür feeling, sensitivity
die Echtheit authenticity, purity, genuineness
der Wandel change, transformation
die Einstellung, -en attitude
sich im klaren sein über to be aware of
überhaupt nicht mehr not at all
genießen, o, o to enjoy
vermissen to miss (the opportunity, things)
der Freundeskreis, -e group of friends
vernachlässigen to neglect
in irgendeiner Weise in some way
nachdenkenswert worth thinking about
tagtäglich every day, daily
die Vielzahl multitude
verehren to venerate
das Reizwort, -e word of irritation
heranwachsend growing up
im Grunde genommen basically
pendeln to commute
auf der Suche nach in search for
die Marktlücke, -n market opportunity, opening in the market
Hilfe leisten to assist
der Modeschöpfer, - fashion designer
aus·reizen to exhaust, take full advantage of
Bilanz ziehen to balance the books
der Stoff, -e substance, material
das Grundmuster, - basic pattern

Redewendungen

ich fühle mich angezogen von	*I feel attracted by / I feel that I have been dressed by*
Vorstellungen haben	*to have ideas*
in Mode sein	*to be fashionable*
seit eh und je	*for a long time*
es liegt darin, daß	*it has something to do with the fact that*
vor allem	*above all*
es dauerte nicht lange	*it did not take very long*
einen Beruf ergreifen	*to take up a trade*
in erster Linie	*primarily*
ich begnüge mich damit	*I am content with*
die Treue halten	*to be loyal*
sich im klaren sein über	*to be aware of*
abhängig sein von	*to be dependent upon*
im Grunde genommen	*basically*
auf der Suche nach	*in search for*
Hilfe leisten	*to assist, to give assistance*
Bilanz ziehen	*to balance the books*

20 Wichtige Wörter

die **Aussicht**	**erfolgreich**	das **Fachgeschäft**	**vermissen**
die **Mode**	die **Ausnahme**	**geschickt**	**vernachlässigen**
letztlich	**erzielen**	**unbedingt**	**regelmäßig**
scheitern	**erreichen**	der **Betrieb**	der **Stoff**
zumindest	der **Umsatz**	**genießen**	**vergeblich**

Übungen

I. Fragen

Beantworten Sie die Fragen.

1. In was für einem Unternehmen lernte Lilo Fink?
2. Was wollte sie zuerst werden?—Warum ging das nicht?
3. Welche Auszeichnungen hat sie vor kurzem erhalten?
4. Wann wurde sie Chefin des Unternehmens?—Warum?
5. Woran sieht man ihren Erfolg?
6. Was sind die Gründe des Erfolgs?
7. Wofür hat sie ein Faible?
8. Wie begann sie ihre Karriere?
9. Was brachte der Autounfall mit sich?
10. Was hält Lilo Fink von ihrem Erfolg?
11. Wie sieht ihr Leben aus?
12. Was hält sie von dem Wort „Emanzipation"?
13. Wofür ist Lilo Fink ein Beispiel?
14. Wie ist ihr Familienleben?
15. Was halten andere Menschen von ihr?

II. Grammatische Übungen

A. *Setzen Sie die Adjektivendungen ein.*

1. Der Personalchef eines groß _____ deutsch _____ Elektrounternehmens sagte zu seinem einzig _____ weiblich _____ Lehrling, daß sie eines Tages Hausfrau sein wird.

2. Ihre kaufmännisch _____ Ausbildung machte sich bezahlt.

3. Lilo Fink befindet sich seit einig _____ Jahren auf unternehmerisch _____ Höhenflügen.

4. Wie so häufig im Leben erfolgreich _____ Menschen kam der Zufall als Chance.

5. Sie pendelt zwischen den international _____ Modezentren.

6. Die Firma hat eine groß _____ Anzahl langjährig _____ Mitarbeiter.

7. Sie ist ständig auf der Suche nach neu _____ Trends.

8. Die lang _____ Krankheit brachte einen Wandel in der Einstellung zu viel _____ Dingen.

B. *Bilden Sie Sätze im Imperfekt.*

1. Ich fliege einmal im Monat nach New York.
2. Sie lernt, Menschen zu beobachten.
3. Die Firma erzielt zweistellige Zuwachsraten.
4. Es dauert nicht lange.
5. Warum interessierst du dich für diesen Beruf?
6. Ich breche alles, was zu brechen ist.
7. Die Freude überträgt sich auf ihre Umgebung.
8. Ein Pariser Modeschöpfer leistet ihr dabei Hilfe.
9. Ich vermisse den engeren Kontakt zu anderen Menschen.
10. Ich vernachlässige meinen Freundeskreis.

C. *Setzen Sie die Zeitausdrücke ein.*

1. Über 25% (Prozent) aller Angestellten arbeiten _____ im Haus Fink.   (for more than 10 years)
2. Sie ist _____ von einer Vielzahl von Menschen umgeben.   (every day)
3. Nach einem schweren Autounfall mußte sie _____ in einem Krankenhaus verbringen.   (about two years)
4. _____ begann sie die Geschicke des Unternehmens zu leiten.   (Five years ago)
5. Ich mache Mode, die in _____ Jahre paßt.   (the eighties)
6. Sie produziert _____ zwölf Kollektionen.   (per year)
7. Ich fliege _____ nach Tokio.   (four times per year)
8. Sie mußte _____ im Krankenhaus verbringen.   (two years)
9. Sie arbeitet _____ mit einem Pariser Modeschöpfer zusammen.   (for more than a decade)

D. *Verwandeln Sie die Sätze in den Komparativ.*

1. Sie wollte gern Stewardeß werden.   5. Wir arbeiten erfolgreich zusammen.
2. die lange Krankheit   6. ausgeprägtes Geschick

3. viel Arbeit 　　　　　7. eine geschickt**e** Unternehmensstrategie

4. Ich vermisse engen Kontakt zu Freunden.

E. *Bilden Sie vollständige Nebensätze.*

1. Es dauerte nicht lange, /bis/ sie (*she*) / fahren / Autorennen/

2. Sie ist sich über den Preis im klaren, /den / sie / zahlen/ für / Höhenflüge / ihr- /

3. Ihr Erfolg zeigt sich deutlich, / wenn / sie / ziehen / Bilanz /

4. Von der Ausbildung sagt sie, / daß / sie / sein / hart /

5. Ihr Berufswunsch scheiterte daran, daß/sie / können / überwinden / nicht / Höhenunterschiede beim Fliegen /

6. Das Geheimnis ihres Erfolges mag zum Teil darin liegen, / daß / sie / sich orientieren / am Modell / nicht nur/

III. Übungen zum Sprechen und Schreiben

A. *Bilden Sie Sätze mit diesen Verben.*

1. auslernen　　5. belasten　　　9. verbringen

2. überwinden　　6. beweisen　　10. bewundern

3. anziehen　　　7. sich bemühen

4. beeinflussen　　8. übertragen

B. *Verbinden Sie die folgenden Substantive mit einer Redewendung und bilden Sie Sätze damit.*

1. diese Chance

2. nach dem Unfall

3. kurze Röcke

4. das Risiko dieses Planes

5. die Motivierung der Angestellten

6. der Beruf

7. die Ausbildung

8. jeder junge Mensch

9. eine solche Firma

C. *Wir diskutieren.*

1. Kann man diese Frau und ihre Karriere als typisch ansehen?—Warum oder warum nicht?

2. Inwiefern kann diese Frau ein Beispiel sein?—Oder nicht?

3. Wie findet man das Gleichgewicht (*equilibrium, balance*) zwischen Karriere und menschlichen Beziehungen (*relationships*)?

D. *Beschreiben Sie eine Unternehmensstrategie. Benutzen Sie dabei die folgenden Wörter.*

Berufswunsch / unternehmerisch / Auszeichnung / Geschäftsfrau / Unternehmensgruppe / Standort / Billigland / Import / Export / Umsatz / Kalkulation / produzieren / Fachgeschäfte / Ausbildung / Motivation / Flexibilität / Einstellung / Marktlücke / Managerin/

E. *Schreiben Sie.*

1. Das Leben einer Unternehmerin.

2. Familie und Beruf.

3. Der Beruf meiner Mutter.

4. Meine Schwester und ihr Erfolg im Beruf.

5. Gibt es das: „weibliche" und „männliche" Berufe?

KAPITEL 5

LEKTÜRE

Heinrich Böll, **Anekdote zur Senkung der Arbeitsmoral**
Anna Seghers, **Zwei Denkmäler**

GRAMMATIK

Relative Clauses
Relative Pronouns
Interrogative Pronouns as Relative Pronouns
Conjunctions
Infinitive Clauses

LANDESKUNDE

Eine Reise durch die Schweiz und Liechtenstein

LEKTÜRE I

Heinrich Böll

*geboren am 21.12.1917. Er gilt als ein führender Repräsentant der modernen
deutschen Literatur. Für seine zahlreichen Erzählungen und Romane hat er viele
Literaturpreise bekommen, unter anderem auch den Nobelpreis für Literatur (1972).
Einige seiner bekanntesten Werke sind:* Haus ohne Hüter *(1954),* Billiard um
halbzehn *(1959),* Ansichten eines Clowns *(1963),* Gruppenbild mit Dame *(1971)
und* Die verlorene Ehre der Katharina Blum *(1974). Böll war von 1939 bis 1945
Soldat. Nach seiner Heimkehr nach Köln studierte er Germanistik und war
gleichzeitig Hilfsarbeiter in einer Schreinerei. Seit 1947 veröffentlichte er
Kurzgeschichten und Hörspiele neben seinen Romanen.
Die Anekdote stammt aus dem Buch* Erzählungen 1950–1970.

Anekdote zur Senkung° der Arbeitsmoral°

In einem Hafen° an einer westlichen Küste° Europas liegt ein ärmlich° geklei-
deter° Mann in seinem Fischerboot und döst°. Ein schick° angezogener Tourist
legt eben° einen neuen Farbfilm in seinen Fotoapparat, um das idyllische° Bild
zu fotografieren: blauer Himmel, grüne See mit friedlichen° schneeweißen
Wellenkämmen°, schwarzes Boot, rote Fischermütze°. Klick. Noch einmal:
klick, und da aller guten Dinge drei sind, und sicher sicher ist, ein drittes Mal:
klick. Das spröde°, fast feindselige° Geräusch° weckt den dösenden Fischer,
der sich schläfrig aufrichtet°, schläfrig nach seiner Zigarettenschachtel° angelt°,
aber bevor er das Gesuchte° gefunden, hat ihm der eifrige° Tourist schon eine
Schachtel vor die Nase gehalten, ihm die Zigarette nicht gerade in den Mund
gesteckt, aber in die Hand gelegt, und ein viertes Klick, das des Feuerzeuges°,
schließt die eilfertige° Höflichkeit° ab°. Durch jenes kaum meßbare°, nie
nachweisbare° Zuviel° an flinker° Höflichkeit ist eine gereizte° Verlegenheit°
entstanden, die der Tourist—der Landessprache° mächtig°—durch ein Ge-
spräch° zu überbrücken° versucht°.

„Sie werden heute einen guten Fang° machen.“
Kopfschütteln° des Fischers.

„Aber man hat mir gesagt, daß das Wetter günstig° ist.“
Kopfnicken° des Fischers.

„Sie werden also nicht ausfahren?“
Kopfschütteln des Fischers, steigende Nervosität des Touristen. Gewiß liegt
ihm das Wohl° des ärmlich gekleideten Menschen am Herzen, nagt° an ihm
die Trauer° über die verpaßte° Gelegenheit°.

„Oh, Sie fühlen sich nicht wohl?“
Endlich geht der Fischer von der Zeichensprache° zum wahrhaft° gesproche-
nen Wort über. „Ich fühle mich großartig“, sagt er. „Ich habe mich nie besser
gefühlt“. Er steht auf, reckt° sich, als wollte er demonstrieren, wie athletisch
er gebaut ist. „Ich fühle mich phantastisch.“

die Senkung lowering, decrease, reduction
die Arbeitsmoral work ethics
der Hafen, ⁀ harbor, port
die Küste, -n coast
ärmlich poor(ly)
gekleidet dressed, clad
dösen to doze, nap, drowse
schick chic, elegant
eben now, just now
idyllisch idyllic, simple and charming
friedlich peaceful
der Wellenkamm, ⁀e crest of wave
die Mütze, -n cap
spröde brittle
feindselig hostile
das Geräusch, -e noise, sound
sich auf·richten to get up, to sit up, to straighten
die Schachtel, -n box
angeln to reach for, to fish, to angle
das Gesuchte that which he is looking for
eifrig eager, keen, zealous
das Feuerzeug, -e (cigarette-) lighter
eilfertig hasty, rash
die Höflichkeit politeness
ab·schließen, o, o to conclude
meßbar measureable

Ein spanischer Fischer schläft auf seinen Netzen.

Fragen:

1. Was hat dieser Fischer wohl gemacht, bevor er eingeschlafen ist?
2. Was sieht man auf dem Bild außer dem Fischer?
3. Glauben Sie, daß der Fischer noch heute ausfahren will? Warum?
4. Was kann sich dieser Fischer kaufen, wenn er mehr Fische fängt?
5. Wie ist wohl das Wetter? Was denken Sie?

Der Gesichtsausdruck des Touristen wird immer unglücklicher, er kann die Frage nicht mehr unterdrücken, die ihm sozusagen das Herz zu sprengen° droht°: „Aber warum fahren Sie dann nicht aus?"

Die Antwort kommt prompt und knapp°. „Weil ich heute morgen schon ausgefahren bin."

„War der Fang gut?"

„Er war so gut, daß ich nicht noch einmal auszufahren brauche, ich habe vier Hummer° in meinen Körben° gehabt, fast zwei Dutzend Makrelen° gefangen . . ."

Der Fischer, endlich erwacht, taut jetzt auf und klopft dem Touristen beruhigend° auf die Schultern. Dessen besorgter° Gesichtsausdruck° erscheint° ihm als ein Ausdruck° zwar unangebrachter°, doch rührender° Kümmernis°.

„Ich habe sogar für morgen und übermorgen genug", sagt er, um des Fremden

nachweisbar evident, demonstrable
das Zuviel that which is too much
flink fast, rapid
gereizt irritated, vexed
die Verlegenheit embarrassment, dilemma
die Landessprache, -n native tongue
mächtig (+ gen.) in command of
das Gespräch, -e conversation
überbrücken to bridge, to overcome
versuchen to attempt, try
der Fang, ⸚e catch
schütteln to shake
günstig favorable
nicken to nod
das Wohl welfare, well-being, prosperity
nagen to gnaw, nibble
die Trauer grief, sadness
verpassen to miss
die Gelegenheit, -en opportunity
die Zeichensprache, -n sign language
wahrhaft truly
sich recken to stretch
sprengen to burst open, explode
drohen to threaten
knapp brief, concise
der Hummer, - lobster
der Korb, ⸚e basket
die Makrele, -n mackerel
beruhigend assuring(ly)
besorgt worried
der Gesichtsausdruck, ⸚e facial expression
erscheinen, ie, ie to appear, seem
der Ausdruck, ⸚e expression
unangebracht inappropriate, misplaced
rührend touching
die Kümmernis, -se worry, distress, affliction

Seele° zu erleichtern°. „Rauchen Sie eine von meinen?"

„Ja, danke."

Zigaretten werden in Münder gesteckt, ein fünftes Klick, der Fremde setzt sich kopfschüttelnd auf den Bootsrand°, legt die Kamera aus der Hand, denn er braucht jetzt beide Hände, um seiner Rede Nachdruck° zu verleihen°.

„Ich will mich ja nicht in Ihre persönlichen Angelegenheiten mischen°", sagt er, „aber stellen Sie sich mal vor°, Sie führen heute ein zweites, ein drittes, vielleicht sogar ein viertes Mal aus, und Sie würden drei, vier, fünf, vielleicht gar zehn Dutzend Makrelen fangen . . . stellen Sie sich das mal vor."

Der Fischer nickt.

„Sie würden", fährt der Tourist fort°, „nicht nur heute, sondern morgen, übermorgen, ja, an jedem günstigen Tag zwei-, dreimal, vielleicht viermal ausfahren—wissen Sie, was geschehen° würde?"

Der Fischer schüttelt den Kopf.

„Sie würden sich in spätestens° einem Jahr einen Motor kaufen können, in zwei Jahren ein zweites Boot, in drei oder vier Jahren könnten Sie vielleicht einen kleinen Kutter° haben, mit zwei Booten oder dem Kutter würden Sie natürlich viel mehr fangen—eines Tages würden Sie zwei Kutter haben, Sie würden . . .", die Begeisterung° verschlägt° ihm für ein paar Augenblicke die Stimme, „Sie würden ein kleines Kühlhaus° bauen, vielleicht eine Räucherei°, später eine Marinadenfabrik°, mit einem eigenen° Hubschrauber° rundfliegen, die Fischschwärme° ausmachen° und Ihren Kuttern per Funk° Anweisung° geben, Sie könnten die Lachsrechte° erwerben°, ein Fischrestaurant eröffnen°, den Hummer ohne Zwischenhändler° direkt nach Paris exportieren—und dann . . .", wieder verschlägt die Begeisterung dem Fremden die Sprache.

Kopfschüttelnd, im tiefsten Herzen betrübt°, seiner Urlaubsfreude schon fast verlustig°, blickt° er auf die friedlich hereinrollende° Flut, in der die ungefangenen Fische munter° springen.

„Und dann", sagt er, aber wieder verschlägt ihm die Erregung° die Sprache. Der Fischer klopft ihm auf den Rücken°, wie einem Kind, das sich verschluckt° hat. „Was dann?" fragte er leise.

„Dann", sagte der Fremde mit stiller Begeisterung, „dann könnten Sie beruhigt hier im Hafen sitzen, in der Sonne dösen—und auf das herrliche° Meer blicken."

„Aber das tu ich ja schon jetzt", sagt der Fischer, „ich sitze beruhigt am Hafen und döse, nur Ihr Klicken hat mich dabei gestört°."

Tatsächlich° zog der solcherlei° belehrte° Tourist nachdenklich von dannen°, denn früher hatte er auch einmal geglaubt, er arbeite, um eines Tages einmal nicht mehr arbeiten zu müssen, und es blieb keine Spur von Mitleid° mit dem ärmlich gekleideten Fischer in ihm zurück, nur ein wenig Neid°.

---

die Seele, -n soul
erleichtern relieve, ease, alleviate
der Rand, ‑er edge, margin
der Nachdruck emphasis, stress
verleihen, ie, ie to give, to lend
sich mischen (in + acc.) to interfere
sich vor·stellen to imagine
fort·fahren, ä, u, a to continue
geschehen, ie, a, e to happen
spätestens at the latest
der Kutter, - cutter
die Begeisterung enthusiasm
verschlagen, ä, u, a to fail
das Kühlhaus, ‑er cold storage building
die Räucherei, -en smoke house
die Marinadenfabrik, -en cannery
eigen own
der Hubschrauber, - helicopter
der Fischschwarm, ‑e school of fish
aus·machen to locate
per Funk over radio
die Anweisung, -en instruction
der Lachs, -e salmon
erwerben, i, a, o to obtain
eröffnen to open
der Zwischenhändler, - middle man, distributor
betrübt depressed, grieved
verlustig (+gen.) deprived of
blicken . . . auf (+acc.) to watch, observe
hereinrollend rolling in
munter happy

die Erregung, -en excitement
der Rücken, - back

sich verschlucken to swallow the wrong way
herrlich wonderful

stören to disturb
tatsächlich indeed
solcherlei in such a way

belehrt enlightened, instructed, taught
von dannen ziehen to go away

das Mitleid pity
der Neid envy

Redewendungen

aller guten Dinge sind drei	*all blessings come in threes*
das des Feuerzeuges	*that of the lighter*
am Herzen liegen	*to have it at heart*
geht . . . über	*to go from (the sign language) to . . .*
wie ihm das Herz zu sprengen droht . . .	*how his heart is about to explode* (so to speak)
klopft ihm auf die Schultern	*(he) pats him on the shoulder*
dessen besorgter . . .	*his concerned* (facial expression)
stellen Sie sich mal vor	*just imagine*
Sie führen . . . aus	(subjunctive II) *you went out*
die Begeisterung verschlägt ihm die Stimme	*the enthusiasm fails his voice*
seiner Urlaubsfreude schon fast verlustig	*having already almost lost the joy in his vacation*

20 Wichtige Wörter

die **Höflichkeit**	das **Recht**	**flink**	**erscheinen**
der **Hafen**	die **Begeisterung**	**betrübt**	**geschehen**
die **Gelegenheit**	die **Angelegenheit**	**feindselig**	**sicher**
der **Ausdruck**	das **Meer**	**entstehen**	**spätestens**
der **Fremde**	**friedlich**	**verpassen**	**ein wenig**

Übungen

I. Fragen

Beantworten Sie die Fragen.

1. Warum legt der Tourist einen neuen Farbfilm ein?
2. Warum wollte der Tourist das Boot aufnehmen?
3. Wodurch wurde der Fischer aufgeweckt?
4. Warum fing der Tourist ein Gespräch an?
5. Warum sollte der Fischer ausfahren?
6. Warum wollte der Fischer nicht ausfahren?
7. Wann wollte der Fischer wieder ausfahren?
8. Was hatte der Fischer gefangen?
9. Was könnte sich der Fischer kaufen, wenn er oft ausfahren würde?
10. Warum arbeiten viele Menschen schwer?
11. Warum will der Fischer nicht so schwer arbeiten?
12. Was denkt der Tourist am Anfang über den Fischer?
13. Was denkt der Tourist am Ende über den Fischer?
14. Was denkt der Fischer über den Touristen?
15. Was denken Sie über den Fischer?

II. Grammatische Übungen

A. *Setzen Sie die Adjektivendungen ein.*

1. an einer westlich _____ Küste Europas
2. ein ärmlich gekleidet _____ Mann
3. das idyllisch _____ Bild
4. mit schneeweiß _____ Wellenkämmen
5. schwarz _____ Boote
6. ein viert _____ Klick
7. jenes kaum meßbar _____ Zuviel an flink _____ Höflichkeit
8. das Wohl des ärmlich gekleidet _____ Menschen
9. sein besorgt _____ Gesichtsausdruck
10. Ihre persönlich _____ Angelegenheiten
11. an jed _____ günstig _____ Tag
12. mit still _____ Begeisterung

B. *Verwandeln° Sie den zweiten Teil in einen Nebensatz mit der angegebenen Kon-*   transform
   junktion.
   Beispiel: Er gibt ihm eine Zigarette. / Er hat seine gefunden.   (bevor)
        Er gibt ihm eine Zigarette, bevor er seine gefunden hat.
   1. Er will ihm eine Zigarette geben. / Er hat seine eigene gefunden.   (aber)
   2. Er fährt nicht aus. / Er ist heute schon ausgefahren.   (denn)
   3. Der Fang war so gut. / Er braucht nicht mehr auszufahren.   (daß)
   4. Er legt die Kamera weg. / Er braucht beide Hände zum Reden.   (weil)
   5. Er war sehr nachdenklich. / Er hatte etwas Neues erfahren.   (da)
   6. Der Fischer war erleichtert. / Der Tourist war weggegangen.   (als)
   7. Der Fischer war müde. / Er hatte mit dem Touristen gesprochen.   (nachdem)
   Beginnen Sie die Sätze von Übung B mit dem Nebensatz.
   Er gibt ihm eine Zigarette. / Er hat seine eigene gefunden.   (bevor)
   Bevor er seine eigene gefunden hat, gibt er ihm eine Zigarette.

C. *Verwandeln Sie den zweiten Teil des Satzes in einen Infinitivsatz mit „um . . . zu".*
   Beispiel: Er legt einen neuen Farbfilm ein. / Er will das idyllische Bild fotografieren.
        Er legt einen neuen Farbfilm ein, um das idyllische Bild zu
        fotografieren.
   1. Er braucht jetzt beide Hände. / Er will seiner Rede Nachdruck verleihen.
   2. Er muß lange arbeiten. / Er will reich werden.
   3. Der Tourist gibt ihm eine Zigarette. / Er will ihn freundlich stimmen.
   4. Der Tourist redet sehr nachdrücklich. / Er will den Fischer überzeugen.
   5. Der Fischer steht endlich auf. / Er will nachsehen, was los ist.

D. *Bilden Sie Sätze mit folgenden Elementen.*
   1. /ärmlich / gekleidet- / Fischer / liegen / in / Boot / dösen / (**Imperfekt**)
   2. / Erregung / verschlagen / Sprache / ihm / (**Präsens**)
   3. / Tourist / haben / kein Mitleid / mit / Fischer / (**Perfekt**)

4. / Sie / können / kaufen / Motor / spätestens / in ein- Jahr / (**Konjunktiv II, Präsens**)

5. / Ich / wollen / mischen / nicht / in / Ihr- / Angelegenheiten / (**Imperfekt**)

E. *Verwandeln Sie den zweiten Satz in einen Relativsatz.*

Biespiel: Der Autor erzählt eine Geschichte. / Sie kann vielen Touristen passieren.

Der Autor erzählt eine Geschichte, die vielen Touristen passieren kann.

1. Der Fischer lag im Boot. / Dort kann man gut schlafen.
2. Das Feuerzeug war noch neu. / Er spielte damit.
3. Der Hafen war nicht groß. / Die Schiffe lagen darin.
4. Der Tourist knipste viele Bilder. / Sein Fotoapparat war neu.
5. Der Fischer wies ihn ab. / Er wollte dem Fischer einen Vorschlag machen.
6. Das Dorf war pittoresk. / Seine Häuser waren schon alt.
7. Die Fischer kamen zurück. / Ihre Boote mußten weit fahren.
8. Die Geschichte ist interessant. / Wir beschäftigen uns damit.
9. Die Zigarette ist nicht gesund. / Er hat sie mir angeboten.

III. Übungen zum Sprechen und Schreiben

A. *Verwandeln Sie die Substantive in Adjektive. Bilden Sie je einen Satz mit diesen Adjektiven.*

Biespiel: die Idylle = ... -isch

idyllisch: Das idyllische Fischerdorf lag an der Westküste Europas.

1. die Höflichkeit = . . . -lich
2. der Ausdruck = . . . -lich (+ Umlaut)
3. der Fremde = . . .
4. der Feind = . . . -lich
5. die Moral = . . . -isch
6. die Trauer = . . . -ig
7. die Seele = . . . -ig (stem change)
8. der Neid = . . . -ig / -isch
9. das Herz = . . . -lich

B. *Fragen Sie Ihre Klassenkameraden.*

1. Hast du schon einmal Menschen getroffen, die arm aber zufrieden waren?—Kannst du sie beschreiben?
2. Wohin fährst du gern in den Ferien?—Was machst du dort am liebsten?—
3. Fotografierst du gern?—Was fotografierst du zum Beispiel?
4. Redest du gern mit fremden Menschen?—Was interessiert dich an ihnen?—

C. *Wir spielen eine Szene.*

1. Ein Tourist kommt zu einem Reisebüro und fragt nach den Kosten einer Reise, den Reisemöglichkeiten ans Meer und einem Ferienaufenthalt am Meer. (**der Ferienaufenthalt** = *vacation stay*)

2. Ein Tourist redet mit einem Einheimischen (**der Einheimische** = *native*) in einem Fischerdorf. Er will irgend etwas wissen.

3. Ein Reiseführer (*tourist guide*) erklärt Touristen eine Fischfabrik / ein Kühlhaus / eine Räucherei . . .

4. Ein Tourist kommt in ein kleines Fischerdorf und fragt bei einer Zimmervermittlung (= *tourist [room] agency*) nach Unterkunft (die Unterkunft = *lodging*).

D. *Wir diskutieren.*

1. Macht Armut glücklich und Reichtum unglücklich?

2. Der Wert (*value*) der Arbeit für das Leben.

3. Die Ziele eines Menschen in seinem Leben.

E. *Schreiben Sie.*

Schreiben Sie eine Geschichte aus der Perspektive des Fischers. Beginnen Sie so: „Ich lag in meinem Fischerboot und döste. Da kam ein schick angezogener Tourist und . . .“

GRAMMATIK I

Relative Pronouns

Relative Clauses and Relative Pronouns in English

Relative clauses are <u>dependent</u> clauses. They modify, that is, explain a noun, pronoun, or a phrase that precedes them. These are usually called their <u>antecedent</u>:

I know <u>the family</u>, whose house we bought.

The <u>family</u> is the antecedent to the relative clause.
Relative pronouns in English are: *who, whose, whom, which, that.*

The president, <u>who</u> was in a good mood, shook hands with everybódy.
The house <u>that</u> he owns has increased in value.
The driver <u>whose</u> car was destroyed was unhurt.

The relative pronoun may fulfill different functions in the relative clause. For example, it can be the subject or an object.

who: nominative
whose: genitive
whom: objective

The case of *which* and *that* must be determined from context.

Relative Clauses and Relative Pronouns in German

Relative clauses are also treated as <u>dependent</u> clauses in German. Therefore, the conjugated part of the verb is (usually) at the end of the relative clause:

Der Mann, **dem** ich das Haus **zeigte,** war reich.
Der Mann, **dessen** Haus ich gekauft **habe,** zog nach Arizona.

Relative clauses are always enclosed by commas.

1. Relative pronouns in German resemble the definite articles with special endings in the genitive case and the dative plural.

	Masculine	Feminine	Neuter	Plural
NOMINATIVE	der	die	das	die
ACCUSATIVE	den	die	das	die
DATIVE	dem	der	dem	denen
GENITIVE	dessen	deren	dessen	deren

2. Relative pronouns in German are used both for persons and objects.

   Die Frau, **die** als Ärztin arbeitete, war verheiratet.   The woman who worked as a physician was married.
   Die Zeitung, **die** auf dem Tisch lag, war aus Hamburg.   The newspaper which was lying on the table was from Hamburg.

3. The case of the relative pronoun in German is determined by its function in the clause.

   Der Mann, **der** das Haus verkaufte, brauchte Geld.   The man who sold the house needed money.
   (**der**/who is the subject of the relative clause.)
   Der Mann, **dem** ich das Geld gegeben habe, war mein Chef.   The man to whom I gave the money was my boss.

   (**dem**/ <u>to whom</u> is the indirect object of the relative clause.)

4. The number and gender of the relative pronoun is determined by the number and gender of the <u>antecedent</u>.

   Das Kind, **das** im Park spielte, war glücklich.   The child who was playing in the park was happy.
   Antecedent: **das Kind** (=nom., sg., neuter)
   Die Häuser, **die** in der Hafenstraße standen, waren alle alt.   The houses which were in the "Hafenstraße" were all old.

   Antecedent: **die Häuser** (= nom., pl.,)

5. When a relative pronoun is the object of a preposition the preposition in most instances determines its case.

   Die Firma, **für die** ich arbeitete, stellte Autos her.   The company for which I worked produced cars.
   (**für die** / *for which:* preposition + acc.)

Der Kollege, **mit dem** ich sprach, war Philosoph.   *The colleague with whom I spoke was a philosopher.*
(**mit dem** / *for whom:* preposition + dat.)

However, a preposition that precedes a relative pronoun in the genitive, has no effect on the case.

The company in <u>whose</u> warehouse I am working also   Die Firma, **in deren** Lager ich arbeite, hat auch eine
has a cannery.   Konservenfabrik.

6. The relative pronoun in the genitive often replaces a possessive adjective.

Der Fischer, **dessen** Boot ich gebaut habe, döste in   *The fisherman whose boat I built was taking a nap in*
der Sonne.   *the sun.*
(**dessen** replaces: Ich habe **sein** Boot gebaut.)

7. Unlike English, the German language always requires the use of relative pronouns.

This is a problem we cannot solve.   Das ist ein Problem, **das** wir nicht lösen können.
(= *This is a problem <u>that</u> we cannot solve.*)

8. There are no contracted forms of prepositions and relative pronouns, as is possible with prepositions and definite articles:

Das Boot, **in dem** der Fischer schlief, lag am Strand.

The preposition <u>cannot</u> be combined in this case with **dem.**

Übungen

A. *Setzen Sie das Relativpronomen ein.*
   1. Der Fischer, _____ nicht ausgefahren war, schlief in seinem Boot.   (who)
   2. Das Boot, _____ Farbe schön war, lag am Strand.   (whose)
   3. Die Sonne, _____ sehr heiß war, störte den Fischer nicht.   (which)
   4. Die Fotos, _____ der Tourist geknipst hatte, waren hübsch.   (which)
   5. Der Fischer, _____ Boot noch neu war, brauchte kein Geld.   (whose)
   6. Die Touristen, _____ in das Fischerdorf kamen, trugen schicke Hüte.   (who)
   7. Der Tourist, _____ der Fischer eine Zigarette anbot, war verlegen.   (to whom)
   8. Der Tourist, _____ der Fischer nicht kennt, knipst viele Bilder.   (whom)
B. *Setzen Sie die Präpositionen und Relativpronomen ein.*
   1. Der Fischer, _____ der Tourist sprach, hatte geschlafen.   (with whom)
   2. Das Boot, _____ der Fischer schlief, lag am Strand.   (in which)
   3. Die Rede, _____ der Tourist den Fischer überzeugen wollte, war ohne Wirkung.   (with which)
   4. Der Fischer, _____ man mir erzählte, stammt aus Italien.   (of whom)

5. Das Geräusch, _____ der Fischer erwachte, kam von dem Fotoapparat. (from which)

C. *Vermischte Übung. Setzen Sie das Relativpronomen ein.*

1. Der Fischer, _____ Körbe voll waren, schlief am Strand.   (whose)
2. Die Flut, _____ die ungefangenen Fische munter springen, rollte ans Land.   (in which)
3. Dem Touristen, _____ mit dem Fischer redete, drohte das Herz zu sprengen.   (who)
4. Der Fischer, _____ der Tourist eine Zigarettenschachtel vor die Nase gehalten hat, richtet sich schläfrig auf.   (to whom)
5. Die Antwort, _____ der Fischer gibt, ist knapp und prompt.   (which)

D. *Verwandeln Sie den zweiten Satz in einen Relativsatz.*

Beispiel: Der Autor erzählt eine Geschichte. / Sie kann vielen Touristen passieren.
   Der Autor erzählt eine Geschichte, die vielen Touristen passieren kann.

1. Der Fischer wies ihn ab. / Der Tourist wollte ein Bild von ihm machen.
2. Der Hafen war nicht groß. / Einige Schiffe lagen in dem Hafen.
3. Der Fischer lag im Boot. / Man kann gut in dem Boot schlafen.
4. Der Fischer hatte einen guten Fang. / Sein Korb war voll.
5. Die Hafenstadt war an einer Küste Europas. / Der Fischer wohnte in der Hafenstadt.
6. Er sprach mit dem ärmlich gekleideten Fischer. / Er hatte Mitleid mit ihm.
7. Die Zigarette ist nicht gesund. / Er hat sie ihm angeboten.
8. Das Bild mit dem schwarzen Boot ist idyllisch. / Es liegt am Strand.

Interrogative Pronouns as Relative Pronouns

1. The pronoun **wo** is used to refer to the name of a place and country.

Er fährt nach San Francisco, **wo** er früher gewohnt hat.   *He is going to San Francisco, where he used to live.*

The pronoun **wo** can replace the preposition **in** + dative (of a relative pronoun-construction) which refers to a location.

Dort ist das Labor, **in dem** ich arbeite.   *There is the laboratory in which I work.*
Dort ist das Labor, **wo** ich arbeite.

2. The pronoun **was** is always used in the following instances:
   a) After **alles, etwas, nichts, wenig** and **viel.** (**alles** = *everything;* **etwas** = *something;* **nichts** = *nothing;* **wenig** = *little;* **viel** = *a lot, much)*

   Ich glaube nicht **alles, was** er sagt.   *I don't believe everything that he says.*

   b) After a neuter adjectival noun in the superlative.

   Das war **das Schlimmste, was** ich je erlebt habe.   *That was the worst (thing) that I ever experienced.*

c) When the relative clause refers to the entire main clause, i.e., the entire main clause functions as antecedent.

> Er las endlich das Buch, **was** er schon längst hätte tun sollen. *He finally read the book (something) which he should have done a long time ago.*

d) The interrogative pronoun **wer**—along with its forms in the genitive (**wessen**), dative (**wem**) and accusative (**wen**)—is mostly used to refer to persons who are not clearly defined by gender, name or profession as antecedents.

> **Wer** viele Fische fängt, kann sich einen Kutter kaufen. *Whoever (He who) catches a lot of fish can buy a cutter.*
>
> Ich weiß nicht, **wessen** Boot das ist. *I don't know whose boat that is.*
> Er fragte mich, **wem** ich die Zigaretten gegeben habe. *He asked me (to) whom I gave the cigarettes.*
> **Wen** er nicht kennt, (den) grüßt er nicht. *Whom he doesn't know, (him) he doesn't greet.*

Übungen

A. *Setzen Sie die Pronomen ein.*

1. Es war das Beste, _____ er sich vorstellen konnte.   (that)
2. Reichtum war nichts, _____ ihn interessierte.   (that)
3. Die Geschichte spielt an einem Ort, _____ es viele Touristen gibt.   (where)
4. _____ er ihm sagte, überzeugte ihn nicht.   (whatever)
5. _____ nicht reich werden will, braucht auch nicht viel zu arbeiten. (whoever)
6. Der Fischer hat wenig Geld, _____ ja ganz normal ist.   (which)
7. Wir lernen viele neue Wörter, _____ immer schwer ist.   (something that)

B. *Vermischte Übung. Setzen Sie die richtigen Pronomen ein.*

1. Die Geschichte, _____ er uns erzählte, war lustig.   (which)
2. Wir fahren im Sommer nach Italien, _____ immer schönes Wetter ist. (where)
3. _____ den Fischer überzeugen kann, muß ein weiser Mann sein. (whoever)
4. Die Fische, _____ er sein Geld verdiente, waren billig.   (with which)
5. Das Thema, _____ sie sprachen, interessierte den Touristen.   (about which)
6. Das Boot, _____ er sich gekauft hatte, war schon alt.   (which)
7. Dort ist der Hafen, _____ er fotografiert hat.   (which)

C. *Vervollständigen Sie die Sätze.*

1. Das ist alles, _____.   (that he told me)
2. Das war das Schlimmste, _____.   (that could happen to us)
3. Geben Sie mir etwas, _____.   (that I can really use)
4. Er sagte uns nichts, _____.   (that we had not heard before)
5. Das war das Höchste, _____.   (that he had ever gotten)

LEKTÜRE II

Anna Seghers

heißt eigentlich Netty Radvanyi, geborene Reiling, geboren am 19. November 1900 in Mainz. Sie emigrierte 1933 aus Deutschland, ging zuerst nach Frankreich, dann 1941 nach Mexiko. 1947 kehrte sie zurück und lebt seitdem in Ost-Berlin. Sie hatte verschiedene hohe Ämter in der DDR. Sie wurde bekannt durch die Erzählung Der Aufstand der Fischer von St. Barbara *(1928), vor allem aber durch ihre Werke im Exil, besonders* Das siebte Kreuz *(1941),* Transit *(1947) und* Der Ausflug der toten Mädchen *(1948). Neben Romanen und Erzählungen schrieb sie eine Reihe von Aufsätzen zum Problem einer neuen sozialistischen Literatur. Die Geschichte „Zwei Denkmäler" stammt aus* Atlas, *zusammengestellt von deutschen Autoren.*

Zwei Denkmäler°

In der Emigration begann ich eine Erzählung°, die der Krieg unterbrochen hat. Ihr Anfang ist mir noch in Erinnerung. Nicht Wort für Wort, aber dem Sinn° nach. Was mich damals erregt° hat, geht mir auch heute noch nicht aus dem Kopf. Ich erinnere mich an eine Erinnerung.

In meiner Heimat, in Mainz am Rhein, gab es zwei Denkmäler, die ich niemals vergessen konnte, in Freude und Angst auf Schiffen, in fernen Städten. Eins ist der Dom°.—Wie ich als Schulkind° zu meinem Erstaunen° sah, ist er auf Pfeilern° gebaut, die tief in die Erde hineingehen—damals kam es mir vor°, beinahe° so tief wie der Dom hochragt°. Ihre Risse° sind auszementiert° worden, sagte man, in vergangener Zeit, da, wo das Grundwasser Unheil stiftete°. Ich weiß nicht, ob es stimmt, was uns ein Lehrer erzählte: Die romanischen und gotischen Pfeiler seien haltbarer° als die jüngeren.

Dieser Dom über der Rheinebene° wäre mir in all seiner Macht° und Größe im Gedächtnis° geblieben, wenn ich ihn auch nie wiedergesehen hätte. Aber ebensowenig° kann ich ein anderes Denkmal in meiner Heimatstadt vergessen. Es bestand° nur aus einem einzigen° flachen° Stein, den man in das Pflaster° einer Straße gesetzt hat. Hieß die Straße Bonifaziusstraße? Hieß sie Frauenlobstraße? Das weiß ich nicht mehr. Ich weiß nur, daß der Stein zum Gedächtnis einer Frau eingefügt° wurde, die im ersten Weltkrieg durch Bombensplitter° umkam°, als sie Milch für ihr Kind holen wollte. Wenn ich mich recht erinnere, war sie die Frau des jüdischen Weinhändlers° Eppstein.— Menschenfresserisch°, grausam° war der erste Weltkrieg, man begann aber erst an seinem Ende mit Luftangriffen° auf Städte und Menschen. Darum hat man zum Gedächtnis der Frau den Stein gesetzt, flach wie das Pflaster, und ihren Namen eingraviert°.—

Der Dom hat die Luftangriffe des zweiten Weltkriegs irgendwie überstanden°, wie auch die Stadt zerstört worden ist. Er ragt über Fluß und Ebene. Ob der kleine flache Gedenkstein° noch da ist, das weiß ich nicht. Bei meinen Besuchen hab ich ihn nicht mehr gefunden.

---

das Denkmal, ⸚er memorial, monument
die Erzählung, -en story, tale
der Sinn, -e sense, meaning
erregen to inspire, stimulate
der Dom, -e cathedral
das Schulkind, -er school-age child
das Erstaunen astonishment
der Pfeiler, - pillar, column
vor·kommen, a, o to appear, occur, happen
beinahe almost
hoch·ragen to rise up high
der Riß, -sse crack
aus·zementieren to fill in with cement
Unheil stiften to cause damage
romanisch Romanesque
gotisch Gothic
haltbar durable, solid
die Ebene, -n plain, flatland
die Macht, ⸚e might, power, majesty
das Gedächtnis memory
ebensowenig just as little
bestehen, a, a (+aus) to consist of
einzig single
flach flat
das Pflaster, - pavement
ein·fügen to insert
der Bombensplitter, - bomb fragment
um·kommen, a, o to die, to be killed
der Händler, - dealer, merchant

Der romanische Dom in Mainz und der Marktplatz.

Fragen:

1. Wirkt der Dom groß oder klein im Vergleich zum Markt?
2. Wie wird ein Kind von diesem Dom beeindruckt?
3. Was tun die Leute auf dem Markt?
4. Was für Leute verkaufen dort ihre Waren, und was verkaufen sie?
5. Was ist in den Häusern am Markt?

Wir schreiben oder spielen in der Klasse:

1. Ein Fremdenführer beschreibt den Dom
2. Ein Verkaufsgespräch auf dem Wochenmarkt

menschenfresserisch cannibalistic
grausam cruel
der Luftangriff, -e air raid
ein·gravieren to engrave
überstehen, a, a to withstand, to overcome, survive
der Gedenkstein, -e memorial, monument
heim·bringen, a, a to take home
die Absicht, -en intention

In der Erzählung, die ich vor dem zweiten Weltkrieg zu schreiben begann und im Krieg verlor, ist die Rede von dem Kind, dem die Mutter Milch holen wollte, aber nicht heimbringen° konnte. Ich hatte die Absicht°, in dem Buch zu erzählen, was aus diesem Mädchen geworden ist.

Redewendungen

Wort für Wort	*word for word*
dem Sinn nach	*as to its meaning; in a general sense*
es geht mir nicht aus dem Kopf	*I can't get it out of my head*
Unheil stiften	*to do damage*
es kommt mir vor, als (ob)	*it appears to me as (if)*
im Gedächtnis bleiben	*to keep in one's memory*

20 Wichtige Wörter

das **Denkmal**	das **Gedächtnis**	vergessen	überstehen
der **Dom**	die **Erinnerung**	bestehen aus	grausam
der **Pfeiler**	der **Riß**	umkommen	flach
das **Pflaster**	unterbrechen	ragen	jüdisch
der **Luftangriff**	erregen	zerstören	romanisch
			gotisch

Übungen

I. Fragen

Beantworten Sie die Fragen.

1. In welcher Zeit begann die Erzählerin die Erzählung?
2. Von wem wollte sie schreiben?
3. Wie weit ist sie damit gekommen?
4. Was ist aus der Erzählung geworden?
5. Warum wollte sie die Geschichte schreiben?
6. Was war in Mainz am Ende des ersten Weltkrieges passiert?
7. Was hatte die Frau versucht, als sie umkam?
8. Was beeindruckte die Erzählerin als Kind am Mainzer Dom?
9. Wie ist der Dom durch den zweiten Weltkrieg gekommen?
10. Was ist mit dem Gedenkstein für die Frau geschehen?

II. Grammatische Übungen

A. *Bilden Sie Sätze im Präsens, und setzen Sie sie ins Imperfekt und Perfekt.*

1. Der Krieg/ das normale Leben/ unterbrechen
2. Ich/ diesen Stein/ nie/ vergessen
3. Die Frau/ beim Milchholen/ umkommen
4. Der Luftangriff/ den Dom/ zerstören
5. Die Leute/ den Krieg/ überstehen
6. Man/ einen Stein/ ins Haus/ einfügen

B. *Setzen Sie die richtigen Relativpronomen ein.*

1. Ich schrieb damals die Erzählung, _____ du kennst.
2. _____ ich damals geschrieben habe, beschäftigt mich noch heute.
3. Es war der Dom, vor _____ ich so oft gestanden habe.
4. _____ den Stein der Frau zum Gedächtnis einfügte, dachte an die Leiden einer Mutter.
5. _____ du diese Geschichte erzählst, der wird nachdenklich werden.
6. Eine solche Geschichte ist etwas, _____ ich gern lese.
7. Das ist etwas anderes als die Anekdote, über _____ wir das letzte Mal gesprochen haben.
8. Der Fischer, von _____ du erzählt hast, war ein Lebenskünstler.
9. Das Eindrucksvollste, _____ ich damals kannte, war der Dom.
10. Alle Leute waren an der Geschichte interessiert, _____ ich mir gedacht hatte.

C. *Fügen Sie die passenden Präpositionen und Endungen ein.*

1. Der Anfang der Geschichte ist mir _____ Erinnerung.
2. Ich erinnere mich _____ d _____ Stein.
3. Ich sah es damals _____ mein _____ Erstaunen.
4. Ich sah den Dom _____ all sein _____ Macht und Größe.
5. Das Denkmal bestand nur _____ ein _____ flach _____ Stein.
6. Die Frau kam _____ erst _____ Weltkrieg _____ Bombensplitter um.
7. Man begann _____ Ende der Krieges _____ Angriffe _____ _____ Städte und Menschen.
8. Der Dom ragt _____ Ebene und Fluß.
9. Hier ist die Rede _____ d _____ Kind, dessen Mutter _____ es Milch holte.
10. Ich erzählte, was _____ d _____ Mädchen geworden ist.

D. *Setzen Sie die Adjektivendungen ein.*

1. Wo ist der klein _____ flach _____ Gedenkstein?
2. Die Frau ist im erst _____ Weltkrieg umgekommen.
3. Sie war die Frau des jüdisch _____ Weinhändlers.
4. Das Denkmal bestand nur aus einem einzig _____ flach _____ Stein.
5. Die romanisch _____ und gotisch _____ Pfeiler sind haltbarer als die jünger _____.
6. Die Risse sind in vergangen _____ Zeit auszementiert worden.
7. Ebensowenig kann ich ein ander _____ Denkmal in meiner Heimatstadt vergessen.
8. Ich konnte diese Denkmäler auch in fern _____ Städten nicht vergessen.
9. Die Menschen haben die grausam _____ Luftangriffe des zweit _____ Weltkrieges überstanden.

III. Übungen zum Sprechen und Schreiben.

A. *Benutzen Sie in Ihrer Antwort eine Redewendung des Textes.*

1. Haben Sie das Gedicht auswendig gelernt? Ja, . . .
2. Erinnern Sie sich an den Vortrag? Nicht genau, nur . . .
3. Ich kannte Peter als Kind, aber ich weiß nicht, . . .
4. Warum denken Sie immer an den Unfall? Ich weiß es nicht, er . . .
5. Das war ein schönes Erlebnis, es wird . . .
6. Ist die Prüfung schwer? Ja, wahrscheinlich, sie . . .

B. *Bilden Sie Sätze aus diesen Elementen.*

1. Leute/ Denkmal/ errichten / (Perfekt)
2. Luftangriffe/ alte Städte/ zerstören / (Imperfekt)
3. Mädchen/ Krieg/ überstehen / (Perfekt)
4. Ich/ Geschichte/ Frau/ nicht/ vergessen / (Futur)
5. Dom/ tiefe Pfeiler/ bauen / (Perfekt)
6. Pfeiler/ Dom/ haltbar/ Beton/ sein sollen / (Präsens)
7. Ich/ Familie/ Weinhändler/ erinnern / (Präsens)
8. Luftangriff/ Dom/ viele Risse/ hinterlassen (Perfekt)

C. *Erfinden Sie Situationen, in denen Sie diese Redewendungen anwenden können.*

1. es geht mir nicht aus dem Kopf
2. es kommt mir vor
3. Unheil stiften
4. was ist aus ihm geworden
5. es ist mir in Erinnerung

D. *Erzählen Sie die Geschichte von dem Mädchen, dessen Mutter umgekommen ist; benutzen Sie diese Wörter.*

jüdisch / Weinhändler / aufwachsen / Dom / Emigration / Erinnerung / Luftangriff / zerstören / Besuch

E. *Beschreiben Sie einen romanischen oder einen gotischen Dom. Benutzen Sie die Wörter.*

der Turm / das Portal / das Kirchenschiff / das Fenster / der Pfeiler / die Säule / der Bogen (Rundbogen—Spitzbogen) (Siehe *Arbeitsbuch,* Kapitel 5!)

F. *Fragen Sie Ihren Nachbarn / Ihre Nachbarin.*

1. Was ist das wichtigste Denkmal deiner Heimatstadt?—Wie sieht es aus?
2. Welches Gebäude deiner Heimatstadt kann man von weitem sehen?— Beschreibe es.
3. Erinnerst du dich an ein unscheinbares (*unpretentious*) Denkmal, auf das niemand achtet? (**achten auf** + acc. = *to pay attention to*)
4. Gibt es ein Denkmal, das mit deiner Familie verbunden ist?—Kannst du es beschreiben?

G. *Wir diskutieren.*

1. Wofür sollte man Denkmäler bauen?—Wie sollten sie aussehen?
2. Ist eine alte Kirche ein „Denkmal"?—Woran denkt man bei diesem Wort?
3. Soll eine Mutter ein Denkmal bekommen, weil sie starb, als sie Milch für ihr Kind holen wollte?

H. *Schreiben Sie.*

1. Die Erinnerungen an die Heimat.
2. Denkmäler aus dem Krieg.
3. Eine Geschichte, die ich schreiben wollte und nicht geschrieben habe.

GRAMMATIK II

Conjunctions

Conjunctions are function words connecting two words, phrases, or clauses. When they combine two main clauses, they are called <u>coordinating</u> conjunctions; when they connect a subordinate clause with a main clause, they are called <u>subordinating</u> conjunctions.

He sat down <u>and</u> began to read.   **Er setzte sich hin und begann zu lesen.**

(Main clause + main clause; coordinating conjunction)

<u>When</u> everybody had left, he sat down in the living room.   **Als alle fortgegangen waren, setzte er sich ins**

(Subordinating clause + main clause; subordinating conjunction)   **Wohnzimmer.**

Coordinating conjunctions

1. The most frequently used coordinating conjunctions in German are: **und** (*and*), **aber** (*but*), **oder** (*or*), **sondern** (*but, on the contrary*), **denn** (*because, for*), **doch** (*however, yet, but*). They do <u>not</u> change the word order:

   Ich wollte gern ins Kino gehen, aber er war zu müde.

2. Coordinated sentences are normally separated by commas. A comma <u>must</u> separate two main clauses that are connected by **und** or **oder** when the subjects are different:

   Der Tourist rauchte eine Zigarette, und der Fischer döste im Boot.

   If the two main clauses have the same subject and both clauses are short and closely related, however, no comma is needed before **und** or **oder**:

   Er dachte nach und er dachte nach.
   Sie lief oder sie fuhr.

   No comma is used before **und** or **oder** if one of the two main clauses lacks either the subject or the verb:

   Der Tourist ging ins Hotel und der Fischer nach Hause. (Verb missing)
   Der Tourist ging ins Hotel, und der Fischer ging nach Hause. (Comma needed)
   Ich gehe an den Strand oder fahre in die Stadt. (Subject missing)
   Ich gehe an den Strand, oder ich fahre in die Stadt. (Comma needed)

3. Other words besides conjunctions are also used to connect sentences. These are mostly adverbs; they may be called adverbial conjunctions or "false" conjunctions. The difference between true and adverbial conjunctions is evident from the word order.

   Er hat morgen eine Prüfung, folglich muß er sich heute vorbereiten.   He has an exam tomorrow, consequently he must prepare today.

   The word **doch** (*however, yet, but*) is mostly used as a true conjunction; however, the adverbial word order is also possible.

   Es war schlimm, doch ich denke nicht mehr daran.   It was bad, but I don't think of it anymore.
   Es war schlimm, doch denke ich nicht mehr daran.

   a) Frequently used <u>coordinating</u> adverbs are: **also** (*consequently*), **daher** (*therefore*), **dann** (*then*), **darum** (*that is why*), **deshalb** (*therefore*), **insofern** (*in so far as*), **jedoch** (*however*), **sonst** (*otherwise*), **trotzdem** (*nevertheless*).

b) Certain words or phrases that explain and expand facts also function like conjunctions: **zum Beispiel** (*for instance*) [**z.B.**], **beziehungsweise** (*or respectively*) [**bzw.**], **das heißt** (*that is*) [**d.h.**], **namentlich** (*especially*), **und zwar** (*namely*).

Auf dem Markt werden viele Früchte verkauft, **zum Beispiel**: Äpfel, Birnen, Pflaumen, Kirschen usw. (und so weiter).	*There are lots of fruits being sold at the market, for instance, apples, pears, plums, cherries, etc.*
Er hat große Probleme, **zum Beispiel hat er** Angst vor dem Fliegen.	*He has big problems, for instance, he is afraid of flying.*

c) Besides one-word adverbial conjunctions, there are pairs of words and phrases with several words.

bald . . . bald	*now . . . now*
einerseits . . . andererseits	*on the one hand . . . on the other hand*
entweder . . . oder	*either . . . or*
sowohl . . . als auch	*not only . . . but also*
teils . . . teils	*partly . . . partly*

Einerseits würde ich gern bleiben, **andererseits** möchte ich mir das Theaterstück ansehen.	*On the one hand I would like to stay, on the other hand I would like to see the play.*
Entweder geben Sie mir das Geld, **oder** ich gehe zum Rechtsanwalt.	*Either you give me the money or I'll see (go to) my lawyer.*

Subordinating Conjunctions

1. Subordinate clauses expand the information of the main clause, but are grammatically dependent on it. They contain usual sentence elements such as subject, objects, and perhaps adverbial expressions of time, manner, cause, or concession; the conjugated verb is in <u>last</u> position. They are connected to the main clause by a subordinating conjunction. Note the clauses in the following:

Während meines Aufenthalts in Wien lernte ich Deutsch.	*During my stay in Vienna I learned German.*
Während ich in Wien **lebte,** lernte ich Deutsch.	*While I was living in Vienna, I learned German.*
Er sah seine Schwierigkeiten ein.	*He realized his troubles.*
Er sah ein, **daß** er Schwierigkeiten hatte.	*He realized that he had problems.*

2. Common subordinating conjunctions in German are: **als** (*when*), **als ob** (*as if*), **bevor** (*before*), **bis** (*until*), **da** (*since*), **damit** (*so that*), **daß** (*that*), **so daß** (*so that*), **ehe** (*before*), **indem** (*by . . . -ing*), **nachdem** (*after*), **obwohl** (*although*), **seit** (*since*), **sobald** (*as soon as*), **soweit** (*as far*), **solange** (*as long*), **sooft** (*as often*), **während** (*while*), **weil** (*because*), **wenn** (*when, if*).

<u>Caution</u>: Be sure to differentiate among conjunctions, adverbs, and prepositions, especially those with meanings related to time:

Conjunction		Adverb		Preposition	
während	*while*	**währenddessen**	*meanwhile*	**während**	*during*
nachdem	*after*	**nachher**	*afterwards*	**nach**	*after*
bevor	*before*	**vorher**	*before*	**vor**	*in front of*
seit	*since*	**seitdem**	*since*	**seit**	*for, since*

Nachdem er es mir erzählt hatte, wußte ich Bescheid. (Conjunction)   *After he had told me about it, I knew.*
Nachher erzählte er die Geschichte. (Adverb)   *Afterwards he told the story.*
Nach dem Abendessen erzählte er die Geschichte. (Preposition)   *After supper he told the story.*

The formula **je . . . desto** (*the . . . the*) requires the word order of subordinate clauses.

Je mehr es regnete, **desto** höher **stieg der Fluß.**   *The more it rained the higher the river rose.*

Infinitive Clauses

Some common prepositions can also introduce infinitive clauses:

Prepositions:		Infinitive clauses use:	
um	*around*	**um . . . zu** + inf.	*in order to* + inf.
(an)statt	*instead*	**(an)statt . . . zu** + inf.	*instead of* + inf.
ohne	*without*	**ohne . . . zu** + inf.	*without* + *verb* + *-ing*

Er ging in die Stadt, **um** den alten Stein **zu suchen.**   *He went into town (in order) to look for the old stone.*
Er erzählte die Geschichte, **anstatt** sie **aufzuschreiben.**   *He told the story instead of writing it down.*
Der Fischer war zufrieden und glücklich, **ohne** jeden Tag arbeiten **zu müssen.**   *The fisherman was content and happy without having to work every day.*

Instead of infinitive constructions, **ohne** and **(an)statt** may be combined with **daß** for a conjunctional clause where English prefers the infinitive. **Um . . . zu** is replaced by the conjunction **damit.**

Der Tourist redete auf den Fischer ein, **ohne daß** er etwas erreichte.   *The tourist kept on talking to the fisherman without achieving anything.*
Ich war in der Stadt, **damit** ich sehen konnte, ob das Denkmal noch da war.   *I was in the city (so that I could see) to see if the monument was still there.*

Übungen

A. *Setzen Sie die Konjunktionen oder Adverbien ein. Achten Sie auf die Wortstellung.*

1. Das Kind war hungrig / sie wollte Milch holen   (also)
2. Die Frau starb bei dem Angriff / man errichtete ihr ein Denkmal   (und)
3. Der Stein war in der Bonifaziusstraße / er war in der Frauenlobstraße   (oder)

4. Der Dom ist ein hohes Gebäude / seine Pfeiler reichen tief in die Erde   (deshalb)

5. Der Stein war kaum zu sehen / ich erinnere mich daran   (trotzdem)

6. Der Fischer wäre nicht glücklicher / er hätte mehr gearbeitet   (wenn)

7. Der Tourist redete auf den Fischer ein / er überzeugte ihn nicht   (aber)

8. Der Tourist hörte sich an, was der Fischer sagte / er ging schnell weg   (dann)

9. Der Fischer war zufrieden und glücklich / er hatte alles, was er brauchte   (denn)

10. Ich hatte an zwei Denkmäler gedacht / es sind die folgenden   (und zwar)

B. *Bilden Sie Sätze (Präsens).*

1. Sonne / scheinen / regnen/   (bald . . . bald)

2. Ich / gern / helfen / er / keine Hilfe / wollen/   (einerseits . . . andererseits)

3. Er / glücklich / sein / nur / an Geld / denken/   (entweder . . . oder)

4. Tourist / Mitleid / haben / neidisch / sein/   (sowohl . . . als auch)

5. Du / mehr / arbeiten / weniger / Geld / ausgeben/   (entweder . . . oder)

C. *Verwandeln Sie den unterstrichenen Satzteil in einen Nebensatz.*

Beispiel: Nach einer Ankunft suchte er sich ein Zimmer.   (ankommen)
   Nachdem er angekommen war, suchte er sich ein Zimmer.

1. Bei meinem Besuch in der Stadt fand ich den Stein nicht wieder.   (besuchen)

2. Trotz der vielen Luftangriffe hat der Dom den Krieg überstanden.   (es gab)

3. Ich kannte die Frau vor meiner Abreise nach Frankreich.   (abreisen)

4. Wegen seiner Begeisterung über diese Aussichten redete der Tourist sehr laut.   (begeistert sein)

5. Ich bedaure den Verlust dieser Geschichte.   (verlieren)

6. Seit den Ferien in Italien denkt der Tourist ganz anders.   (Ferien machen)

7. Ich wußte von der Zerstörung der Stadt.   (zerstört sein)

8. Während der Reise durch Spanien lernte der Tourist den Fischer kennen.   (reisen)

D. *Verbinden Sie die beiden Sätze mit der passenden Konjunktion, und schreiben Sie den Satz in der richtigen Wortstellung.*

1. Ich war sehr müde / Ich hatte zwei Nächte nicht geschlafen.   (obwohl / weil / während)

2. Er sah Licht im Haus / Er kam durch den Garten.   (nachdem / als / wenn)

3. Der Fischer fuhr aus / Er brauchte das Geld nicht.   (weil / indem / obwohl)

4. Der Polizist schoß / Der Verbrecher konnte schießen.   (bevor / während / nachdem)

5. Ich fragte nach der jüdischen Mutter / Ich war in der Stadt.   (wenn / während / nachdem)

6. Ich sage ihm Bescheid / Ich treffe ihn.   (wenn / nachdem / obwohl)

7. Er kaufte sich eine Fischfabrik / Er hatte lange gearbeitet.   (während / wenn / nachdem)

8. Das Kind schrie so sehr / Die Mutter ging auf die Straße.   (obwohl / nachdem / da)

E. Als, wenn, wann, *oder* ob?

1. _____ ich die Stadt besuchte, sah ich den Dom aus weiter Ferne.

2. Immer _____ ich die Stadt besuchte, suchte ich nach dem Stein.

3. Ich weiß nicht, _____ der Stein dort eingefügt wurde.

4. Ich wußte nicht, _____ der Dom zerstört war oder nicht.

5. Ich war traurig, _____ ich von dem Luftangriff hörte.

6. _____ die Stadt wieder aufgebaut wird, sieht sie schön aus.

7. _____ der Dom angefangen wurde, wissen die Historiker nicht.

8. Ich konnte nicht herausfinden, _____ der Stein noch da war.

9. Der Fischer erwachte, _____ der Tourist ihn fotografierte.

10. Der Tourist gab ihm jedesmal Feuer, _____ er sich eine Zigarette ansteckte.

LANDESKUNDE

Eine Reise durch die Schweiz

27. Juni

Bern ist die Bundeshauptstadt der Schweiz. Mein Reiseführer° sagt, daß die Stadt im Jahre 1191 gegründet wurde. Das ist zwar nicht sehr alt im Vergleich zu° den Städten, die aus der römischen Zeit stammen—und Cäsar begann ja seinen gallischen Krieg mit einer Schlacht° gegen die Helvetier, die damals in der westlichen Schweiz lebten—, aber im Vergleich zu Oakridge, USA, gibt es hier doch sehr viel Geschichte zu spüren° und zu sehen. Natürlich gibt es eine Sage über die Entstehung der Stadt: Herzog Berthold V. von Zähringen wollte in der Schleife° der Aare, einem Nebenfluß° des Rheins, eine Stadt bauen. Sie sollte den Namen des Tieres bekommen, das ihm zuerst auf der Jagd begegnete°. Er sah aber zuerst einen Bären, den die Berner in ihr Wappen° aufgenommen haben. Ich bin vormittags vom Bahnhof in die Altstadt gegangen und habe mir ihre „Lauben"°, d.h. Arkaden, Brunnen und Stadttore angesehen, natürlich auch das Glockenspiel in der Krangasse, das Münster° aus dem späten Mittelalter und die Heiliggeistkirche aus dem Barock. Das ist sehr hübsch, zumal° wenn die Straßen steil ins Aaretal hinuntergehen; aber es ist so nicht sehr international. Vielmehr ist Bern eine mittelgroße, sehr schweizerische Stadt, sehr sauber natürlich, die Leute sind sehr freundlich und haben es anscheinend° gar nicht eilig°. Ich habe schon gehört, daß die anderen Schweizer Witze über die Berner machen, weil sie so langsam sind.

Was mich besonders interessiert hat, ist das Bundeshaus, nicht wegen seiner Architektur, sondern weil ich verstehen wollte, wie dieses Land funktioniert, das man die älteste Demokratie nennt. Das ist nicht ganz leicht zu verstehen. Es wird nicht leichter dadurch, daß einem die Schweizer erzählen, ihre Verfassung sei nach dem Muster° der amerikanischen Verfassung eingerichtet° worden. Die Schweizer haben also erst seit 1848 eine Verfassung. Im Jahre

der Reiseführer, - tour guide

im Vergleich zu in comparison to
die Schlacht, -en battle

spüren to sense, feel

die Schleife, -n curve, bend
der Nebenfluß, ⁻sse tributary
begegnen to meet, encounter
das Wappen, - coat of arms
die Laube, -n arcade, covered way
das Münster, - cathedral
zumal especially

anscheinend seemingly
es eilig haben to be in a hurry

das Muster, - pattern, model
ein·richten to set up

vorher hatte es noch einen Bürgerkrieg, den sogenannten „Sonderbund-krieg"°, gegeben. In diesem Krieg gab es 120 Tote, und der Konflikt entstand dadurch, daß sich einige ländliche und katholische Kantone gegen eine Bundesverfassung sträubten°. Bis dahin war die Schweiz nämlich ein Staatenbund gewesen, also eine Vereinigung von souveränen Einzelstaaten. Die Verfassung wurde 1874 neu geschrieben und besteht seitdem mit vielen Änderungen°. Die Schweizer nennen ihren Kongreß die Bundesversammlung, und darin folgt die Schweiz dem amerikanischen Muster, denn sie besteht aus zwei Häusern, dem Nationalrat und dem Ständerat°. Der Nationalrat ist die Vertretung des gesamten Volkes: je ein Abgeordneter vertritt 22 000 Wähler. Der Ständerat ist der „Senat": jeder Kanton hat zwei Vertreter. Allerdings gibt es auch „Halbkantone", die sonst wie die anderen Kantone sind, aber nur einen Vertreter im Ständerat haben. Seit 1979 gibt es 46 Mitglieder im Ständerat, sechs davon kommen aus Halbkantonen. Natürlich möchten die Halbkantone gern ganze Kantone werden.

Hin und wieder° ändert sich etwas in der Schweiz, weil sie doch einige Probleme hat. So wird immer gesagt, daß es keine Sprachprobleme gibt. Dreiviertel der Schweizer sprechen Deutsch, 20% Französisch, 4% Italienisch und 1% Rätoromanisch, was eine Gruppe romanischer Dialekte ist, die vor allem in dem Kanton Graubünden gesprochen wird (außerdem auch im italienischen Tirol und an der Nordgrenze Italiens). Aber die französische

der Sonderbund Special Alliance

sich sträuben (+ gegen) to resist, oppose

die Änderung, -en change

der Ständerat body representing the cantons

hin und wieder now and then, from time to time

Die Altstadt von Bern: Laubengänge und der Samsonbrunnen in der Kramgasse.

Fragen:

1. Was ist in den Laubengängen in Bern?
2. Wer wohnte früher in diesen Häusern?

Minderheit° im Kanton Bern war mit der deutschen Mehrheit nicht einverstanden° und hat jetzt nach langen Kämpfen ihren eigenen, den Kanton Jura, bekommen.

Zurück zum Bundeshaus. Die Bundesregierung der Schweiz besteht aus sieben Mitgliedern und heißt der Bundesrat. Die Mitglieder werden alle vier Jahre von der ganzen Bundesversammlung gewählt. Sie sind die Chefs der Bundesverwaltung, und als Gruppe entscheiden° sie die Politik des Landes. Jedes Jahr wird einer von ihnen zum Bundespräsidenten gewählt.

Die Bundesregierung hat wenig Macht. Die meisten Verwaltungsaufgaben° werden von den Kantonen und den 3000 Gemeinden° durchgeführt°. Viele Fragen werden durch Volksabstimmungen° entschieden, und so hat die Schweiz wirklich eine föderalistische Volksregierung. Wer nicht in der Gemeinde und dann im Kanton politisch aktiv war, wird kaum in den Nationalrat gewählt. Im Nationalrat sitzen viele Abgeordnete, die zugleich Ämter im Kanton und in der Gemeinde haben. Traditionen spielen eine große Rolle in der Schweiz. Die Frauen, die erst seit 1971 an Bundeswahlen teilnehmen können und noch nicht überall in Gemeinden und Kantonen ihre Gleichstellung° erreicht° haben, haben es natürlich schwer, dieses feste System aufzubrechen.

29. Juni

Der Vierwaldstätter See ist die Wiege° der Schweiz; hier schlossen sich 1291 die „Urkantone" Schwyz, Uri und Unterwalden zusammen° und schrieben

die **Minderheit, -en** minority
einverstanden sein . . . mit to agree with

entscheiden, ie, ie to decide

die **Verwaltungsaufgabe, -n** administrative task
durch·führen to carry out (sep.)
die **Volksabstimmung, -en** plebiscite, referendum

die **Gleichstellung** equality
erreichen to achieve
die **Wiege, -n** cradle, birth place
sich zusammen·schließen, o, o to merge

Fragen:

1. Was für ein Dampfer ist die „Gallia"?
2. Welche Flagge sieht man hinten am Schiff? Welche Farben hat sie?

Der Dampfer „Gallia" fährt auf dem Vierwaldstättersee zur Rütliwiese, wo die Vertreter der Urkantone zusammengekommen sein sollen.

ihren „Bundesbrief". Außerdem ist hier die Landschaft wunderschön. Ich bin auf den Pilatus hinaufgefahren und habe den schönen Blick genossen°. Man kann auch sehr angenehme° Dampferfahrten auf dem See machen, jedenfalls wenn das Wetter gut ist. Luzern ist eine hübsche Stadt, mit zwei Holzbrücken aus dem späten Mittelalter, einer alten Stadtmauer und einer typischen wohlerhaltenen° Altstadt. Wilhelm Tell, der zur Zeit der Gründung der Schweiz einen tyrannischen österreichischen Landvogt° namens Geßler erschossen° haben soll, ist eine Sagenfigur, die man erst später erfunden hat. Geßler hatte Tell dazu gezwungen°, einen Apfel vom Kopf seines Sohnes zu schießen. Aber die Schweizer lieben den Helden aus Friedrich Schillers Drama *Wilhelm Tell* und finden die Sage mindestens° genauso interessant wie die wirkliche Geschichte.

1. Juli

Zürich macht den Eindruck° einer Großstadt, ja Weltstadt. Nicht so sehr wegen der Größe der Stadt oder ihrer Gebäude, nicht einmal die Banken der Bahnhofstraße wirken° sehr imposant°, sondern wegen einer gewissen Atmosphäre der Großzügigkeit°—anders kann ich es nicht definieren. Denn Superlative sind keine Form der Sprache, die auf die Schweiz paßt°. Im Mittelalter war die Stadt offenbar° eher° bescheiden°; auch das Großmünster ist nicht so groß. Schön ist natürlich der Blick auf den weiten Züricher See, wenn man an der Limmat bis zur Mündung° und dann am See entlanggeht.

genießen, o, o to enjoy
angenehm pleasant
wohlerhalten well-preserved
der Landvogt, ¨e provincial governor
erschießen, o, o to shoot
zwingen, a, u to force, compel
mindestens at least
den Eindruck machen to give the impression
wirken to have the effect, look
imposant impressive
die Großzügigkeit generosity
passen to fit
offenbar seemingly
eher rather
bescheiden modest
die Mündung mouth (of a river)

Zürich: Café an der Limmat mit Blick auf das Großmünster.

Fragen:

1. In welchem Stil ist das Großmünster gebaut?
2. Was für Gebäude sieht man vor der Kirche?

Ich habe mich zu informieren versucht über die vielbesprochenen° Schweizer Banken. Auch die drei großen Schweizer Banken sind nun eigentlich nicht so groß, wenn man ihr Kapital nimmt; es besteht kein Vergleich mit den Groß-banken in den USA. Die gewaltigen;° Guthaben° auf den Nummernkonten der Banken in Zürich sind vielleicht eine moderne Schweizer Sage. Übrigens gibt es ein Gesetz, daß das Bankgeheimnis nicht bei Kriminalfällen gilt. Das internationale Gangstertum kann sich also auch nicht in Zürich verstecken°. Woher kommt also der Ruf° dieser Banken? Einfach von dem Geheimnis um die Geheimkonten? Ich habe zwei Gründe dafür gefunden, sicherlich gibt es auch andere. Erstens gibt die Stabilität der Schweizer Währung° den Konten große Sicherheit. Die Inflation hält sich° in der Schweiz unter 3 Prozent, oft weniger, und daher ist die Schweiz im Vergleich nicht so teuer, wie sie vor etlichen° Jahren war, denn die Preise steigen nur ganz gering. Der zweite Grund ist, daß die Schweizer Banken sehr tätig sind; sie arbeiten für ihre Kunden an den internationalen Börsen und sind sehr aktiv bei öffentlichen Anleihen°. Auf der Grundlage des Vertrauens° zur Schweizer Solidität haben sie in Zürich einen höchst lebhaften° Geldmarkt geschaffen. Die Schweiz ist allerdings in einer einzigartigen° Lage. Durch ihre Neutralitätspolitik und innere Stabilität hat sie einen unvergleichlichen° allgemeinen Wohlstand° erzeugt. Schweizer Investitionen im Ausland sind bedeutend° und bringen genau wie die Geldgeschäfte wesentliche Überschüsse°. Schweizer Versicherungsgesell-schaften° sind im internationalen Geschäft tätig. Das alles erklärt vielleicht den Wohlstand, der über die Erträge° der Landwirtschaft und die industrielle Ka-pazität hinausgeht°.

Liechtenstein

4. Juli

Auf dem Weg hierher nach Liechtenstein habe ich in Sankt Gallen Station gemacht°. St. Gallen ist die Hauptstadt eines Kantons. Es hat etwa 80 000 Einwohner, Textil- und Metallindustrie und auch ein Industrie- und Gewer-bemuseum°, das sehr sehenswert ist; aber vor allem hat es eine lange Ge-schichte. Im Jahre 612 wurde hier von dem irischen Missionar Gallus eine Klause° gegründet, aus der sich das Kloster und die Abtei St. Gallen entwick-kelte, die in der Zeit der Karolinger einer der wichtigsten kulturellen Mittel-punkte Mitteleuropas wurde und sich dann bis zur Reformation und sogar danach als selbständiges Land erhielt. Die heutige Stiftskirche° ist aus dem 18. Jahrhundert, ebenso die Bibliothek, in der berühmte Handschriften° aus dem frühen Mittelalter zu sehen sind.

Liechtenstein ist einer dieser europäischen Zwergstaaten, die sich aus der vorindustriellen Vergangenheit erhalten haben. Das Land ist 160 km² groß und hat eine Bevölkerung von etwa 26 000 Einwohnern. Je° 4000 davon leben in der Hauptstadt Vaduz und dem Industrieort Schaan. Wie ist ein solches Land zustandegekommen°? 1719 erhielt der Herr von Liechtenstein von dem Kaiser die Erhebung zum reichsunmittelbaren° Fürstentum° für zwei

vielbesprochen much talked of
gewaltig huge
das Guthaben, - credit, balance
sich verstecken to hide
der Ruf reputation
die Währung, -en currency
sich halten, ä, ie, a to stay
etlich several
öffentliche Anleihen (pl.) public securities and bonds
das Vertrauen trust, confidence
lebhaft lively
einzigartig unique
unvergleichlich incomparable
der Wohlstand wealth, prosperity
bedeutend significant
der Überschuß, ¨sse profit, surplus
die Versicherungsgesell-schaft, -en insurance company
der Ertrag, ¨e profit, revenue, yield
hinaus·gehen, i, a (+über) to exceed

Station machen to stop over
das Gewerbemuseum, -een trade museum
die Klause, -n hermitage

die Stiftskirche, -n collegiate church
die Handschrift, -en manuscript

je each
zustande·kommen, a, o to come about
reichsunmittelbar subject to the emperor only
das Fürstentum, ¨er principality

Fragen:
1. Wofür ist Liechtenstein bekannt?
2. Wie ist die Landschaft in Liechtenstein?

Liechtenstein.

Herrschaften, die er sich hier am Oberrhein gekauft hatte. Als 1806 das Heilige Römische Reich Deutscher Nation zuende ging, hielt sich Liechtenstein zunächst an Napoleons Rheinbund° und gehörte dann bis 1866 dem Deutschen Bund° an, dem Staatenbund der deutschen Länder. 1866 wollte Liechtenstein weder in das von Preußen dominierte neue Reich hineingehen noch einfach ein Teil Österreich werden. So blieb es zwar eng mit Österreich verbunden, aber doch unabhängig. Nach dem Ersten Weltkrieg brachte diese Verbindung mehr Probleme als Vorteile; seit 1921 hat sich Liechtenstein eng an die Schweiz angeschlossen°. Es hat seit 1924 die Schweizer Währung übernommen und ist Schweizer Zollgebiet°. Das erwies sich° als weise, denn auch Hitlers Deutschland, das sonst alle deutschsprachigen Menschen „heim ins Reich" führen wollte, ließ Liechtenstein in Ruhe.

Liechtenstein ist immer noch ein Fürstentum, eine Anomalie inmitten° der mitteleuropäischen Republiken. Seit 1938 regiert Franz Joseph II. Die Verfassung Liechtensteins von 1921 hat das Land zu einer konstitutionellen Monarchie gemacht, mit einem Landtag° von 15 Mitgliedern, von denen zwei als Regierungsräte° zusammen mit dem Regierungschef und seinem Stellvertreter die Regierung bilden. Liechtensteins Lage erlaubt es ihm°, seine bewaffnete° Macht auf wenige Polizisten zu beschränken°, im Gegensatz zur° bewaffneten Schweiz mit ihrer Volksarmee. Die Steuern in Liechtenstein sind niedrig; daß man dort steuerfrei lebt, ist allerdings eine Liechtensteiner Sage. Liechtenstein hat eigene Industrie, Metall-, Elektro- und Textilindustrie; es hat auch Einnah-

der Rheinbund Federation of the Rhine
der Deutsche Bund German Confederation (1815–66)

angeschlossen sein . . . an (+ acc.) to be tied to
das Zollgebiet, -e custom area
sich erweisen, ie, ie (+ als) to turn out to be
inmitten (+ gen.) in the midst of
der Landtag provincial diet
der Regierungsrat, ˀe privy councillor
es erlaubt ihm it makes it possible for him
bewaffnet armed
beschränken to limit
im Gegensatz zu as opposed to

men° von den vielen Touristen, von seinen Briefmarken, und nicht zuletzt° von den vielen ausländischen Firmen, die Liechtenstein als offiziellen Hauptsitz gewählt haben, eben wegen der niedrigen Steuern. Die meisten dieser Firmen sind „Briefkastenfirmen", sie sind hier registriert und haben hier eine Adresse, einen Briefkasten, aber sonst nichts; doch andere unterhalten Büros. Es gibt weit mehr Arbeitsplätze als Arbeitskräfte in Liechtenstein, und die Liechtensteiner machen sich Sorgen, weil es zu viele ausländische Arbeiter gibt.

Vaduz ist eine hübsche Stadt, besonders der Weg hinauf zum Schloß, das renoviert und luxuriös eingerichtet° ist. Ich habe es nur von außen gesehen; die Familie des Fürsten wohnt dort und hat viele prominente Gäste, zu denen ich nicht gehörte. Berühmt ist die Gemäldesammlung° der Fürsten, von der sie einen Teil öffentlich ausstellen°, besonders holländische Maler, Rubens und Bilder des 20. Jahrhunderts kann man dort finden. Die Fürsten Liechtensteins sind sehr reich, höre ich; sie haben früher sehr viel Geld in ihr Land gesteckt, was sie jetzt nicht mehr brauchen. Sie haben noch viel Besitz° in Österreich, nachdem ihre Besitzungen in Ungarn und der Tschechoslowakei verlorengegangen° sind. Was sie aber sonst noch besitzen, bis nach Texas, sagen sie nicht.

Das Land Liechtenstein liegt am Rhein, der die Grenze zur Schweiz bildet. Der Norden ist eine Ebene° oder Hügelland°, die Alpen beginnen im Süden und Westen.

die Einnahmen (pl.) income
nicht zuletzt last but not least

ein·richten to furnish (sep.)

die Gemäldesammlung, -en art collection
aus·stellen to exhibit

der Besitz, -e estate, property

verloren·gehen, i, a to be lost, get lost

die Ebene, -n plain
das Hügelland hilly/rolling country

Redewendungen

im Vergleich zu	in comparison to
es eilig haben	to be in a hurry
den Eindruck machen	to give the impression
es besteht kein Vergleich	there is no comparison
Station machen	to stop over
in das von Preußen dominierte neue Reich	into the new empire which was dominated by Prussia

20 Wichtige Wörter

begegnen	passen	beschränken	angenehm
sich sträuben	sich verstecken	ausstellen	mindestens
einverstanden sein	erzeugen	römisch	der **Held**
erschießen	zustandekommen	der **Bär**	die **Währung**
zwingen	zuende gehen	hin und wieder	der **Mittelpunkt**

Übungen

A. *Beantworten Sie die Fragen.*
 1. Mit welcher Schlacht hat Cäsar den gallischen Krieg begonnen?
 2. Wie hat die Schweizer Hauptstadt ihren Namen bekommen?
 3. Was ist das Muster für die Schweizer Verfassung?

4. Warum hat die Schweiz erst so spät eine Verfassung bekommen?

5. In welchem Organ sitzen die Vertreter der Kantone?

6. Welche Sprachen spricht man in der Schweiz?

7. Welche Funktion hat die Bundesversammlung?

8. Wer wird in den Nationalrat gewählt?

9. Seit wann können Frauen an den Bundeswahlen teilnehmen?

10. Welche historische Bedeutung hat der Vierwaldstätter See?

11. Was soll Wilhelm Tell gemacht haben?

12. Woher haben die Schweizer Banken ihren Ruf?

13. Woher stammt der Wohlstand der Schweizer?

14. Wofür ist Sankt Gallen bekannt?

15. Seit wann besteht das Land Liechtenstein?

16. Was für eine Regierung hat Liechtenstein?

17. Was sind „Briefkastenfirmen"?

18. Welche Gemälde kann man in der Sammlung der Fürsten von Liechtenstein sehen?

B. *Erklären Sie die Begriffe in einem deutschen Satz.*

1. der Bürgerkrieg   4. das Nummernkonto

2. die Volksabstimmung   5. das Bankgeheimnis

3. der Landvogt   6. der Wohlstand

C. *Vervollständigen Sie diese Sätze.*

1. Cäsar begann seinen gallischen Krieg gegen die Helvetier, die damals in der westlichen _____ lebten.

2. Ein Staatenbund ist eine _____ von souveränen Einzelstaaten.

3. Die Bundesregierung der Schweiz besteht aus sieben Mitgliedern und heißt der _____.

4. St. Gallen ist die Hauptstadt eines _____.

5. Liechtenstein blieb damals zwar eng mit Österreich verbunden, aber doch _____.

6. Die _____ in Liechtenstein sind niedrig; daß man dort steuerfrei lebt, ist allerdings eine Liechtensteiner Sage.

7. _____, der zur Zeit der Gründung der Schweiz einen tyrannischen österreichischen Landvogt Geßler erschossen haben soll, ist eine Sagenfigur.

D. *Bilden Sie zusammengesetzte Wörter.*

1. die Stadt / die Mauer   = _____

2. der Bund / die Wahlen   = _____ es _____

3. die Neutralität / die Politik = _____ s _____

4. groß / das Münster   = _____

5. die Arbeit / der Platz   = _____ s _____

6. der Dampfer / die Fahrt   = _____

7. das Volk / die Abstimmung = _____ s _____

8. der Brief / die Marke   = _____

9. der Bürger / der Krieg   = _____

E. *Bilden Sie Passivsätze in der richtigen Zeitform.*

    1. 1874 schrieb man eine neue Verfassung.

    2. In der Schweiz spricht man vier verschiedene Sprachen.

    3. Man hat die Gemälde öffentlich ausgestellt.

    4. Man wählt die Mitglieder des Bundesrates alle vier Jahre.

    5. Die Schweiz bezeichnet man als die älteste Demokratie.

    6. Man hat den Bären in das Berner Wappen aufgenommen.

F. *Bilden Sie Substantive mit der richtigen Nachsilbe:* **-tum, -keit, -tät, -heit, -ung, -schaft.**

    1. das Fürsten-. . .

    2. die Minder-. . .

    3. die Bundesverfass-. . .

    4. die Land-. . .

    5. die Stabili-. . .

    6. die Großzügig-. . .

G. *Zum Nachforschen: Schlagen Sie nach und schreiben Sie auf . . . :*

    1. Wilhelm Tell

        a) der Nationalheld der Schweizer

        b) Schillers Drama

        c) die Oper

    2. Die Sprachen in der Schweiz.

    3. Das Kloster Sankt Gallen.

H. *Zur Diskussion.*

    1. Die Gleichstellung der Frauen in der Schweiz / in den USA.

    2. Kann jedes Land eine Neutralitätspolitik wie die Schweiz führen?

    3. Die Wahl eines Abgeordneten in der Schweiz und in den USA.

KAPITEL 6

LEKTÜRE

Peter Bichsel, **Die Erde ist rund**

GRAMMATIK

Werden
Passive Voice

LANDESKUNDE

Österreich

LEKTÜRE

Peter Bichsel

geboren 1935 in Luzern in der Schweiz. Er arbeitete als Lehrer im Kanton Solothurn und lebt heute als freier Schriftsteller. Er wurde bekannt für seine Erzählungen Eigentlich möchte Frau Blum den Milchmann kennenlernen *(1964), seinen Roman* Die Jahreszeiten *(1967) und die* Kindergeschichten *(1969), aus denen unsere Geschichte „Die Erde ist rund" entnommen ist.*

Die Erde ist rund

Ein Mann, der weiter nichts zu tun hatte, nicht mehr verheiratet war, keine Kinder mehr hatte und keine Arbeit mehr, verbrachte seine Zeit damit, daß er sich alles, was er wußte, noch einmal überlegte°.

Er gab sich nicht damit zufrieden°, daß er einen Namen hatte, er wollte auch genau wissen, warum und woher. Er blätterte also tagelang in alten Büchern, bis er darin seinen Namen fand.

Dann stellte er zusammen°, was er alles wußte, und er wußte dasselbe wie wir.

Er wußte, daß man die Zähne putzen muß.

Er wußte, daß Stiere auf rote Tücher losrennen und daß es in Spanien Toreros gibt.

Er wußte, daß der Mond° um die Erde kreist° und daß der Mond kein Gesicht° hat, daß das nicht Augen und Nasen sind, sondern Krater und Berge.

Er wußte, daß es Blas°-, Streich°- und Schlaginstrumente° gibt.

Er wußte, daß man Briefe frankieren° muß, daß man rechts fahren muß, daß man die Fußgängerstreifen° benützen° muß, daß man Tiere nicht quälen° darf. Er wußte, daß man sich zur Begrüßung° die Hand gibt°, daß man den Hut bei der Begrüßung vom Kopf nimmt.

Er wußte, daß sein Hut aus Haarfilz° ist und daß die Haare von Kamelen stammen, daß es einhöckrige° und zweihöckrige gibt, daß man die einhöckrigen Dromedare° nennt, daß es Kamele in der Sahara gibt und in der Sahara Sand.

Das wußte er.

Er hatte es gelesen, es wurde ihm erzählt, er hatte es im Kino gesehen. Er wußte: In der Sahara gibt es Sand. Er war zwar noch nie da, aber er hatte gelesen darüber, und er wußte auch, daß Kolumbus Amerika entdeckt hat, weil er daran glaubte, daß die Erde rund ist.

Die Erde ist rund, das wußte er.

Seit man das weiß, ist sie eine Kugel°, und wenn man immer geradeaus° geht, kommt man wieder zurück an den Ort°, von dem man ausgegangen ist.

Nur sieht man nicht, daß sie rund ist, und deshalb wollten die Leute das lange nicht glauben, denn wenn man sie anschaut, ist sie gerade°, oder sie geht hinauf° oder hinunter°, sie ist mit Bäumen bepflanzt° und mit Häusern bebaut°,

---

sich (etwas) überlegen to reflect on, to ponder over
sich zufrieden·geben (mit) to be satisfied (with)
zusammen·stellen to put together
der Mond moon
kreisen to circle
das Gesicht, -er face
das Blasinstrument, -e wind instrument
das Streichinstrument, -e string instrument
das Schlaginstrument, -e percussion instrument
frankieren to put a stamp on (a letter)
der Fußgängerstreifen, - pedestrian crosswalk
benützen to use
quälen to torture, torment
die Begrüßung, -en greeting
sich die Hand geben to shake hands
der Filz, -e felt
einhöckrig one-humped
das Dromedar, -e dromedary
die Kugel, -n sphere, globe, ball
geradeaus straight ahead
der Ort, -e place, location
gerade straight
hinauf up
hinunter down
bepflanzen to plant (with)
bebauen to build up

und nirgends° biegt° sie sich zu° einer Kugel; dort, wo sie es tun könnte, auf dem Meer°, dort hört das Meer einfach auf, endet in einem Strich, und man sieht nicht, wie sich das Meer und wie sich die Erde biegt.

Es sieht so aus, als würde die Sonne am Morgen aus dem Meer steigen und abends zurücksinken ins Meer.

Doch wir wissen, daß es nicht so ist, denn die Sonne bleibt an ihrem Ort, und nur die Erde dreht° sich, die runde Erde, jeden Tag einmal.

Das wissen wir alle, und der Mann wußte das auch.

Er wußte, wenn man immer geradeaus geht, kommt man nach Tagen, Wochen, Monaten und Jahren an denselben Ort zurück; wenn er jetzt von seinem Tisch aufstände° und wegginge, käme er, später, von der andern Seite wieder zu seinem Tisch zurück.

Das ist so, und man weiß es.

„Ich weiß", sagte der Mann, „wenn ich immer geradeaus gehe, komme ich an diesen Tisch zurück."

„Das weiß ich", sagte er, „aber das glaube ich nicht, und deshalb muß ich es ausprobieren°."

„Ich werde geradeaus gehen", rief der Mann, der weiter nichts zu tun hatte, denn wer nichts zu tun hat, kann geradesogut° geradeaus gehen.

Nun sind aber die einfachsten Dinge die schwersten. Vielleicht wußte das der Mann, aber er ließ sich nichts anmerken° und kaufte sich einen Globus°. Darauf zog er einen Strich° von hier aus rund herum° und zurück nach hier.

Dann stand er vom Tisch auf, ging vor sein Haus, schaute in die Richtung°, in die er gehen wollte, und sah da ein anderes Haus.

Sein Weg führte genau über dieses Haus, und er durfte nicht um es herum gehen, weil er dabei die Richtung hätte verlieren° können.

Deshalb konnte die Reise noch nicht beginnen.

Er ging zurück an seinen Tisch, nahm ein Blatt° Papier und schrieb darauf: „Ich brauche eine große Leiter°." Dann dachte er daran, daß hinter dem Haus der Wald beginnt, und einige Bäume standen mitten° auf seinem geraden Weg, die mußte er überklettern°, deshalb schrieb er auf sein Blatt: „Ich brauche ein Seil°, ich brauche Kettereisen° für die Füße."

Beim Klettern° kann man sich verletzen°. „Ich brauche eine Taschenapotheke°", schrieb der Mann. „Ich brauche einen Regenschutz°, Bergschuhe und Wanderschuhe, Stiefel° und Winterkleider und Sommerkleider. Ich brauche einen Wagen für die Leiter, das Seil und die Eisen, für Taschenapotheke, Bergschuhe, Wanderschuhe, Winterkleider, Sommerkleider."

Jetzt hatte er eigentlich alles; aber hinter dem Wald war der Fluß, darüber führte zwar eine Brücke°, aber sie lag nicht auf seinem Weg.

„Ich brauche ein Schiff", schrieb er, „und ich brauche einen Wagen für das Schiff und ein zweites Schiff für die beiden Wagen und einen dritten Wagen für das zweite Schiff."

Da der Mann aber nur einen Wagen ziehen konnte, brauchte er noch zwei Männer, die die andern Wagen ziehen, und die zwei Männer brauchten auch

---

nirgends nowhere

sich biegen . . . zu to bend . . . into, to; to curve

das Meer, -e ocean, sea

sich drehen to turn

auf·stehen, a, a to get up

aus·probieren to try out

geradesogut just as well

sich nichts anmerken lassen to act as if nothing had happened
der Globus globe
der Strich, -e line
rund herum all around
die Richtung, -en direction
verlieren, o, o to lose
das Blatt, ⸚er sheet, leaf
die Leiter, -n ladder
mitten in the midst
überklettern to climb over
das Seil, -e rope
das Kettereisen, - climbing irons, crampons
beim Klettern during the climb
sich verletzen to get hurt
die Taschenapotheke, -n (pocket size) first aid kit
der Regenschutz protection from the rain
der Stiefel, - boot

die Brücke, -n bridge

Die Weltkugel von der Weltausstellung (World Fair) in New York 1964. Ein Junge zeigt seine Muskeln.

Fragen:

1. Glaubt man, daß die Erde rund ist, wenn man dieses Bild sieht?
2. Glauben Sie, daß Herkules die Welt tragen konnte?
3. Möchten Sie auch einmal um die Welt gehen, um zu erfahren, ob sie rund ist?
4. Verstehen Sie den alten Mann in der Geschichte oder nicht?
5. Welchen Eindruck macht Ihnen diese Weltkugel?

Beschreiben Sie, was der Junge tut und was er sich dabei denkt.

Schuhe und Kleider und einen Wagen dafür und jemanden, der den Wagen zieht. Und die Wagen mußten alle vorerst° einmal über das Haus; dazu braucht man einen Kran° und einen Mann, der den Kran führt°, und ein Schiff für den Kran und einen Wagen für das Schiff und einen Mann, der den Wagen für das Schiff für den Kran zieht, und dieser Mann brauchte einen Wagen für seine Kleider und jemanden, der diesen Wagen zieht.

„Jetzt haben wir endlich alles", sagte der Mann, „jetzt kann die Reise losgehen°", und er freute sich, weil er jetzt gar keine Leiter brauchte und auch kein Seil und keine Kletereisen, weil er ja einen Kran hatte.
Er brauchte viel weniger Dinge: Nur eine Taschenapotheke, einen Regenschutz, Bergschuhe, Wanderschuhe, Stiefel und Kleider, einen Wagen, ein

vorerst einmal first of all
der Kran, ⸚e crane
führen to operate

los·gehen, i, a to start

Schiff, einen Wagen für das Schiff und ein Schiff für die Wagen und einen Wagen für das Schiff mit den Wagen. Zwei Männer und einen Wagen für die Kleider der Männer und einen Mann, der den Wagen zieht, einen Kran und einen Mann für den Kran und ein Schiff für den Kran und einen Wagen für das Schiff und einen Mann, der den Wagen für das Schiff mit dem Kran zieht, und einen Wagen für seine Kleider und einen Mann, der den Wagen zieht, und der kann seine Kleider auch auf diesen Wagen tun und die Kleider des Kranführers° auch; denn der Mann wollte möglichst wenige° Wagen mitnehmen.

der Kranführer, - crane operator
möglichst wenig as little as possible

Jetzt brauchte er nur noch einen Kran, mit dem er den Kran über die Häuser ziehen konnte, einen größeren Kran also, dazu Kranführer und ein Kranschiff und einen Kranschiffwagen, einen Kranschiffwagenzieher, einen Kranschiffwagenzieherkleiderwagen und einen Kranschiffwagenzieherkleiderwagenzieher, der dann auch seine Kleider und die Kleider des Kranführers auf den Wagen laden konnte, damit es nicht zu viele Wagen braucht.

Er brauchte also nur zwei Kräne, acht Wagen, vier Schiffe und neun Männer. Auf das erste Schiff kommt der kleine Kran. Auf das zweite Schiff kommt der große Kran, auf das dritte Schiff kommen der erste und der zweite Wagen, auf das vierte Schiff kommen der dritte und der vierte Wagen. Er brauchte also noch ein Schiff für den fünften und sechsten Wagen und ein Schiff für den siebten und achten Wagen.

Und zwei Wagen für diese Schiffe.

Und ein Schiff für diese Wagen.

Und einen Wagen für dieses Schiff.

Und drei Wagenzieher.

Und einen Wagen für die Kleider der Wagenzieher.

Und einen Wagenzieher für den Kleiderwagen.

Und den Kleiderwagen kann man dann auf das Schiff laden, auf dem erst ein Wagen steht.

Daß er für den zweiten großen Kran einen dritten noch größern braucht und für den dritten einen vierten, einen fünften, einen sechsten, daran dachte der Mann gar nicht.

Aber er dachte daran, daß nach dem Fluß die Berge kommen und daß man die Wagen nicht über die Berge bringt und die Schiffe schon gar nicht. Die Schiffe müssen aber über die Berge, weil nach dem Berg ein See kommt, und er brauchte Männer, die die Schiffe tragen, und Schiffe, die die Männer über den See bringen, und Männer, die diese Schiffe tragen, und Wagen für die Kleider der Männer und Schiffe für die Wagen der Kleider der Männer.

Und er brauchte jetzt ein zweites Blatt Papier.

Darauf schrieb er Zahlen.

Eine Taschenapotheke kostet 7 Franken° 20 Rappen°, ein Regenschutz 52 Franken, Bergschuhe 74 Franken, Wanderschuhe kosten 43 Franken, Stiefel kosten etwas und Kleider kosten.

der Franken, - franc (Swiss currency)
der Rappen, - Swiss currency (100 Rappen = 1 Franken)

Ein Wagen kostet mehr als all das zusammen, und ein Schiff kostet viel, und ein Kran kostet mehr als ein Haus, und das Schiff für den Kran muß ein großes Schiff sein, und große Schiffe kosten mehr als kleine, und ein Wagen für ein großes Schiff muß ein riesengroßer° Wagen sein, und riesengroße Wagen sind sehr teuer. Und Männer wollen verdienen° bei ihrer Arbeit, und man muß sie suchen, und sie sind schwer zu finden.

Das alles machte den Mann sehr traurig°, denn er war inzwischen° 80 Jahre alt geworden, und er mußte sich beeilen°, wenn er noch vor seinem Tod° zurück sein wollte.

So kaufte er sich dann doch nichts anderes als eine große Leiter, er lud sie auf die Schulter und ging langsam weg. Er ging auf das andere Haus zu°, stellte die Leiter an°, prüfte°, ob sie auch richtig Halt habe° und stieg dann langsam die Leiter hoch. Da erst ahnte° ich, daß es ihm ernst war mit seiner Reise, und ich rief ihm nach: „Halt, kommen Sie zurück, das hat keinen Sinn°".

Aber er hörte mich nicht mehr. Er war bereits auf dem Dach und zog die Leiter hoch, schleppte° sie mühsam° zum Dachgiebel°, ließ sie auf der andern Seite hinunter. Er schaute nicht einmal mehr zurück, als er über den Giebel des Daches stieg und verschwand°.

Ich habe ihn nie mehr gesehen. Das geschah vor zehn Jahren, und damals war er achtzig.

Er müßte jetzt neunzig sein. Vielleicht hat er es eingesehen und seine Reise aufgegeben, noch bevor er in China war. Vielleicht ist er tot.

Aber hie und da° gehe ich vor das Haus und schaue nach Westen, und ich würde mich doch freuen, wenn er eines Tages aus dem Wald träte, müde und langsam, aber lächelnd, wenn er auf mich zukäme und sagte:

„Jetzt glaube ich es, die Erde ist rund."

riesengroß colossal, very large
verdienen to earn

traurig sad
inzwischen in the meantime
sich beeilen to hurry
der Tod death

zu·gehen . . . auf, i, a to walk towards, to head for
an·stellen to put up, to put against
prüfen to test, to check, to examine
richtig Halt haben to be really stable
ahnen to suspect
Sinn haben to make sense
schleppen to drag
mühsam laborious(ly), with great effort
der Giebel, - gable
verschwinden, a, u to disappear

hie und da now and then

Redewendungen

Er gab sich zufrieden damit.   *He was satisfied with it.*
Man gibt sich zur Begrüßung die Hand.   *You shake hands to greet someone.*

Der Mann ließ sich nichts anmerken.   *The man acted as if nothing had happened.*
Er prüfte, ob die Leiter auch richtig Halt habe.   *He checked whether the ladder was really stable.*
Es war ihm ernst mit seiner Reise.   *He was serious about his trip.*
(= Ihm war ernst mit seiner Reise)
Das hat keinen Sinn.   *That does not make sense.*

20 Wichtige Wörter

der **See**	inzwischen	mühsam	verbringen
die **Reise**	gar nicht	traurig	sich (etwas) überlegen
die **Brücke**	deshalb	gerade	benützen
der **Fluß**	nirgends	tagelang	sich freuen
der **Sinn**	jemand	verheiratet	entdecken

Übungen

I. Fragen

Beantworten Sie die Fragen.

1. Warum wollte sich der alte Mann alles noch einmal überlegen?
2. Wo suchte er nach seinem Namen?
3. Was wußte der Mann über Briefe, Tiere und Fußgängerstreifen?
4. Wie kann man beweisen (to prove), daß die Erde rund ist?
5. Warum wollten Leute lange nicht glauben, daß die Erde rund ist?
6. Warum durfte der Mann nicht um das andere Haus herumgehen?
7. Was wollte der Mann für seine Reise kaufen?
8. Wozu brauchte er die Männer?
9. Wozu brauchte er einen Kran?
10. Was schrieb er auf das Blatt Papier?
11. Wieviel kostet eine Taschenapotheke?
12. Warum mußte sich der Mann beeilen?
13. Wie alt war der Mann vor zehn Jahren?
14. Was macht der Mann, der die Geschichte erzählt hat, vor seinem Haus?
15. Worüber würde sich der Erzähler freuen?

II. Grammatische Übungen

A. *Setzen Sie die richtigen Konjunktionen ein.*

1. Es sieht so aus, _____ die Sonne am Morgen aus dem Meer steigen würde. (as if)
2. Er blätterte in alten Büchern, _____ er seinen Namen fand. (until)
3. Er wußte, _____ Stiere auf rote Tücher losrennen. (that)
4. Das weiß ich, _____ das glaube ich nicht. (but)
5. Er freute sich, _____ er jetzt gar keine Leiter brauchte. (because)
6. Das machte den Mann traurig, _____ er war inzwischen 80 Jahre alt geworden. (because, for)
7. Die Arbeit ist schwer, _____ wollen die Männer viel Geld dabei verdienen. (that is why, therefore)

B. *Setzen Sie die richtigen Relativpronomen ein.*

1. Er brauchte Männer, _____ die Schiffe über den See bringen. (who)
2. Jetzt brauchte er noch einen Kran, _____ er den Kran über die Häuser ziehen konnte. (with which)
3. Er überlegte sich alles noch einmal, _____ er wußte. (that)
4. Man kommt wieder an den Ort zurück, _____ man ausgegangen ist. (from which)
5. „Ich werde geradeaus gehen", rief der Mann, _____ weiter nichts zu tun hatte. (who)
6. Er schaute in die Richtung, _____ er gehen wollte. (in which)

7. Mitten auf seinem Wege standen einige Bäume, _____ er überklettern mußte.   (which)

8. Hinter dem Wald lag ein Fluß, _____ eine Brücke führte.   (over which)

9. Den Kleiderwagen kann man auf ein Schiff laden, _____ erst ein Wagen steht.   (on which)

C. *Setzen Sie die richtigen Adjektivendungen ein.*

    1. Er blätterte tagelang in alt _____ Büchern.

    2. Er wußte, daß Stiere auf rot _____ Tücher losrennen.

    3. Man nennt die einhöckrig _____ Kamele Dromedare.

    4. Ich brauche eine groß _____ Leiter.

    5. Einige alt _____ Bäume standen mitten auf dem Weg.

    6. Er brauchte noch ein Schiff für den fünft _____ und sechst _____ Kran.

    7. Er wollte sich ein zweit _____ Schiff kaufen.

    8. Auf das erst _____ Schiff kommt der klein _____ Kran.

    9. Jetzt brauchte er ein zweit _____ Blatt Papier.

    10. Riesengroß _____ Wagen sind sehr teuer.

D. *Vervollständigen Sie die Sätze.*

    1. Der alte Mann wußte, daß / man / müssen / die Fußgängerstreifen / benützen.   (Präsens)

    2. Man sieht nicht, wie / das Meer / sich biegen / (Präsens)

    3. Er wußte auch, daß / Kolumbus / entdecken / Amerika.   (Perfekt)

    4. Vielleicht wußte das der Mann, aber / er / nichts / sich lassen / anmerken. (Vergangenheit)

    5. Er schaute nicht einmal mehr zurück, als / er / steigen / über / Giebel / Dach.   (Vergangenheit)

E. *Verwandeln Sie die Sätze in die angegebene Zeitform.*

    1. Er überlegt sich alles noch einmal.   (Perfekt)

    2. Der Mann weiß dasselbe wie wir.   (Vergangenheit)

    3. Die einfachsten Dinge sind die schwersten.   (Vergangenheit)

    4. Auf das zweite Blatt Papier schrieb er Zahlen.   (Perfekt)

    5. Große Schiffe kosten mehr als kleine.   (Vergangenheit)

III. Übungen zum Sprechen und Schreiben.

A. *Fragen Sie Ihren Nachbarn / Ihre Nachbarin.*

    1. Was weißt du wirklich?
       Antwort: „Ich weiß, daß . . .“

    2. Was weißt du nicht?
       Antwort: „Ich weiß nicht, ob . . .“

    3. Was glaubst du?
       Antwort: „Ich glaube, daß . . .“

    4. Was glaubst du nicht?
       Antwort: „Ich glaube nicht, daß . . .“

    5. Was kannst du beweisen?
       Antwort: „Ich kann beweisen, daß . . .‟
    6. Woran denkst du?
       Antwort: „Ich denke daran, daß . . .‟

B. *Was brauchst du?*

    1. Wenn du eine Reise ans Meer machen willst?
    2. Wenn du auf einen Baum klettern willst?
    3. Wenn du allein nach Europa fahren willst?
    4. Wenn du umziehen willst?
    5. Wenn du auf den Mond fliegen willst?

C. *Wir diskutieren.*

    1. Was soll ein Mensch tun, der nichts mehr zu tun hat?
    2. Können wir glauben, was wir alle wissen?
    3. Wie soll man Menschen behandeln, die etwas Unmögliches versuchen?

D. *Schreiben Sie.*

    1. Die Erde ist eine flache Scheibe (**die Scheibe = disk**). Mein Beweis.
    2. Ein unmögliches Projekt.
    3. Eine Reise um die Erde.
    4. Ein alter Mann. / Eine alte Frau.

GRAMMATIK

The Verb werden

The verb **werden** can be used in German in two ways.

1. As the main verb in a sentence: The English equivalent is *to become, to get,* as in *They are getting old.* (Do not confuse **werden** in this sense with the English *to receive, to get;* German equivalents for those verbs are **bekommen, erhalten, empfangen.**)
2. As an auxiliary verb in the <u>future</u> <u>tense</u> and the <u>passive</u> <u>voice</u>. The future tense is a combination of a conjugated form of **werden** with an infinitive. The infinitive is in final position, except in subordinate clauses where it precedes the conjugated form of **werden**.

FUTURE TENSE   <u>**werden** + infinitive</u>

       Ich **werde** nach Hause **gehen.**
       Ich weiß, daß er morgen **kommen wird.**

The passive voice uses a conjugated form of **werden** with a past participle.

PASSIVE VOICE: <u>**werden** + past participle</u>

       Die Geschichte **wird** von ihm **erzählt.**
       The story is being told by him.

Conjugation of werden

	Present	Past	Present Perfect	Past Perfect	Future	Future Perfect
ich	**werde**	**wurde**	**bin geworden**	**war geworden**	**werde . . . werden**	**werde . . . geworden sein**
du	**wirst**	**wurdest**	**bist geworden**	**warst geworden**	**wirst . . . werden**	**wirst . . . geworden sein**
er, sie, es	**wird**	**wurde**	etc.	etc.	etc.	etc.
wir	**werden**	**wurden**				
ihr	**werdet**	**wurdet**				
sie, Sie	**werden**	**wurden**				

Übungen

A. *Setzen Sie die richtige Form von* werden *ein.*
   1. Ich _____ ein Schiff für den Wagen brauchen.
   2. Nach dem Berg _____ ein See kommen.
   3. Die Schiffe _____ die Männer über den See bringen.
   4. Du _____ den Kleiderwagen auf ein Schiff laden.
   5. Wieviel _____ ihr verdienen?

B. *Setzen Sie die richtige Verbform für* "to get, to become" *ein.* <u>Werden</u> *oder* <u>bekommen</u>?
   1. Der Mann war inzwischen 80 Jahre alt _____.
   2. Wieviel hast du für das alte Auto _____?
   3. Er ging nach Spanien und wollte Torero _____.
   4. Nirgends _____ die Erde rund.
   5. Die einfachsten Dinge _____ die schwersten.

C. *Setzen Sie die folgenden Sätze ins Futur.*
   1. Ihr geht immer geradeaus.
   2. Sein Weg führt genau über dieses Haus.
   3. Ich kaufe mir einen Globus.
   4. Brauchst du ein Seil und ein Klettereisen?
   5. Wir laden alles auf das Schiff.

D. *Setzen Sie die folgenden Sätze in die Vergangenheit.*
   1. Der Wagen wird über die Berge gebracht.
   2. Nirgends wird die Erde rund.
   3. Die Erde wird mit Bäumen bepflanzt.
   4. Diese Geschichte wird mir erzählt.
   5. Amerika wird von Kolumbus entdeckt.

Passive Voice

The passive voice is used to describe a condition in which the subject is the target of some action or feeling:

Die Maschine wird repariert.   *The machine is being repaired.*

The subject (**die Maschine** / *the machine*) is being affected by an action, i.e., it is being repaired. The subject, however, is not acting itself.

In contrast, the active voice expresses an action done by the subject that affects the object:

Der Mechaniker repariert die Maschine.   *The mechanic repairs the machine.*

The passive voice shifts the focus from the ''actor'' to the target of the action.

ACTIVE.   **Er fragt mich.**   *He asks me.*
PASSIVE.   **Ich werde gefragt.**   *I am being asked.*

In English the passive voice uses conjugated forms of the verb *to be* plus past participles. German uses conjugated forms of **werden** plus past participles.

Ich werde gefragt.

Passive Voice Tenses

PRESENT TENSE	**Ich werde gefragt.**	*I am being asked*
PAST TENSE	**Ich wurde gefragt.**	*I was being asked*
PRESENT PERFECT	**Ich bin gefragt worden.***	*I have been asked*
PAST PERFECT	**Ich war gefragt worden.***	*I had been asked*
FUTURE	**Ich werde gefragt werden.**	*I will be asked*
FUTURE PERFECT	**Ich werde gefragt worden* sein.**	*I will have been asked*

Übungen

A. *Verwandeln Sie die Sätze in die Vergangenheitsform.*
  1. Der Kran wird ausprobiert.
  2. Das Haus wird überklettert.
  3. Der Brief wird frankiert.
  4. Die Fußgängerstreifen werden benützt.
  5. Der Hut wird aus Haarfilz gemacht.
B. *Verwandeln Sie die Sätze in die Perfektform.*
  1. Der Kleiderwagen wird gezogen.
  2. Die Schiffe werden über die Berge gebracht.
  3. Die Leiter wird an das Haus gestellt.
  4. Das Land wird mit Häusern bebaut.
  5. Ein riesengroßer Wagen wird gebraucht.
C. *Verwandeln Sie die Sätze in die angegebenen Zeitformen.*
  1. Die Kleider werden auf diesen Wagen geladen.   (Futur)
  2. Auf dem Globus wird ein Strich gezogen.   (Vergangenheit)
  3. Amerika wurde von Kolumbus entdeckt.   (Perfekt)
  4. Der Hut wird bei der Begrüßung vom Kopf genommen.   (Vergangenheit)

---

* Note that in the perfect tenses the past participle of **werden** (=**geworden**) is reduced to **worden.**

5. Der Brief wird frankiert.   (Plusquamperfekt)
6. Der Garten wird mit Bäumen bepflanzt.   (Perfekt)
7. Der Hut wird aus Haarfilz gemacht.   (Plusquamperfekt)
8. In England wird links gefahren.   (Vergangenheit)
9. Ein riesengroßer Wagen wird gebraucht.   (Plusquamperfekt)
10. Der Kran wird ausprobiert.   (Futur)

Word Order in Passive Voice Sentences

1. Main clauses:

Die Kleider **werden** auf diesen Wagen **geladen.**   *The clothes are being loaded on this car.*
Die Kleider **sind** auf diesen Wagen **geladen worden.**   *The clothes have been loaded on this car.*

The inflected verb occupies the second position in the sentence, directly after the subject; the past participle and other forms of **werden (worden; worden sein; werden)** occur at the end.

2. Subordinate clauses:

Man weiß, daß das Land mit Häusern **bebaut wird.**   *One knows that the land is (being) built up full of houses.*

Er sagte, daß der Hut aus Haarfilz **gemacht worden ist.**   *He said that the hat has been made of felt.*

In subordinate clauses, the past participle precedes other elements at the end of the clause. The inflected part of the verb is at the very end.

3. Questions:

Wird der Brief **frankiert?**   *Is the letter (being) provided with a stamp?*
Wann **wird** der Kran **ausprobiert?**   *When is the crane (being) tried out?*

Questions without question words start with the inflected verb. The past participle and other forms of **werden** come last. Questions with question words put the inflected part of the verb in second position and the past participle and other forms of the verb **werden** are at the end.

Übung

A. *Bilden Sie Passivsätze mit den gegebenen Elementen und in den angegebenen Zeitformen.*
   Beispiel: Blatt / Papier / mit Zahlen / beschrieben.   (Präsens)
           Das Blatt Papier wird mit Zahlen beschrieben.

1. Haus / überklettern.   (Vergangenheit)
2. Er sagt, daß // riesengroß / Schiff / brauchen.   (Präsens)
3. Wann / Amerika / von Kolumbus / entdecken?   (Perfekt)
4. Uns / laden / Kleider / in / Wagen (pl.)?   (Präsens)
5. Ich hörte, daß / Land / bebauen / mit / Haus (pl.).   (Präsens)

6. Er wußte, daß / quälen / Tiere / nicht.   (Präsens)

7. Warum / Hut / nehmen / bei / Begrüßung / vom Kopf?   (Präsens)

Agent in the Passive Voice

The agent or the cause of an action is expressed in the passive voice by using one of three prepositions.

von (= *by*) with persons:

Amerika wurde **von** Kolumbus entdeckt.   *America was discovered by Columbus.*

durch (= *by*) expresses *means,* and is used with tools, instruments, causes, personal mediators:

Das Hotel wurde **durch** ein Feuer zerstört.   *The hotel was destroyed by a fire.*

mit expresses the *instrument:*

Der Brief wurde **mit** der Hand geschrieben.   *The letter was written by hand.*

Statal Passive

The "statal" passive, also referred to as "false passive", describes the result of an action whereas the passive voice describes the action which is done to a person or an object.

FALSE PASSIVE **Das Haus ist verkauft.**   *The house is sold.*
PASSIVE VOICE **Das Haus wird verkauft.**   *The house is being sold.*
   (= It is on the market.)

The statal passive uses

sein + past participle of main verb

Sentences in the false passive cannot have an agent.

Übungen

A. *Verwandeln Sie die Sätze ins Zustandspassiv°.*   false passive

   Beispiel: Das Auto wird repariert   (Passiv)
      Das Auto ist repariert.   (Zustandspassiv)

   1. Das Land wird mit Häusern bebaut.
   2. Die Leiter wird angestellt.
   3. Wird der Brief frankiert?
   4. Die Kleider werden in den Wagen geladen.
   5. Die Erde wird mit Bäumen bepflanzt.

B. *Ergänzen Sie die Sätze, indem Sie dem Passivsatz die Person oder Ursache°*   cause
   hinzufügen.

   Beispiel: Amerika wurde 1492 entdeckt.   (Kolumbus)
      Amerika wurde 1492 von Kolumbus entdeckt.

   1. Diese Geschichte wurde mir erzählt.   (alt / Mann)

2. Das Auto ist repariert worden.   (Mechaniker)
3. Das Schiff wurde zerstört.   (ein / sehr / stark / Wind)
4. Die Kleider werden auf die Wagen geladen.   (viel / Männer)
5. Der Kran wird heute ausprobiert.   (Kranführer)

Modals

The basic verb composition for modals in the passive voice is:

modal + Past participle of main verb + **werden**

Only the modal verb is conjugated; the past participle and **werden** are constant elements and occur at the end of a sentence.

Der Brief **muß frankiert werden.** (Main clause)   *The letter has to be stamped. A stamp has to be put on the letter.*

Er wußte, daß die Schiffe über den Berg **gebracht werden müssen.** (Subordinate clause)   *He knew that the ships have to be brought across the mountain.*

Tenses of modals in the passive voice are shown by these examples with **mussen:**

PRESENT TENSE	Das Haus **muß**	dort **gebaut werden.**		has to be built
PAST TENSE		**mußte**	**gebaut werden**	had to be built
PRESENT PERFECT		**hat**	**gebaut werden müssen.**	has had to be built
PAST PERFECT		**hatte**	**gebaut werden müssen.**	had had to be built
FUTURE TENSE		**wird**	**gebaut werden müssen.**	will have to be built

Übung

A. *Bilden Sie Passivsätze, indem Sie Modalverben hinzufügen.*
   1. Auf dem Globus wird ein Strich gezogen.   (müssen)
   2. Die Fußgängerstreifen werden benützt.   (sollen)
   3. Die Leiter wird nicht an das Haus gestellt.   (dürfen)
   4. In England wird links gefahren.   (müssen)
   5. Ein Hut wird aus Haarfilz gemacht.   (können)
   6. Der Kran wird nicht ausprobiert.   (dürfen)
   7. Der Hut wird bei der Begrüßung vom Kopf genommen.   (müssen)

Impersonal Verbs

Only transitive verbs (verbs that can take a direct object) can form passive voice sentences that indicate the agent.

Die Geschichte wurde von einem alten Mann erzählt.   The story was told by an old man.

Both intransitive verbs and transitive verbs can be used impersonally to form a passive voice sentence in which no agent is mentioned.

In der Klasse wurde viel geredet. (Impersonal)   *There was a lot of talking (going on) in the classroom.*

Since the agent is excluded, the pronoun **es** is often used to start an impersonal sentence. **Es** is only the apparent subject, not a true one.

Es wurde in der Klasse viel geredet.

The pronoun **es** is not used if some other element precedes the inflected verb to start the sentence.

Es wurde in der Klasse viel geredet.
In der Klasse wurde viel geredet.

Übungen

A. *Bilden Sie Sätze mit dem unpersönlichen Passiv. Beginnen Sie die Sätze mit dem Pronomen „es" und verwenden Sie das Präsens.*
   1. bauen / viel / in unserer Stadt
   2. singen / viel / auf der Party
   3. stehlen / in letzter Zeit / mehr als früher
   4. lachen / laut / während des Filmes
   5. essen / um ein Uhr / spätestens
B. *Beginnen Sie die Sätze der Übung A mit einem anderen Element und lassen Sie das Pronomen „es" weg.*
C. *Übersetzen Sie die Sätze ins Deutsche.*
   1. There is no work (going on) on Sunday.
   2. There was a lot of dancing (going on) in the apartment.
   3. There is a lot of climbing (**klettern**) (going on) in the mountains.
   4. There was too much giggling (**kichern**) (going on) in the car.
   5. There was not much fishing (going on) during the day.

Passive Voice Sentences without Subject

The accusative (direct) object of an active sentence can become the subject of a passive sentence:

Ich erzähle die Geschichte.   Die Geschichte wird von mir erzählt

However, even for verbs with no objects or with objects in cases other than the accusative, passive constructions are possible in German, which have no subject or insert an impersonal *es* in first place.

Wir helfen den armen Kindern.   Den armen Kindern wird von uns geholfen.
                         OR Es wird den armen Kindern von uns geholfen.

Intransitive verbs (verbs without accusative object) include:
1. Verbs without any object (**lachen; kommen; bellen** *to bark*):

   Es wurde viel gelacht.   There was much laughter.

   Only an *impersonal* form is possible with these verbs.

   NEVER   Ich werde gelacht.

2. Verbs with genitive objects (**bedürfen** *to need;* **gedenken** *to commemorate*):

   Es wurde ihrer Taten gedacht.   *Their deeds were commemorated.*

3. Verbs with dative objects (**helfen; danken; folgen**):

   Dem großzügigen Spender wurde gedankt.   *The generous donor was thanked.*

4. Verbs with prepositional objects (**hoffen auf; warten auf; sprechen über**):

   Über dieses Thema wird nicht gesprochen.   *This topic is not discussed.*

Übungen

A. *Bilden Sie Sätze im Passiv mit folgenden Elementen. Beginnen Sie die Sätze mit dem Pronomen „es" und verwenden Sie das Präsens.*
   1. warten auf / Bus / zwei Stunden
   2. Frau / sofort / helfen
   3. bedürfen / weiterer Übungen
   4. gedenken / Verunglückten (pl.)
   5. sprechen über / nicht / Problem
B. *Beginnen Sie die Sätze der Übung A mit einem anderen Element und lassen Sie das Pronomen es weg.*
C. *Übersetzen Sie die Sätze ins Englische.*
   1. Es wird nicht über die Angelegenheiten anderer Leute gesprochen.
   2. Seiner Rede wird durch den Gebrauch beider Hände Nachdruck verliehen.
   3. Der Rede der Schwiegermutter wird beigepflichtet.
   4. Auf dem Rücksitz wurde gekichert.
   5. Dem Touristen wird für seine lange Rede nicht gedankt.

Passive Voice Substitution

There are other grammatical structures that can take the place of passive voice constructions for stylistic reasons or in order to avoid complex conjugational patterns.
1. Substitution by means of <u>reflexive verb</u> construction. (This is only possible with verbs that have reflexive forms)

   Die Tür wird geöffnet.—Die Tür öffnet sich.

2. Substitution of passive voice sentences with modals (e.g., **können, müssen,** and **sollen**). There are four possibilities.
   a) **man** + main verb in the active voice:

      Das kann leicht gemacht werden. = Man **kann** das leicht **machen.**

   b) **sich lassen** + infinitive:

      Das kann leicht gemacht werden. = Das **läßt sich** leicht **machen.**

c) **sein** + **zu** + infinitive:

Das kann leicht gemacht werden. = Das **ist** leicht **zu machen.**

d) **sein** + adjective derived from verb:

Dieses Problem kann gelöst werden. = Dieses Problem **ist lösbar.**

This substitution possibility is limited to those verbs from which adjectives can be derived with either the suffix **-lich** or **-bar.**

Übungen

A. *Bilden Sie Sätze mit den angegebenen Passiversatzformen.*

Beispiel: Passivsatz: Das Land kann nicht mit Häusern bebaut werden.

Ersatz:

(**sein** + **zu** + **inf.**)   **Das Land ist nicht mit Häusern zu bebauen.**

(**man** + **active voice**)   **Das Land kann man nicht bebauen.**

1. Die Fußgängerstreifen müssen benutzt werden.
   Ersatz: (man + active voice) _____
   (sein + zu + inf.) _____

2. Dieses Schiff kann nicht verwendet werden.
   Ersatz: (sich lassen + inf.) _____
   (man + active voice) _____
   (sein + zu + inf.) _____
   (sein + adj. with -bar) _____

3. Dieses Projekt muß aufgegeben werden.
   Ersatz: (man + active voice) _____
   (sein + zu + inf.) _____

4. Der neue Kran muß ausprobiert werden.
   Ersatz: (man + active voice) _____
   (sein + zu + inf.) _____

5. Der Park soll mit Bäumen bepflanzt werden.
   Ersatz: (sein + zu + inf.) _____
   (man + active voice) _____

6. Der Unfall wurde per Sprechfunk an die Zentrale gemeldet.
   Ersatz: (man + active voice) _____

7. Dieses Buch kann schnell gelesen werden.
   Ersatz: (man + active voice) _____
   (sich lassen + inf.) _____
   (sein + zu + inf.) _____

8. Der Fischer wird durch das Klicken gestört.
   Ersatz: (man + active voice) _____

9. Der Wagen kann über den Berg gezogen werden.
   Ersatz: (sich lassen + inf.) _____
   (man + active voice) _____

10. Der Unfall kann erklärt werden.
    Ersatz: (sich lassen + inf.) _____
           (man + active voice) _____
           (sein + adj. / -bar) _____

B. *Bilden Sie Passivsätze mit den angegebenen Modalverben.*

   Beispiel: Diese Geschichte ist nicht verwendbar.   (können)
   Diese Geschichte kann nicht verwendet werden.

   1. Man bepflanzt das Land mit Bäumen.   (sollen)
   2. Der Unfall ist sofort zu melden.   (müssen)
   3. Das Haus läßt sich nicht verkaufen.   (können)
   4. Man darf Tiere nicht quälen.   (dürfen)
   5. Er wußte, daß man Briefe frankiert.   (müssen)
   6. Wo fährt man rechts?   (müssen)
   7. Der Baum läßt sich überklettern.   (können)
   8. Die Kleider sind auf den Wagen zu laden.   (müssen)
   9. Die Leiter ließ sich nur mühsam zum Dachgiebel schleppen.   (können)
   10. Die Hummer lassen sich direkt nach Paris exportieren.   (können)

C. *Setzen Sie das angegebene Modalverb ein.*

   1. Das Paket wird heute geschickt.   (sollen)
   2. Die Geschichte wurde ihm oft erzählt.   (müssen)
   3. Hier ist nicht geraucht worden.   (dürfen)
   4. Seid ihr von ihm zum See gefahren worden?   (können)
   5. Es war uns nicht mitgeteilt worden.   (sollen)
   6. Hier wird alles versucht werden.   (müssen)
   7. Die Häuser wurden schnell repariert.   (können)
   8. Ihm ist von allen Leuten gedankt worden.   (sollen)
   9. Wird die Ausstellung nicht heute eröffnet?   (können)
   10. Die Tennisplätze sind nicht benutzt worden.   (dürfen)

D. *Setzen Sie diese Sätze ins Passiv.*

   1. Er kann keine Koffer tragen.
   2. Wir durften im Wohnzimmer nicht rauchen.
   3. Sie hat ihn sofort anrufen sollen.
   4. Wir werden uns unsere Freunde nicht aussuchen können.
   5. Müssen sie so viel arbeiten?
   6. Er mußte uns nicht glauben.
   7. Man hat das Auto wirklich nicht mehr reparieren können.
   8. Alle haben den Krieg gewollt.

E. *Bilden Sie Passivsätze aus diesen Elementen.*

   1. Verletzter / Krankenhaus / überführen.   (Imperfekt)
   2. Regen / wirklich / nicht / spielen können.   (Futur)
   3. Film / gestern / vorführen.   (Perfekt)
   4. Filme / gestern abend / noch einmal / zeigen sollen.   (Imperfekt)

5. Warum / Rauchen / nicht / erlauben können/?   (Präsens)

6. Buch / bis / heute / lesen müssen.   (Imperfekt)

7. Hier / Sonnabend / viel / tanzen und trinken sollen.   (Präsens)

F. *Ersetzen Sie das Passiv durch äquivalente Formen.*

Beispiel: Der Wunsch kann erfüllt werden.
　　　　　Der Wunsch läßt sich erfüllen.
　　　　　Der Wunsch ist zu erfüllen.

1. Das Haus konnte gefunden werden.

2. Ein Fußball wird beschafft werden können.

3. Das Werkzeug kann benutzt werden.

4. Eine solche Reaktion konnte erwartet werden.

5. Die Vorführung des Films hat arrangiert werden können.

6. Die Rechnung konnte erwartet werden.

G. *Ersetzen Sie das Passiv durch ein Adjektiv.*

Beispiel: Der Wunsch kann <u>erfüllt</u> werden.   (-bar)
　　　　　Der Wunsch ist **erfüllbar.**

1. Die Reise kann bezahlt werden.   (-bar)

2. Das Ziel konnte erreicht werden.   (-bar)

3. Das Geheimnis hat erklärt werden können.   (-bar)

4. Die Straße konnte trotz Wassers passiert werden.   (-bar)

5. Das Haus wird geheizt werden können.   (-bar)

H. *Ersetzen Sie das Passiv durch ein Reflexivverb.*

Beispiel: Das Problem wurde gelöst.
　　　　　Das Problem löste sich.

1. Die Tür wird geöffnet.

2. Das Programm wird geändert werden.

3. Das Tor war geschlossen worden.

4. Das Schiff ist bewegt worden.

5. Das Geheimnis wird aufgeklärt.

LANDESKUNDE

Österreich

6. Juli

Jetzt bin ich in Österreich, und zwar im Land Tirol, dessen Hauptstadt Innsbruck heißt. Es ist etwas verwirrend° für einen Amerikaner, durch kleine Länder zu reisen, die die Verfassung von Bundesstaaten haben und wieder in kleinere Länder mit Landesregierungen aufgeteilt sind. Immerhin hat Österreich „nur" neun Bundesländer, eines davon ist die Haupstadt Wien. Ich frage mich, ob das daran liegt, daß die Einzelländer—wie in der Schweiz—vorher

verwirrend confusing

da waren, bevor es das gesamte Land gab. In den meisten Fällen trifft das zu°. Nur waren die Länder in Österreich keine Republiken, sondern Herzogtümer, und in Salzburg regierte ein Erzbischof. Tirol war eine selbständige Grafschaft bis zum Ende des 14. Jahrhunderts; es endete mit der Herrschaft einer Frau, die wegen ihrer Häßlichkeit berühmt war und Margarete Maultasch genannt wurde. Sie muß aber klug gewesen sein. Tirol war immer sehr wichtig, denn es liegt entlang der Hauptstraße über die Alpen von Norden nach Süden, wo heute die Grenze zwischen Österreich und Italien am Brennerpaß ist, und die inzwischen „Europastraße" genannt wird. Die Grenze von Tirol ist aber eigentlich nicht am Brennerpaß, das habe ich sehr bald gehört und gelesen. Südlich vom Brenner kommt man in das Tal der Etsch, italienisch Adige, und dort liegt Südtirol, das seit 1918 zu Italien gehört.

Die Geschichte Tirols zeigt, daß es auch im 19. Jahrhundert einmal zum Spielball der Politik werden sollte. Als 1809 Napoleons Truppen das Land angriffen, und es dann Österreich weggenommen und Bayern gegeben werden sollte, erhob sich Widerstand° im Volke. Der populäre Anführer° Andreas Hofer wurde 1810 gefangengenommen° und standrechtlich° erschossen; man

zu·treffen, i, a, o to be correct

der Widerstand, ⸚e resistance
der Anführer, - leader, ringleader
gefangen·nehmen, i, a, o to take prisoner
standrechtlich according to martial law

Hintertux in Tirol. Auch im Sommer sind die Berge mit Schnee bedeckt.

Fragen:

Was kann man in Hintertux als Tourist im Sommer tun? Und im Winter?

hat seine Leiche° später in die Hofkirche hier in Innsbruck überführt, und er ist immer noch ein Volksheld. Die Tiroler Tradition war ein soziales Gleichgewicht°: freie Bauern, reiche Städte, aber auch mächtige Adelige° auf den Burgen des Landes.

Innsbruck liegt zauberhaft°; ringsum° die hohen Berge. Man kann mit der Seilbahn° zum Patscherkofel hinauffahren, der über 2200 Meter hoch ist. In der Renaissancezeit waren die Habsburger Kaiser gern in Innsbruck. Die Innsbrucker sagen, sie waren lieber in Innsbruck als in Wien. Kaiser Maximilian I. ist in der Hofkirche begraben. Das berühmte „Goldene Dachl" an der Fürstenburg ist das Wahrzeichen° der Stadt. Innsbruck hat auch eine bekannte Universität, die einmal von Jesuiten geleitet wurde. Wegen der vielen Berge und der schönen Lage ist Innsbruck wirklich ein idealer Ort für die Winterolympiaden. Leider dachte ich, daß es im Sommer nicht so viele Touristen gäbe, und hatte Mühe, ein Hotelzimmer zu finden.

die Leiche, -n body, corpse
das Gleichgewicht equilibrium
der Adelige, -n aristocrat

zauberhaft enchanting, magical
ringsum all around
die Seilbahn, -en cable car

das Wahrzeichen, - landmark

Fragen:

Was sagt das Bild von Innsbruck über die geographische Lage der Stadt?

Innsbruck: Blick von der Maria-Theresien-Straße auf die Berge.

8. Juli

Auch Salzburg liegt wunderschön! Es hat zwar auch große Barockbauten wie Innsbruck, aber die Hauptstadt des Landes Salzburg hat, wie mir scheint, einen ganz anderen Charakter als Innsbruck. Zum ersten Mal auf meiner Reise hatte ich Pech° mit dem Wetter. Man sagt mir, erstens hätte ich bisher mit dem Wetter besonderes Glück gehabt, zweitens, wenn es irgendwo regnet, dann in Salzburg. Es liegt am Rande° der Berge, nach Norden und Westen breitet sich° eine Ebene°, das Voralpenland, aus, und in Salzburg steigen die ersten Berge empor°. Diese Lage beeinflußt das Wetter. Die Stadt liegt an der Stelle, wo die Salzach (ein Fluß) die Berge fast berührt, und war deshalb zwischen Fluß und Berg leichter zu verteidigen. So zieht sich die alte Stadt ziemlich eng am Fluß entlang, und der Erzbischof hat dazu noch viel Platz für seine Prunkbauten°, wie den großen Dom, weggenommen. Seine Bauten waren eindrucksvoll° genug, daß man Salzburg das Rom des Nordens nennen konnte. Woher hatte er so viel Geld?—Vom Salz. Tatsächlich gibt es um Salzburg mehrere Salzbergwerke, und deswegen findet man in dieser Gegend so viele Orte mit dem Element „Salz" oder „Hall" in ihrem Namen, z.B. Hallein, Reichenhall. Salz war ein notwendiges Produkt zum Leben, und man versteht, warum Salzburg seit langem° ein Handelszentrum ist. Salzburg liegt auch an der „Salzstraße", die nach Augsburg und München führt. Bis zur Zeit Napoleons ist Salzburg von der Kirche beherrscht worden. Das begann

Pech haben to have bad luck

der Rand, ˸er edge, margin
sich aus·breiten to spread, extend
die Ebene, -n plain, flatland
empor·steigen, ie, ie to rise, climb

die Prunkbauten (pl.) ostentatious buildings
eindrucksvoll impressive

seit langem for a long time

Blick auf die Innenstadt von Salzburg mit ihren Kirchen und der alten Burg im Hintergrund (background).

Fragen:

1. In welcher Landschaft liegt Salzburg?
2. Wo hat man die Burg gebaut und warum?

wahrscheinlich° im vierten Jahrhundert mit Sankt Maximus, denn unter dem Mönchberg finden sich Katakomben aus der frühen Zeit. Die Erzbischöfe regierten Salzburg ab 798. Erst nach dem Wiener Kongreß, 1816, wurde Salzburg ein Teil des österreichischen Kaiserreiches. Bis dahin hielt es sich° durchaus für das „deutsche" Rom.

Später in diesem Monat beginnen die Salzburger Festspiele, die seit 1925 hier jeden Sommer stattfinden. Die Idee dafür entstand während des Ersten Weltkrieges, als Ausdruck der Bewahrung° und der Selbstbehauptung° der österreichischen Kultur. Zu den Anregern° und Organisatoren gehörten der berühmte Theaterregisseur Max Reinhardt (1873–1943) und der damals für Österreich repräsentativste Autor, Hugo von Hofmannsthal (1874–1929). Am Domplatz wird jedes Jahr Hofmannsthals Stück *Jedermann* aufgeführt°. Es ist eine Bearbeitung° eines alten englischen Stücks. Vor allem aber sind die Festspiele der Musik gewidmet°, und der Höhepunkt ist die Oper. Ein wesentlicher Grund für die Wahl Salzburgs war, daß Wolfgang Amadeus Mozart (1756–1791) hier geboren ist. Der reiche Erzbischof konnte sich nämlich auch seine Musiker leisten, und zu ihnen gehörte Mozarts Vater, ein sehr bekannter Komponist und Violinist. Mozart wuchs in Salzburg auf und wurde als musikalisches Wunderkind in ganz Europa berühmt. Aber später akzeptierte man ihn nicht mehr so leicht, und bei seiner rebellischen Natur und dem absolutistischen Regime des Erzbischofs mußte es zum Konflikt kommen. Mozart zog 1781 nach Wien und schrieb dort seine bedeutendsten Werke—ständig mit den Schulden kämpfend. Diese Konflikte vor 200 Jahren sind natürlich längst vergessen, die Musikhochschule heißt das Mozarteum, und im Namen Mozarts findet in Salzburg vieles statt, was die Fremden dorthin bringen soll.

10. Juli

Ich bin jetzt unterwegs° und habe mir bereits den Wolfgangsee im Salzkammergut angeschaut. Es ist sehr reizvoll° dort. Ich kann auch berichten°, daß es sich lohnt°, die Donau entlang durch die Wachau in Niederösterreich zu fahren. Ich habe das große Barockkloster Melk an der Donau besichtigt, wo seit 1089 die Benediktiner leben und eine der berühmten Bibliotheken zusammengebracht haben. Melk war anfänglich die Hauptstadt der Babenberger, der ersten Herzöge von Österreich, und nennt sich auch stolz die „Wiege Österreichs". Das bekannteste deutsche Epos° aus dem Mittelalter, das Nibelungenlied, hat einige seiner Ereignisse° in diese Gegend versetzt°, als es die Burgunden nach Ungarn ziehen läßt.

14. Juli

Inzwischen bin ich in Wien angekommen. Wien ist eine Überraschung° für den Besucher nach dieser Reise durch die Alpenländer. Ich habe mich allerdings nicht in Graz und Linz aufgehalten°, den nächstgrößeren Städten Österreichs. Nach dem Besuch in Innsbruck und Salzburg mit ihren gut hunderttausend Einwohnern, nach dem Eindruck von der Bundeshauptstadt Bern in der Schweiz bin ich nun in der Weltstadt mit 1,5 Millionen Einwohnern

---

wahrscheinlich probably

sich halten, ä, ie, a (+ für) to consider onself as

die Bewahrung preservation
die Selbstbehauptung self-assertion
der Anreger, - initiator
auf·führen to stage, play, produce
die Bearbeitung, -en adaptation
widmen to dedicate

unterwegs sein to be on the road
reizvoll charming, attractive
berichten to report
es lohnt sich it is worthwhile

das Epos, Epen epic
das Ereignis, -se event
versetzen to place

die Überraschung, -en surprise

sich auf·halten, ä, ie, a to stay

(ohne umliegende° Orte) und dazu einer Stadt, deren prachtvolle° Bauten die Geschichte eines Reiches demonstrieren. Heute noch konzentriert sich sehr viel von Österreichs Wirtschaft, Kultur und Bildung in Wien, die Politik ohnehin°. Wien ist übrigens nicht nur Bundeshauptstadt und ein eigenes Bundesland, sondern auch der Regierungssitz des Landes Niederösterreich. Seine Universität ist die zweitälteste deutschsprachige Universität, nach Prag, und stammt aus dem Jahre 1365. Auch die Stadt Wien geht auf uralte° Siedlungen zurück. Die Römer hatten hier ein Militärlager°, das Kaiser Marcus Aurelius 213 zum „Municipium" erhob°. Aber ob die Stadt nach dem Untergang° des weströmischen Reiches weiterbestand, ist nicht sicher. Die Babenberger erhielten jedenfalls um 1100 diese Stadt, und seit 1156 war sie die Residenz der Herzöge von Österreich. Die Habsburger, seit dem 13. Jahrhundert Herzöge des Landes, wurden dann vom 15. Jahrhundert ab regelmäßig deutsche Kaiser und eroberten° oder erheirateten° für ihre Familie ein Weltreich. Der Vormarsch° der Türken auf dem Balkan brachte Wien mehrere Male in Gefahr°, zuletzt 1683; aber dann breitete sich die österreichische Macht endgültig° auf dem Balkan aus und umfaßte neben Ungarn auch große Teile von Jugoslawien und Rumänien, das Gebiet der Tschechoslowakei und den größeren Teil von Nord- und Mittelitalien.

umliegend surrounding
prachtvoll splendid, magnificent

ohnehin anyway

uralt ancient, very old
das Militärlager, - military camp
erheben, o, o to elevate
der Untergang decline, demise, fall

erobern to conquer
erheiraten to acquire through marriage
der Vormarsch advance
in Gefahr bringen to endanger
endgültig permanently

Fragen:

1. Wofür ist die Fußgängerzone praktisch?
2. Was tun die Leute, die Sie in der Kärntnerstraße sehen?

Fußgängerzone in der Innenstadt von Wien: Kärntnerstraße.

Und wer sich für die Politik interessiert, der wird sich fragen, wie die Österreicher mit ihrer Demokratie zurechtkommen°. Sie haben jetzt, nach der nationalsozialistischen Regierung von 1938–1945, ihre zweite Republik. Die erste Republik nach 1918 litt an dem Trauma, daß aus der Großmacht der Doppelmonarchie Österreich-Ungarn nur noch ein Kleinstaat übriggeblieben° war. Damals mußte Österreich genau wie Deutschland die Demokratie mühsam° ausprobieren°, und nach der anfänglichen Dominanz der Sozialisten ging das Zentrum der Macht immer weiter nach rechts, bis nach einem Bürgerkrieg (1934) ein autoritärer „Austrofaschismus" an die Macht kam°, der sich allerdings vom deutschen Nationalismus erheblich° unterschied°. Der „Anschluß" (1938) an das Reich Hitlers ist immer noch ein schwieriges Thema in Österreich. 1945 wurde Österreich zwar in vier Besatzungszonen eingeteilt und von den Alliierten besetzt, aber schon 1943 hatten die späteren Besatzungsmächte in der „Moskauer Deklaration" beschlossen, ein unabhängiges demokratisches Österreich zu schaffen und es in den Grenzen von 1937 zu erhalten°. Es gab auch gleich wieder eine österreichische Bundesregierung, und die Einheit des Landes wurde eigentlich nicht in Frage gestellt°. 1955 handelte die österreichische Regierung mit den Siegermächten einen „Staatsvertrag" aus°. Österreich verpflichtet° sich danach zur Neutralität. Es nimmt an keinen Militärbündnissen° teil, und seine Truppen sind eindeutig° zur Selbstverteidigung° bestimmt. Als neutrales Land ist es öfter der Veranstaltungsort° west-östlicher Kongresse und Verhandlungen°.

Das Parlament, die besteht aus dem Nationalrat und dem Bundesrat. Der Bun-

zurecht·kommen, a, o to get along
übrig·bleiben, ie, ie to remain
mühsam laborious(ly)
aus·probieren to try out
an die Macht kommen to come to power
erheblich considerable
sich unterscheiden, ie, ie to differ
erhalten, ä, ie, a to retain
in Frage stellen to question
aus·handeln to negotiate, work out
verpflichten (+ zu) to commit, bind (to)
das Militärbündnis, -se military alliance
eindeutig clear(ly)
die Selbstverteidigung self-defense
der Veranstaltungsort, -e host city
die Verhandlung, -en negotiation

Fragen:
1. Was trinken Sie zur Sachertorte?
2. Was für Geld sehen Sie auf dem Bild? Wieviel Dollar ist es wert?

Die berühmte Sachertorte.

desrat vertritt wie in der Bundesrepublik die Länder. Der Regierungschef heißt Bundeskanzler und hat die politische Führung. Der Bundespräsident ist das Staatsoberhaupt°. Die beiden größten Parteien Österreichs sind die Österreichische Volkspartei (ÖVP) und die Sozialistische Partei Österreichs (SPÖ).

Wien ist also ein wirklicher Kreuzungspunkt° vieler Kulturen. Wiens Attraktionen sind eigentlich weit und breit bekannt. Man schlendert° durch die Fußgängerzone° der Innenstadt, besichtigt das Wahrzeichen der Stadt, den Stephansdom, staunt über die Pracht° der barocken Kirchen in der Innenstadt, sieht sich die Hofburg, das Stadtschloß des Kaisers, und die großen Bauten an der Ringstraße an und ist am Ende genauso müde wie alle anderen Touristen. Natürlich sucht man sich dann ein Café, um sich bei Kaffee und Kuchen oder Torte zu erholen°. Danach kann man sich wieder auf die Socken machen° und zum Vergnügungspark°, dem Prater, hinausfahren. Abends hat man die Möglichkeit, entweder zu einem der Weinlokale in einem Vorort° zu fahren oder zu versuchen, eine Karte für die Oper oder das Theater zu bekommen. Auf jeden Fall sollte man die vielen Schlösser besichtigt haben, z.B. das Belvedere des Prinzen Eugen aus dem 18. Jahrhundert und das Kaiserschloß draußen vor der Stadt, Schönbrunn.

Ich werde also noch ein paar Tage in Wien bleiben müssen, um mir alle Sehenswürdigkeiten° dieser Stadt ansehen zu können. Wenn ich dann die Stadt und die Leute sehe, muß ich immer an ein Buch denken, das *Wien und die Wiener* heißt und von einem Erzähler namens Adalbert Stifter 1844

das Staatsoberhaupt, ⸚er head of state

der Kreuzungspunkt, -e point of intersection
schlendern to stroll, saunter
die Fußgängerzone, -n pedestrian mall
die Pracht splendor

sich erholen to recover, recuperate
sich auf die Socken machen to take to one's heels
der Vergnügungspark, -s amusement park
der Vorort, -e suburb

die Sehenswürdigkeit, -en object of interest

Elegante Paare beim Walzer während des Opernballs in Wien.

Fragen:
1. Welcher Tanz wird hier getanzt?
2. Was für Kleidung tragen die Tänzer und Tänzerinnen?

geschrieben wurde. Ob diese Beschreibung von dem Stadtbild und den Lebensgewohnheiten° der Wiener noch stimmt? Stifter kam 1826 nach Wien und verbrachte fast 40 Jahre hier. Er kannte seine Umgebung° viel besser, als ich sie je kennenlernen werde. Aber vielleicht kann ich das, was ich von Adalbert Stifter gelernt habe, noch heute hier finden: „ . . . eine bekannte Wiener Lieblingsspeise°, gebackene Hühner mit dem zartesten Salate, und ein nicht gar bescheidenes Fläschchen alten Nußberger°. Erquicke dich°, rede noch eines° mit uns, und dann geh zu Bette . . . Gute Nacht.“

die Lebensgewohnheit, -en lifelong habits

die Umgebung, -en surroundings, environment

die Lieblingsspeise, -n favorite meal

Nußberger name of a wine

sich erquicken to revive, refresh

noch eines a little bit

Redewendungen

Pech haben	to have bad luck
Glück haben	to be lucky
unterwegs sein	to be on the road
es lohnt sich	it is worthwhile
in Gefahr bringen	to endanger
an die Macht kommen	to come to power
in Frage stellen	to question
sich auf die Socken machen	to take to one's heels

20 Wichtige Wörter

verwirrend	prachtvoll	aufteilen	aufführen
zauberhaft	mühsam	erschießen	sich leisten
eindrucksvoll	erheblich	beherrschen	besichtigen
bedeutend	eindeutig	verteidigen	erobern
reizvoll	gefangennehmen	sich ausbreiten	beschließen

Übungen

A. *Beantworten Sie die Fragen.*

1. Warum war Tirol schon immer ein sehr wichtiges Land?
2. Wogegen rebellierten die Tiroler im Jahre 1809?
3. Was ist das Wahrzeichen von Innsbruck?
4. Wo liegt Salzburg?
5. Woher hatte der Erzbischof von Salzburg so viel Geld?
6. Wofür sind die Salzburger Festspiele berühmt?
7. Wer ist der berühmteste Musiker aus Salzburg?
8. Warum ist das Barockkloster Melk so bekannt?
9. Seit wann regieren die Habsburger in Österreich?
10. Was geschah mit Österreich nach 1918?
11. Was ist der „Staatsvertrag“?
12. Wie heißen die beiden größten Parteien in Österreich?
13. Welche Sehenswürdigkeiten gibt es in Wien?
14. In welchem Buch hat Adalbert Stifter seine Umgebung beschrieben?
15. Was hielt Stifter für die Lieblingsspeise der Wiener?

B. *Vervollständigen Sie die Sätze.*

1. Der Wiener Vergnügungspark heißt _____.
2. Der Tiroler Volksheld _____ wurde standrechtlich erschossen.
3. Innsbruck ist ein idealer Ort für _____.
4. Am Domplatz in Salzburg wird jedes Jahr Hofmannsthals Stück _____ aufgeführt.
5. Das bekannteste Epos aus dem Mittelalter, in dem die Burgunden eine Rolle spielen, heißt _____.
6. Wien war zur Zeit der Römer ein _____.
7. 1863 kam Wien in Gefahr, weil sich _____ der Stadt näherten.
8. 1938 wurde Österreich ein Teil des Dritten Reiches; man nennt das _____.
9. In der „Moskauer Deklaration" hat man beschlossen, _____.
10. Das österreichische Parlament besteht aus _____.

C. *Erklären Sie diese Wörter in einem Satz.*

1. die Seilbahn   4. der Vergnügungspark
2. die Fußgängerzone   5. der Erzbischof
3. das Wahrzeichen   6. das Salzbergwerk

D. *Bilden Sie Passivsätze in der passenden Zeitform.*

1. Die Jesuiten haben die Universität in Innsbruck geleitet.
2. Die Lage Salzburgs beeinflußt das Wetter.
3. Man nahm den Anführer gefangen und erschoß ihn.
4. Man nennt die Musikhochschule in Salzburg das Mozarteum.
5. Die Römer hatten dort ein Militärlager gebaut.
6. Der Vormarsch der Türken auf dem Balkan brachte Wien mehrere Male in Gefahr.

E. *Bilden Sie zusammengesetzte Wörter.*

1. der Ring / die Straße   = _____
2. das Leben / die Gewohnheiten = _____ s _____
3. der Handel / das Zentrum   = _____ s _____
4. das Fest / das Spiel   = _____
5. das Militär / das Lager   = _____

F. *Welche Verben und Vorsilben passen zusammen und wie heißt das Verb auf englisch?*

1. weiter-   a) nehmen   6. zu-   f) bestehen
2. übrig-   b) führen   7. gefangen-   g) steigen
3. zurecht-   c) probieren   8. empor-   h) treffen
4. er-   d) bleiben   9. auf-   i) kommen
5. aus-   e) heiraten

G. *Zum Nachforschen. Schlagen Sie nach und schreiben Sie auf.*

1. Wolfgang Amadeus Mozart   4. „Jedermann"
2. Das Kloster Melk   5. Das Nibelungenlied
3. Die Habsburger

KAPITEL

LEKTÜRE

Angelika Mechtel, **Weit weg**

GRAMMATIK

Reflexive Pronouns and Verbs
Uses of the Infinitive
Prepositional Infinitives

LANDESKUNDE

Nicht nur sonntags

LEKTÜRE

Angelika Mechtel

geboren 1943 in Dresden / DDR. Sie lebt heute als freie Schriftstellerin in Einsbach bei München. Sie wurde durch ihre Erzählungen (Die feinen Totengräber; Hochhausgeschichten; Die Träume der Füchsin), Romane (Kaputte Spiele; Friß Vogel; Das gläserne Paradies;) und zahlreiche Kinderbücher bekannt.

Weit weg

Sie weiß, daß es nicht aufhören° wird zu läuten°. Sie müßte den Hörer° abnehmen. Aufstehen, hinuntergehen, sich melden°. Sie will es nicht hören. Kein Mensch kann am Dreikönigstag° anrufen, solange es draußen noch dunkel ist. Nicht so schnell, denkt sie, so schnell kann es nicht passiert sein. Sie weiß es. Läuten lassen. Einfach zurücktauchen° unter die Kopfschale°. Nicht hinhören°, die Augen verstopfen° und die Ohren. Aufhören. Nicht da sein. Nicht vorhanden°. Wer sieht mich denn, sagen, die Hände vors Gesicht gelegt. Weit weg. Anrufe° von außerhalb werden nach einiger Zeit unterbrochen, wenn sich der Teilnehmer° nicht meldet. Wir sehen dich doch, sagen die Erwachsenen, und sie haben dich nur gesehen, weil du sie zwischen den Fingerritzen° hindurch beobachtet hast. Du kannst dich nicht erinnern, ob die alte Frau dich ausgelacht hat. Sie war schon vor dreißig Jahren alt. Du hast sie geliebt. Laß dir nichts vormachen°. Du liebst sie.

Sie weiß, daß es nicht aufhören wird. Sie tut nur so. Einfach so tun als ob, zurücktauchen. Sich vorstellen, wie das gewesen ist.

Wenn ich denke, hat sie neulich gesagt, daß ich jetzt schon mehr als dreißig Jahre hier lebe und alle anderen sind inzwischen fort. Deine Mutter hat das damals organisiert.

Kronprinzenstraße unterm Dach. Die alte Frau mit den vier Töchtern und dem jüngsten Sohn. Die Männer kamen nach und nach zurück. Sie war das Kind gewesen unter den Frauen. An die kann sie sich jederzeit° erinnern. Weniger an die alte Frau, zu der alle Mama sagten, nur sie nicht. Sie muß das Mutterkreuz° gekriegt haben. Mütter bekamen Mutterkreuze. Sie hat zehn geboren, acht großgezogen°, zwei überlebt°.

Das ist genug, hat sie neulich gesagt.

Wie lange kann ein Telefon läuten, wenn von außerhalb angerufen wird? Sie hätte gestern ohne Gepäck hinfahren sollen, nicht abwarten, nicht die Beruhigungsgeste°. Sie merkt°, wie er neben ihr wach wird und das Läuten hört. Das Telefon, sagt er, und stellt sich° schlafend.

Sie tut nur so, sie schläft nicht.

Du hast auf ihrem Plüschsofa° gelegen. Die Augen zugedrückt°. Das Kind zwischen den Frauen. Sie haben ihre Gespräche nicht belauschen° lassen.

Das Kind weiß nicht, was die alte Frau tut, wenn die anderen aus dem Haus

auf·hören to stop
läuten to ring
der Hörer, - (telephone) receiver
sich melden to answer (the phone)
der Dreikönigstag Epiphany, Twelfth Night
zurück·tauchen to return to (lit.: to dive back)
die Kopfschale, -n head cover
hin·hören to listen to
verstopfen to block, clog, obstruct
der Anruf, -e (telephone) call
der Teilnehmer, - party, subscriber (telephone)
der Fingerritz, -e crack between the fingers (of closed hand)
sich etwas vor·machen to deceive oneself
jederzeit always, at all times
das Mutterkreuz, -e Mother Award
groß·ziehen, o, o to raise (children)
überleben to survive
die Beruhigungsgeste, -n gesture of reassurance
merken to notice
sich stellen (+pres. part.) to pretend to
das Plüschsofa, -s plush sofa
belauschen to eavesdrop, overhear

"Anrufe von außerhalb werden nach einiger Zeit unterbrochen, wenn sich der Teilnehmer nicht meldet."

Beantworten Sie diese Fragen:

1. Wann kommt der Anruf?
2. Warum will sie nicht zum Telefon gehen?
3. Was fürchtet sie?
4. Was sagt der Mann, als er vom Telefon zurückkommt?
5. Hatte sie Angst vor dem Telefon?

sind und mit Holz zurückkommen, oder mit Kartoffeln, oder mit Rüben°, die sie nächtelang° einkochen°.

Komm, steh auf, sagte sie, du schläfst ja gar nicht. Sie saß am Fenster. Sie hat immer einen Stuhl und einen Tisch am Fenster gehabt. Das Kind hätte nachmittags schlafen sollen.

Was machen wir jetzt mit dir? fragte die alte Frau. Sie hatte eine Schachtel voller Fotos. Das da ist deine Mutter, sagte sie, und das dein Opa. Und das bin ich. Da steht sie mit Hütchen° und Schirm° im bodenlangen° Kleid, kaum ein Lächeln für den Fotografen.

Sie hat gelernt, wie man Hühner schlachtet° und sagt: Weißt du, wie man Walzer tanzt? Sie steht vom Fensterstuhl auf und das Kind reicht° ihr bis zur Brust°. Sie hat damals ausgesehen wie heute, denkt sie. Einszweidrei, einszweidrei, sagt sie und setzt die Füße über die Holzdielen°. Das kannst du schon, sagt sie und nimmt das Kind an beiden Händen. Sie hat nicht gesungen. Sie hat sie nie singen hören. Sie hat den Walzer ausgezählt°.

Das geht doch ganz leicht, hat sie gesagt. Das Kind hat sie an den Hüften° gefaßt. Irgendwann muß die alte Frau ein bißchen gelacht haben. Sie kann sich nicht erinnern, sie fröhlich gesehen zu haben. Man mußte sich anstrengen°, damit sie lachte.

Ich kann Walzer tanzen, hatte sie abends verkündet°. Aber sie mußte lange bitten, bis die alte Frau es mit dem Kind ihren Töchtern vormachte°. Das Kind

die Rübe, -n beet
nächtelang night after night
ein·kochen to can, preserve

das Hütchen, - little hat
der Schirm, -e umbrella
bodenlang full-length
schlachten to slaughter
reichen (bis) reach (up to)
die Brust, ⸚e chest, breast
die Holzdiele, -n wooden plank, board, floor
aus·zählen to count out
die Hüfte, -n hip
sich an·strengen to make every effort, exert onself
verkünden to proclaim, pronounce
vor·machen to demonstrate, show how to do s.th.

zählte ihn aus und die alte Frau setzt ganz kleine Schritte° neben den Teppich-
rand° auf die Dielen.

Sie weiß, daß es nicht aufhören wird.

Sie hört ihn neben sich aufstehen, seine Füße auf dem Flur und die Treppe
hinunter. Sie hat Angst wie vor dem Hühnerschlachten. Das Läuten hat
aufgehört. Hellwach°, als er zurückkommt. Sie hätte nicht gewußt, was sie
hätte sagen sollen.

Sie ist tot, sagt er und weiß die genaue Sterbezeit°. Sie steht auf, geht hinunter,
läuft immer am Teppichrand entlang, bis sie endlich wie ein Kind laut weinen
kann. Es hat aufgehört zu läuten. Einfach aufgehört. Zwischen den Fingerritzen
wird es hell° draußen.

der Schritt, -e step
der Teppichrand, ⸚er edge
of carpet

hellwach wide awake

die Sterbezeit, -en time of
death

hell light

Redewendungen

so tun, als ob (+ subjunctive)   *to pretend as if*
sich schlafend stellen   *to pretend to be asleep*

20 Wichtige Wörter

neulich	der **Schirm**	aufhören	sich stellen
inzwischen	der **Erwachsene**	sich melden	vormachen
jederzeit	der **Anruf**	vorhanden sein	merken
nächtelang	der **Hörer**	großziehen	überleben
irgendwann	der **Schritt**	sich anstrengen	hellwach

Übungen

I. Fragen

Beantworten Sie die Fragen.

1. Warum will die Frau den Anruf nicht annehmen?
2. Worauf hofft sie?
3. Wie lange kennt sie die alte Frau schon?
4. Woran kann sie sich noch erinnern?
5. Warum bekamen Frauen Mutterkreuze?
6. Was hätte die junge Frau machen sollen?
7. Woher weiß man, daß sich die beiden Frauen seit der Nachkriegszeit kannten?
   (**die Nachkriegszeit** = *postwar period*)
8. Was kann man alles auf dem Familienbild sehen?
9. Was hat die alte Frau dem Kind beigebracht (= *to teach*)?
10. Wie reagiert die junge Frau auf die Nachricht (= *news*) vom Tode?

II. Grammatische Übungen

A. *Setzen Sie die Sätze in die Vergangenheit und ins Perfekt.*

1. Sie ruft am Dreikönigstag an.
2. Zwischen den Fingerritzen wird es hell draußen.

3. Du liebst sie.

4. Er stellt sich schlafend.

5. Ich stehe vom Fensterstuhl auf.

6. Wir machen es dem Kind vor.

7. Sie singt das Lied nicht.

8. Man muß sich anstrengen.

9. Sie zählen den Walzer aus.

10. Wie lange kann ein Telefon läuten?

B. *Setzen Sie die Modalverben im Präsens ein.*

1. Sie (she) _____ sich nicht daran erinnern. (können)

2. Ich _____ sie lange darum bitten. (müssen)

3. Warum _____ du ohne Gepäck hinfahren? (sollen)

4. Kein Mensch _____ heute anrufen. (mögen)

5. Ich _____ es nicht hören. (wollen)

C. *Setzen Sie die Konjunktionen ein.*

1. Ich stelle mir vor, _____ das gewesen ist. (how)

2. Sie war hellwach, _____ er zurückkam. (when)

3. Wie lange kann das Telefon läuten, _____ von außerhalb angerufen wird? (if)

4. Das Kind weiß nicht, _____ es die alte Frau tut. (why)

5. Man mußte sich anstrengen, _____ sie lachte. (so that)

6. Aber sie mußte lange bitten, _____ sie es dem Kind vormachte. (until)

7. Sie weiß, _____ es nicht aufhören wird. (that)

8. Sie haben dich nur gesehen, _____ du sie durch die Fingerritzen beobachtet hast. (because)

D. *Setzen Sie die Aktivsätze ins Passiv.*

Beispiele: a) Man hat die Anrufe von außerhalb unterbrochen.

   Die Anrufe von außerhalb sind unterbrochen worden.

   b) Die Erwachsenen haben nur dich gesehen.

   Nur du bist von den Erwachsenen gesehen worden.

1. Man hat mich beobachtet.

2. Man wird laut singen.

3. Die Leute tanzen abends Walzer.

4. Du hast sie geliebt.

5. Man hatte bei ihr angerufen.

6. Die Erwachsenen lachten das Kind aus.

7. Man konnte es nicht finden.

8. Man hatte den Tod erwartet.

E. *Bilden Sie aus diesen Elementen Passivsätze im Präsens, Imperfekt und Perfekt.*

1. Am Sonntag / anrufen / Großmutter /

2. Kind / ins Bett / schicken / Frauen /

3. Rüben / Frauen / einkochen /

   4. Kind / Großmutter / tanzen lehren /
   5. Frau / Todesnachricht / Mann / bringen /
   6. Nachricht / Frau / nicht glauben können /

III. Übungen zum Schreiben und Lesen.

A. *Fragen Sie Ihren Nachbarn / Ihre Nachbarin.*
   1. Woran erinnerst du dich, wenn du an deine Großmutter denkst?
   2. Wie groß war die Familie deiner Eltern?
   3. Ich erhalte eine Todesnachricht durch das Telefon. Meine Reaktion.

B. *Wir erfinden einen Dialog / ein Telefongespräch.*
   1. Der Mann fragt die Frau nach ihrer Großmutter.
   2. Die Frau fragt den Mann, wie es war, als er noch klein war.
   3. Die Mutter fragt die Tochter / den Sohn, ob sie / er sich an frühere Zeiten erinnert.
   4. Ein Telefongespräch zwischen Enkel(in) und Großmutter. Die Großmutter lebt allein; sie wird gefragt, wie es ihr geht, etc.

C. *Wir diskutieren.*
   1. Sollten Kinder ihre Großeltern oft sehen? Warum oder warum nicht?
   2. Wie und wo sollten alte Leute leben?
   3. Der Tod eines alten Menschen.

D. *In welcher Situation passen diese Redewendungen? Erklären sie.*
   1. laß dir nichts vormachen   3. sie tut nur so
   2. nach und nach   4. ich stelle mich schlafend

E. *Beschreiben Sie.*
   1. Ein Telefon.   3. Ein Fotoalbum.
   2. Ein Schlafzimmer.

F. *Schreiben Sie.*
   1. Nehmen Sie ein altes Foto aus einem Familienalbum und beschreiben Sie es.
   2. Schreiben Sie über ein Ereignis Ihrer Kindheit.
   3. Ein Telefonanruf mit einer schlechten Nachricht.

GRAMMATIK

Reflexive Pronouns and Verbs

A reflexive construction is used when the action of the verb is directed back to the subject. Reflexive pronouns indicate that subject and object are identical:

He killed himself.   **Er hat sich getötet.**

For the first and second person, the personal pronouns are used as reflexives, for the third person, singular and plural, the reflexive pronoun is **sich.**

SINGULAR			PLURAL		
Nominative	Dative	Accusative	Nominative	Dative	Accusative
ich	**mir**	**mich**	wir	**uns**	**uns**
du	**dir**	**dich**	ihr	**euch**	**euch**
er, sie, es	**sich**	**sich**	sie, Sie	**sich**	**sich**

ACCUSATIVE   Ich freue **mich**   *I am happy*
                 Er freut **sich**
                 Ihr freut **euch**
                 Sie freuen **sich**
DATIVE   Ich kaufe **mir** ein Buch   *I buy a book for myself*
                 Er kauft **sich** ein Buch
                 Ihr kauft **euch** ein Buch
                 Sie kaufen **sich** ein Buch

Some verbs are always reflexive, e.g. **sich wundern, sich freuen, sich ereignen,** etc.

Ich wundere **mich** über sein Verhalten.   *I am amazed about his behavior.*

A sentence like „Ich wundere, ob er kommt" is impossible.
    Many verbs can be used with a reflexive pronoun or an object of a different type.

Ich wasche den Hund. Ich wasche **ihn.**
Ich wasche **mich.** Er wäscht **sich.**

Reflexive pronouns are used more widely in German than in English and with many verbs where an English speaker does not expect them.

Das Schiff bewegt **sich.**   *The boat moves.*
Er fühlt **sich** krank.   *He feels ill.*

Most reflexives are in the accusative case; however, dative reflexives are also used, either with verbs that require a dative object:

Du antwortest **dir** selbst.   *You answer yourself.*

or with a direct object and a reflexive that indicates what the person does for or to himself:

Ich wasche **mir** die Haare.   *I wash my hair.*
Er wäscht **sich** die Haare.   *He washes his hair.*

The reflexive is also used to indicate a reciprocal action.

Sie streiten **sich.**   *They quarrel with each other.*
Sie lieben **sich.**   *They love each other.*

However, if the statement is ambiguous or if the reciprocal character of the action is emphasized, the reflexive is replaced by **einander** (*each other*), or occasionally by **gegenseitig** (*each other*).

„Sie kennen sich." may mean: *They know <u>themselves</u> well.*
„Sie kennen einander." means: *They know <u>each other</u>.*

Einander can also be combined with prepositions:

Sie kamen gut **miteinander** aus.   *They got along well with each other.*
Wir haben lange nichts mehr **voneinander** gehört.   *We haven't heard from each other for a long time.*

Selbst or **selber** is used for emphasis after the personal or reflexive pronoun:

Ich **selber** könnte das auch tun.   *I could do that <u>myself</u> too.*

But they are not reflexive pronouns and do not replace **sich.** They can only be used to emphasize the reflexive nature of the action:

Er kann **sich selbst** nicht helfen.   *He cannot help himself.*

The sentence **Er kann selbst nicht helfen** is <u>not</u> reflexive; it has a different meaning: *He (himself) cannot help* not *He cannot do anything <u>for himself</u>.*

Note: **Selbst** used <u>before</u> the pronoun means <u>even</u>:
Selbst er hat diese Arbeit nicht ausgehalten.   *<u>Even</u> he could not stand this work.*

Übungen

A. *Setzen Sie Reflexivpronomen ein.*

1. Er dachte _____, daß die Erde rund sei.
2. Ich denke _____, daß das nicht wahr ist.
3. Sie erinnert _____ an die Großmutter.
4. Erinnerst du _____ an die alte Wohnung?
5. Ich lasse es _____ nicht anmerken.
6. Habt ihr _____ verletzt?
7. Er kauft _____ eine große Leiter.
8. Ich setze _____ auf den Stuhl.
9. Ich leihe _____ die Taschenlampe.
10. Sie erinnern _____ nicht mehr an die Großmutter.
11. Ich fühle _____ unglücklich.
12. Kannst du _____ das vorstellen?
13. Ich stelle _____ den Leuten vor.
14. Die Dame lackiert _____ die Nägel.
15. Wir haben _____ im Wald verirrt.

B. *Drücken Sie ein reziprokes (reciprocal) Verhältnis aus. Bilden sie Sätze.*
    Beispiel: lange / nichts / wir / hören von / **Wir hörten lange nichts voneinander.**

1. wir / kennen / gut   (Präsens)
2. sie (pl.) / in die Stadt / fahren   (Perfekt)
3. Leute / Straße / treffen / auf   (Imperfekt)
4. Freunde / oft / streiten / mit   (Präsens)

The Uses of the Infinitive

The infinitive is the basic form of the verb, the way verbs are listed in dictionaries. It is formed by the stem of the verb + **-en**

fahr-en   lauf-en

Verbs whose stem ends in **-el, -er,** and a few special cases, use the infinitive ending **-n: streichel-n, erleichter-n, tu-n, sei-n.** The simple infinitive is active present. Other infinitives are used occasionally:

a) Active past: **gebracht haben, gekommen sein** (participle + infinitive of auxiliary verb)
b) Passive present: **gebracht werden** (participle + **werden**)
c) Passive past: **gebracht worden sein** (participle + **worden sein**)

The infinitives of the future (**bringen werden; gebracht werden werden**) can be neglected.

Simple infinitives are often used as verbal nouns in neuter gender (**das**).

Das **Kommen** und **Gehen.**   *The coming and going.*
Irren ist menschlich.   *To err is human.*

English equivalents are mostly *-ing* forms of the verb (com*ing*). A number of such infinitives have become normal nouns: **das Leben, das Benehmen, das Essen, das Unternehmen, das Versprechen.** Most of these nouns form plural numbers (**die Unternehmen, die Essen**), whereas the other verbal nouns usually cannot be changed to plural numbers. The noun does *not* change in plural number!

Infinitives without Prepositions

1. The present tense of **werden** + infinitive forms the future tense. The present tense of **werden** + past infinitive forms the future perfect.

   Er wird das Buch **bringen.**   Er wird das Buch **gebracht haben.**

   Future perfect usually expresses probability (*he probably brought the book*).

2. Modal verbs (cf. Kapitel 2) are normally combined with infinitives that express the action.

MODAL VERBS + INFINITIVE	Er kann **schwimmen.**
WITH PASSIVE INFINITIVE	Das Auto mußte **verkauft werden.**
WITH ACTIVE PAST INFINITIVES	Er muß sehr früh **weggegangen sein.**
TO FORM THE *subjective* USE OF THE MODALS	

3. Some verbs, especially those of sensation and causation, generate the construction of accusative + infinitive, especially **lassen, sehen, hören.**

   Er ließ den Besucher **eintreten.**   *He asked the visitor to enter.*
   Sie hört die Vögel **singen.**   *She hears the birds sing.*

English does not always have parallel constructions.

Ich lehre ihn **fliegen.**	*I teach him (how) to fly.*
Du machst mich **lachen.**	*You make me laugh.*

4. Customary infinitive constructions are usually learned with the vocabulary: **sitzen bleiben, reiten lernen, Auto fahren usw.** Some of these combinations have become new word units: **kennen lernen, spazieren gehen.** They may be spelled in one word (**kennenlernen**). The first part functions as a separable prefix.

   Those verbs that are used with a simple infinitive (without preposition)—in particular the modal verbs and **lassen, sehen, hören, helfen**—form their perfect tenses with a <u>double infinitive</u> when followed by the infinitive:

Er muß bald kommen.	Er hat bald kommen müssen.
Sie hört die Vögel singen.	Sie hat die Vögel singen hören.

Note, however, that participles are used when no infinitive is present.

Er kann das nicht.	Er hat das nicht gekonnt.
Ich höre nichts.	Ich habe nichts gehört.

Prepositional Infinitives

1. Infinitives with **zu:**
   a) Most verbs can be combined with **zu** + infinitive (= English *to*).

Er versuchte **zu** schwimmen.	*He attempted to swim.*
Wir warten darauf ab**zu**fahren.	*We are waiting for our departure.*
Er erwartete, am Bahnhof empfangen **zu** werden.	*He expected to be received at the railway station.*

   b) **Zu** always precedes the infinitive; with past active or passive infinitives it moves back before the last element: **empfangen <u>zu</u> werden.** <u>Sep</u>arable verbs insert **zu** between prefix and stem, so that the verb is spelled as <u>one</u> word: **abzufahren.**
   <u>Inseparable</u> verbs keep the word **zu** separate.

   Ich glaube, sie **zu verstehen.**   *I believe I understand her.*

   c) Special meaning: **haben** + **zu** + infinitive expresses necessity (= **müssen**), and is equivalent to English *have to:*

   Er *hat zu arbeiten* = Er *muß arbeiten.*
   Auch der Präsident **hat** die Gesetze **zu beachten.**   *The president <u>has to</u> observe the laws too.*

   Sein + **zu** + infinitive also expresses necessity, but is equivalent to <u>passive voice</u>.

Das Formular **ist** vor Ende des Monats **abzugeben.** =	The form must be handed in before the
Das Formular **muß** vor Ende des Monats **abgegeben werden.**	end of the month.

Es **ist** nicht **zu begreifen** =   *It is incomprehensible.* = *It cannot be*
Es **kann** nicht **begriffen werden.**   *comprehended.*

2. Infinitive clauses:

  a) Infinitive clauses are those constructions where prepositional infinitives are combined with other complements. They are separated from the main clause by a <u>comma</u>.

PREPOSITIONAL INFINITIVE   Ich bat ihn zu kommen.
INFINITIVE CLAUSE   Ich bat ihn, morgens um 9 Uhr in mein Büro zu kommen.

  b) Most infinitive clauses have the same <u>subject</u> as the main clause.

Ich freute mich, daß **ich** ihn endlich kennen-
lernte.
Ich freute mich, ihn endlich kennenzulernen.   *I was happy to meet him finally.*

Some verbs also allow an accusative + infinitive construction. The <u>object</u> of the main clause becomes the subject of the infinitive clause.

Ich bat **ihn,** in mein Büro zu kommen.   *I asked him to come to my office.*
= Ich bat ihn darum, daß **er** in mein Büro kommen sollte.

Note: A number of verbs which allow an accusative + infinitive construction in English may <u>not</u> have an equivalent in German, and vice versa:

He wanted me to wait for him.   Er wollte, **daß ich auf ihn wartete.**
(It would be <u>impossible</u> to say: Er wollte mich auf ihn (zu) warten!)

I expected her to be pretty.   Ich erwartete, **daß sie hübsch war.**

  c) A special case is **helfen,** a dative verb, which uses an infinitive with <u>or</u> without **zu.** *Helfen* + infinitive without a complement normally omits **zu.**

Ich helfe ihm aufräumen.   *I help him to clean up.*

Helfen + infinitive with a complement or adverbial expression usually adds **zu.**

Ich helfe ihm, das Zimmer auf**zu**räumen.

Also, if the subject of the infinitive clause refers to the <u>object</u> of the main clause, **helfen** uses **zu:**

Ich helfe meinem Freund, sein Auto zu verkaufen.   *I help my friend sell his car: the friend sells the car!*

  d) Verbs with prepositional objects use **da**-compounds (cf. Kapitel 10) before an infinitive clause.

Ich freue mich **auf** die Ferien.   I look forward to the vacation.
Ich freue mich **darauf,** in den Ferien zu verreisen.

Er beschäftigte sich **damit,** Kakteen zu züchten.   He occupied himself with raising cacti.

e) Certain infintive clauses are introduced by a preposition (cf. Kapitel 5):

um . . . zu   *in order to, for the purpose of*
ohne . . . zu   *without*
(an)statt . . . zu   *instead of*

Ich fuhr in die Stadt, **um** ins Theater **zu** gehen.   *I went into town in order to go to the theatre.*

Das Mädchen verheiratete sich, **ohne** ihren Eltern   *The girl married without informing her parents.*
etwas **zu** sagen.

Er schlief den ganzen Tag, **anstatt** zur Arbeit **zu**   *He slept the whole day instead of going to work.*
gehen.

Note word order: **zu** precedes the infinitive at the end, while the words
um, ohne, anstatt introduce the clause.
     The construction **um . . . zu** is used more extensively than its English
equivalent.

He had to work hard to make ends meet every   Er mußte schwer arbeiten, **um** jeden Monat auszu-
month.   kommen.

Übungen

A. *Bilden Sie:* a) Past Infinitive b) Passive Infinitive/ Present Tense c) Past Infinitive/
          Passive Voice

Beispiel: Er soll anrufen. a) **Er soll angerufen haben.**
               b) **Er soll angerufen werden.** c) **Er soll angerufen worden sein.**

1. Sie sollen *es* bald bringen.
2. Wir müssen zurückfahren.
3. Sie kann es sehen.
4. Er will es nicht verstehen.
5. Er kann es erreichen.
6. Sie wollen nicht fragen.

B. *Infinitiv mit* **zu** *oder ohne* **zu?** *Bilden Sie die richtige Verbform.*

1. Er konnte lange nicht   —einschlafen
2. Hier lernt man   —tanzen
3. Er dachte nicht daran   —bezahlen
4. Ich habe einen Brief   —schreiben
5. Ich lasse mich nicht   —überraschen
6. Er bat mich sofort   —zurückkommen
7. Ich glaube ihn   —kennen
8. Sie hörte das Auto   —wegfahren
9. Sie wünschte alles   —vergessen
10. Daran kann ich mich gut   —erinnern
11. Das Läuten wird gleich   —aufhören

12. Wir blieben lange   —sitzen

13. Sie hat vor   —ausgehen

14. Das ist nicht   —begreifen

15. Er lehrt uns   —tauchen

C. *Bilden Sie Infinitivsätze. (Achtung:* **da**-*compounds)*

   1. er / freuen / sich / auf / Fest / feiern

   2. wir / denken / an / Haus / kaufen

   3. Ich / erinnern / mich / an / mit / Großmutter / tanzen

   4. Studenten / warten / auf / Prüfung / schreiben

   5. schlecht / Wetter / beitragen / zu / Preise / erhöhen

   6. Mutter / kümmern / um / Wäsche / waschen

   7. wir / gewöhnen / uns / nicht / an / in / kalt / Wetter / leben

   8. Er / verhelfen / mir / zu / Auto / finden

   9. Ich / rechnen / auf / Studium / schnell / beenden

  10. Sie / begnügen / sich / mit / ihr / Freund / anrufen

D. *Verändern Sie den zweiten Teil in einen Infinitivsatz; wählen Sie entweder Infinitive im Präsens oder Imperfekt.*

   1. Ich erinnerte mich—ich hatte ihn schon gesehen.

   2. Er bat mich—ich gab ihm eine Empfehlung.

   3. Wir freuen uns darüber—wir begrüßen Sie hier.

   4. Er ärgerte sich—er hatte seine Uhr verloren.

   5. Denkst du daran—du richtest ein Geschäft ein?

   6. Er bedauerte es—er hatte das Geschäft aufgegeben.

   7. Es tut mir leid—ich bin zu früh gekommen.

   8. Warum hat er nicht daran gedacht—er ist nach Honolulu gefahren?

   9. Sie hatte Angst—sie rief den Chef an.

  10. Er fürchtete—er hatte zu viel gefragt.

E. *Verändern Sie den zweiten Teil in einen Infinitivsatz mit* **um, ohne, statt:**

   1. Er studierte Medizin—er wollte viel Geld verdienen.

   2. Ich kaufte das Auto—ich hatte kein Geld.

   3. Sie ging schwimmen—sie sollte arbeiten.

   4. Wir machten eine Reise—wir wollten uns erholen.

   5. Er lag krank im Bett—er sollte mit uns kommen.

   6. Fragst du mich—du willst ein Geheimnis erfahren?

   7. Er redete lange—er sagte nichts.

   8. Er sollte arbeiten—er redet nur.

   9. Du mußt dorthin fahren—du willst das Buch finden.

  10. Er saß da—er hatte nichts verstanden.

F. *Auf deutsch.*

   1. They learned how to fly.

   2. They wanted me to give them money.

3. I thought him to be honest.
4. She is to be admired for her courage.
5. I heard him running down the stairs.
6. I helped her picking up the pieces.
7. I expected him to be smart.
8. He let them enter the house (*lassen*).
9. He has many bills to pay.
10. He has to pay many bills.

G. *Infinitivkonstruktionen mit* **zu.** *Verben mit trennbaren und untrennbaren Vorsilben.*
1. Er beschloß, am nächsten Tag—abreisen
2. Es ist besser, jeden Streit—vermeiden
3. Es gelang ihm nicht, uns—überraschen
4. Es kostet viel Geld, das Haus—umbauen
5. Es war schwer, ihn am Telefon—verstehen
6. Wir haben versucht, uns mit dem Mann—unterhalten
7. Es fällt ihm schwer, ihre Leistung—anerkennen
8. Ich freue mich, Sie—kennenlernen
9. Er beabsichtigte, sehr früh—losfahren
10. Ich habe keine Schwierigkeiten, seine Ideen—begreifen

H. *Bilden Sie Infinitivsätze mit oder ohne* **zu.** *Verwenden Sie die Verben im Präsens.*
1. Junge / lernen / Schlittschuh laufen / auf / See
2. Studenten / beginnen / zurückkommen / nach / Ferien
3. Mädchen / können / schwimmen / immer / noch nicht
4. mein Vater / beabsichtigen / verkaufen / Haus / bald
5. Mann / sehen / zusammenstoßen / zwei Busse / an / Straßenecke
6. ich / sollen / fahren / zu / mein / Großmutter
7. er / denken / wohnen / daran / in / Stadt
8. sie / sich / fürchten / abnehmen / Telefonhörer
9. Frau / bleiben / liegen / in / Bett / an / Vormittag
10. wir / uns / lassen / nachschicken / Post

I. *Setzen Sie die Sätze von Übung H ins Imperfekt und Perfekt.*

J. *Setzen Sie den zweiten Teil des Satzes in einen Infinitivsatz im Passiv: a) Präsens b) Imperfekt.*
1. Es war mir eine Ehre—ich wurde empfangen
2. Er freute sich—er war aufgenommen worden
3. Sie erwartete (es)—sie wurde zu der Party eingeladen
4. Er fürchtete—er wurde von der Polizei erkannt
5. Der Junge ärgerte sich—er war nach Hause geschickt worden
6. Der Kandidat glaubt (es)—er ist gewählt worden
7. Ich lehne es ab—ich werde von der Firma versetzt
8. Sie konnte (es) nicht verhindern—sie wurde von dem Auto angefahren.

LANDESKUNDE

Nicht nur sonntags°
Landpfarrer Werner Rehkopf: Von ihm wird viel erwartet

Vor über fünf Jahren kam Werner Rehkopf, evangelischer° Pfarrer° aus Göttingen, ins hessische Niedenstein, und er wurde so herzlich empfangen, wie das eben nur auf dem Land möglich ist: es gab einen stimmungsvollen° Gottesdienst°, und danach traf sich das halbe Dorf zu Kaffee und Kuchen in der örtlichen° Gastwirtschaft Bobel.

Heute gehört Pfarrer Rehkopf fest dazu, ist angesehen°, integriert, man erlebt ihn keineswegs nur° in der Kirche, denn er ist nicht nur sonntags im Dienst°. Er steht mittendrin° im Ortsgeschehen°.

Für einen Pfarrer auf dem Lande ist es auch keineswegs mit den sogenannten Amtshandlungen°, den Gottesdiensten, Taufen°, Hochzeiten°, Beerdigungen° getan°. Er muß sich überall sehen lassen°, soll nach der Taufe auch zur nachmittäglichen Feier im Familienkreis kommen, muß den Kinderchor° leiten, sich um den neuen Innenanstrich° der Kirche kümmern°, eine Sternwanderung° arrangieren und kranke und alte Menschen zu Hause besuchen. Es wird schon viel erwartet von einem Landpfarrer—fast zu viel von einem einzigen Mann, denn das Kirchspiel° Niedenstein umfaßt etwa 2500 Gemeindeglieder° in drei selbständigen Kirchengemeinden.

Trotzdem würde der 50jährige Seelsorger° wohl kaum mit einem Großstadtpfarrer tauschen° wollen, denn dann müßte er bis zu viermal so viel Amtshandlungen vornehmen, würde mit Verwaltungsarbeit° noch mehr belastet° und hätte wohl kaum noch Zeit für intensive Kontakte mit den Menschen in der Kirchengemeinde. Vor allem aber hätte Werner Rehkopf in der Großstadt kaum so viel Konkretes erreicht wie in Niedenstein, wo die künstlerischen° Ambitionen des Pfarrers viel Interesse gefunden haben.

Werner Rehkopf hat während seines Theologiestudiums auch Kirchenmusik studiert. Er spielt Klavier°, Orgel°, Cembalo° und vielerlei Flöteninstrumente° und hat mit seiner Freude am Musischen auch die Kirchengemeinde angesteckt°. So entstanden hier zwei Tanzgruppen für Kinder im Alter von sieben bis zwölf Jahren. Schon im April 1977 gründete° Pfarrer Rehkopf einen Kinderchor mit Flötenkreis.

Musische Elemente lockern auch den Konfirmandenunterricht° auf. Hier geht es nicht mehr wie früher darum, den Katechismus, Kirchenlieder und Bibeltexte auswendig zu lernen. Pfarrer Rehkopf will vielmehr bei den Jugendlichen das Verständnis für die christliche Lehre° vermitteln° und die Rolle der Kirche in der Welt aufzeigen°. Zusätzliche° Konfirmandenseminare° und Elternabende sollen dieses Verständnis vertiefen°.

---

sonntags on Sundays
evangelisch Protestant
der Pfarrer, - minister, preacher
stimmungsvoll cheerful
der Gottesdienst, -e (religious) service
örtlich local
angesehen sein to be respected
keineswegs nur by no means only
im Dienst sein to be on the job
mittendrin in the midst, in the center of
das Ortsgeschehen, - local event
die Amtshandlung, -en official function, duty
die Taufe, -n baptism
die Hochzeit, -en wedding
die Beerdigung, -en funeral
es ist damit keineswegs getan it is by no means enough to perform only . . .
er muß sich sehen lassen he must be seen, be present
der Kinderchor, ⁻e children's choir
der Innenanstrich, -e paint on the interior wall
sich kümmern . . . um to take care of, be concerned with
die Sternwanderung, -en groups hiking from different places of origin to one destination
das Kirchspiel, -e parish
das Gemeindemitglied, -er church member, parishioner
der Seelsorger, - minister (who takes care of the souls)
tauschen to trade
die Verwaltungsarbeit, -en administrative business
belastet burdened
künstlerisch artistic
das Klavier, -e piano
die Orgel, -n organ

...er Rehkopf: von einem Landpfarrer wird immer viel erwartet.

das **Cembalo, Cembali**
harpsichord
die **Flöte, -n** flute
an·stecken to infect, set fire
to, kindle
gründen to start, found
der **Konfirmandenunter-
richt** instruction before confirmation
die **Lehre, -n** teaching,
doctrine
vermitteln to communicate
auf·zeigen to demonstrate
zusätzlich additional
der **Konfirmand, -en** candidate for confirmation
vertiefen to reinforce,
deepen
auf du stehen to be close
friends
**im wahrsten Sinne des
Wortes** in the fullest sense
of the word
der **Oberstudienrat, ·̈e**
rank of highschool teacher,
assistant principal
die **Jugendfrage, -n** problems of young people
der **Studienleiter, -** director
of (catechetical) studies
der **Auftrag, ·̈e** mission,
task
aus·bilden to train, teach
betreuen to take care of
der **Pillenknick** drop in
birth rate thanks to the pill
die **Erleichterung, -en** relief
immerhin after all, nevertheless
zuständig sein to be in
charge
das **Blei** lead
ab·blättern to peel off
die **Empore, -n** gallery in
churches
fällig werden to be due

Pfarrer Rehkopf steht mit der Jugend auf du°—im wahrsten Sinne des Wortes°. Manche Jugendliche in Niedenstein nennen den Pfarrer einfach „Werner", und er hat nichts dagegen. Schon früh hat sich Werner Rehkopf, Sohn eines Oberstudienrates° in der Universitätsstadt Göttingen, mit Jugendfragen° befaßt. Nachdem er zunächst in Walsrode und in Hackenstadt bei Hildesheim Gemeindepfarrer gewesen war, wurde er in Bad Wildungen und in der nord-hessischen Großstadt Kassel katechetischer Studienleiter°. Sein Auftrag°: er hatte Lehrer und Pfarrer für Religions- und Konfirmandenunterricht auszu-bilden°. Auch in Niedenstein spielt der Konfirmandenunterricht eine große Rolle. Noch vor zwei Jahren waren 57 Kinder in drei Gruppen zu betreuen°. Heute sind es dank des sogenannten Pillenknicks° nur noch 42 Kinder in zwei Gruppen—sicher eine Erleichterung° für einen Pfarrer, der so viel Arbeit hat. Denn immerhin° betreut er in seiner Kirchengemeinde drei Kirchen, ist zu-ständig°, wenn das Blei° der Kirchenfenster abblättert°, muß organisieren, wenn wieder einmal Restaurierungsarbeiten an Altar und Empore° fällig werden°, und schließlich gilt er auch noch als Orgelsachverständiger°. Kleinere Defekte an der Kirchenorgel behebt° er selbst, denn Werner Rehkopf hat auch technisches Verständnis. Als 14jähriger bastelte er Radios zusammen°. Seine Mitarbeit° in einem kirchlichen Jugendkreis aber weckte° das Engagement° für religiöse Themen. Werner Rehkopf: „Wenn ich nicht Pfarrer geworden wäre, hätte ich Naturwissenschaften studiert."

Ganz auf Technik und Naturwissenschaften mag er aber auch heute noch nicht verzichten°. In seiner Freizeit beschäftigt er sich gerne mit Elektronik—häusliches Kontrastprogramm zum anderen wichtigen Hobby, der Hausmusik, an der auch Ehefrau Gerlinde und die beiden Töchter Andrea (16) und Simone (11) beteiligt° sind.

Viel Zeit für Elektronik und Hausmusik hat Pfarrer Rehkopf allerdings nicht—denn von einem Pfarrer auf dem Land wird nun einmal Engagement auf vielen Gebieten erwartet. Andererseits aber entstehen hier auch intensive herzliche Kontakte, wie sie in der Großstadt niemals möglich wären. Es kam nicht von ungefähr°, daß die Pfarrerfrau vor zwei Jahren zur Zweiten Vorsitzenden° des örtlichen Landfrauenvereins° gewählt wurde.

Umgekehrt° aber hat Pfarrer Rehkopf auch viele Helfer. Im Kirchspiel Niedenstein wirken über fünfzig Freiwillige° mit, beispielsweise° neben-° und ehrenamtliche° Kirchenvorsteher°, Chorleiter und Organisten. Sie alle dürfen—sollen sogar—mitbestimmen°, zum Beispiel bei der Gestaltung° des Kindergottesdienstes° oder auch in der Jugendarbeit. Pfarrer Rehkopf sagt dazu: „Der Pfarrer darf nicht ausschließlich° Bezugsperson° sein. Viele sollen mitarbeiten, eigene Gedanken und Konzepte entwickeln."

Trotz dieser Hilfe bleibt für den Landpfarrer noch genug Organisationsarbeit. Er muß eben nicht nur für jeden Sonntag zwei Predigten° ausarbeiten°, sondern Veranstaltungen° außerhalb des Gottesdienstes organisieren und Verwaltungsaufgaben erledigen°. Eigentlich wäre es in Niedenstein höchste Zeit für einen zweiten Pfarrer. Daß er immer noch nicht gefunden werden konnte, ist eigentlich verwunderlich°, denn an Theologen fehlt es° nicht, und als Landpfarrer ist man schließlich freier und unabhängiger als an Hochschulen oder in der Großstadt. Möglicherweise° schrecken die jungen Theologen vor der Verwaltungsarbeit zurück°, die sie erwartet. Vielleicht aber scheuen° sie, so vermutet° Pfarrer Rehkopf, den „Erwartungsdruck"°, dem sie auf dem Land ausgesetzt° sind.

Redewendungen

dazu gehören	to belong to, be part of
es ist damit nicht getan	it is not enough to do
sich sehen lassen	to been seen
es geht darum	it is a question of
mit jemand(em) auf du stehen	to be close to someone
eine Rolle spielen	to play a role, be important
es kommt nicht von ungefähr	it is no accident

der Orgelsachverständige, -n organ specialist
beheben, o, o to fix, repair
zusammen·basteln to put together
die Mitarbeit, -en cooperation
wecken to awake, arouse
das Engagement commitment, dedication
verzichten . . . auf (+ acc.) to give up
beteiligt sein . . . an (+ dat.) to participate in
es kam nicht von ungefähr it was not by accident
die Vorsitzende, -n chairwoman
der Landfrauenverein, -e club for farm women
umgekehrt in return, conversely
der Freiwillige, -n volunteer
beispielsweise for instance
nebenamtlich working part-time, as an auxiliary
ehrenamtlich working in an honorary capacity
der Kirchenvorsteher, - churchwarden
mit·bestimmen to codetermine, decide with others
die Gestaltung, -en organization
der Kindergottesdienst, -e Sunday school
ausschließlich exclusively
die Bezugsperson, -en person to whom others relate, reference person
die Predigt, -en sermon
aus·arbeiten to prepare
die Veranstaltung, -en meeting, event
erledigen to take care of
verwunderlich strange
es fehlt . . . an there is a lack of
möglicherweise possibly
zurück·schrecken . . . vor to shy away from
scheuen to be afraid of, shun
vermuten to surmise, assume
der Erwartungsdruck pressure due to expectations
ausgesetzt sein to be exposed to

20 Wichtige Wörter

umgekehrt	**zuständig sein**	**die Lehre**	**sich kümmern**
mitwirken	**fällig werden**	**zusätzlich**	**umfassen**
mitbestimmen	**verzichten**	**ausbilden**	**vielerlei**
erledigen	**beheben**	**betreuen**	**gründen**
ausarbeiten	**basteln**	**vertiefen**	**angesehen sein**

Übungen

A. *Beantworten Sie die Fragen.*

1. Wie lange ist Pfarrer Rehkopf schon in seiner Gemeinde?
2. In welchem Teil Deutschlands ist diese Gemeinde?
3. Wie wurde der Pfarrer empfangen, als er dort ankam?
4. Was muß ein Landpfarrer alles tun?
5. Was für Ambitionen hat der Pfarrer?
6. Was hatte er während des Theologiestudiums noch studiert?
7. Was muß er heute im Konfirmandenunterricht tun?
8. Wie war die bisherige Laufbahn des Pfarrers?
9. Wofür interessiert er sich besonders?
10. Welche Unterschiede bestehen zwischen einer Kirchengemeinde auf dem Lande und in einer Stadt?
11. Wer hilft dem Pfarrer bei seiner Arbeit?
12. Was tut der Pfarrer zu Hause?
13. Was braucht man eigentlich in Niedenstein?
14. Warum ist es verwunderlich, daß man keinen zweiten Pfarrer findet?
15. Wie erklärt es Pfarrer Rehkopf?

B. *Ergänzen° Sie ein passendes Verb.*   complete

1. Der Pfarrer muß den Kirchenchor _____.
2. Von ihm wird viel _____.
3. Er ist im Ort sehr _____.
4. Seine künstlerischen Ambitionen _____ viel Interesse in Niedenstein.
5. Vor fünf Jahren _____ er einen Kinderchor.
6. Er will den Jugendlichen dafür das Verständnis _____.
7. Er hatte sich schon vorher mit Jugendfragen _____.
8. In der Gemeinde _____ er drei Kirchen.
9. Er _____ auch als Orgelsachverständiger.
10. Die Mitarbeiter sollen bei der Gestaltung des Kindergottesdienstes _____.

C. *In welcher Situation passen diese Redewendungen?*

1. Damit ist es noch nicht getan.
2. Das kommt nicht von ungefähr.
3. Ich stehe mit ihm / ihr auf du.
4. Das spielt hier keine Rolle.
5. Er / sie gehört schon lange dazu.

D. *Bilden Sie Adjektive von diesen Substantiven.*

1. der Ort
2. das Haus
3. der Sonntag
4. der Nachmittag
5. der Künstler
6. die Kirche
7. die Religion
8. die Technik
9. die Verwunderung
10. die Unabhängigkeit

E. *Bilden Sie Sätze mit den Adjektiven aus der Übung D.*

F. *Wir diskutieren.*

1. Die Kirche im täglichen Leben eines Ortes: Welche Rolle soll sie spielen?
2. Die Laufbahn / das Amt eines Pfarrers: Was kann von ihm verlangt werden und was nicht?
3. Ein Vergleich: Das Leben auf dem Dorf und in einer Großstadt.

G. *Schreiben Sie.*

1. Ein Pfarrer, den ich kenne.
2. Religion in meinem Leben.
3. In einer Jugendgruppe.
4. Meine musischen / häuslichen / beruflichen Interessen.

KAPITEL 8

LEKTÜRE

Wolfgang Hildesheimer, **Eine größere Anschaffung**

GRAMMATIK

The German Subjunctive and Its Uses
Indirect Discourse
Conditional Sentences

LANDESKUNDE

Eugen Helmlé, **Papa—Charly hat gesagt . . .**

LEKTÜRE

Wolfgang Hildesheimer

geboren am 9. Dezember 1916 in Hamburg, emigrierte 1933 zuerst nach Palästina, später erhielt er seine Ausbildung als Bühnenbildner in London. Er kam 1946 nach Deutschland zurück und war bis 1949 als Dolmetscher in Nürnberg tätig. Heute lebt er in der Schweiz. Er ist besonders bekannt durch seine Hörspiele, durch das Prosawerk Tynset *(1965) und seine Mozart-Biographie.*

Eine größere Anschaffung

Eines Abends saß ich im Dorfwirtshaus vor (genauer gesagt, hinter) einem Glas Bier, als ein Mann gewöhnlichen Aussehens° sich neben mich setzte und mich mit gedämpft-vertraulicher° Stimme fragte, ob ich eine Lokomotive kaufen wolle. Nun ist es zwar ziemlich leicht, mir etwas zu verkaufen, denn ich kann schlecht nein sagen, aber bei einer größeren Anschaffung° dieser Art schien mir doch Vorsicht° am Platze°. Obgleich ich wenig von Lokomotiven verstehe, erkundigte ich mich nach Typ, Baujahr° und Kolbenweite°, um bei dem Mann den Anschein zu erwecken°, als habe er es hier mit einem Experten zu tun, der nicht gewillt sei, die Katze im Sack zu kaufen°. Ob ich ihm wirklich diesen Eindruck vermittelte, weiß ich nicht; jedenfalls gab er bereitwillig Auskunft und zeigte mir Ansichten°, die das Objekt von vorn, von hinten und von den Seiten darstellten. Sie sah gut aus, diese Lokomotive, und ich bestellte sie, nachdem wir uns vorher über den Preis geeinigt° hatten. Denn sie war bereits gebraucht, und obgleich Lokomotiven sich bekanntlich nur sehr langsam abnützen, war ich nicht gewillt, den Katalogpreis zu zahlen.

Schon in derselben Nacht wurde die Lokomotive gebracht. Vielleicht hätte ich dieser allzu kurzfristigen Lieferung° entnehmen° sollen, daß dem Handel etwas Anrüchiges° innewohnte°, aber arglos wie ich war, kam ich nicht auf die Idee. Ins Haus konnte ich die Lokomotive nicht nehmen, die Türen gestatteten es nicht, zudem wäre es wahrscheinlich unter der Last zusammengebrochen, und so mußte sie in die Garage gebracht werden, ohnehin der angemessene° Platz für Fahrzeuge. Natürlich ging sie der Länge nach nur etwa halb hinein, dafür war die Höhe ausreichend; denn ich hatte in dieser Garage früher einmal meinen Fesselballon° untergebracht, aber der war geplatzt°.

Bald nach dieser Anschaffung besuchte mich mein Vetter. Er ist ein Mensch, der, jeglicher Spekulation und Gefühlsäußerung abhold, nur die nackten Tatsachen gelten läßt°. Nichts erstaunt ihn, er weiß alles, bevor man es ihm erzählt, weiß es besser und kann alles erklären. Kurz, ein unausstehlicher° Mensch. Wir begrüßten einander, und um die darauffolgende peinliche Pause zu überbrücken, begann ich: „Diese herrlichen Herbstdüfte . . .“—„Welkendes° Kartoffelkraut°“, entgegnete er, und an sich hatte er recht. Fürs erste steckte ich es auf und schenkte mir von dem Kognak ein, den er mitgebracht hatte. Er schmeckte nach Seife°, und ich gab dieser Empfindung Ausdruck.

das Aussehen look, aspect
vertraulich confidential

die Anschaffung, -en purchase, acquisition
die Vorsicht caution
am Platz sein to be indicated
das Baujahr year of construction
die Kobenweite, -n displacement
den Anschein erwecken to create the illusion
die Katze im Sack kaufen to buy a pig in a poke
die Ansicht, -en view, picture
sich einigen (über) to agree (on)
die Lieferung, -en delivery
entnehmen, i, a, o to take away from, deduct
anrüchig notorious, infamous, disreputable
innewohnen to be inherent
angemessen suitable, adequate

der Fesselballon, -e captive balloon
platzen to burst, blow up
etwas gelten lassen to accept, s.th. as being valid

unausstehlich unbearable, intolerable, odious

welken to wilt
das Kartoffelkraut potato-tops, potato stalks

die Seife, -n soap

Eine alte Lokomotive ist eine größere Anschaffung.

Beantworten Sie diese Fragen:

1. Wo kann man eine solche Lokomotive unterstellen?
2. Wo kann man sich eine solche Lokomotive kaufen?
3. Kann man eine solche Lokomotive auch nach Hause bringen? Warum nicht?
4. Was muß man tun, um die Lokomotive in Gang zu setzen (set in motion)?
5. Wie würden Sie diese Lokomotive nennen?

Beschreiben Sie eine Fahrt mit einer alten Lokomotive!

Er sagte, der Kognak habe, wie ich auf dem Etikett ersehen könne, auf den Weltausstellungen° in Lüttich und Barcelona große Preise, in St. Louis gar die goldene Medaille erhalten, sei daher gut. Nachdem wir schweigend mehrere Kognaks getrunken hatten, beschloß er, bei mir zu übernachten°, und ging den Wagen einstellen°. Einige Minuten darauf kam er zurück und sagte mit leiser, leicht zitternder Stimme, daß in meiner Garage eine große Schnellzugslokomotive stünde. „Ich weiß", sagte ich ruhig und nippte von meinem Kognak, „ich habe sie mir vor kurzem angeschafft°." Auf seine zaghafte° Frage, ob er öfters damit fahre, sagte ich, nein, nicht oft, nur neulich, nachts, da hätte ich eine benachbarte° Bäuerin, die ein freudiges Ereignis° erwartete°, in die Stadt ins Krankenhaus gefahren. Sie hätte noch in derselben Nacht Zwillingen° das Leben geschenkt°, aber das habe wohl mit der nächtlichen Lokomotivfahrt nichts zu tun. Übrigens war das alles erlogen°, aber bei solchen Gelegenheiten kann ich der Versuchung° nicht widerstehen°, die Wirklichkeit ein wenig zu schmücken. Ob er es geglaubt hat, weiß ich nicht, er nahm es schweigend° zur Kenntnis°, und es war offensichtlich, daß er sich bei mir nicht

die Weltausstellung, -en world's fair
übernachten to stay overnight
(den Wagen) ein·stellen to park (the car in the garage)
sich etwas an·schaffen to make (a major) purchase for oneself
zaghaft hesitant, timid
benachbart neighboring
ein freudiges Ereignis erwarten to expect a baby
der Zwilling, -e twin
das Leben schenken to give birth to
erlügen, o, o to lie
die Versuchung, -en temptation
widerstehen, a, a to resist
schweigend silent(ly), in silence
zur Kenntnis nehmen to acknowledge

mehr wohl fühlte. Er wurde ganz einsilbig°, trank noch ein Glas Kognak und verabschiedete° sich. Ich habe ihn nicht mehr gesehen.

Als kurz darauf die Meldung° durch die Tageszeitungen ging, daß den französischen Staatsbahnen° eine Lokomotive abhanden gekommen° sei (sie sei eines Nachts vom Erdboden°—genauer gesagt vom Rangierbahnhof°—verschwunden°), wurde mir natürlich klar, daß ich das Opfer° einer unlauteren° Transaktion geworden war. Deshalb begegnete ich auch dem Verkäufer, als ich ihn kurz darauf im Dorfgasthaus sah, mit zurückhaltender° Kühle. Bei dieser Gelegenheit wollte er mir einen Kran verkaufen, aber ich wollte mich in ein Geschäft mit ihm nicht mehr einlassen°, und außerdem, was soll ich mit einem Kran?

einsilbig werden to become quiet, taciturn
sich verabschieden to say goodbye, leave
die Meldung, -en announcement, report
die Staatsbahn, -en state-owned railroad
abhanden kommen to be lost, get lost, disappear
vom Erdboden verschwinden to disappear from this earth
der Rangierbahnhof, ⸚e shunting yard
das Opfer, - victim
unlauter illegal, criminal
zurückhaltend reserved
sich ein·lassen . . . in (+ acc.) to get involved in

Redewendungen

ich kann schlecht nein sagen	*I have a hard time saying no / refusing*
Vorsicht schien mir am Platz	*caution, it seemed to me, was indicated*
den Anschein erwecken	*to create the appearance / illusion*
es mit einem Experten zu tun haben	*to do business with an expert*
die Katze im Sack kaufen	*to buy a pig in a poke* (lit.: *to buy the cat in the sack*)
bereitwillig Auskunft geben	*to give the information willingly*
auf die Idee kommen	*to think of that idea*
sie geht nur halb hinein	*it fits only halfways into it* (= the garage)
etwas darin unterbringen	*to store something in it*
jeglicher Gefühlsäußerung abhold	*to be averse to any display of emotions*
nur Tatsachen gelten lassen	*to accept only facts*
fürs erste	*for now*
ich steckte es auf (coll.)	*I gave up*
ich gab dieser Empfindung Ausdruck	*I expressed this sensation*
ein freudiges Ereignis erwarten	*to expect a baby*
das Leben schenken	*to give birth*
zur Kenntnis nehmen	*to acknowledge*
sich wohl fühlen	*to feel well*
abhanden kommen	*to be lost, get lost, disappear*
vom Erdboden verschwinden	*to disappear from the top of this earth*
jemand mit Kühle begegnen	*to keep his distance with someone*
sich in ein Geschäft einlassen	*to get involved in a deal*
was soll ich mit einem Kran?	*what use do I have for a derrick?*

20 Wichtige Wörter

das **Aussehen**	das **Opfer**	welken	vertraulich
die **Anschaffung**	der **Verkäufer**	übernachten	zaghaft
das **Fahrzeug**	die **Ansicht**	sich etwas anschaffen	anrüchig
die **Gefühlsäußerung**	**Auskunft geben**	zur Kenntnis nehmen	angemessen
die **Gelegenheit**	**sich einigen über**	abhanden kommen	neulich

Übungen

I. Fragen

Beantworten Sie die Fragen.

1. Was wollte der Mann dem Erzähler verkaufen?
2. Warum zögerte der Erzähler zuerst?
3. Was hätte den Erzähler mißtrauisch machen müssen?
4. Wer besuchte ihn bald darauf?
5. Was dachte der Erzähler über seinen Vetter?
6. Warum müßte der Kognak gut sein?
7. Wie entdeckte der Vetter die Lokomotive?
8. Wann und bei welcher Gelegenheit will der Erzähler die Lokomotive benutzt haben?
9. Wie reagiert der Vetter auf seine Entdeckung?
10. Was findet der Erzähler über seine Lokomotive heraus und wie?
11. Was bietet man ihm am Ende zum Kaufen an?
12. Wie reagiert er darauf?

II. Grammatische Übungen

A. *Setzen Sie die Endungen ein.*

1. Ein Mann gewöhnlich _____ Aussehens.
2. Er fragt mich mit vertraulich _____ Stimme.
3. Bei einer größer _____ Anschaffung.
4. Er ist jeglich _____ Gefühlsäußerung abhold.
5. Diese herrlich _____ Herbstdüfte.
6. Bei dieser zweit _____ Gelegenheit.
7. Er sprach mit leis _____ zitternd _____ Stimme.
8. Eine benachbart _____ Bäuerin erwartete ein freudig _____ Ereignis.

B. *Setzen Sie das Reflexivpronomen ein.*

1. Ich erkundige _____ nach dem Preis.
2. Wir einigen _____ über den Preis.
3. Ich schenkte _____ den Kognak ein.
4. Er schafft _____ eine Lokomotive an.
5. Fühlst du _____ nicht wohl?
6. Sie verabschieden _____ schnell.
7. Ich lasse _____ nicht in ein Geschäft mit ihm ein.
8. Habt ihr _____ geeinigt?

C. *Verbinden Sie die Ausdrücke zu einem Satz.*

1. Er erkundigt sich / Preis
2. Du einigst dich / er / Geschäft
3. Bitte geben Sie mir Auskunft / Fahrplan
4. Der Kognak schmeckt / Seife
5. Verstehst du etwas / Autos

6. Ich kam nicht / diese Idee

7. Das hat nichts zu tun / nächtliche Fahrt

8. Ich begegne diesem Mann / Zurückhaltung

D. *Setzen Sie die passenden Redewendungen aus der Liste ein.*

Ein Mann wollte mir einen Elefanten verkaufen, aber ich wollte _____ _____. Ich sagte mir, hier ist _____, denn es ist eine größere Anschaffung, und ich will ihn erst sehen, ich will nicht _____. Aber ich stellte viele Fragen, ich wollte _____, als ob ich ein Experte sei, denn ich _____, den Verkäufer zu beeindrucken. Er verlangte tausend Mark Anzahlung, und als ich sie ihm gegeben hatte, _____, und ich sah ihn nie wieder. Mir wurde klar, daß ich _____ war. Und was _____ mit einem Elefanten?

sich in ein Geschäft einlassen / was soll ich mit. . . / Vorsicht ist am Platze / das Opfer einer. . . . Transaktion werden / die Katze im Sack kaufen / vom Erdboden verschwinden / den Anschein erwecken / es nicht lassen können

III. Übungen zum Sprechen und Schreiben

A. *Fragen Sie Ihren Nachbarn / Ihre Nachbarin.*

1. Was findest du komisch?

2. Was findest du wahrscheinlich oder unwahrscheinlich?

3. Was findest du unheimlich?

4. Was ist ein gutes / schlechtes Geschäft?

5. Welchen Menschen ärgerst du gern?

6. Was glaubst du und was glaubst du nicht?

7. Was findest du traurig?

8. Was war bisher deine größte Anschaffung?

9. Kannst du anderen Leuten eine (gestohlene) Lokomotive verkaufen?

10. Was tust du, wenn du einen Menschen siehst, der dich betrogen hat?

B. *Erfinden Sie einen Dialog.*

1. Jemand will mir ein Auto verkaufen.

2. Ein unsympathischer Verwandter besucht mich.

3. Ich soll eine schwangere Frau ins Krankenhaus fahren.

4. Jemand setzt sich im Gasthaus an meinen Tisch und beginnt ein Gespräch.

C. *Wir diskutieren.*

1. Was von dem, was wir kaufen, ist wirklich nützlich und notwendig?

2. Gibt es Parallelen zwischen diesem Kauf einer Lokomotive und Dingen, die wir durch Suggestion von Reklamen kaufen?

3. Wahrheit und Lüge im täglichen Umgang (**der Umgang** = *relationship, association*) mit Menschen.

D. *Schreiben Sie.*

Eine Geschichte: Mein Freund erzählt mir, wie er einen Gebrauchtwagen (*used car*) gekauft hat. *Benutzen Sie dabei diese Wörter:*

die Anschaffung / das Fahrzeug (*vehicle*) / die Garage / die Gelegenheit / der Verkäufer / das Opfer / die Gefühlsäußerung / Auskunft geben / bestellen / anbieten / sich einigen / sich etwas anschaffen / zaghaft / zurückhaltend / einsilbig / bereitwillig /

GRAMMATIK

The German Subjunctive and its Uses

In contrast to English, German has distinct subjunctive forms, and therefore the speakers of German are more aware of the difference between the subjunctive and indicative moods. The subjunctive mood expresses wishes, unrealized possibilities, or reports of what has been said, but is not verified—thus an array of aspects between reality and impossibility which are largely subject to the individual judgment of the speaker. Therefore, stylistic considerations enter into the use of the forms of the subjunctive. Also, as will be explained below, the system of the two subjunctives in German may be confusing not only to the foreign student, but also to native speakers, depending on their level of education and sophistication of speech, so that the actual use, especially in conversational German, may be quite different from the system. However, the system exists, and native speakers of German are aware of the differences between the two subjunctives, as well as between the indicative and subjunctive moods, although they may prefer not to use certain forms. There is also, especially in the case of subjunctive I, a clear difference between the use in conversation and in written texts, as well as in different types of written texts. The following explanations present the system of the subjunctive. Appropriate use in speaking and, even more, in writing, is a matter of extended practice.

Indirect Discourse

1. Indirect discourse is a way of quoting what somebody else has said not verbatim but in essence: *He said that he had bought the house;* as opposed to a direct quote: *He said, "I bought the house".* In an indirect quote a speaker not only paraphrases what someone else has said but also frequently indicates that truth of the statement cannot be guaranteed. This uncertainty is expressed by the use of the subjunctive. In English, since the forms of the subjunctive have practically merged with those of the indicative, most speakers use the conditional would, which basically expresses contrary-to-fact conditions. In German, the subjunctive forms are still alive, and thus a somewhat more complex system is in force.

2. There are, in fact two subjunctives in German. Subjunctive I, also called indirect-discourse subjunctive or special subjunctive, is used for reporting quotes of other speakers.

   Er sagte, daß er zufrieden ist. (Indicative)
   Er sagte, daß er zufrieden sei. (Subjunctive I)
   Er sagte, daß er zufrieden wäre, wenn er das erreichte. (Subjunctive II)

   The indicative expresses a strong endorsement of the statement by the speaker; by using Subjunctive I the speaker abstains from an endorsement, which may or may not of course imply criticism or doubt; and Subjunctive II expresses a contrary-to-fact condition or conditional, *"if. . . .".*

Subjunctive I

1. Subjunctive I is used to express unreal comparisons:

Er wollte den Anschein erwecken, als <u>habe</u> er es hier mit einem Experten zu tun.	*He wanted to give the impression as if he were dealing with an expert.*

2. Subjunctive I is used in indirect discourse. In indirect discourse, a statement is reported indirectly as subordinate clauses with **daß** or **ob;** the **daß** can be omitted. If so, the word order is then that of a main clause.

Er sagte, daß er sich die Lokomotive vor kurzem angeschafft habe.	*He said (that) he had bought the locomotive a short while ago.*
Er sagte, er habe sich die Lokomotive vor kurzem angeschafft.	

Questions are introduced by a question word or **ob:**

Ich fragte ihn: „Was hast du gesehen?"	**Ich fragte ihn, was er gesehen habe.**
Ich fragte ihn: „Hast du das gesehen?"	**Ich fragte ihn, ob er das gesehen habe.**

3. Subjunctive I is used to express desires, requests, and directions:

Er lebe hoch!	*May he live a long time!*
Man ziehe eine Linie von Punkt A nach Punkt B.	*Draw a line from point A to point B.*

Often commands and requests are expressed in the Subjunctive I with the help of modals, such as **mögen, sollen, müssen:**

Ich bat sie: „Hilf mir doch bitte!"	**Ich bat sie, sie möge mir doch bitte helfen.**
Ich sagte ihm: „Komm heute abend zu mir!"	**Ich sagte ihm, er solle heute abend zu mir kommen.**
Ich befahl ihnen: „Springt ins Wasser!"	**Ich befahl ihnen, sie sollten/ müßten ins Wasser springen.**

4. The forms of Subjunctive I are derived from the infinitive stem.
COMPARISON: Present tense, Indicative and Subjunctive I of **nehmen, können, haben:**

	Present Indicative	Present Subj. I	Present Indicative	Present Subj. I	Present Indicative	Present Subj. I
ich	nehme	nehm**e**	kann	könn**e**	habe	hab**e**
du	nimmst	nehm**est**	kannst	könn**est**	hast	hab**est**
er	nimmt	nehm**e**	kann	könn**e**	hat	hab**e**
wir	nehmen	nehm**en**	können	könn**en**	haben	hab**en**
ihr	nehmt	nehm**et**	könnt	könn**et**	habt	hab**et**
sie	nehmen	nehm**en**	können	könn**en**	haben	hab**en**

5. The verb **sein** in the present tense, Subjunctive I is irregular.

ich	**sei**	wir	**seien**
du	**seiest**	ihr	**seiet**
er, sie, es **sei**		sie, Sie **seien**	

6. With regular verbs, the forms for first person singular and first and third person plural are identical with the present indicative.

fragen (*to ask*)

ich frag**e**	wir frag**en**
du fragest	ihr fraget
er frage	sie frag**en**

The second person subjunctives are rarely used; <u>only the third person singular is a commonly employed Subjunctive I form.</u>

7. The <u>past</u> tense of Subjunctive I uses Subjunctive I of the auxiliary verb (**haben** or **sein**) + past participle:

er sei	gekommen	*he had come*
er habe	gefragt	*he had asked*

8. The <u>future</u> tense uses **werden** + infinitive:

er werde kommen   *he will come*

9. The obvious problem with Subjunctive I is that it is identical with the indicative in most of its forms. Thus the speaker has two choices: use the form that would be understood as indicative and thus give up the subjunctive meaning; or switch to Subjunctive II. In order to preserve the meaning of indirect discourse subjunctive, the speaker switches from Subjunctive I to Subjunctive II when the form of Subjunctive I is identical with the indicative. The present tense would look as follows: (mixing Subjunctive I and II)

ich fragte	(S II)	wir fragten	(S II)
du fragest	(S I)	ihr fraget	(S I)
er frage	(S I)	sie fragten	(S II)
or			
ich käme	(S II)	wir kämen	(S II)
du kommest	(S I)	ihr kommet	(S I)
er komme	(S I)	sie kämen	(S II)
or			
ich wisse	(S I)	wir wüßten	(S II)
du wissest	(S I)	ihr wisset	(S I)
er wisse	(S I)	sie wüßten	(S II)

Personal pronouns:
There are changes in the personal pronouns from direct and indirect quotes.

I said to him, 'You can help me with my work'.	Ich sagte ihm: „**Du** kannst mir bei der Arbeit helfen."
I said to him that he could help me with my work.	Ich sagte ihm, daß **er** mir bei der Arbeit helfen könne.

Übungen

A. *Setzen Sie die richtigen Verbformen ein.*

1. Er fragte mich, ob ich eine Lokomotive kaufen _____. (wollen)
2. Ich sagte, daß ich es mir überlegen _____. (müssen)
3. Er dachte, daß wir uns über den Preis geeinigt _____. (haben)
4. Ich fragte ihn, ob er nichts _____. (bestellen)
5. Er erzählte mir, daß er dort _____. (übernachten, Vergangenheit)
6. Er sagte, daß er sich nicht mit mir _____. (einlassen)
7. Ich fragte, ob mein Vetter schon _____, (abreisen, Vergangenheit)
8. Ich fragte die Leute, ob sie meine Lokomotive sehen _____. (wollen)
9. Er dankte mir, daß ich ihm Auskunft _____. (geben, Vergangenheit)
10. Ich glaubte, daß wir nie _____. (ankommen, Zukunft)

B. *Setzen Sie in die indirekte Rede.*

1. Er sagte: „Du kannst hier übernachten."
2. Ich fragte ihn: „Hast du dir die Lokomotive gekauft?"
3. Er sagte uns: „Stellt doch euer Auto in die Garage."
4. Er fragte mich: „Wie oft fährst du mit der Lokomotive?"
5. Die Kellnerin fragte uns: „Soll ich Ihnen noch mehr Wein einschenken?"
6. Er fragte mich: „Hast du dir auch einen Kran angeschafft?"
7. Er dachte: „Der Kognak hat nach Seife geschmeckt."
8. Er sagte ihr: „Bestellen wir doch noch eine Flasche Wein."
9. Er fragte mich: „Hattest du nicht auch einen Ballon in der Garage?"
10. Ich sagte ihnen: „Ich habe euch nicht stören wollen."

C. *Er erzählte uns:*

„Die Autos auf der Straße waren zu einer langen Kette aufgefahren. Nur stockend schob sie sich vorwärts. Menschen gingen an mir vorbei, kamen mir entgegen; ich achtete darauf, daß sie mich nicht streiften. Einem Platzregen° von Gesichtern war ich ausgesetzt, fahle° Ovale, die sich mit dem wechselnden Reklamelicht verfärbten°. Ich strengte mich an, den Schritt der vielen anzunehmen. Abgerissene Gesprächsfetzen schlugen an mein Ohr, jemand lachte. für eine Sekunde haftete° mein Blick an dem Gesicht einer Frau, ihr offener, bemalter Mund sah schwarzgerändert° aus."

der Platzregen downpour
fahl pale
verfärben discolor
haften stick
schwarzgerändert black-rimmed

Setzen Sie diesen Absatz in die indirekte Rede!

Conditional Sentences

1. The German Subjunctive II expresses contrary-to-fact conditions, that is, conditions that are possible, desirable, or not desirable, but that have not materialized or are not expected to materialize:

If I had known, I would have helped you.
I would jump from the cliff if you gave (would give) me 100 dollars.

The most frequent use of the conditional Subjunctive II occurs in i̲f̲-clauses.

Wenn ich Zeit hätte, ginge ich ins Kino.

However, Subjunctive II may occur in many other sentence constructions, if contrary-to-fact conditions exist.

Das ist ein Film, den ich gern sehen möchte.

This is a wish whose realization is still in doubt, in contrast to:

Das ist ein Film, den ich unbedingt sehen will.

Sometimes Subjunctive II expresses alternatives to the expected or proposed plan of action:

Wir könnten natürlich auch ins Kino gehen.

It indicates possibilities which are thinkable but remain outside the expected reality:

Mit so viel Geld könnte er sich ein Schloß kaufen.

Subjunctive II, past tense, expresses missed opportunities, sometimes regret:

Hätte ich doch nur daran gedacht!	*If I only had thought of it.*
Wenn du mich daran erinnert hättest, hätte ich es nicht vergessen.	*If you had reminded me about it, I wouldn't have forgotten it.*

2. In German clauses in the present tense, the conditional form **würde** is sometimes substituted for the Subjunctive II-forms:

Wenn er käme, freuten wir uns.   *If he would come, we would be happy.*
Wenn er kommen würde, freuten wir uns.
Wenn er käme, würden wir uns freuen.

Substitution of both verb forms is considered awkward:

Wenn er kommen würde, würden wir uns freuen.

The use of **würde** in the past tense should be avoided.

Wenn er gekommen wäre, würden wir uns gefreut haben.
Wenn er gekommen sein würde, hätten wir uns gefreut.

Since **würde** expresses the conditional, there is no verbal expression of the future with **werden** in conditional clauses, particularly, since the present tense already expresses expectation:

Wenn er jetzt käme, gingen wir tanzen.

3. **Wenn**-clauses with modal verbs develop complicated word order, especially in the past tense:

Wenn er heute fahren wollte, müßte er jetzt packen.   (Present)
Wenn er gestern hätte fahren wollen, hätte er vorher packen müssen.   (Past)

In the past tense, modal verbs use double infinitives, and the conjugated verb forms are placed before the infinitives in dependent clauses.

4. Verbs are conjugated in Subjunctive II, Present Tense as follows:

Past tense stem of the verb + subjunctive endings

fragen			**schreiben**
ich	fragte	**-e**	schrieb**e**
du	fragtest	**-est**	schrieb**est**
er, sie, es	fragte	**-e**	schrieb**e**
wir	fragten	**-en**	schrieb**en**
ihr	fragtet	**-et**	schrieb**et**
sie, Sie	fragten	**-en**	Sie schrieb**en**

Irregular verbs and strong verbs use <u>Umlaut</u> where possible:

ich h**ä**tte   ich w**ü**rde   ich d**ä**chte   ich z**ö**ge
ich k**ä**me   ich w**ü**ßte   ich f**ü**hre   ich f**ä**nde

Verbs like **brannte** switch to the **e** of the infinitive: **brennte**. Strong verbs with a short **a** as stem vowel of the past tense switch to **u** with umlaut: half—hülfe
          starb—stürbe
The present tense, Subjunctive II, of **haben** und **sein** are:

	haben	**sein**
ich	hätte	wäre
du	hättest	wärest
er, sie, es	hätte	wäre
wir	hätten	wären
ihr	hättet	wäret
sie, Sie	hätten	wäre

5. The past tense of Subjunctive II, consists of the subjunctive of **haben** or **sein** + past participle:

er hätte gedacht	*he had thought / would have thought*
er hätte gehabt	*he had had / would have had*
er wäre gekommen	*he had come / would have come*
er wäre gewesen	*he had been / would have been*

6. Word order:
Note that in conditional **wenn**-clauses the rules for subordinating conjunctions (cf. Kapitel 5) prevail.

Wenn ich ihn fände, wäre ich nicht traurig.

Ich wäre nicht traurig, wenn ich ihn fände.

Ich wäre nicht traurig gewesen, wenn ich ihn gefunden hätte.

Ich wäre nicht traurig gewesen, wenn ich ihn hätte finden können.

The conjunction **wenn** can be omitted in these clauses. In this case, the word order changes, but not the meaning.

Hätte ich ihn gefunden, so wäre ich nicht traurig gewesen.

7. Subjunctive II—Present tense modals.

Modals retain the umlaut in the present-tense Subjunctive II if they have an umlaut in the infinitive:

Infinitive	Subjunctive II
dürfen	ich **dürfte**
können	ich **könnte**
mögen	ich **möchte**
müssen	ich **müßte**
BUT:	
sollen	ich **sollte**
wollen	ich **wollte**

Modals have the same personal endings in the present Subjunctive II as in the past indicative:

Past Indicative		Present Subjunctive II
ich	**durfte**	**dürfte**
du	**durftest**	**dürftest**
er, sie, es	**durfte**	**dürfte**
wir	**durften**	**dürften**
ihr	**durftet**	**dürftet**
sie, Sie	**durften**	**dürften**

8. Subjunctive II—past tense with modals.

If the modal is used with a dependent infinitive, the double-infinitive construction occurs in the past tense, Subjunctive II. Modals use only **haben** as auxiliary verbs, consequently the typical past-tense structure of modals looks like this in the Subjunctive II:

Subjunctive II of **haben** + double infinitive

Eigentlich **hätte** ich **arbeiten müssen.**

Übungen

A. *Drücken Sie den Wunsch aus:*

Beispiel: Er ist nicht hier.—**Wenn er doch nur hier wäre!**

1. Er fährt nicht Auto.
2. Wir haben keine Zeit.
3. Das Wetter ist nicht schön.
4. Er hat mich nicht besucht.
5. Sie glauben alles.
6. Er hat alles bezahlt.
7. Ich weiß wenig.
8. Sie kann es nicht verstehen.
9. Er muß immer arbeiten.
10. Er läßt sich wieder in ein Geschäft ein.

B. *Machen Sie einen irrealen Vergleich.*

Beispiel: Er spricht / alles wissen
   Er spricht, als ob er alles wüßte.

1. Er begrüßte mich / mich schon kennen
2. Mein Vetter sah mich an / ich verrückt sein
3. Ich machte ein Gesicht / mir der Kognak nicht schmecken
4. Er verkaufte die Lokomotive / sie ihm gehören
5. Ich kaufte die Lokomotive / ich sie wirklich brauchen
6. Mein Vetter reiste so schnell ab / Angst um sein Leben haben

C. *Schreiben Sie die Sätze zuende.*

1. Es wäre schön, wenn / Sie / können / geben / Auskunft
2. Er wäre sehr dumm gewesen, wenn / er / bestellen / die Lokomotive
3. Es wäre besser gewesen, wenn / wir / einigen / uns
4. Ich wäre froh, wenn / mein Vetter / abreisen / so schnell
5. Mein Vetter riefe die Polizei an, wenn / er finden / die Lokomotive / in / die Garage

D. *Und wenn es anders gewesen wäre? Schreiben Sie die Sätze um.*

Beispiel: Ich habe ihn nicht gefunden, deshalb war ich traurig.
   Wenn ich ihn gefunden hätte, wäre ich nicht traurig gewesen.

1. Ich habe die Lokomotive gekauft, deshalb habe ich viele Probleme.
2. Ich kann nicht nein sagen, deshalb lasse ich mich in solche Geschäfte ein.
3. Er fuhr mit der Lokomotive ins Haus, deshalb brach es zusammen.
4. Er schenkte sich einen Kognak nach dem anderen ein, deshalb war er schnell betrunken.
5. Er hatte eine schlechte Erfahrung gemacht, deshalb kaufte er den Kran nicht.
6. Der Vetter war jeder Gefühlsäußerung abhold, deshalb sagte er nichts über die Lokomotive.
7. Ich konnte meinen Vetter nicht ausstehen, deshalb erzählte ich die Geschichte mit den Zwillingen.
8. Ich setzte mich zu oft ins Wirtshaus und trank zu viel Bier, deshalb kam der Schwindler zu mir.

E. *Setzen Sie die Sätze in die Vergangenheit. (Subjunctive II)*

1. Wenn wir uns über den Preis einigten, bestellte ich den Kran.
2. Wenn er den Kran bestellen wollte, bekäme er ihn billig.
3. Wenn wir hier übernachten können, blieben wir einige Tage.
4. Wenn ich mich danach erkundigen sollte, müßtest du es mir sagen.
5. Wenn du dein Auto hier einstellen wolltest, müßtest du den Kran wegschieben.
6. Wenn ich dir etwas Kognak anbieten dürfte, könnten wir zusammen trinken.
7. Wenn er nicht so zurückhaltend wäre, könnten wir zusammen ausgehen.
8. Wenn ich nicht einen unausstehlichen Nachbarn hätte, bliebe ich hier wohnen.

F. *Ersetzen Sie den zweiten Teil der Sätze in Übung E durch eine Konstruktion mit* **würde.**

Beispiel: Wenn ich das wüßte, kaufte ich den Kran.
   Wenn ich das wüßte, **würde** ich den Kran **kaufen.**

G. *Schreiben Sie die Sätze in höfliche Formulierungen um.*

Beispiel: Ich will bei dir übernachten! **Könnte ich bei dir übernachten?**

1. Schenk mir einen Kognak ein!
2. Fahr mich zum Bahnhof!
3. Ich will eine Frage stellen.
4. Hast du Zeit für mich?
5. Kommst du mit ins Kino?
6. Sei ruhig!
7. Aufpassen!
8. Ich bedanke mich.
9. Wie komme ich zum Bahnhof?
10. Machen Sie doch Schluß!

LANDESKUNDE

Eugen Helmlé

Papa—Charly hat gesagt . . . Die Reichen

VATER LIEST EIN BUCH.

Papa, Charly hat gesagt, sein Vater hat gesagt, die Reichen werden immer reicher.
Stimmt das°?

Dumme Sprüche°, sonst nichts°. Wahlsprüche°.

Was sind denn Wahlsprüche?

Das sind Sprüche, die von den Parteien vor den Wahlen unter das Volk gebracht werden°.

Sind alle Wahlsprüche dumme Sprüche?

Nein.

DER VATER BLÄTTERT EINE BUCHSEITE UM UND VERSUCHT WEITERZULESEN. DOCH SEIN SOHN LÄSST NICHT LOCKER°.

Stimmt das? Is that right?
der Spruch, ⸚e word, slogan, motto
sonst nichts nothing else
der Wahlspruch, ⸚e (election) campaign slogan
unter das Volk bringen to tell the people
nicht locker lassen to insist, not to give in

Aber „Die Reichen werden immer reicher" ist einer?

Ja.

Wieso?

Weil diese Behauptung° so nicht stimmt.

die Behauptung, -en argument, statement

Welche Behauptung?

Daß die Reichen immer reicher werden.

Wieso? Werden die Reichen immer ärmer?
Du, Papa, dann sind die Reichen ja eines Tages arm.

Nein. Sicher, auch das kommt mal vor, aber im Prinzip doch kaum.

Dann werden sie also doch immer reicher, wenn sie nicht ärmer werden,
genau wie Charlys Vater sagt.

Da steckt doch nur der Neid dahinter°, hinter diesen Phrasen° von Charlys
Vater. Dabei sind sie nicht einmal° auf seinem Mist gewachsen°. Die hat er
nämlich von der Partei, die er wählt.

dahinter stecken to be behind
die Phrasen (pl.) empty words, clap-trap
nicht einmal not even
auf seinem Mist wachsen to grow on one's own manure, i.e., (the thoughts) have originated in one's own mind

Was für eine Partei wählt er denn?

Na, was für eine Partei wird der schon wählen?

Was für eine Partei wählst denn du, Papa?

Das ist Wahlgeheimnis°.

das Geheimnis, -se secret

Wählst du dieselbe Partei wie Charlys Vater?

Kaum anzunehmen°.

kaum anzunehmen not very likely

Und warum°?

Darum°.

warum—darum why—therefore

Darum, das ist doch keine Antwort.

Vielleicht ist dir schon aufgefallen°, daß ich ein Buch lese und dazu brauche
ich meine Ruhe. Verstanden?

mir fällt auf it's dawning on me

Klar° hab' ich verstanden.
Das ist doch immer so. Wenn du nicht antworten kannst oder willst, brauchst
du deine Ruhe. Dabei hast du erst neulich° gesagt: „Wenn du Fragen hast,
komm zu mir."

Na und? Kannst du etwa nicht zu mir kommen, wenn du Fragen hast? Aber
wenn du siehst, daß ich beschäftigt bin°, dann ist es doch nicht unbedingt°
nötig°, daß du mich störst°.

Bist du ja gar nicht. Du liest ja nur.

Aha. Das ist offensichtlich° wieder Charlys Einfluß°. Lesen scheint° bei
diesen Leuten nicht sehr hoch im Kurs zu stehen°.

Denkste°!
Charly sagt, sein Vater liest sogar Gedichte°, wenn er sonst nichts zu tun
hat.

Was du nicht sagst.

Charly kann sogar eins auswendig°, hat ihm sein Vater beigebracht°.
Soll ich dir's vorsagen°?

Meinetwegen°.

Man macht aus° deutschen Eichen° keine Galgen° für die Reichen.

Wohl Arbeiterdichtung°, was?

Weiß nicht. Charly sagt, das ist von Heinrich . . . Heinrich . . . und noch
was mit Hein, glaub' ich . . .

Vielleicht Heinrich Heine?

Ja. Kennst du den? Hat der noch mehr Gedichte geschrieben?

Massenweise°. Auch so einer°, der sich nicht in die Ordnung fügen° konnte.
Deshalb hat er sich auch rechtzeitig° nach Frankreich abgesetzt°.

Braucht man sich in Frankreich nicht in die Ordnung zu fügen?

Natürlich. Außerdem war das schon im letzten Jahrhundert. Und jetzt laß
mich endlich weiterlesen.

---

klar! okay, of course

erst neulich only recently

beschäftigt sein to be busy
unbedingt absolutely
nötig sein to be necessary
stören to disturb

offensichtlich obviously
der Einfluß, ⸚sse influence
scheinen, ie, ie to seem, appear

hoch im Kurs stehen to be of great importance
denkste! (denkst du) that's what you think
das Gedicht, -e poem

auswendig können to know by heart
bei·bringen, a, a to teach
vor·sagen to recite
meinetwegen for all I care, by all means
machen aus to produce from
die Eiche, -n oak
der Galgen - gallow
die Dichtung, -en poetry, literature

massenweise in masses, in abundance
auch so einer another one of those
sich in die Ordnung fügen to comply with the rules
rechtzeitig on time
sich ab·setzen to escape

DAS GESPRÄCH IST FREILICH NOCH NICHT BEENDET. DER JUNGE RUTSCHT° AUF SEINEM STUHL HIN UND HER UND PLATZT HERAUS°.

Papa, leben Reiche denn sicherer?

Wann? Wieso?

Wenn für die Reichen keine Galgen gemacht werden?

Erstens gibt es bei uns sowieso° keine Galgen mehr, weder für reich noch° für arm. Und zweitens leben die Reichen schon gar nicht sicherer. Im Gegenteil°, ständig° werden welche entführt°.

Warum werden die entführt?

Wegen des Lösegeldes°. Die Familie muß dann viel Geld bezahlen, um sie wieder frei zu bekommen.

Ja, das stimmt, das hab' ich neulich in der Zeitung gelesen. Charly sagt, das ist, weil bei denen mehr zu holen ist°.

Also leben sie nicht sicherer, das muß dir doch einleuchten°.

Du, Papa, sind wir reich?

Nein, sind wir nicht, das weißt du doch. Aber wir kommen gut aus°.

Wenn wir nicht reich sind, haben wir dann weniger vom Leben?

Nein, das Gegenteil ist eher der Fall°. Man sollte nämlich den Reichtum nicht überschätzen°. Wichtiger als alle Sachgüter° sind die geistigen°, die ethischen und die ewigen° Werte. Wer nur nach Besitz° strebt°, zeigt damit doch nur, daß er im Grunde° ein unreifer° Mensch ist.

Ist dann Reichtum was Schlechtes?

An sich ist Reichtum natürlich nichts Schlechtes. Im Gegenteil, redlich° erworben° und richtig gebraucht, gibt der Reichtum große Möglichkeiten zur persönlichen Entfaltung.

Können sich die andern nicht so entfalten°?

Sicher, jeder kann sic bei uns entfalten, und zwar frei entfalten, aber wenn man reich ist, hat man halt mehr Möglichkeiten dazu. Das ist auch der

---

rutschen to slide
heraus·platzen to burst out (with s.th.), to blurt out

sowieso anyway
weder . . . noch neither . . . nor
im Gegenteil on the contrary
ständig constantly
entführen to kidnap, to abduct
das Lösegeld, -er ransom money

bei denen ist mehr zu holen you can get more money out of them
ein·leuchten to realize, to understand

gut aus·kommen, a, o to manage alright

eher der Fall sein (the contrary) to be more likely
überschätzen to overestimate
die Sachgüter (pl.) material goods
geistig spiritual, mental
ewig eternal
der Besitz possession
streben nach to strive for, to aim for
in Grunde basically
unreif immature
redlich honest (ly)
erwerben, i, a, o to gain, to earn
sich entfalten to develop

einzige° Unterschied zwischen den Reichen und den andern, die nicht so reich sind.

Dann haben die Reichen also doch mehr vom Leben?

Laß dir nichts vormachen°, mein Junge. Mit dem Reichtum fertigwerden° ist auch ein Problem, und zwar ein großes, wie einer unserer früheren Bundeskanzler mal gesagt hat. Und dieses Problem, siehst du, das hat man nicht, wenn man nicht reich ist. Leider wollen das viele nicht einsehen°, auch Charlys Vater nicht.

Du Papa, wie wird man denn überhaupt reich?

Reich, na ja, reich wird man durch Arbeit und Sparsamkeit°. Ja, so wird man reich.

Warum sind wir dann nicht reich? Arbeitest du nicht genug, Papa?

Natürlich arbeite ich, mehr als genug, ich bin schließlich° Beamter, aber das allein genügt° halt° nicht.

Ist Mama nicht sparsam genug?

Sag das mal nicht zu laut, du weißt, daß Mama da keinen Spaß versteht°. Und ob die sparsam ist. Aber man muß halt noch ein bißchen° Glück dazu haben, wenn man reich werden will.

Wie im Toto?

Genau.

Aber wenn man im Toto gewinnt, braucht man doch nicht zu arbeiten und nicht zu sparen.

Nein, aber man muß Glück haben.

Und wo kriegen die Reichen das viele Geld her, das sie haben?

Wo sollen sie es schon herkriegen? Das hab' ich dir doch schon einmal gesagt, sie sparen halt.

Charly ist da anderer Meinung°.

So?

einzig only

sich etwas vormachen lassen to be deceived
fertig·werden (mit), i, u, o to deal with, to manage
ein·sehen, ie, a, e to realize

die Sparsamkeit thrift, thriftiness, parsimony

schließlich after all
genügen to suffice
halt *here:* of course

keinen Spaß verstehen not to appreciate that kind of joke
ein bißchen a little bit

anderer Meinung sein to be of a different opinion, to think differently

*Ja, Charly sagt, sein Vater hat gesagt, solange einer die andern nicht über-
vorteilt° und betrügt°, kann er nicht reich werden. Sind alle Reichen dann
Betrüger?*

Natürlich nicht. Was Charlys Vater da behauptet, ist einfach unverantwort-
lich°. Abgesehen davon°, daß es diffamierend° ist.

*Charlys Vater hat noch gesagt, reich wird man nicht vom Arbeiten allein,
sonst müßte der Esel° reicher als der Müller° sein.*

Da hat° er allerdings° recht°. Denn intelligent muß man auch noch sein.
Und deshalb wird Charlys Vater wohl° nie reich werden.

Du, Papa, und warum bist du nicht reich?

übervorteilen to take advantage of s.o., to defraud
s.o.

betrügen, o, o to cheat, to
betray

unverantwortlich irresponsible

abgesehen davon, daß
without mentioning that

diffamierend defamatory,
slanderous

der Esel, - donkey

der Müller, - miller

allerdings *here:* certainly, of
course, indeed

recht haben to be right

wohl probably

Redewendungen

Sein Sohn läßt nicht locker.	*His son does not give in.*
Auch das kommt mal vor.	*That can also happen.*
Da steckt doch nur der Neid dahinter.	*Behind all that is only envy.*
Sie sind nicht einmal auf seinem Mist gewachsen.	*They are not even his own thoughts.*
Kaum anzunehmen!	*Not very likely.*
Lesen scheint bei diesen Leuten nicht sehr hoch im Kurs zu stehen.	*Reading does not seem to be one of their strong points.*
Denkste!	*That's what you think.*
Man macht aus deutschen Eichen keine Galgen für die Reichen.	*They don't make gallows for the rich from German oak trees.*
Das muß dir doch einleuchten.	*You have to realize that.*
Wir kommen gut aus.	*We manage pretty well.*
Haben wir dann weniger vom Leben?	*Do we get less out of life?*
Das Gegenteil ist eher der Fall.	*The opposite is more likely.*
Laß dir nichts vormachen.	*Don't be deceived. / Don't be fooled.*
Mama versteht da keinen Spaß.	*Mother doesn't appreciate that kind of humor.*

20 Wichtige Wörter

die **Partei**	das **Gespräch**	kaum	stören
das **Wahlgeheimnis**	der **Reichtum**	nämlich	erwerben
die **Meinung**	das **Jahrhundert**	versuchen	meinetwegen
der **Einfluß**	die **Möglichkeit**	scheinen	erstens
die **Behauptung**	unbedingt	wählen	schließlich

Übungen

A. *Beantworten Sie folgende Fragen.*

1. Was sagt der Vater darüber, daß Reiche immer reicher werden?
2. Wie erklärt der Vater seinem Sohn, daß die Behauptung „Die Reichen werden immer reicher" nicht stimmt?
3. Warum will der Vater nicht sagen, welche Partei er wählt?
4. Was sagt der Vater über Heinrich Heine?
5. Warum leben die Reichen nicht sicher?
6. Wer hat mehr vom Leben, die Reichen oder die Armen?
7. Was sagt der Vater über die persönliche Entfaltung des einzelnen Menschen?
8. Was soll einmal ein früherer Bundeskanzler über den Reichtum gesagt haben?
9. Wie wird man reich?
10. Was hat Charlys Vater gesagt, wie man reich wird?
11. Wie reagiert der Vater darauf, daß alle Reichen Betrüger sein sollen?
12. Warum ist der Vater nicht reich?

B. *Diskussions- und Aufsatzthemen.*

1. Was würden Sie machen, wenn Sie reich wären?
2. Welche Wahlsprüche kennen Sie, die etwas mit diesem Thema zu tun haben?
3. Wer hat nach Ihrer Meinung mehr vom Leben—die Reichen oder die Armen?
4. Schreiben Sie einen Aufsatz über das Thema Reichtum und Armut.
5. Schreiben Sie einen Dialog zwischen einem Reichen und einem Armen über das Thema, wie man reich wird und was man vom Leben hat.

C. *Erklären Sie folgende Ausdrücke in einem Satz.*

1. entführen	6. Glück haben
2. der Bundeskanzler	7. auswendig können
3. sparsam	8. rechtzeitig
4. unverantwortlich	9. die Partei
5. die Meinung	10. das Wahlgeheimnis

D. *Wählen Sie das richtige Wort und setzen Sie es ein.*

1. Was für eine Partei wird er _____?
2. Störe mich nicht, ich bin _____.
3. Das Gedicht hat ihm sein Vater _____.
4. Mit dem _____ fertigwerden, ist auch ein Problem.
5. Wenn man reich ist, hat man mehr _____, sich frei zu entfalten.
6. Man braucht nicht zu arbeiten, wenn man im _____ gewinnt.
7. Man kann nicht reich werden, wenn man die andern nicht _____ und _____.
8. Als Beamter arbeitet der Vater mehr als _____.

a) beibringen	d) Möglichkeiten	g) beschäftigt
b) genug	e) wählen	h) Reichtum
c) Toto	f) übervorteilen und betrügen	

E. *Wählen Sie die richtige Antwort.*

1. Das muß dir einleuchten, heißt:
   a) Du mußt das Licht anmachen.
   b) Das mußt du verstehen.
   c) Das ist viel leichter für dich.

2. Auch das kommt mal vor, heißt:
   a) Das kann mal passieren.
   b) Man muß vorgehen.
   c) Es geschah vor einigen Tagen.

3. Wir kommen gut aus, heißt:
   a) Uns ist nichts passiert.
   b) Wir arbeiten immer sehr schwer.
   c) Wir haben genug Geld zum Leben.

4. Laß dir nichts vormachen, heißt:
   a) Laß dich nicht betrügen.
   b) Du hättest dir gestern etwas machen lassen sollen.
   c) Du kannst nichts dagegen machen.

5. Er läßt nicht locker, heißt:
   a) Er gibt dem Vater keine Antwort.
   b) Er gibt so schnell nicht auf.
   c) Er fragt den Vater nichts mehr.

KAPITEL 9

LEKTÜRE

Christa Wolf, *Flucht nach Westen*

GRAMMATIK

Prepositions

LANDESKUNDE

DDR: Staatsaufbau

LEKTÜRE

Christa Wolf

geboren am 18. März 1929 in Landsberg an der Warthe. Landsberg liegt heute in Polen. 1945 floh Christa Wolf nach Mecklenburg (DDR) und lebte später in Thüringen. Seit 1962 wohnt sie in der Nähe von Berlin (Ost) und errang ihren ersten großen Erfolg mit dem Roman Der geteilte Himmel *(1963). Andere Erzählungen und Romane von ihr sind:* Nachdenken über Christa T. *(1969),* Kindheitsmuster *(1976) und* Kein Ort. Nirgends *(1979). Christa Wolf ist eine der bekanntesten Schriftstellerinnen in der DDR. Die Geschichte „Flucht nach Westen" stammt aus* Nachdenken über Christa T.

Flucht° nach Westen

Mit den letzten Fahrzeugen, im engen Fahrerhäuschen° eines Munitionsautos, fuhr sie im Januar fünfundvierzig nach Westen. Schlimmer als die wirklichen Ereignisse war, daß nichts, nicht einmal das Grauen° selbst, einen noch überraschen konnte. Unter dieser Sonne nichts Neues mehr, nur das Ende, solange es dauert. Dazu die Gewißheit: so mußte es kommen. So muß ein Dorfgasthof aussehen, wenn die Menschheit sich verschworen° hat, aus unwissender Angst in ihm zusammenzuströmen°. Blasse Frauen, übermüdete° Kinder und Soldaten bei ihrem Alltagsgeschäft° der Flucht. Die Müdigkeit, die nicht nur von sechs durchwachten° Nächten kommt; was das wichtigste war, fällt einem aus der Hand, man bemerkt es nicht. Hockt° sich auf den Boden; glücklich, wer ein Stück Wand hat, an das er sich lehnen° kann. Christa T., um die Verzweiflung° abzuwehren°, zieht ein Kind auf ihren Schoß°. Da beginnt das Radio über ihr zu dröhnen°: Noch einmal, auch in der Hölle noch, diese fanatische, sich überschlagende° Stimme, Treue, Treue dem Führer bis in den Tod. Sie aber, Christa T., noch ehe sie den Mann verstanden hat, fühlt sich kalt werden. Ihr Körper hat, wie auch sonst, eher begriffen° als ihr Kopf, dem nun allerdings die schwere Aufgabe des Nacharbeitens° bleibt, den Schreck° aufzuarbeiten°, der ihr in den Gliedern° sitzt: *Das ist es also gewesen, und so hat es enden müssen.* Die hier sitzen, sind Verfluchte°, und ich mit ihnen. Nur daß ich nicht mehr aufstehen kann, wenn das Lied nun kommt: Da ist es. Ich bleibe sitzen. Ich drücke das Kind fest an mich. Wie heißt du? Anneliese, ein schöner Name. Über alles in der Welt . . . Ich hebe den Arm nicht mehr. Ich habe das Kind, kleiner, warmer Atem. Ich singe nicht mehr mit. Wie die Mädchen singen, die auf der Theke gesessen, wie sogar die Soldaten, die rauchend und fluchend an den Wänden gelehnt haben, noch einmal gestrafft° stehen, geradegerückt° durch das Lied, o eure geraden Rücken, wie sollen wir wieder hochkommen?

Fertigmachen, rief der Beifahrer, sie hatten ihren Wagen wieder flott°, Christa T. sprang auf und quetschte sich° neben ihn, da fing die Nacht erst an, der Schneesturm auch. Schon vor dem übernächsten Dorf blieben sie

---

die Flucht flight, escape
das Fahrerhäuschen truck-cab
das Grauen horror
sich verschwören to conspire, plot
zusammen·strömen to stream together
übermüde completely tired out
das Alltagsgeschäft, ⸚e everyday business
(Nächte) durchwachen to lie awake (nights)
sich hocken to crouch, squat
sich lehnen . . . an (+ acc.) to lean against
die Verzweiflung despair
ab·wehren to fight off, to defend
der Schoß, ⸚e lap
dröhnen to roar, boom
sich überschlagen, i, u, a to crack (with sound)
begreifen, ä, i to comprehend, understand
das Nacharbeiten touching up, reworking
der Schreck fear, terror, scare
auf·arbeiten to dispose of, digest, think through
das Glied, -er limb
verfluchen to curse
straffen to straighten

Ruhepause auf der Flucht von der Tschechoslowakei nach Bayern 1945.

Beantworten Sie diese Fragen:

1. Womit flohen diese Menschen?
2. Warum mußten sie fliehen?
3. In welche Richtung flohen sie? Warum?
4. Welche Fahrzeuge sieht man auf dem Bild?
5. Welche Jahreszeit ist es?

Informieren Sie sich in Geschichtsbüchern oder Lexika: Die Flucht und Vertreibung der Deutschen 1945.

stecken, da half kein Schaufeln, Hilfe mußte herbei; Sie, Fräulein, bleiben am besten hier sitzen. Sie sagte nichts, alles, was ihr zustieß°, war zu genau eingepaßt° in den Alptraum°. Nun war sie wohl für immer in die andere Welt geraten, die dunkle, die ihr ja seit je nicht unbekannt war—woher sonst ihr Hang, zu dichten, dichtzumachen die schöne, helle, feste Welt, die ihr Teil sein sollte? Die Hände, beide Hände auf die Risse pressen, durch die es doch immer wieder einströmt, kalt und dunkel . . .

Wie bin ich zu bedauern, ich armes, armes Kind, sitz hinter festen Mauern,
und draußen geht der Wind . . .

Glück gehabt, Fräulein. So banal sprach das Leben selbst, der verläßliche° Beifahrer, den Schnee noch in der Hand, mit dem er ihr Gesicht abgerieben° hatte. Er habe schon so ein Gefühl gehabt, daß sie einschlafen werde, aber wie sollte man in dieser Nacht in weniger als drei Stunden eine Zugmaschine° auftreiben°? Sie will lachen, Christa T., sie will das nicht ernst nehmen. Wo war sie doch eben, warm und geborgen°? Es wäre das schlimmste nicht, da wieder hinzukommen. Doch der Beifahrer rüttelt° sie hart an der Schulter, er springt ab und heißt sie hinaussehen. Er beleuchtet mit seiner Taschenlampe ein kleines verschneites Bündel dicht neben ihrem Wagen. Er bückt sich und wischt an einer Stelle den Schnee mit seinen großen Handschuhen weg°, da kommt ein Gesicht hervor, ein Junge. Der Beifahrer schippt das kleine Gesicht wieder zu° und sagt zu Christa T.: Das wär's gewesen. Sie lebt, und der ist vielleicht gestorben, als sie schlief. Den muß sie nun auch noch mitnehmen. Wer würde fragen, ob das Gepäck zu schwer wird mit der Zeit?

gerade·rücken to straighten out
flott haben to have (the truck) moving again
sich quetschen to squeeze
zu·stoßen, ö, ie, o (ist) to happen (to a person)
ein·passen . . . in (+ acc.) to fit in(to)
der Alptraum, ⸚e nightmare

verläßlich reliable
ab·reiben, ie, ie to rub (off)

die Zugmaschine, -n tow vehicle, tractor
auf·treiben, ie, ie to come up with
geborgen sein to be safe
rütteln to shake

weg·wischen to wipe off

zu·schippen to cover up

Redewendungen

in den Gliedern sitzen	*to feel something in one's limbs, be unable to get rid of something on one's mind*
den Wagen wieder flott haben	*to have the car moving again*
etwas ernst nehmen	*to take something seriously*

20 Wichtige Wörter

die **Angst**	die **Aufgabe**	**eng**	**dauern**
das **Ereignis**	der **Körper**	**schlimm**	**begreifen**
die **Menschheit**	das **Gesicht**	**dicht**	**heben**
der **Tod**	das **Gefühl**	**überraschen**	**geraten**
die **Treue**	**wirklich**	**aussehen**	**sich bücken**

Übungen

I. Fragen

Beantworten Sie die Fragen.

1. Wann geschah diese Flucht?
2. Wohin fuhren sie?
3. Was sah sie im Gasthof?
4. Welche Stimme hörte sie im Radio?
5. Wie ist das Wetter?
6. Was geschah vor dem nächsten Dorf?
7. Was tat sie, als sie allein war?
8. Was liegt neben dem Auto?
9. Was zeigt ihr der Beifahrer?
10. Was denkt sie am Ende?
11. Warum war sie eingeschlafen?

II. Grammatische Übungen

A. *Setzen Sie die Relativpronomen ein.*

1. Ich drücke das Kind, _____ Anneliese heißt, eng an mich.   (who)
2. Das, _____ das wichtigste war, fällt einem aus der Hand.   (which)
3. Der Kopf muß den Schrecken aufarbeiten, _____ ihr in den Gliedern sitzt.   (which)
4. Er hatte den Schnee noch in der Hand, _____ er ihr Gesicht abgerieben hatte.   (with which)
5. Alles, _____ ihr zustieß, war zu genau eingepaßt in den Alptraum.   (which)
6. Sie hat ein Stück Wand, _____ sie sich lehnen kann.   (against which)

B. *Übersetzen Sie die Partizipien (Präsens + Perfekt), die als Adjektive gebraucht werden.*

Beispiel: ein kleines _____ Bündel (covered with snow) = **verschneites**

1. aus _____ Angst   (ignorant)
2. die _____ und _____ Soldaten   (smoking / cursing)
3. von sechs _____ Nächten (watched through, without sleep)
4. das _____ Auto   (which got stuck)
5. die _____ Menschen   (cursed)

C. *Bilden Sie Passivsätze.*

1. Das Mädchen / plötzlich / wecken   (Imperfekt)

2. Das Lied / Soldaten / singen (Plusquamperfekt)

3. Hilfe / schnell / müssen / holen (Imperfekt)

4. klein- Bündel / beleuchten / mit Taschenlampe (Perfekt)

5. Schnee / wegwischen / mit / Handschuh (Futur)

6. Arme / erheben / zu / Gruß (Präsens)

D. *Setzen Sie die passenden Ausdrücke ein.*

1. Sie schwören dem Führer Treue _____. (to their death)

2. Ich drücke das Kind fest _____. (against me)

3. Der Wagen war wieder _____. (ready to go)

4. Schließlich blieben sie im Schnee _____. (to get stuck)

5. Als der Beifahrer sie aufweckte, sagte er: „_____". (I had a feeling/like that/ that you would go to sleep.)

6. Das Mädchen versucht, den Tod nicht _____. (to take seriously)

E. *Bilden Sie Konjunktivsätze mit diesen Elementen in den angegebenen Zeitformen.*

1. Ich / herunterfallen / von der Erde / ebenfalls // wenn / sie / sich drehen / so / (Präsens)

2. Wenn / sich drehen / die Erde / so // ich / hängen / mit dem Kopf / nach unten / (Präsens)

3. Niemand / können / bestimmen / (Imperfekt) // welchem von beiden ihr Bündnis mehr Nutzen brachte.

4. Es / ihm / nützen wenig // er / nennen / von uns / Dicksack / trotzdem / (Imperfekt)

5. Er / folgen / bedenkenlos / dem Farmer / um die Erde / (Imperfekt)

6. Er glaubte nicht, daß / der Farmer / verlassen / das Dach / gutwillig / (Präsens)

7. Sie stellt sich vor, wie / es / sein // wenn / sie / können / Lungenzüge / (Präsens)

8. Stellen Sie sich mal vor, Sie / ausfahren / heute / ein zweites Mal / (Präsens)

9. Wissen Sie, was / Sie / können / kaufen / mit dem Geld / ? (Präsens)

10. Ich / sich freuen // wenn / er / treten / aus dem Walde / eines Tages / (Präsens)

III. Übungen zum Sprechen und Schreiben

A. *Fragen Sie Ihren Nachbarn / Ihre Nachbarin.*

1. Erzähl mir von einer Fahrt im Winter.

2. Eine Autopanne (die Autopanne = *breakdown*) in der Einsamkeit.

3. Bist du einmal vor Übermüdung eingeschlafen? Was hast du gedacht, als du aufgewacht bist?

4. Ein Mensch rettet einen anderen Menschen.

5. Ich sehe einen Toten. (der / die Tote = *dead*)

B. *Bilden Sie Sätze mit folgenden Ausdrücken.*

1. durchwacht
2. dröhnen
3. an sich drücken
4. fluchen
5. auftreiben
6. rütteln
7. wegwischen
8. hervorkommen

C. *Wir diskutieren.*
1. Wie verhalten sich Menschen in extremen Situationen?
2. Wie stellen wir uns eine Flucht im Kriege vor?
3. Erlebnisse, die man nicht vergessen kann.

D. *Schreiben Sie.*
1. Eine Flucht.
2. Ein Lebensretter.
3. Ein traumatisches Erlebnis.

GRAMMATIK

Prepositions

1. Most German prepositions precede the prepositional object.
2. Prepositions determine the case of the prepositional object.
3. Most German prepositions use only one case (i.e., genitive, dative, accusative) for the prepositional object. One group of prepositions uses the dative or the accusative case depending on the meaning.
4. Some prepositions may occur in contracted forms (i.e., **in das** = **ins**)

Prepositions with the accusative

The following prepositions require the use of the accusative case for objects:

bis	*until, as far as, to, up to, down to, even to*
durch	*through, across, by, by means of, owing to*
für	*for, instead of, in favor of, in return for*
gegen	*against, opposed to, towards, compared with, into*
ohne	*without, apart from, save, except*
um	*around, at*
wider	*against, opposed to, versus*

EXAMPLES

Bis

Implying extension in space:

Das Flugzeug fliegt von Berlin **bis** München.	*The airplane flies from Berlin to Munich.*
Es sind sechs **bis** sieben Kilometer **bis** Bonn.	*It's six to seven kilometers to Bonn.*
Sie betrachtete ihn von Kopf **bis** Fuß.	*She looked at him from head to toe (=foot).*

Implying extension in time:

Ich arbeite von morgens **bis** abends.	*I am working from morning till night.*
Du mußt **bis** drei Uhr warten.	*You have to wait until (=to) three o'clock.*
Bis später!	*See you later!*

Idiomatic expressions:

Er steckt **bis an** den Hals in Schulden.	*He is in debt <u>up to</u> his ears (= neck).*
Sie wurde rot **bis an** die Ohren.	*She blushed (<u>up to</u> her ears).*
Er lief **bis an** das Ende der Welt.	*He ran <u>to</u> the end of the world.*
Sie starben alle **bis auf** den letzten Mann.	*They all died <u>to</u> the last man.*

Durch

Sie reisten **durch** das Land.	*They travelled <u>across</u> the land.*
Der Ball ist **durch** die Fensterscheibe geflogen.	*The ball flew <u>through</u> the window pane.*
Ihre Freundschaft hat **durch** das ganze Leben gehalten.	*Their friendship lasted <u>throughout</u> their lives.*

Idiomatic usage:

Durch Zufall habe ich sie dort getroffen.	*<u>By accident</u> I met her there.*
Sie sind alle schlecht **durch die Bank!**	*They are all bad <u>without</u> exception (= all of them on the bench).*

Für

Ich bekam drei Mark **für** meine Arbeit.	*I got three marks <u>for</u> my work.*
Er hat das Haus **für** drei Jahre gemietet.	*He rented the house <u>for</u> three years.*
Er ißt **für** vier Personen.	*He is eating <u>for</u> four persons. (= as much as)*
Hier ist ein Geschenk **für** deine Mutter.	*Here is a gift <u>for</u> your mother.*

Idiomatic usage:

Er macht Tag **für** Tag dieselbe Arbeit.	*He is doing the same work day <u>after</u> day.*
Sie übersetzte den Text Wort **für** Wort.	*She translated the text word <u>by</u> word.*

Gegen

Sie stellten die Couch **gegen** die Wand.	*They put the couch <u>against</u> the wall.*
Gegen neun Uhr abends werde ich immer müde.	*<u>By about</u> nine at night I always get tired.*
Er fuhr **gegen** einen Baum.	*He ran <u>against</u> a tree. (= into)*
Das ist ein gutes Mittel **gegen** Husten.	*That is a good remedy <u>for</u> cough.*
Lieferung nur **gegen** bar!	*Delivery only <u>for</u> cash.*

Ohne

Ohne meine Hilfe wäre es nicht gegangen.	*<u>Without</u> my help it would not have worked.*
Sie machte es **ohne** sein Wissen.	*She did it <u>without</u> his knowledge.*
Die Eltern sind **ohne** die Kinder verreist.	*The parents went on a trip <u>without</u> their children.*

Um

Er ist **um** die Ecke gelaufen.	*He ran <u>around</u> the corner.*
Sie saßen alle **um** den Tisch.	*They all sat <u>around</u> the table.*
Sie kam **um** sechs Uhr.	*She came <u>at</u> six o'clock.*

Wider

Er hat das **wider** meinen Willen getan.	*He did that <u>against</u> my will.*

Übungen:

A. *Setzen Sie die richtigen Präpositionen ein.*

1. Die Männer stellen sich das Mädchen _____ Sonnenbrille vor.   (without)
2. Der Tourist versucht, die Verlegenheit _____ ein Gespräch zu über-brücken.   (through)
3. In der Kurve begegnete ihm ein Mercedes _____ 10.59 Uhr.   (at)
4. Der Anfang ist mir noch in Erinnerung, aber nicht Wort _____ Wort.   (by)
5. Das Dach hielt vielleicht noch _____ zum Morgen.   (until)
6. Das Auto des Arztes war _____ einen Baum gefahren.   (into/ = against/)
7. Das Wasser des Parana· stieg _____ alle Erwartungen immer höher.   (against)

B. *Setzen Sie die Präpositionen mit Artikeln ein.*

1. Die Frau wollte Milch _____ Kind holen.   (for the)
2. Der Mond kreist _____ _____ Erde.   (around the)
3. Der alte Mann brauchte ein Schiff _____ _____ Kran.   (for the)
4. Das Dach segelte _____ _____ Herde von Rindern.   (through a)
5. Sie kaufte einen Fotoapparat _____ _____ Farbfilm.   (without a)
6. Er brauchte Wagen _____ _____ Kleider der Männer.   (for the)

C. *Auf deutsch.*

1. He needs a ship for the clothes of the men.
2. The farmer had lost his farm through the water and the wind.
3. The fisherman caught fish without a helicopter.
4. At 11:35 a salt truck approaches the scene of the accident.
5. He walked around the crashed car.
6. The car of the doctor has smashed into the tree.

II. Prepositions with the dative

The following prepositions require the use of the dative case for objects:

aus	*out of, from, of, by, for, on account of*
außer	*out of, outside, without, beyond, besides, except*
bei	*by, near, with, among, at, in/doing/, on, during*
mit	*with, along with, by, at, to, in*
nach	*after, towards, to, according to, of, by, in, for*
seit	*since, for*
von	*from, of, by*
zu	*to, towards, on, at, with for*

The following preposition also takes the dative case but usually <u>follows</u> the dative object:

gegenüber	*opposite /to/, across from, with respect to*

EXAMPLES

Aus

Der Lehrer kommt **aus** Berlin.	*The teacher is (comes) from Berlin.*
Sie ist gerade **aus** dem Haus gegangen.	*She just went out of the house.*
Ich weiß das **aus** Erfahrung.	*I know that from experience.*
Am Morgen steigt die Sonne **aus** dem Meer.	*In the morning the sun rises out of the sea.*
Sein Hut ist **aus** Haarfilz gemacht.	*His hat is made of hair felt.*

Außer

Alle **außer** einem sind gekommen.	*All except one have come.*
Er ist **außer** sich vor Freude.	*He is beside himself for joy.*
Diese Maschine ist **außer** Betrieb.	*The machine is out of order.*

Bei

Er wohnt **bei** seinem Vater.	*He is living with his father.*
Potsdam ist **bei** Berlin.	*Potsdam is near Berlin.*
Ich habe leider kein Geld **bei** mir.	*Unfortunately, I don't have any money on me.*
Er hat es mir **beim** Abendessen gesagt.	*He said it to me during (at) supper.*
Er hat es **bei** Homer gelesen.	*He read it in Homer.*
Bei schlechtem Wetter bleibe ich zu Hause.	*In (case of) bad weather I stay at home.*

Mit

Das Paket kam **mit** der Post.	*The package came by mail.*
Das kann man nicht **mit** einem Wort sagen.	*One can't say that in one word.*
Sie hat **mit** einem Pinsel gemalt.	*She painted with a brush.*
Mit 15 Jahren war er schon ein bekannter Dichter.	*At (age) 15 he was already a famous poet.*

Nach
Preceding the prepositional object:

Nach einer Woche kam er zurück.	*He came back after one week.*
Die Jagd **nach** dem Glück.	*The pursuit of happiness.*
Um Viertel **nach** vier soll er hier sein.	*He is supposed to be here at quarter after four.*

Following the prepositional object:

Ich kenne ihn nur dem Namen **nach.**	*I know him only by name.*
Seinem Aussehen **nach** hat er lange nicht geschlafen.	*To judge by his appearance he has not slept for a long time.*
Meiner Meinung **nach** hat er das falsch gemacht.	*In my opinion he did that wrong.*

Seit

Ich habe ihn **seit** drei Wochen nicht gesehen.	*I haven't seen him for the last three weeks.*
Er weiß das **seit** langem.	*He has known that for a long time.*
Er ist **seit** 1949 in den Vereinigten Staaten.	*He has been in the United States since 1949.*
Seit wann wohnen Sie hier?	*How long have you been living here? (Since when)*

Von

Ich bekam heute einen Brief **von** meiner Mutter.	*I got a letter today from my mother.*
Er schrieb über die Belagerung **von** Paris.	*He wrote about the siege of Paris.*
Man las einen Roman **von** Grass.	*They read a novel by Grass. (= German author)*
Er ist ein guter Freund **von** mir.	*He is a good friend of mine.*

Zu

Er ging **zu** Fuß nach Hause.	*He went home on foot.*
Wann ist Ihr Mann **zu** Hause?	*When is your husband at home?*
Wann ist der Film **zu** Ende?	*When is the film over? (= at an end)*
Trinken Sie Milch **zum** Kaffee?	*Do you drink milk with (= in) your coffee?*
Ich sage es dir **zum** letzten Mal!	*I tell you that for the last time.*
Er tat es nur aus Liebe **zu** ihr.	*He did it only out of love for her.*

Gegenüber
Following the prepositional object:

Das Haus steht dem Bahnhof **gegenüber.**	*The house is opposite the railroad station.*

Übungen

A. *Setzen Sie die richtigen Präpositionen ein.*

1. Der Peon hatte sich _____ seinem Herrn geflüchtet.   (to)
2. Andrea, der Sohn der Wirtin, ist _____ ihm.   (with)
3. Was machen Sie eigentlich _____ meinem Jungen, Herr Galilei?   (with)
4. Wir können die Entdeckung der Welt _____ nicht länger geheimhalten.   (with regard to)
5. Ich wollte erzählen, was _____ diesem Mädchen geworden ist.   (out of, to)
6. Und die Männer wollen verdienen _____ ihrer Arbeit.   (by [working])
7. Aber hie und da gehe ich vor das Haus und schaue _____ Westen.   (towards)
8. _____ dem grünen Mercedes sind noch viele andere Autos an der Unglücksstelle vorbeigefahren.   (besides)
9. Das Ehepaar Altmann war _____ einer Stunde tot.   (for)
10. Der Anfang der Geschichte ist mir dem Sinn _____ noch in Erinnerung.   (according to)

B. *Setzen Sie die Präpositionen mit Artikeln oder Pronomen ein.*

1. Der Tourist legt die Kamera _____ _____ Hand.   (out of the)
2. Rauchen Sie eine _____ _____ Zigaretten.   (of my)
3. Der Fischer könnte _____ _____ eigenen Hubschrauber fliegen.   (with the)
4. Die Frau beugte sich _____ _____ Fenster.   (out of the)
5. Sie waren _____ _____ Hausbesuch gerufen worden.   (to a)

6. Wir haben noch nie etwas _____ _____ Polizei zu tun gehabt.   (with the)

7. _____ _____ kommen auch noch welche.   (After us)

8. Die vier jungen Leute waren ausgelassen, als kämen sie _____ _____ Party.   (from a)

9. Fahr nicht so leichtsinnig, sagte er _____ _____ blonden Frau.   (to the)

10. Wer fährt schon _____ _____ Sauwetter?   (in the)

11. Das Mädchen geht _____ _____ Monat jeden Tag ins Straßencafé.   (for a)

12. Aber _____ _____ Weile stand der Schuh wieder im Wasser.   (after a)

13. _____ _____ Fischer war niemand am Strand.   (Besides the)

C. *Auf deutsch.*

1. He pulled him out of the water.
2. Should we go to the police in Ochsenfurth?
3. Except (for) her everyone came to the party.
4. She is being observed from all sides.
5. The girl answers a question with a question.
6. Pots and boxes were swimming out of the houses.
7. The street café is opposite from the office, where she works.

D. *Setzen Sie die Präpositionen ein. Dativ und Akkusativ gemischt.*

1. Sie hatte die letzte Blase _____ ihrer Hand zerschlagen.   (with)
2. Er wäre bedenkenlos dem Farmer _____ die Erde gefolgt.   (around)
3. Möbel und Leichen vereinigten sich _____ einem Zug des Todes.   (into)
4. _____ das Lieblingswort wäre die Mittagspause langweilig.   (without)
5. Ich habe sogar _____ morgen und übermorgen genug.   (for)
6. Ein schwarzer VW _____ (with) vier Insassen fuhr forsch _____ (out of) der Kurve heraus.
7. Es kommen _____ uns auch noch welche.   (after)
8. Er sah die leblosen Menschen _____ die zerborstene Windschutzscheibe.   (through)
9. Die Wirtin, Frau Sarti, ist _____ ihm.   (with)
10. Dieses Donnern war das Todesurteil _____ (for) die Männer _____ (from) Santa Sabina.

E. *Setzen Sie die Präpositionen mit Artikeln oder Pronomen ein. Dativ und Akkusativ gemischt.*

1. Es segelte _____ _____ Herde von Rindern.   (through a)
2. Er beleuchtete _____ _____ Taschenlampe ein kleines Bündel.   (with his)
3. Er wußte, daß der Mond _____ _____ Erde kreist.   (around the)
4. Man nimmt _____ _____ (in/the [greeting]) Begrüßung den Hut _____ _____ Kopf.   (from the)
5. Sein Hut ist _____ Haarfilz gemacht.   (made/from)
6. _____ _____ Berg kommt ein See.   (After the)
7. Keiner _____ _____ kann so gut dick sein wie er.   (of you)

Prepositions with the Dative or Accusative

The following prepositions use the <u>dative</u> or <u>accusative</u> depending on certain conditions:

an	*at, by, close by, along, to*
auf	*on, upon, in at, to*
hinter	*behind*
in	*in, at, into, to, within*
neben	*next to, beside, near, close to, besides*
über	*over, above, on top of, across, beyond*
unter	*under, below, beneath, underneath, among*
vor	*before, in front of, because of, with, above, ago*
zwischen	*between, among*

They take the <u>dative</u>:

1. When the verb of the sentence implies rest or motion within a defined place (area) and answers to the question **wo?** (*where*).

   Das Auto fuhr **auf der** Bundesstraße.   *The car was driving <u>on</u> the federal highway.*
   (= Motion within a defined area, i.e. the highway) **Wo?** (*Where?*)
   Das Auto stand **hinter dem** Haus.   *The car was standing <u>behind</u> the house.*
   (= No motion, rest) **Wo?** (*Where?*)

2. When denoting a point in time in answer to the question **wann?** (*when?*).

   Sie fuhr **im** (in **dem**) Januar fünfundvierzig nach We-   *She went to the West <u>in</u> (the) January 1945.* **Wann?**
   sten.   (*When?*)

3. After verbs which express delight, want, doubt or anger.

   Ich zweifle nicht **an deinem** guten Willen.   *I don't doubt (<u>in</u>) your good will.*

4. In combination with verbs in a fixed expression.

   Sie studiert **an der** Universität Frankfurt.   *She is studying <u>at</u> the University of Frankfurt.*

   These prepositions take the <u>accusative</u>:

1. When the verb of the sentence implies motion towards a place, an object or a destination and answers the question **wohin?** (*where to?*)

   Der alte Mann ging **vor sein** Haus.   *The old man went <u>in front of</u> his house.*
   (Motion towards another place.) **Wohin?** (*To which place? Where to?*)

2. When the verb of the sentence expresses duration of time and answers to the question **bis wann?** (*until when?*).

   Sie tanzten bis spät **in die** Nacht.   *They danced until late <u>in</u> the night.* **Bis wann?** (*Until when?*)

3. Exclusively in combination with certain verbs:

   Ich warte **auf** eine Antwort.   *I am waiting <u>for</u> an answer.*

Wann dachte sie **an** die Mittagspause? *When was she thinking <u>of</u> the lunch break?*
Erinnern Sie sich **an** die Katastrophe? *Do you remember the catastrophe?*

There is a section dealing with prepositions using the dative or accusative in combination with certain verbs in the next chapter.

EXAMPLES

An

Indicating location—**an** (*at, on*) (Vertical surfaces):

Er setzte sich **an den** Tisch. *He sat down <u>at</u> the table.*
Das Bild hängt **an der** Wand. *The picture is hanging <u>on</u> the wall.*

Indicating time of day—**an** (*on, in*) (Always with <u>dative</u> case):

Es geschah **an einem** Sonntagmorgen. *It happened <u>on</u> a Sunday morning.*
Sie arbeitet immer **an diesem** Nachmittag. *She always works <u>on</u> this afternoon.*

Idiomatic expressions:

an die Arbeit gehen	*to start working*
an die Reihe kommen	*to be one's turn*

Auf

Indicating location—**auf** (*on, onto*) (Horizontal surfaces):

Ein weißer VW fuhr **auf der** vereisten Strasse. *A white VW drove <u>on the</u> icy street.*
Sie kletterten **auf das** Schilfdach. *They climbed <u>onto</u> the reed roof.*

Indicating time:

Wir fahren **auf** vier Wochen nach Mexiko. *We are going to Mexico <u>for</u> four weeks.*

Idiomatic expressions:

auf jeden Fall	*at any rate, in any case*
auf den ersten Blick	*at first sight*
auf deutsch, auf englisch	*In German, in English*
auf die Minute	*[punctual] to the minute*
auf Wunsch	*at the request, as desired*

Hinter

Only used with location—**hinter** (*behind*):

Sie hielten **hinter dem** Unglückswagen. *They stopped <u>behind</u> the crashed car.*
Er dachte daran, daß **hinter dem** Haus der Wald beginnt. *He remembered that the forest started <u>behind</u> the house.*

Idiomatic expressions:

Er hat es faustdick **hinter den** Ohren. *He is a very cunning fellow*
hinter eine Sache kommen *to find out s.th., to discover s.th.*

In

Indicating location—**in** (*in, into*):

Sein Schilfdach trieb **im** Strom davon.   *His reed roof swam away <u>in</u> the river.*

Indicating time—**in** (*in, at*):

Wie wollte man **in** dieser Nacht eine Zugmaschine auftreiben?	*How was one supposed to come up with a towing vehicle [<u>in</u>] this night?*
Er wurde aber **im** selben Moment von seinem Herrn gehalten.	*However, he was caught <u>at</u> the same moment by his master.*

Idiomatic expressions:

im Durchschnitt   *on the average*
im wesentlichen   *essentially*
in Wirklichkeit   *in reality*

Neben

Indicating location only—**neben** (*beside, next to, close to*):

Sie sah den Mann **neben** ihr nicht mehr an.	*She did not look at the man <u>next to</u> her any more.*
Der Tisch steht **neben** dem Sofa.	*The table is standing <u>next to</u> the sofa.*

Idiomatic expression:

nebenan   *next to*

Über:

Indicating location—**über** (*over, across*):

Er hätte einer alten Frau **über** die Straße helfen können.	*He could have helped an old woman <u>across</u> the street.*
Der Peon kletterte **über** den Giebel des Daches.	*The laborer climbed <u>over</u> the gable of the roof.*

Indicating time—**über** (*over [= during]*):

Ich werde das Buch **übers** Wochenende lesen.	*I will read the book <u>over</u> the weekend.*
Es hat die ganze Nacht **über** geregnet. (**Über** follows the object)	*It rained all night long.*

Indicating quantity—**über** (*more than*):

Das Auto kostet **über** zehn Tausend Mark.   *The car costs <u>more than</u> ten thousand marks.*

Idiomatic expressions:

über kurz oder lang   *sooner or later*
Hals über Kopf   *head over heels*

Über (*via; by way of*):

Er fuhr von Würzburg **über** Ochsenfurth nach Nürnberg.   *He went from Würzburg <u>via</u> Ochsenfurth to Nürnberg.*

Unter

Indicating location—**unter** (*under, below, underneath, beneath, among*):

Das ganze Land stand **unter** Wasser.	*All the land was <u>under</u> water.*
Sie war das Kind **unter** den Frauen gewesen.	*She had been the child <u>among</u> the women.*

Idiomatic expressions:

Es gibt nichts Neues **unter** der Sonne.   *There is nothing new <u>under</u> the sun.*

unter anderem	*among other things, moreover*
unter allen Umständen	*in any case*
unter uns gesagt	*between ourselves*
unter vier Augen	*face to face, in private*

Vor

Indicating location—**vor** (*in front of*):

Der Farmer saß **vor** seinem Haus.   *The farmer sat <u>in front of</u> his house.*
Fahr den Wagen **vor** das Haus, bitte!   *Drive the car up <u>to the front</u> of the house, please.*

Indicating time—**vor** (*before, ago*):

Sie begann, die Geschichte **vor** dem zweiten Weltkrieg zu schreiben.   *She began to write the story <u>before</u> the Second World War.*
Das geschah **vor** zehn Jahren, und damals war er achtzig.   *That happened ten years <u>ago</u> and he was eighty then.*

Indicating the reason for something—**vor** (*with, because of, for, of*):

Sie zittert **vor** Angst.   *She is trembling <u>with</u> fear.*
Er ist rot **vor** Zorn.   *He is red <u>with</u> rage.*

Idiomatic expressions:

vor allen Dingen	*above all*
vor Christi Geburt (v.Chr.)	*before Christ (B.C.)*

Zwischen

Indicating location—**zwischen** *between, among*:

Das Kind lief **zwischen** den Frauen.   *The child was walking <u>between</u> the women.*
Göttingen liegt **zwischen** Kassel und Hannover.   *Göttingen is located <u>between</u> Kassel and Hanover.*

Indicating time—**zwischen** (*between*):

Ich kommen **zwischen** zwei und drei Uhr zu dir.   *I will come to your place <u>between</u> two and three o'clock.*

Idiomatic expressions:

Wählen Sie **zwischen** diesen Büchern eines aus!   *Choose one <u>from among</u> these books.*
Was ist der Unterschied **zwischen** „machen" und „tun"?   *What is the difference <u>between</u> "to make, to do" and "to do"?*

Contractions

1. Some prepositions can be combined with following definite articles into a contracted form:

   für + das = **fürs**
   in + dem = **im**
   zu + der = **zur**

2. The preposition and the article are <u>not</u> contracted when the definite article is used in a demonstrative way; for instance in anticipation of a relative clause:

Der Fischer lag **in dem** Boot, mit dem er ausgefahren war.

3. Contractions:

DATIVE	Prep. + **dem** = **am, beim, im, vom, zum**
	Prep. + **der** = **zur**
ACCUSATIVE	Prep. + **das** = **ans, aufs, durchs, fürs, hinters, ins, übers, ums.**
	Prep. + **den** = (rarely: **hintern, übern, untern**)

Übungen

A. *Setzen Sie die Präpositionen ein.*

1. Wir sahen ihn _____ der Straße.   (on)
2. Ein Neuer kam _____ unsere Klasse.   (into)
3. Wir waren gleich _____ ihm her und veralberten ihn.   (behind)
4. _____ der Sahara gibt es Sand.   (In)
5. Man kommt wieder _____ den Ort zurück, von dem man ausgegangen ist.   (to)
6. Sein Weg führte _____ dieses Haus.   (over)
7. Aber _____ dem Wald war der Fluß.   (behind)
8. Er schrieb _____ sein Blatt: „Ich brauche ein Seil."   (on)
9. Er ging zurück _____ seinen Tisch.   (to = at)
10. Die Schiffe müssen aber _____ die Berge.   (across)
11. Das geschah _____ zehn Jahren.   (ago)
12. Er war bereits _____ dem Dach.   (on)
13. Er wollte noch _____ seinem Tod zurück sein.   (before)
14. Ein kleines Bündel lag _____ ihrem Wagen.   (next to)
15. Galilei steht _____ ihm.   (behind)

B. *Setzen Sie die Präpositionen und Artikel oder Pronomen ein.*

1. Die Szene spielt _____ _____ Studierstube des Galilei.   (in the)
2. Er trägt den Stuhl _____ _____ andere Seite des Waschständers.   (to the)
3. Dieser Dom _____ _____ Rheinebene blieb mir im Gedächtnis.   (over the)
4. Ich begann die Erzählung _____ _____ zweiten Weltkrieg.   (before the)
5. Da hinten ist ein VW _____ _____ Baum gefahren.   (into, against a)
6. Ihre Mutter saß _____ _____.   (next to her)
7. Er klopft ihm _____ _____ Rücken.   (on the)
8. Er könnte sich _____ _____ Jahr einen Motor kaufen.   (in a)
9. Das Kind lief _____ _____ zwei Frauen hin und her.   (between the)
10. Der Hut ist _____ _____ Tisch.   (under the)

C. *Auf deutsch.*

1. There was (= **führen**) a bridge across the river.
2. Now and then I go in front of the house and look towards the West.
3. She had been the only child among the women.
4. She lived on the Kronprinzenstraße under the roof of the house.
5. She had been old thirty years ago.
6. She sat at the window.
7. The farmer had his wife in the city.
8. They climbed onto the thatched roof.
9. The chair next to her was occupied.
10. Behind the river was a forest.

D. *Setzen Sie die Präpositionen mit Artikeln oder Pronomen ein. Gemischte Präpositionen:*

1. Er versucht, die Verlegenheit _____ _____ Gespräch zu überbrücken. (through a)
2. Der Tourist hat ihm seine Schachtel _____ _____ Nase gehalten. (in front of the)
3. _____ _____ Rücksitz saß eine junge Frau. (On the)
4. Sie waren _____ _____ dringenden Hausbesuch gekommen. (from a)
5. Was machen Sie eigentlich _____ _____ Jungen? (with my)
6. Der Peon hatte sich _____ _____ (to his) Herrn geflüchtet und saß _____ _____ (next to him).
7. Sie saßen schweigend _____ _____ Gipfel des Daches. (on the)
8. Vielleicht hielt das Dach noch _____ zum Morgen. (until)
9. Die alte Frau _____ _____ vier Töchtern wohnte dort. (with the)
10. Die Frau hatte kaum ein Lächeln _____ _____ Fotografen. (for the)
11. Die alte Frau setzt ganz kleine Schritte _____ _____ (next to the) Teppichrand _____ _____ Dielen. (on the)
12. _____ _____ Fingerritzen wird es hell. (Between the)
13. Nirgends biegt sich die Erde _____ _____ Kugel (into a)

Prepositions with the Genitive

The following prepositions use the genitive case for their prepositional objects:

anstatt / **statt**	*instead of, in the place of*
außerhalb	*outside of, beyond*
innerhalb	*within, inside of*
oberhalb	*above, at the upper part of*
unterhalb	*below, underneath, at the lower end of*
infolge / **aufgrund**	*as a result of, because of*
trotz	*in spite of, despite*
um . . . willen	*for . . . sake*
während	*during, in the course of*
wegen	*because of, as a consequence of*

EXAMPLES

anstatt / statt

Sie hat sich **statt** einer Sonnenbrille ein Modejournal gekauft.

She bought a fashion magazine <u>instead of</u> a pair of sunglasses.

außerhalb

Die Eltern wohnen **außerhalb** der Stadt.

The parents live <u>outside of</u> the city.

innerhalb

Der Unfall geschah **innerhalb** der Stadtgrenze.
Innerhalb einer Stunde war die ganze Straße vereist.

The accident occurred <u>inside</u> the city limits.
<u>Within</u> one hour the whole street was iced up.*

oberhalb / unterhalb

Soll das Brett **oberhalb** oder **unterhalb** des Fensters angenagelt werden?

Should the board be nailed <u>above</u> or <u>below</u> the window?

infolge / aufgrund

Infolge der vereisten Straße fuhr der VW an einen Baum.

<u>Because of</u> the icy road the VW drove into a tree.

Aufgrund eines Notrufs war der Arzt in ein abgelegenes Dorf gefahren.

<u>Because of</u> an emergency call the doctor had gone to a remote village.

trotz

Trotz des starken Regens stand das Land nicht unter Wasser.

<u>In spite of</u> the strong rain the land was not under water.

um . . . willen

Um des Friedens **willen** mischte er sich nicht in ihre Angelegenheiten.
Um Himmels **willen.**

<u>For the sake</u> of peace he did not get involved in their affairs.
<u>For</u> heaven's <u>sake</u>.

während

Während der Mittagspause denkt sie oft an Liebesfilme.

<u>During</u> lunch break she often thinks about love movies.

wegen

Wegen des Krieges konnte sie die Erzählung nicht beenden.

<u>Because of</u> the war she could not finish the story.

Übungen

A. *Setzen Sie die Präpositionen ein.*

1. Das ganze Haus schwamm im Fluß _____ des Wolkenbruchs.   (Because of)
2. Die Insel war _____ der Stadt.   (below)
3. Die Brücke über den Fluß war _____ des Waldes.   (beyond)

4. _____ der Flucht nach Westen blieb der Lastwagen stecken.   (During)

5. _____ das Telefon abzunehmen, läßt sie es einfach läuten.   (Instead of)

6. Das Telefongespräch kommt von _____ der Stadt.   (outside of)

7. Der Unfall geschah _____ hoher Geschwindigkeit.   (as a result of)

8. _____ der Nacht saß der Farmer auf dem Dach seines Hauses.   (During)

9. _____ eines Hubschraubers hat der Fischer nur ein kleines Boot.   (Instead of)

10. Der Fischer wacht _____ des Touristen auf.   (because of)

B. *Setzen Sie die Präpositionen mit Artikeln oder Pronomen ein.*

1. Die Polizei nimmt an, daß der Wagen _____ _____ überhöhten Geschwindigkeit an den Baum prallte.   (as a result of the)

2. _____ _____ Schneesturms blieb der Wagen stecken.   (Because of the)

3. _____ _____ Regens geht sie in das Straßencafé.   (In spite of the)

4. _____, da ist etwas passiert.   (For heaven's sake)

5. Ich will _____ _____ Volkswagens da in keinen Schlamassel kommen.   (because of the)

6. Die vier jungen Leute waren _____ _____ vereisten Straße sehr ausgelassen.   (in spite of the)

C. *Auf deutsch.*

1. She lost the story during the war.

2. In spite of the good tires the car skidded and ran into the tree.

3. Because of the high water the farmer and the indio had to climb on the roof.

4. Instead of the coffee she ordered a cognac with the coffee on Friday.

5. Else, for heaven's sake, go on (= drive on).

D. *Setzen Sie die Präpositionen (mit Artikeln oder Pronomen) ein. Alle Präpositionen (Genitiv, Dativ, Akkusativ) gemischt.*

1. Sie blieben einige Meter _____ _____ VW stehen.   (in front of the)

2. Der Mann fuhr _____ _____ Unglückswagen vorbei.   (on the)

3. Andrea setzt sich _____ _____ einen Stuhl. (on the) Galilei steht _____ _____ (behind him)

4. Man hört _____ _____ Ferne ein furchtbares Donnern.   (in the)

5. Der Indio und der Farmer standen _____ Jaguar und _____ Kobra _____ (opposite to the)

6. Sie hat viel Zeit _____ _____ Schreibmaschine, an Katastrophen zu denken.   (at the)

7. _____ _____ Lieblingswort wäre die Mittagspause langweilig.   (Without the)

8. Der eifrige Tourist hat ihm eine Schachtel _____ _____ Nase gehalten.   (in front of the)

9. Ich hatte die Absicht, _____ _____ Buch (in the) zu erzählen, was _____ _____ Mädchen (/out/ of the) geworden ist.

10. Und _____ Wasser (under) standen die Hoffnungen des Pflanzers _____ (from) Santa Sabina.

11. _____ _____ kleinen Insel (On a), halb unsichtbar _____ _____ triefenden Finsternis (in the), saß der Farmer _____ _____ (with his) Peon _____ _____ (in front of his) Haus.

12. _____ Abend (Towards) fiel das Hühnerhaus um.

13. Der Peon hatte sich _____ _____ (to his) Herrn geflüchtet und saß _____ _____. (next to him)

14. Es sieht so aus, als würde die Sonne _____ (in the) Morgen _____ _____ Meer (out of the) steigen und abends zurücksinken _____ Meer. (into the)

15. Er hatte es _____ Kino gesehen. (in the)

16. Sie standen _____ (up [to]) zum Bauch _____ Wasser (in the).

17. _____ _____ (During my) Besuchen habe ich den Gedenkstein nicht mehr gesehen.

LANDESKUNDE

DDR: Staatsaufbau

Die Staatsmacht wird in der DDR als „Hauptinstrument" von der politischen Führung durch die SED abgegrenzt°. Der Staat bekommt damit die Aufgabe, die politischen Direktiven und Grundsatzentscheidungen° in konkrete Handlungsanleitungen° und Maßnahmen zu übersetzen, er hat „die wissenschaftliche, exakt bilanzierte und einheitliche Leitung und Planung der gesellschaftlichen Entwicklung" vorzunehmen.

Das Wesen der sozialistischen Demokratie wird dabei durch Abgrenzung gegenüber der bürgerlichen Demokratie verdeutlicht°, die als bloß formale Demokratie gekennzeichnet° wird, in der die Herrschaftsinteressen° des Kapitals ihren Ausdruck finden. Der Pluralismus des Mehrparteiensystems wird als scheindemokratisch° bezeichnet, da die im Parlament vertretenen Parteien° keine prinzipielle Alternative zur bürgerlich-kapitalistischen Klassenherrschaft entwickeln könnten. Demgegenüber° erscheint die Gewaltenkonzentration als notwendiger Bestandteil° sozialistischer Demokratie, weil nach der Schaffung sozialistischer Produktionsverhältnisse der unüberbrückbare° Klassengegensatz bürgerlicher Demokratie durch eine grundsätzliche Interessenübereinstimmung aufgehoben° sei.

Die Volkskammer ist „das oberste staatliche Machtorgan°" der DDR, das über die „Grundfragen der Staatspolitik" entscheidet (Art. 48). Sie setzt sich aus insgesamt 500 Abgeordneten zusammen°, von denen 434 Mitglieder in 67 Wahlkreisen direkt gewählt werden, während die 66 Berliner Vertreter durch die Stadtverordnetenversammlung° entsendet werden, doch sind sie seit November 1971 nach ihrer Sitzordnung° voll in ihre Fraktionen° integriert.

Die Volkskammer wird auf der Grundlage einer Einheitsliste° der in der Nationalen Front der DDR zusammengefaßten Parteien und Massenorganisa-

ab·grenzen to delineate

die Grundsatzentscheidung, -en fundamental decision

die Handlungsanleitung, -en direction for action

verdeutlichen to make clear, elucidate

die Herrschaftsinteressen (pl.) power interests

scheindemokratisch pseudo-democratic

die im Parlament vertretenen Parteien the parties which are represented in parliament

demgegenüber compared with this

der Bestandteil, -e part

unüberbrückbar unsurmountable

auf·heben, o, o to remove

das Machtorgan, -e institution of power

sich zusammen·setzen aus to be composed of

die Stadtverordnetenversammlung City Council

die Sitzordnung seating arrangement

tionen alle fünf Jahre gewählt. Neben der SED sind in der Volkskammer die folgenden, als „Demokratischer Block" bezeichneten Organisationen vertreten: Christlich-Demokratische Union (CDU), Liberal-Demokratische Partei Deutschlands (LDPD), National-Demokratische Partei Deutschlands (NDPD), Demokratische Bauernpartei Deutschlands (DBD), Freier Deutscher Gewerkschaftsbund (FDGB), Freie Deutsche Jugend (FDJ), Kulturbund der DDR (KB) und Demokratischer Frauenbund Deutschlands (DFD). Die Fraktionsstärken° (einschließlich° Berliner Vertreter) betragen für die SED 127, für die vier übrigen Parteien je 52, für den FDGB 68, für die FDJ 40, für den DFD 35 und für den KB 22 Abgeordnete.

Das demokratische Entscheidungsrecht° der Bürger kommt nach der offiziellen politischen Auffassung° nicht allein im Wahlvorgang° zum Ausdruck°, der als Beweis der grundsätzlichen Zustimmung° zur Gesamtpolitik angesehen wird. Es findet seinen Ausdruck vor allem im Prozeß der Kandidatenauswahl. Die von der Nationalen Front vorzuschlagenden Kandidaten sind verpflichtet°, sich in Wählervertreterkonferenzen und Wählerversammlungen ihres Wahlkreises vorzustellen. Dabei kann der zuständigen° Wahlkommission vorgeschlagen werden, den vorgestellten Kandidaten von der Liste abzusetzen.

die Fraktion, -en parliamentary party
die Einheitsliste, -n undivided listing
die Fraktionsstärke, -n size of the parliamentary party
einschließlich (+ gen.) inclusive (of)
das Entscheidungsrecht, -e right to make decisions
die Auffassung, -en opinion, interpretation
der Wahlvorgang, ¨e election process
zum Ausdruck kommen (+ in + dat.) to be expressed in
die Zustimmung agreement, consent
verpflichtet sein to be obligated
zuständig appropriate

Beantworten Sie diese Fragen:

1. Seit wann gibt es die Mauer in Berlin?
2. Warum hat die DDR diese Mauer gebaut?
3. Wie hat sich Ost-Berlin seitdem entwickelt?

Die Berliner Mauer. Blick von West-Berlin auf alte und neue Gebäude in Ost-Berlin.

Bei der Wahl selbst können nach der seit 1965 gültigen Wahlordnung nominierte Kandidaten abgewählt werden. Dies ist jedoch nur dann der Fall, wenn mehr als 50% der Wähler den betreffenden Kandidaten auf ihrem Wahlzettel° streichen.

Da die Volkskammer nur wenige Male im Jahr zusammentritt° (in der 5. Wahlperiode fanden von 1967–1971 insgesamt 20 Tagungen° statt), kann sie die ihr nach der Verfassung zustehenden Kompetenzen als oberstes staatliches Machtorgan—unabhängig von der tatsächlichen° Machtverteilung°—nur sehr begrenzt ausüben und bleibt weitgehend auf eine Bestätigungsfunktion° beschränkt.

Nach dem Tode des ersten Staatspräsidenten Wilhelm Pieck im Jahre 1960 wurde der Staatsrat als politisches Leitungs- und Entscheidungsorgan auf die Person seines Vorsitzenden Walter Ulbricht zugeschnitten°. Von der Volkskammer gewählt, erfüllte der Staatsrat zwischen den Tagungen der Volkskammer alle ihr zugewiesenen° Aufgaben. Nach dem neuen Verfassungstext hat der Staatsrat wesentliche Machtbefugnisse° auch formell verloren, so die Erlaßkompetenz° als ständiges Vertretungsorgan° der Volkskammer und das Recht der verbindlichen° Verfassungsauslegung°. Während bisher der Vorsitzende des Staatsrates die DDR völkerrechtlich° vertrat, erfüllt der Staatsrat diese Funktion nunmehr als Kollektivorgan (Art. 66). Einen neuen Wirkungs-

der Wahlzettel, - ballot
zusammen·treten, i, a, e to convene, come together
die Tagung, -en meeting
tatsächlich actual
die Machtverteilung distribution of power
die Bestätigungsfunktion, -en affirmative function
zu·schneiden, i, i auf (+ acc.) to design for
zu·weisen, ie, ie to assign (sep.)
das Machtbefugnis, -se authority, to exert power
die Erlaßkompetenz, -en authority to decree
das Vertretungsorgan, -e representative body
verbindlich binding
die Verfassungsauslegung interpretation of the constitution
völkerrechtlich as to international law

Ein beliebter Kurort in Thüringer Wald, Stützerbach im Verwaltungsbezirk Suhl.

Beantworten Sie diese Fragen:

1. Welche Landschaft gibt es im Thüringer Wald?
2. Warum kommen viele Touristen dorthin?
3. Gibt es andere Gebirge in der DDR?

bereich° dürfte der Staatsrat, der 24 Mitglieder umfaßt, vor allem in der Anleitung° der örtlichen Volksvertretungen (Art. 70) gefunden haben.

Der Ministerrat der DDR, der in der politischen Praxis weitgehend auf die Funktion eines Wirtschaftskabinetts beschränkt worden war, wird jetzt eindeutig° als Regierung charakterisiert: „Der Ministerrat ist als Organ der Volkskammer die Regierung der Deutschen Demokratischen Republik. Er leitet im Auftrage° der Volkskammer die einheitliche Durchführung der Staatspolitik . . ." (Art 76). Der Ministerrat der DDR besteht aus insgesamt 42 Mitgliedern, von denen allein 11 Personen einzelnen Industrieministerien (z. B. Leichtindustrie°, Bauwesen, chemische Industrie, Schwermaschinen- und Anlagenbau°) vorstehen und 20 Ministerien mit Wirtschaftsproblemen im weiteren Sinne° befaßt sind. Um die Entscheidungsfähigkeit des Gremiums° zu vergrößern, bildet der Ministerrat ein 16 Personen umfassendes° Präsidium, das die laufenden Geschäfte° wahrnimmt°.

Neben seiner organisierenden und exekutiven Funktion hat der Staat mit seinen zahlreichen Institutionen, vor allem auf Bezirks- und lokaler Ebene°, die Aufgabe, den Kontakt auch mit jenen Bürgern herzustellen, die nicht in der SED organisiert sind, so daß er auf diese Weise—unabhängig von seiner tatsächlichen politischen Bedeutung—zu einem wichtigen Bindeglied° zwischen Politik und Gesellschaft wird. Den ständigen Kommissionen und Aktivs° gehören nach offiziellen Angaben° 400 000 Personen an, außerdem sind 335 000 Personen Mitglieder von Ausschüssen° der Nationalen Front.

der Wirkungsbereich, -e sphere of action

die Anleitung, -en guidance

eindeutig clearly

im Auftrage (+ gen.) on behalf of

die Leichtindustrie, -n consumer goods industry

der Anlagenbau construction of industrial plants

im weiteren Sinne in a broad sense

das Gremium, -ien panel, commission

umfassen to comprise

die laufenden Geschäfte (pl.) daily business

wahr·nehmen, i, a, o to take care

die Bezirksebene, -n district level

das Bindeglied, -er connecting link

das Aktiv, -s group of officials and workers, staff

nach offiziellen Angaben (pl.) according to official statements

der Ausschuß, ¨sse committee

Redewendungen

die im Parlament vertretenen Parteien

nach der offiziellen politischen Auffassung

zum Ausdruck kommen in (+ dat.)

die von der Nationalen Front vorzuschlagenden Kandidaten

nach der seit 1965 gültigen Wahlordnung

die ihr nach der Verfassung zustehenden Kompetenzen

alle ihr zugewiesenen Aufgaben

ein 16 Personen umfassendes Präsidium

the parties which are represented in the parliament

according to the official political interpretation

to be expressed in

the candidates which are going to be proposed by the National Front

according to the election laws which have been in effect since 1965

the authority which is accorded to it by the constitution

all tasks which have been assigned to it

a presidium which comprises 16 persons

20 Wichtige Wörter

wahrnehmen	betragen	zuständig	die **Tagung**
herstellen	vornehmen	gültig	der **Bestandteil**
vergrößern	absetzen	eindeutig	die **Zustimmung**
vertreten	ausüben	das **Mehrparteiensystem**	im Auftrage von
aufheben	kennzeichnen	der **Wahlzettel**	verdeutlichen

Übungen

A. *Beantworten Sie die Fragen.*

1. Welche Aufgabe hat der Staat in der DDR?
2. Wie unterscheidet sich die bürgerliche Demokratie von der sozialistischen?
3. Was kritisiert man an dem Mehrparteiensystem der bürgerlichen Demokratien?
4. Wie erklärt man die Notwendigkeit der Gewaltenkonzentration?
5. Wie heißt die oberste Regierungsinstitution in der DDR?
6. Wie und wann werden die Mitglieder der Volkskammer gewählt?
7. Was ist der „Demokratische Block"?
8. Als was sieht man den Wahlvorgang an?
9. Wo findet das demokratische Entscheidungsrecht noch seinen Ausdruck?
10. Wie kann ein Kandidat abgewählt werden?
11. Warum ist die Funktion der Volkskammer begrenzt?
12. Welches andere Machtorgan leitet und entscheidet in der DDR?
13. Was hat die neue Verfassung geändert?
14. Welchen neuen Wirkungsbereich hat der Staatsrat?
15. Welche Funktion hat der Ministerrat? Vergleichen Sie früher und heute.
16. Wieviele Mitglieder hat der Ministerrat?
17. Welche zusätzliche Funktion hat der Staat in der DDR?

B. *Verwandeln Sie die Sätze ins Passiv.*

1. Man wählt die Mitglieder für die Volkskammer in einer direkten Wahl.
2. Man sieht den Wahlvorgang als Beweis der grundsätzlichen Zustimmung zur Gesamtpolitik an.
3. Man kann auch bei der Wahl Kandidaten abwählen.
4. Der Staatsrat erfüllt diese Funktion heute als Kollektivorgan.
5. Im Auftrage der Volkskammer leitet der Ministerrat die Durchführung der Staatspolitik.

C. *Vervollständigen Sie die Sätze, indem Sie die passenden Verben einsetzen.*

1. Das Präsidium _____ die laufenden Geschäfte _____. (to take care) (Präsens)
2. Die zuständige Wahlkommission kann den vorgestellten Kandidaten _____. (to remove)
3. Der Ministerrat _____ aus insgesamt 42 Mitgliedern. (to consist) (Präsens)
4. Der Staat hat die Aufgabe, den Kontakt mit allen Bürgern _____. (to establish)
5. Die Volkskammer _____ die ihr nach der Verfassung zustehenden Kompetenzen nur sehr begrenzt _____. (to exercise) (Perfekt)
6. Die bürgerliche Demokratie _____ als bloß formale Demokratie _____. (to characterize) (Passiv, Präsens)
7. Bisher _____ der Vorsitzende des Staatsrates die DDR völkerrechtlich _____. (to represent) (Perfekt)

8. In der sozialistischen Demokratie _____ der Klassengegensatz durch eine Interessenübereinstimmung _____. (to remove) (Konjunktiv I) (Präsens)

D. *Diskutieren Sie.*

1. Wahlen in der bürgerlichen und der sozialistischen Demokratie.
2. Vor- und Nachteile des Mehrparteiensystems.
3. Die Funktion des Staates in der DDR und in den USA.

E. *Schreiben Sie.*

1. Warum ich (nicht) Vertreter in der Stadtverordnetenversammlung werden will.
2. Ein Vergleich: Die Funktion der Volkskammer, des Staatsrates und Ministerrates.
3. Der persönliche Einsatz (involvement) in politischen und gesellschaftlichen Institutionen auf Bezirks- und lokaler Ebene.

KAPITEL 10

LEKTÜRE

Wolfgang Ecke, **Zwischenfall an der Grenze**

GRAMMATIK

Verbs + Prepositions + Objects
Da + Preposition

LANDESKUNDE

Die Gesellschaft der Bundesrepublik: Die
Sozialstruktur

LEKTÜRE

Wolfgang Ecke

geboren 1927. Er ist ein bekannter und vielgelesener Autor deutscher Detektivgeschichten und anderer Erzählungen, unter anderem Hörspiele und Funkerzählungen (stories for radio broadcast). *Die Geschichte „Zwischenfall an der Grenze" stammt aus seinem Buch* Der Mann in Schwarz *(1972).*

Zwischenfall° an der Grenze

Datum des Geschehens°: 2. Dezember 1968.
Ort des Geschehens: Deutsch-österreichischer Zollgrenzposten° Blankers*.
Es war kein Betrieb° an jenem Abend im Monat Dezember. Drei Fahrzeuge in den letzten vier Stunden, das hatte es noch nie gegeben. Aber die Beamten des Zolls und der Grenzpolizei waren darüber nicht traurig. Seit Stunden fegte° ein eisiger Wind durch das Tal und trieb° einen unangenehmen° Nieselregen° vor sich her°. Einen Nieselregen, der sich von Fall zu Fall in kleine Schneekristalle verwandelte.
Doch bald sollte es mit der friedlichen Beschaulichkeit° und Ruhe vorbei sein. Zehn Minuten nach 23 Uhr klingelte das Telefon auf dem Schreibtisch des Grenzpolizei-Wachtmeisters° Siegele. Was ihm aus der Muschel° entgegenklang°, ließ ihn von seinem Stuhl hochfahren°. Bevor er jedoch selbst noch Fragen stellen konnte, hatte der fremde Anrufer bereits eingehängt°.
Siegele versammelte sofort seine Kollegen von Zoll und Grenzpolizei um sich und erklärte ihnen:
„Ich habe soeben einen anonymen Anruf erhalten. Er besagt, daß in Kürze ein bestimmter Wagen einreisen wird. Es handelt sich um einen Fiat mit französischem Kennzeichen°. In dem Fahrzeug sollen 10 Kilogramm Rauschgift° versteckt sein. Ich glaube, es gibt eine Menge zu tun°!"
Zunächst gab es Alarmstufe° I. Der Schlagbaum° wurde geschlossen und alle Beamten hielten sich bereit°.
Langsam vergingen die Minuten.
Alle starrten sie gebannt auf den österreichischen Teil des Tales, durch den sich die Straße in einer ganzen Anzahl von Kurven schlängelte. Dann entdeckten sie ein Lichterpaar° . . . und kurz darauf noch eines . . . kein Zweifel, es handelte sich um zwei Autos, die sich der Grenze näherten. Für einige Sekunden verschwanden sie an der Stelle, wo der österreichische Schlagbaum nicht einzusehen° war. Doch dann tauchte der erste Wagen auf° . . . Wachtmeister Siegele stieß einen erregten Laut aus° . . . es war ein schwarzer Fiat . . . und als er in das Lichtfeld kam, erkannten sie sofort das französische Kennzeichen.

* Der Name des Grenzortes wurde geändert.

der **Zwischenfall**, ¨-e incident
das **Geschehen**, - incident, event
der **Zollgrenzposten**, - customs station
kein Betrieb no traffic
fegen to blow
vor sich her·treiben, ie, ie to push ahead of itself
unangenehm disagreeable
der **Nieselregen** drizzle
die **Beschaulichkeit** contemplation
der **Wachtmeister**, - border patrol (rank: sergeant)
die **Muschel**, -n telephone receiver
entgegen·klingen, a, u to ring into one's ears
hoch·fahren, ä, u, a to jump up
ein·hängen to hang up
das **Kennzeichen**, - license plate
das **Rauschgift**, -e drug
es gibt eine Menge zu tun there'll be a lot going on
die **Alarmstufe**, -n alert phase
der **Schlagbaum**, ¨-e turnpike
sich bereit halten, ä, ie, a to stand ready
das **Lichterpaar**, -e pair of lights
ein·sehen, ie, a, e to be visible

Während der Fiat sofort zur Seite dirigiert wurde, tauchte auch schon der zweite Wagen auf: ein dunkelgrüner Opel mit Münchner Kennzeichen. Er passierte nach der obligaten Frage nach zu verzollender° Ware anstandslos° den Schlagbaum . . .

In der Garage hatten sich bereits zwei Spezialisten ans Werk gemacht°. Der Protest des französischen Ehepaares verklang° in der Nacht.

Eine halbe Stunde verging. Noch hatten die Beamten nichts gefunden . . .

Gegen O Uhr 30 passierten in dieser Reihenfolge° zwei weitere Fahrzeuge in derselben Richtung die Grenze: ein holländischer PKW mit Amsterdamer Kennzeichen und ein österreichischer Sportwagen mit Tiroler Nummer. Sie wurden nur kurz befragt und durften passieren.

Gegen 3 Uhr begannen die enttäuschten Beamten leise schimpfend den auseinandergenommenen° Fiat wieder zusammenzubauen°. Die Untersuchung war negativ verlaufen°.

Es gab keinen Zweifel° daran, daß ihnen ein böser Streich gespielt worden war. Aber . . . war es wirklich nur ein böser Streich?

Nein!

Wieder einmal hatte der Zufall seine Hand im Spiel°. Zwölf Kilometer von der Grenze entfernt kam ein Wagen ins Schleudern° und prallte gegen einen Baum. Die beiden Insassen wurden in ein Krankenhaus transportiert. Während der Bergung des Fahrzeugs fand man einen Kanister, dessen Inhalt aus einigen Kilo Haschisch bestand°.

Die sofort einsetzenden Recherchen° der Polizei ergaben, daß der Wagen von jenseits der Grenze gekommen war. Und es stellte sich auch heraus°, daß er zu jenen drei Fahrzeugen gehörte, die innerhalb der nächsten 45 Minuten nach dem Fiat die Grenze nach Deutschland überfahren hatten.

Der anonyme Hinweis° auf den französischen Kraftwagen sollte die Beamten verwirren° und—beschäftigen.

auf·tauchen to appear, emerge

einen Laut aus·stoßen ö, ie, o to scream

verzollen to declare

anstandslos without much ado, immediately

sich ans Werk machen to go to work

verklingen, a, u to fade away

die Reihenfolge, -n sequence

auseinander·nehmen, i, a, o to take apart

zusammen·bauen to put together

verlaufen, äu, ie, aw to proceed, come out

es gab keinen Zweifel there was no doubt

einen Streich spielen to play a trick

seine Hand im Spiel haben to play a role

ins Schleudern kommen to skid, spin around

bestehen (+ aus), a, a to consist of

die Recherche, -n investigation

es stellte sich heraus it turned out

der Hinweis, -e hint

verwirren to confuse

Redewendungen

Fragen stellen	to ask questions
es handelt sich um	it concerns
es gibt eine Menge zu tun	there'll be a lot going on
sich ans Werk machen	to go to work
es gibt keinen Zweifel (an)	there is no doubt (in)
einen bösen Streich spielen	to play a dirty trick
der Zufall hatte seine Hand im Spiel	chance played a big role
es stellte sich heraus	it turned out

20 Wichtige Wörter

das **Datum**	die **Richtung**	beschäftigen	enttäuscht
das **Geschehen**	sich **nähern**	schimpfen	unangenehm
das **Tal**	sich **herausstellen**	gehören	friedlich
der **Zufall**	sich **handeln um**	sich **verwandeln**	soeben
die **Reihenfolge**	verwirren	erregt	bestehen (+ aus)

Übungen

I. Fragen

Beantworten Sie die Fragen.

1. Wo geschah dieser Zwischenfall?
2. Wie war das Wetter an jenem Abend?
3. Worüber waren die Grenzpolizisten nicht traurig?
4. Was hatte der fremde Anrufer am Telefon dem Wachtmeister gesagt?
5. Was machten die Grenzpolizisten sofort nach dem Anruf?
6. In welchem Wagen sollte das Haschisch sein?
7. Warum konnten die Beamten in dem auseinandergenommenen Wagen nichts finden?
8. Durch welchen Zufall fand man das Rauschgift?
9. Was hatte der Anrufer durch den Hinweis erreicht (to achieve)?

II. Grammatische Übungen

A. *Setzen Sie die Adjektivendungen ein.*

1. Der Protest des französisch _____ Ehepaares verklang in der Nacht.
2. Der fremd _____ Anrufer hatte bereits eingehängt.
3. Ein holländisch _____ PKW passierte die Grenze.
4. Die Straße schlängelte sich in einer ganz _____ Anzahl von Kurven durch das Tal.
5. Der Wind trieb einen unangenehm _____ Nieselregen vor sich her.
6. Innerhalb der nächst _____ 45 Minuten überfuhren 3 Fahrzeuge die Grenze.

B. *Bilden Sie Konditionalsätze im Konjunktiv II, Präsens und Imperfekt.*

Beispiel: Wetter / besser / sein // mehr / Autos / kommen /
    Wenn das Wetter besser wäre, kämen mehr Autos.
    Wenn das Wetter besser gewesen wäre, wären mehr Autos ge-
    kommen.

1. Beamter / Anrufer / glauben // Schmuggler / erwischen /
2. Auto / kommen // vom Beamten / auseinandergenommen / werden /
3. Fahrer / protestieren // man / ihn / nicht / hören /
4. Wagen / zu schnell / fahren // ins Schleudern / kommen /
5. Auto / gegen / Baum / fahren // Insassen / in / Krankenhaus / transportiert / werden /

C. *Setzen Sie die angegebenen Modalverben im Imperfekt ein.*

1. Der Wachtmeister stieß einen erregten Laut aus. (wollen)
2. Der österreichische Sportwagen passierte die Grenze. (dürfen)
3. Der anonyme Hinweis verwirrte die Beamten. (sollen)
4. Ich stellte ihnen viele Fragen. (müssen)
5. Die Beamten hielten sich bereit. (müssen)

D. *Bilden Sie Passivsätze.*

1. Während der Bergung fand man einen Kanister.
2. Man befragte die Insassen nur kurz.

3. Die beiden Insassen transportierte man in ein Krankenhaus.

4. Man nahm den Fiat auseinander.

5. Die Beamten dirigierten den schwarzen Fiat sofort zur Seite.

E. *Bilden Sie Sätze mit diesen Redewendungen.*

1. es stellte sich heraus, daß

2. bei dem schwarzen Fiat handelte es sich um

3. das Wetter . . . einen bösen Streich spielen

4. sich ans Werk machen

5. seine Hand im Spiel haben

F. *Setzen Sie die Präpositionen und Artikel oder Pronomen ein.*

1. Ein eisiger Wind fegte _____ _____ Tal.   (through the)

2. Er passierte _____ _____ obligaten Frage den Schlagbaum.   (after the)

3. Zwölf Kilometer _____ _____ Grenze entfernt gab es einen Unfall.   (from the)

4. Der Wagen prallte _____ _____ Baum.   (against a)

5. Siegele versammelte seine Kollegen _____ _____.   (around himself)

6. Sie starrten _____ _____ österreichischen Teil des Tales.   (at the)

III. Übungen zum Sprechen und Schreiben.

A. *Fragen Sie Ihren Nachbarn / Ihre Nachbarin.*

1. Bist du schon einmal über eine Grenze gefahren?—Was hast du dir dabei gedacht?

2. Hat dich einmal die Grenzpolizei nach etwas Verbotenem untersucht?

3. Glaubst du, daß der Schmuggel so vor sich geht wie hier in der Geschichte? Oder wie sonst?

B. *Wir diskutieren.*

1. Rauschgifthandel: Was kann und was sollte man dagegen tun?

2. Welche Bedeutung hat eine Grenze?

C. *Erzählen Sie.*

1. Eine Fahrt mit dem Auto über eine Grenze.

2. Eine unangenehme Zollkontrolle.

3. Jemand schmuggelt etwas über die Grenze.

D. *Beschreiben Sie eine kleine Grenzstation. Benutzen Sie folgende Wörter:*

Haus / Büro / Schlagbaum / Grenzschild / Straße / Zollkontrolle / Grenzpolizist / Zollbeamter /

E. *Ein Dialog.*

Erzählen Sie eine Szene an der Grenze mit einer Unterhaltung zwischen einem Zollbeamten und einem Reisenden.

F. *Schreiben Sie.*

In einer österreichischen Tageszeitung vom 3. Dezember 1968 steht ein Bericht über den Zwischenfall an der Grenze unter der Schlagzeile°: „EIN BÖSER STREICH AN DER GRENZE / DOCH ZUFALL HATTE HAND IM SPIEL." Schreiben Sie in 15 Sätzen den Bericht für die Zeitung.

GRAMMATIK

Verbs + Prepositions + Objects

Many German verbs can—or even <u>must</u>—take a preposition and a prepositional object rather than a plain object. The verbs in the following lists are
grouped according to the case the preposition takes. Many of the verbs listed
are familiar to you because they have occurred in previous lessons. The *
means that the verb can also be used without the preposition, but the meaning
of the verb may be different.

Verbs + Prepositions + Accusative

*denken an	to think of
*sich erinnern an	to remember
*glauben an	to believe in
sich gewöhnen an	to get used to
sich klammern an	to cling to
sich lehnen an	to lean against
sich beziehen auf	to refer to
sich freuen auf	to look forward to
hoffen auf	to hope for
klettern auf	to climb on (to)
schauen auf	to look at
sich verlassen auf	to rely upon
*vertrauen auf	to have faith in
verzichten auf	to forego
warten auf	to wait for
sich bedanken für	to thank for
sich entscheiden für	to decide for
sich interessieren für	to be interested in
sich ärgern über	to be angry about
*sich beklagen über	to complain about
*sich beugen über	to bend over
*sich einigen über	to agree upon
sich freuen über	to be happy about
lachen über	to laugh about
nachdenken über	to think about
sich wundern über	to be amazed about
sich bemühen um	to strive for, to take care of
sich handeln um	to be a question of

EXAMPLES

Manchmal **denkt** sie **an** Filme. *Sometimes she thinks about films.*
Die junge Frau **schaute** scheu **auf** den Unglückswagen. *The young woman looked shyly at the crashed car.*

Übungen

A. *Setzen Sie die passenden Präpositionen ein.*

1. Nach der Party bedankten sie sich _____ die Einladung.   (for)
2. Der Blonde und der Braune konnten sich nicht _____ die Grenze ihrer Besitzungen einigen.   (about)
3. Das junge Mädchen interessierte sich nur _____ Katastrophen.   (for)
4. Sie dachte nur _____ Liebesfilme und Katastrophen.   (about, of)
5. Diese Geschichte bezieht sich _____ die Flucht nach Westen im Jahre 1945.   (to)
6. Der Farmer und der Indio hofften _____ besseres Wetter.   (for)
7. Der Fischer mußte _____ den Touristen lachen.   (about)
8. Sie warteten drei Stunden _____ eine Zugmaschine.   (for)
9. Sie freut sich jeden Tag _____ die kurze Mittagspause.   (to)
10. Sie kletterten _____ den Gipfel des Schilfdaches.   (onto)
11. In Alaska muß man sich _____ das kalte Klima gewöhnen.   (to)
12. Andrea mußte _____ die Theorie von Galilei nachdenken.   (about)
13. Die beiden Männer schauten _____ die leblosen Insassen und zuckten die Schultern.   (at)

B. *Setzen Sie die Präpositionen und Artikel oder Pronomen ein.*

1. Der Fischer freute sich _____ _____ guten Fang.
2. Die Soldaten lehnten sich rauchend und fluchend _____ _____ Wände des Dorfgasthofes.
3. Anna Seghers erinnert sich _____ _____ anderes Denkmal in Mainz am Rhein.
4. Niemand hatte sich _____ _____ beiden leblosen Insassen des VW bemüht.
5. Frau Sarti wunderte sich _____ _____ Entdeckungen Galileis.
6. Der Arzt beugte sich _____ _____ Toten am Lenkrad und schrie leise auf.
7. Bei den Verunglückten handelt es sich _____ _____ praktischen Arzt Wilhelm Altmann und _____ (his) Ehefrau.

Verbs + Prepositions + Dative

The * indicates that the verb may also be used without the preposition.

arbeiten an	*to work on*
sich beteiligen an	*to participate in*
erkranken an	*to be taken ill with*
leiden an	*to suffer from*
mitwirken an	*to participate in*
*rütteln an	*to rattle at*
sterben an	*to die of*
teilnehmen an	*to participate in*

zweifeln an	*to have doubts about*
bestehen aus	*to consist of*
entnehmen aus	*to infer from, to conclude from*
*werden aus	*to become of*
*anfangen mit	*to begin with*
aufhören mit	*to end with*
sich befassen mit	*to occupy o.s. with, to deal with*
verbringen mit	*to spend . . . with*
sich zufrieden geben mit	*to be satisfied with*
aussehen nach	*to look like*
riechen nach	*to smell like*
forschen nach	*to investigate for*
*fragen nach	*to ask about*
streben nach	*to strive for*
*suchen nach	*to look for*
abhängen von	*to depend on*
ausgehen von	*to proceed from*
sich erholen von	*to recuperate from*
erzählen von	*to tell about*
sprechen von	*to talk about*
stammen von	*to stem from, to originate from*
träumen von	*to dream about*
erschrecken vor	*to get scared by*
fliehen vor	*to flee before*
sich fürchten vor	*to be afraid of*
sich schämen vor	*to be ashamed of*
beitragen zu	*to contribute to*
sich biegen zu	*to curve, bend into*
*dienen zu	*to be used for*
sich flüchten zu	*to flee to*
passen zu	*to fit to*

Übungen

A. *Setzen Sie die passenden Präpositionen ein.*

1. Der Farmer und der Peon flohen _____ den Fluten des Flusses auf das Dach. (before)

2. Hört bitte auf _____ diesem Lied! (with)

3. _____ welchem Projekt arbeiten Sie, Herr Galilei? (on)

4. Der Herbstwind rüttelte _____ den Fenstern des Hauses. (on)

5. Was entnehmen Sie _____ der Geschichte über die Senkung der Arbeitsmoral? (from)

6. Der Tourist mußte sich _____ dieser Antwort zufriedengeben. (with)

7. Der Peon flüchtete sich _____ seinem Herrn. (to)

8. Jeder muß _____ diesem Spiel teilnehmen. (in)

9. Der Bundestag befaßte sich _____ Artikel 1 des Grundgesetzes. (with)

10. Das Boot des Fischers roch _____ Fisch. ([to smell] like)

11. _____ welcher Krankheit ist die alte Frau gestorben? (of)

12. Der Fischer verbringt seine Zeit _____ Schlafen. (with)

13. _____ wem stammt diese Geschichte? (from)

14. Was wird _____ dem alten Mann geworden sein? (of)

B. *Setzen Sie die Präpositionen und Artikel oder Pronomen ein.*

1. Kannst du uns etwas _____ Unfall erzählen? (about the)

2. Der Tourist wollte sich am Strand _____ langen Reise erholen. (from the)

3. Fangen wir _____ Arbeit an! (with the)

4. Ich zweifle nicht _____ Ehrlichkeit. (about his)

5. Die Studentin arbeitet _____ Dissertation. (on her)

6. Was ist _____ alten Mann geworden? (of the)

7. Heute nacht träumte ich _____ Schlange. (of a)

8. Ich fragte den Polizisten _____. (about them)

9. Das Kind erkrankte _____ schweren Krankheit. (of a)

10. _____ Erzählung sprechen Sie? (about which)

Verbs + Accusative Object + Preposition

There are many verbs which normally require an <u>accusative</u> <u>object</u> in addition to a preposition.

abhalten von	*to prevent from*
benutzen zu	*to use for*
bitten um	*to ask for*
einladen zu	*to invite to*
erinnern an (+acc.)	*to remind of*
erkennen an (+dat.)	*to recognize by*
fragen nach	*to ask about*
schreiben an (+acc.)	*to write to*
überzeugen von	*to convince of*
verkaufen an (+acc.)	*to sell to*
verurteilen zu	*to condemn to*
verwenden zu	*to use for*
warnen vor	*to warn against, of*
zwingen zu	*to force to*

EXAMPLES

Wir erkannten **ihn an** seinem grünen Hemd.

We recognized him by his green shirt. (Accusative object: **ihn**)

Der Richter hat **den Einbrecher zu** drei Jahren Gefängnis verurteilt.

The judge sentenced the burglar to three years' imprisonment. (Accusative object: **den Einbrecher**)

Übungen:

A. *Setzen Sie die entsprechenden Präpositionen ein.*

1. Das Mädchen lädt ihren Freund _____ einer Party ein.
2. Der Tourist ist überzeugt _____ seiner Theorie.
3. Der Peon warnt den Farmer _____ der Flut.
4. Der Farmer hält den Peon _____ dem Sprung ins Wasser ab.
5. Die Erzählerin erinnert sich _____ den Dom in Mainz am Rhein.
6. Man kann den Fischer _____ der Fischermütze erkennen.
7. Sie verwenden das Dach _____ ihrer Rettung. (die Rettung = *rescue*)
8. Man verurteilt den betrunkenen Autofahrer _____ einer hohen Strafe. (die Strafe = *penalty*)

B. *Setzen Sie die Präpositionen und Artikel oder Pronomen ein.*

1. Der Notdienst zwang den Arzt _____ _____ dringenden Hausbesuch. (to a)
2. Der Milchmann verkauft die Milch _____ _____ Kunden. (to his)
3. Ich erkannte meine Freundin _____ _____ Sonnenbrille. (by her)
4. Galileo benutzte einen Stuhl und einen Waschschüsselständer _____ _____ (for the) Erklärung seiner Theorie.
5. Der alte Mann ist überzeugt _____ _____ (of his) Theorie, daß die Erde rund ist.
6. Anna Seghers sagte: „Ich erinnere mich _____ _____ Erinnerung. (of a)
7. Der Polizist warnt den Autofahrer _____ _____ vereisten Straße. (of the)
8. Ich lade meinen Freund _____ _____ (to a) Kaffee mit Cognac ein.

C. *Vervollständigen Sie die Sätze. Verben im Präsens.*

1. Sie _____ alten Frau mit den vier Töchtern. (to ask about the)
2. Der Fischer _____ seine Makrelen _____ _____ Leute in der Stadt. (to sell to the)
3. Der Wolkenbruch _____ den Farmer und seinen Peon _____ _____ Flucht auf das Schilfdach. (to force to the)
4. Frau Sarti _____ Galilei _____ Geld. (to ask for)
5. Der Fischer _____ sein Boot nur _____ _____ Fischen. (to use for the)
6. Die alte Frau _____ das Kind _____ Tanzen _____. (to invite to the)
7. Der Tourist _____ den Fischer _____ _____ Dösen _____. (to prevent from the)
8. Die Mutter _____ einen langen Brief _____ _____ Kinder. (to write to her)
9. Er will den Fischer _____ _____ schönen, reichen Leben _____. (to convince of the)
10. Ich _____ den Streuwagen _____ _____ rotierenden Gelblicht. (to recognize by the)

„Da" + Preposition

The adverb **da** can be combined with most prepositions using the dative or accusative case. This happens in the following instances.

1. As a substitution for a whole prepositional object of a verb:

   Er dachte **über die Reise** nach.
   Er dachte **darüber** nach.

   The prepositional object **über die Reise** has been replaced by the **da** + preposition. This can be done when it is clear what the prepositional object was referring to, that is, when something has previously been said about the subject matter, or when it can be inferred.

2. As an anticipatory device, when the information of the prepositional object is being expressed in a subordinate clause:

   Er dachte **darüber** nach, was er auf der Reise alles brauchte.

   He thought about [it] what he would need on the trip.

   Ich glaube nicht **an seine Unschuld.**

   I don't believe in his innocence.

   Ich glaube nicht **daran,** daß er unschuldig ist.

   I don't believe [in it] that he is innocent.

3. To refer to a subject, an event, or a condition that has been mentioned previously:

   Der Fischer war glücklich in seinem Boot am Strand.

   The fisherman was happy in his boat on the beach.

   Davon (= daß der Fischer glücklich war) hat der Tourist nichts gewußt.

   The tourist did not know anything <u>about</u> <u>that</u>.

   Note: To form **da**-compounds, i.e., **da** + preposition, an **-r-** has to be inserted between the **da** and the preposition if the preposition starts with a vowel:

   da + r + über ; darunter, darauf, daran, darum, darin

   but:

   davon, dazu, davor, dafür, dagegen, dahinter

   Do not use a **da**-compound when the prepositional object refers to a person. If the reference is to a person, the preposition is followed by a pronoun:

   Er verkauft die Fische **an seinen Freund.**   *He sells the fish to his friend.*
   Er verkauft die Fische **an ihn.**   *. . . to him*

Übungen

A. *Setzen Sie die richtigen* **da**-*Verbindungen ein.*

Beispiel: Die Eltern sprechen _____, daß sie auch einmal jung waren.
     Die Eltern sprechen **davon,** daß . . .

1. In der Ecke steht ein Stuhl. _____ (Behind it) steht der Waschständer.

2. Denken Sie _____ (about it), daß der Milchmann bezahlt werden muß.

3. Galilei: „Der Stuhl ist die Erde. Du sitzt _____ (on it)."

4. Das Maisfeld glich einem See. Der Rancho des Peons war _____ (in it) verschwunden.

5. Ein Mann verbrachte seine Zeit _____ (with it), daß er sich alles noch einmal überlegte.

6. Er blätterte tagelang in alten Büchern, bis er _____ (in it) seinen Namen gefunden hatte.

7. Er war noch nie in der Sahara. Aber er hatte _____ (about it) gelesen.

8. Er glaubte _____ (in it), daß die Erde rund ist.

9. Er kaufte sich einen Globus. _____ (On it) zog er einen Strich.

10. Hinter dem Wald war der Fluß, _____ (across it) führte eine Brücke.

11. Er sah plötzlich Kaimane im dunklen Wasser. Er sah Kaimane _____ (in it).

12. Der Indio wunderte sich über die harte Stimme seines Herrn. Er wunderte sich _____ (about it).

B. *Ersetzen Sie das präpositionale Objekt durch ein Pronomen.*

Beispiel: Dichter Nebel fuhr **mit den beiden Männern.**
     Dichter Nebel fuhr **mit ihnen.**

1. Aber er wurde im selben Moment von seinem Herrn gehalten.

2. Da beginnt das Radio über der Frau zu dröhnen.

3. Sie quetschte sich neben den Beifahrer.

4. Sie war das Kind unter den Frauen gewesen.

5. Sie kann sich jederzeit an die alte Frau erinnern.

6. Sie hatte kaum ein Lächeln für den Fotografen.

7. Das Kind saß zwischen den Frauen auf dem Plüschsofa.

8. Es handelte sich um ein französisches Ehepaar.

C. *Ersetzen Sie die präpositionalen Objekte.*

1. Sie hat Angst vor dem Hühnerschlachten.

2. Sie tanzte einen Walzer mit dem Kind.

3. Die beiden Nachbarn stiegen zugleich auf den Berg.

4. Er lief heim und sprach zu seinem Gebieter.

5. Was lag ihnen an der hohen Kultur?

6. Ich erinnere mich an eine Erinnerung.

7. Nach dem Berg kommt ein See, und die Männer müssen die Schiffe über den See bringen.

8. Er versucht, die Verlegenheit durch ein Gespräch zu überbrücken.

LANDESKUNDE

Die Gesellschaft der Bundesrepublik: Die Sozialstruktur

Die westdeutsche Bevölkerung° umfaßt° heute etwas mehr als 60 Millionen. Sie ist seit 1950, also im Zeitraum° von 20 Jahren, um 10 Millionen gewachsen. In der DDR leben 17 Millionen Menschen.

Die Struktur der westdeutschen Bevölkerung stimmt° mit den allgemeinen Strukturmerkmalen° industriell voll entwickelter° Gesellschaften überein°, das heißt, die Bevölkerung wächst nur langsam, die Durchschnittsfamilie hat zwei Kinder, die Erwerbstätigkeit° verlagert° sich von den Bereichen° der Primärproduktion° weg in die produzierenden Gewerbe° und steigt am stärksten auf dem Sektor der Dienstleistungen°. Es wächst der Anteil° der alten Menschen an der Gesamtbevölkerung, so daß die Erwerbstätigen künftig° für einen wachsenden Anteil der Bevölkerung soziale Leistungen° erwirtschaften° müssen.

Der frühere Gegensatz zwischen Stadt und Land hat sich spürbar° abgeschwächt°, er ist nur mehr begrenzt° ein Kontrast zwischen einer traditionellen und modernen Lebensform. Die Soziologen sprechen von einem gleitenden° Stadt-Land-Kontinuum, das heißt einem allgemeinen zivilisatorischen Trend in Richtung auf° Urbanisierung, der das gesamte Land ergreift°.

Im Zuge° der wirtschaftlichen Aufwärtsentwicklung° und bedingt durch° Krieg und Kriegsfolgen, haben starke Wanderungsprozesse in der deutschen Bevölkerung stattgefunden, die zu einer gewissen Amalgamierung der verschiedenen deutschen Stämme geführt haben. Die Millionenzahl der Flüchtlinge hat das früher noch recht scharf konturierte Profil der deutschen Stämme, seien es° Schwaben° oder Bayern, Niedersachsen oder Holsteiner, verwischt° und damit dem deutschen Föderalismus seine traditionelle ethnische Basis zum Teil entzogen°. Hinzu kam die für eine expandierende Industriegesellschaft typische, wirtschaftlich bedingte Mobilität[1] (im Jahre 1964 haben 6% der deutschen Bevölkerung ihren Wohnsitz gewechselt). Die Bereiche großer Bevölkerungskonzentrationen haben sich in den Nachkriegsjahren jedoch kaum verändert, der Trend zur Ausweitung° der bestehenden großen industriellen Ballungsräume° hat sich fortgesetzt, da es kaum gelungen ist°, die Wirtschaftsansiedlungen° geographisch besser zu streuen°.

Die Deutschen leben auf relativ engem Raum, jetzt fast 250 Personen auf einem Quadratkilometer. Durch diese Entwicklung ist allerdings eine folgenschwere° politische Konzeption als unsinnig entlarvt° worden, die Idee nämlich, die Deutschen seien ein „Volk ohne Raum". Auf sie stützte° Hitler seine imperialistische Politik gegenüber dem europäischen Osten. Die Deutschen

die Bevölkerung, -en population

umfassen to comprise

der Zeitraum, ¨e time span, period of time

überein·stimmen to agree, concur

das Strukturmerkmal, -e structural characteristic

entwickelt developed

die Erwerbstätigkeit, -en gainful employment

sich verlagern to shift

der Bereich, -e area

die Primärproduktion, -en primary production

das Gewerbe, - business, profession

die Dienstleistung, -en service

der Anteil, -e portion, part, share

künftig in the future

die Leistung, -en here: (social) service

erwirtschaften to produce

spürbar noticeable

sich ab·schwächen to diminish, decrease, fall off

begrenzt in a limited sense

gleitend gliding, sliding, slipping

in Richtung auf (+ acc.) in the direction of

ergreifen, i, i to grasp, seize

im Zuge (+ gen.) in the process (of)

die Aufwärtsentwicklung, -en boom, upward development

bedingt durch affected by, caused by

seien es be it

der Schwabe, -n Swabian

entziehen, o, o to eliminate, remove

---

[1] **der für eine expandierende Industriegesellschaft typische, wirtschaftliche Mobilität** ... *the economically generated mobility which is typical for an expanding industrial society*

Frankfurt: Der nach 1945 wieder aufgebaute „Römer" (das Rathaus) und die Paulskirche (rechts) vor dem Hintergrund moderner Bankgebäude. Frankfurt ist das Zentrum der Geldwirtschaft in der Bundesrepublik.

Beantworten Sie diese Fragen:
1. Welches Gebäude ist traditionell im Zentrum einer Stadt?
2. War Frankfurt früher eine wichtige Stadt, wenn man die älteren Gebäude ansieht?
3. Frankfurt war im Zwieten Weltkrieg ganz zerstört. Wie ist das Stadtzentrum aufgebaut worden?
4. Ist Frankfurt heute eine wichtige Stadt? Wie kann man das sehen?
5. Wofür eignet sich (is suitable) der Platz vor dem Rathaus?

Wir schreiben oder diskutieren in der Klasse:
1. Wie soll man eine zerstörte historische Stadt wiederaufbauen?
2. Das moderne Leben in einer alten Stadt und seine Probleme.

von heute haben trotz engerem Lebensraum einen viel höheren Lebensstandard als früher.

Da der Bevölkerungsanteil in den ländlichen Gebieten leicht abnimmt°, in den Ballungsgebieten dagegen besonders stark zunimmt°, ist es eine wichtige sozialpolitische Aufgabe der Zukunft, die Verteilung° der Bevölkerung im Rahmen° einer langfristigen° wirtschaftlichen und sozialen Planung so zu arrangieren, daß eine günstigere° wirtschaftsgeographische Verteilung der Gesamtbevölkerung der Bundesrepublik erreicht werden kann.

Unter den Erwerbstätigen (45% der Bevölkerung) liegt der Anteil der Lohnarbeiter° bei knapp 50%; die Zahl der Beamten° und Angestellten° ist stetig im Steigen (jetzt bei über 30%); dagegen nimmt die Zahl der Selbständigen° weiter ab. Sie liegt heute unter 10%. Auch an dieser Entwicklung zeigt sich die Veränderung der deutschen Industriegesellschaft, die durch den Konzentrationsprozeß die Zahl der Selbständigen vermindert, die der abhängig Beschäftigten erhöht und innerhalb der Abhängigen die Angestellten stetig zunehmen läßt. Wenn es für den Typus der frühen Industriegesellschaft kennzeichnend° war, daß Arbeiterschaft° und Unternehmerschaft° die großen sozialen Blöcke bilden, so ist die Bundesrepublik auf dem Weg zu einer durch

die Ausweitung, -en expansion

der Ballungsraum, ⸚e area of agglomeration, dense cluster

es ist gelungen one has succeeded

die Wirtschaftsansiedlung, -en industrial development

streuen to disperse

folgenschwer grave, portentious

entlarven to unmask

stützen auf (+ acc.) to base upon

ab·nehmen, i, a, o to decline

zu·nehmen, i, a, o to increase

die Verteilung, -en distribution

im Rahmen (+ gen.) in the framework (of)

langfristig longterm

günstig favorable

der Lohnarbeiter, - laborer, wage-earner

der Beamte, -n official, civil servant

der Angestellte, -n (white collar) employee

der Selbständige, -n self-employed, independent

es ist kennzeichnend für it is characteristic for

die Arbeiterschaft workers, labor force

die Unternehmerschaft entrepreneurs, employers

wachsende Dienstleistungen geprägten° prosperierenden Industriegesellschaft[2], in der die traditionelle Klassenstruktur stark aufgelockert° ist.

Die deutschen Soziologen haben sich ausgiebig° mit der Frage befaßt°, ob die Sozialstruktur der Bundesrepublik noch die einer Klassengesellschaft sei oder nicht. Auch wenn es für manche Autoren weiterhin° sinnvoll erscheint, von einer Klassengesellschaft zu sprechen, so erkennen sie doch an, daß die Klassenstruktur unscharf geworden ist und daß der Unterklasse dank° eines das Existenzminimum übersteigenden° wirtschaftlichen Wohlstandes°[3] die Merkmale der Proletarietät weitgehend° fehlen. Hingewiesen wird° in diesem Zusammenhang° auch immer wieder auf die Differenzierungen, die innerhalb der einzelnen sozialen Gruppen, etwa innerhalb der Arbeiterschaft oder der Angestelltenschaft, bestehen, so daß die Grenzen zwischen diesen Gruppen in der Tat fließend werden°.

geprägt durch shaped by
auf·lockern to loosen up
ausgiebig extensive(ly)
sich befassen mit to deal with, to be concerned with
weiterhin still
dank (+gen.) thanks (to)
übersteigend surpassing
der Wohlstand prosperity, wealth
weitgehend largely
hingewiesen wird . . . auf (+acc.) it is being pointed to
in diesem Zusammenhang, in this connection
fließend werden to become fluid

[2] **auf dem Weg zu einer durch wachsende Dienstleistungen geprägten prosperierenden Industriegesellschaft . . .** *on the way to a prosperous industrial society shaped by growing services*
[3] **dank eines das Existenzminimum übersteigenden wirtschaftlichen Wohlstandes . . .** *thanks to an economic prosperity which exceeds the minimum living standard*

Redewendungen

Es wächst der Anteil der alten Menschen an der Gesamtbevölkerung.	*The share of old people in the total population is growing.*
in Richtung auf Urbanisierung . . .	*in the direction of urbanisation*
im Zuge der wirtschaftlichen Aufwärtsentwicklung . . .	*in the process of economic upward development*
das früher noch recht scharf konturierte Profil . . .	*the profile which used to be fairly clearly contoured*
seien es Schwaben oder Bayern, . . .	*be it Swabians or Bavarians*
hinzu kommt . . .	*in addition to that there is*
in der Tat	*indeed*

20 Wichtige Wörter

fehlen	zunehmen	abhängig	übereinstimmen
weiterhin	abnehmen	bedingt	der Bereich
sinnvoll	unsinnig	entziehen	umfassen
ausgiebig	ländlich	(sich) fortsetzen	der Anteil
sich befassen mit	stetig	gelingen	der Zeitraum

Übungen

A. *Setzen Sie das passende Wort ein.*

1. Es wächst _____ der alten Menschen an der Gesamtbevölkerung.
2. Die Bevölkerung wächst nur langsam, denn _____ hat nur zwei Kinder.
3. Die Deutschen leben auf relativ _____ Raum.

4. Der Bevölkerungsanteil in den _____ Gebieten nimmt leicht ab.

5. Die Bundesrepublik ist auf dem Wege zu einer prosperierenden _____.

6. Dank des Wohlstandes fehlen _____ der Proletariätät.

B. *Bilden Sie Sätze mit diesen Ausdrücken.*

1. in der Tat

2. führen zu

3. im Zuge

4. zum Teil

5. sich befassen mit

6. dank (+ gen.)

7. in diesem Zusammenhang

C. *Bilden Sie zusammengesetzte Substantive.*

1. der Durchschnitt / die Familie = _____ s _____

2. die Wanderung / der Prozeß = _____ s _____

3. der Erwerb / die Tätigkeit = _____ s _____

4. die Industrie / die Gesellschaft = _____

5. das Leben / der Standard = _____ s _____

6. die Existenz / das Minimum = _____

7. die Ballung / das Gebiet = _____ s _____

D. *Setzen Sie die Partizipien (Perfekt) ein.*

1. Die Zahl der Selbständigen hat _____. (abnehmen)

2. Die Soziologen haben sich ausgiebig mit der Frage _____. (befassen)

3. Es ist kaum _____, die Wirtschaftsansiedlungen geographisch besser zu streuen. (gelingen)

4. Starke Wandlungsprozesse haben in der deutschen Bevölkerung _____. (stattfinden)

5. Im Jahre 1964 haben 6% der deutschen Bevölkerung ihren Wohnsitz _____. (wechseln)

6. Der frühere Gegensatz zwischen Stadt und Land hat sich spürbar _____. (abschwächen)

E. *Diskutieren Sie.*

1. Probleme der Urbanisierung.

2. Die Verlagerung der Erwerbstätigkeit von der Primärproduktion auf die Dienstleistungen.

3. Der wachsende Anteil der alten Menschen an der Gesamtbevölkerung.

F. *Schreiben Sie.*

1. Das Leben einer Durchschnittsfamilie.

2. Die Mobilität der amerikanischen Gesellschaft und ihre Folgen.

3. Was wollen Sie einmal werden und wie wollen Sie einmal leben?

G. *Beantworten Sie die Fragen.*

1. Welche typischen Strukturmerkmale zeigen sich in der westdeutschen Bevölkerung?

2. Welche Folgen hat der wachsende Anteil der Alten für die Erwerbstätigen?

3. Was versteht man unter dem Begriff des „gleitenden Stadt-Land-Kontinuums"?

4. Welche Wandlungsprozesse haben in der deutschen Nachkriegsbevölkerung stattgefunden?

5. Was ist in den Nachkriegsjahren in den bestehenden großen industriellen Ballungsräumen passiert?

6. Welche Entwicklung hat Hitlers Idee vom „Volk ohne Raum" als völlig unsinnig entlarvt?

7. Was soll durch eine langfristige wirtschaftliche und soziale Planung erreicht werden?

8. Wie will man beweisen, daß die traditionelle Klassenstruktur der deutschen Gesellschaft immer weiter aufgelockert wird?

LEKTÜRE

Herbert Malecha

geboren 1927 in Ratibor (Oberschlesien), lebt seit 1945 in Süddeutschland, schrieb vor allem Kurzgeschichten. Die Erzählung „Die Probe" stammt aus der Anthologie mit gleichem Titel und wurde in mehrere Sprachen übersetzt.

Die Probe

Redluff sah, das schrille° Quietschen° der Bremsen° noch in den Ohren, wie sich das Gesicht des Fahrers ärgerlich verzog°. Mit zwei taumeligen° Schritten war er wieder auf dem Gehweg. „Hat es Ihnen was gemacht?" Er fühlte sich am Ellbogen angefaßt°. Mit einer fast brüsken° Bewegung machte er sich frei. „Nein, nein, schon gut. Danke", sagte er noch, beinah schon über die Schulter, als er merkte, daß ihm der Alte nachstarrte°.

Eine Welle von Schwäche stieg von seinen Knien auf, wurde fast zur Übelkeit°. Das hätte ihm gerade gefehlt°, angefahren° auf der Straße zu liegen, eine gaffende° Menge und dann die Polizei. Er durfte jetzt nicht schwach werden, nur weiterlaufen, unauffällig° weiterlaufen zwischen den vielen auf der hellen Straße. Langsam ließ das Klopfen im Halse nach°. Seit drei Monaten war er zum erstenmal wieder in der Stadt, zum erstenmal wieder unter so viel Menschen. Ewig konnte er in dem Loch sich ja nicht verkriechen°, er mußte einmal wieder raus, wieder Kontakt aufnehmen mit dem Leben, überhaupt raus aus allem. Ein Schiff mußte sich finden lassen, möglichst noch, bevor es Winter wurde. Seine Hand fuhr leicht über die linke Brustseite° seines Jacketts, er spürte den Paß, der in der Innentasche steckte; gute Arbeit war dieser Paß, er hatte auch nicht schlecht dafür bezahlt.

Die Autos auf der Straße waren zu einer langen Kette° aufgefahren. Nur stockend° schoben sie sich vorwärts°. Menschen gingen an ihm vorbei, kamen ihm entgegen; er achtete° darauf, daß sie ihn nicht streiften°. Einem Platzregen° von Gesichtern war er ausgesetzt, fahle° Ovale, die sich mit dem wechselnden Reklamelicht° verfärbten°. Redluff strengte sich an°, den Schritt der vielen anzunehmen, mitzuschwimmen in dem Strom. Stimmen, abgerissene° Gesprächsfetzen° schlugen an sein Ohr, jemand lachte. Für eine Sekunde haftete° sein Blick an dem Gesicht einer Frau, ihr offener, bemalter° Mund sah schwarzgerändert° aus. Die Autos fuhren jetzt an°, ihre Motoren summten auf°. Eine Straßenbahn schrammte vorbei°. Und wieder Menschen, Menschen, ein Strom flutender Gesichter, Sprechen und hundertfache Schritte. Redluff fuhr unwillkürlich° mit der Hand an seinen Kragen°. An seinem Hals merkte er, daß seine Finger kalt und schweißig° waren.

Wovor hab' ich denn eigentlich Angst, verdammte Einbildung°, wer soll mich denn schon erkennen in dieser Menge, sagte er sich. Aber er spürte nur zu genau, daß er in ihr nicht eintauchen° konnte, daß er wie ein Kork auf

schrill shrill
quietschen to squeal
die Bremse, -n brake
verziehen, o, o to distort, to pull (a face)
taumelig giddy, reeling
an·fassen to grab, seize
brüsk curt, blunt, brusque
nach·starren (+ dat.) to stare after (somebody)
die Übelkeit nausea, sickness, disgust
das hätte mir gefehlt that's all I needed
an·fahren, ä, u, a to run into, hit
gaffen to gape, stare
unauffällig inconspicuous
nach·lassen, ä, ie, a to subside, diminish
sich verkriechen, o, o to hide
die Brustseite, -n upper chest part
die Kette, -n chain
stocken to hesitate
sich vorwärts·schieben, o, o to push or move ahead
achten (auf + acc.) to pay attention (to)
streifen to touch
der Platzregen downpour
fahl pale
das Reklamelicht, -er advertising lights
sich verfärben to discolor
sich an·strengen to make an effort
ab·reißen, i, i to tear off, separate

Ein Strom von Menschen bewegt sich auf der Geschäftsstraße in der
Fußgängerzone.

Beantworten Sie diese Fragen:

1. Welche Geschäfte erkennen Sie und was kann man dort kaufen?
2. Warum wäre Redluff gern in diese Straße gegangen?
3. Haben die Menschen auf dem Bild es eilig? Was meinen Sie?

dem Wasser tanzte, abgestoßen° und weitergetrieben°. Ihn fror plötzlich. Nichts
wie verdammte Einbildung, sagte er sich wieder. Vor drei Monaten war das ja
noch anders, da stand sein Name schwarz auf rotem Papier auf jeder An-
schlagsäule° zu lesen, Jens Redluff; nur gut, daß das Foto so schlecht war.
Der Name stand damals fett in den Schlagzeilen° der Blätter°, wurde dann
klein und kleiner, auch das Fragezeichen dahinter, rutschte° in die letzten
Spalten° und verschwand bald ganz.

Redluff war jetzt in eine Seitenstraße abgebogen°, der Menschenstrom
wurde dünner, noch ein paar Abbiegungen, und die Rinnsale° lösten sich auf°,
zerfielen° in einzelne Gestalten, einzelne Schritte. Hier war es dunkler. Er
konnte den Kragen öffnen und die Krawatte nachlassen°. Der Wind brachte
einen brackigen° Lufthauch° vom Hafen her. Ihn fröstelte°.

---

der Gesprächsfetzen, -
fragment of speech

haften to cling, stick

bemalt painted

schwarzgerändert black-
rimmed

an·fahren, ä, u, a to start

auf·summen to begin to
buzz

vorbei·schrammen to graze
or scrape past

unwillkürlich auto-
matic(ally), involuntary

der Kragen, - collar

schweißig sweaty

die Einbildung, -en imagination, fancy

ein·tauchen to disappear,
submerge

ab·stoßen, ö, ie, o to get
rid of, dispose of

weiter·treiben, ie, ie to
drift away

die Anschlagsäule, -n advertising pillar

die Schlagzeile, -n headline

das Blatt, ¨er here: newspaper

rutschen to slide, slip

die Spalte, -n column (of
newspaper)

ab·biegen, o, o to turn
(right, left)

das Rinnsal, -e small
streams

sich auf·lösen to dissolve

zerfallen, ä, ie, a to fall
apart

nach·lassen, ä, ie, a to
loosen

brackig brackish, briny

der Lufthauch breeze

frösteln to feel chilly, shiver

Ein breites Lichtband fiel quer vor ihm über die Straße, jemand kam aus dem kleinen Lokal, mit ihm ein Dunst° nach Bier, Qualm° und Essen. Redluff ging hinein. Die kleine, als Café aufgetakelte° Kneipe war fast leer, ein paar Soldaten saßen herum, grelle Damen in ihrer Gesellschaft. Auf den kleinen Tischen standen Lämpchen mit pathetisch roten Schirmen. Ein Musikautomat begann aus der Ecke zu hämmern. Hinter der Theke lehnte ein dicker Bursche° mit bloßen Armen. Er schaute nur flüchtig° auf°.

„Konjak, doppelt", sagte Redluff zu dem Kellner. Er merkte, daß er seinen Hut noch in der Hand hielt und legte ihn auf den leeren Stuhl neben sich. Er steckte sich eine Zigarette an, die ersten tiefen Züge° machten ihn leicht benommen°. Schön warm war es hier, er streckte seine Füße lang aus. Die Musik hatte gewechselt. Über gezogen jaulenden° Gitarretönen hörte er halblautes Sprechen, ein spitzes Lachen vom Nachbartisch. Gut saß es sich hier.

Der Dicke hinter der Theke drehte jetzt seinen Kopf nach der Tür. Draußen fiel eine Wagentür schlagend zu°. Gleich darauf kamen zwei Männer herein, klein und stockig° der eine von ihnen. Er blieb in der Mitte stehen, der andere, im langen Ledermantel, steuerte auf den Nachbartisch zu°. Keiner von beiden nahm seinen Hut ab. Redluff versuchte hinüberzuschielen°, es durchfuhr ihn°. Er sah, wie der Große sich über den Tisch beugte, kurz etwas Blinkendes° in der Hand hielt. Die Musik hatte ausgesetzt°. „What's he want?" hörte er den Neger vom Nebentisch sagen. „What's he want?" Er sah seine wulstigen° Lippen sich bewegen. Das Mädchen kramte° eine bunte Karte aus ihrer Handtasche. „What's he want?" sagte der Neger eigensinnig°. Der Mann war schon zum nächsten Tisch gegangen. Redluff klammerte sich mit der einen Hand an° die Tischkante°. Er sah, wie die Fingernägel sich entfärbten°. Der rauchige Raum schien ganz leicht zu schwanken°, ganz leicht. Ihm war, als müßte er auf dem sich neigenden° Boden jetzt langsam samt° Tisch und Stuhl auf die andere Seite rutschen. Der Große hatte seine Runde beendet und ging auf den anderen zu, der immer noch mitten im Raum stand, die Hände in den Manteltaschen. Redluff sah, wie er zu dem Großen etwas sagte. Er konnte es nicht verstehen. Dann kam er geradewegs auf ihn zu.

„Sie entschuldigen", sagte er, „Ihren Ausweis° bitte!" Redluff schaute erst gar nicht auf das runde Metall in seiner Hand. Er drückte seine Zigarette aus und war plötzlich völlig ruhig. Er wußte es selbst nicht, was ihn mit einmal so ruhig machte, aber seine Hand, die in die Innentasche seines Jacketts fuhr, fühlte den Stoff nicht, den sie berührte°, sie war wie von Holz. Der Mann blätterte langsam in dem Paß, hob ihn besser in das Licht. Redluff sah die Falten° auf der gerunzelten° Stirn°, eins, zwei, drei. Der Mann gab ihm den Paß zurück. „Danke, Herr Wolters", sagte er. Aus seiner unnatürlichen Ruhe heraus hörte Redluff sich selber sprechen. „Das hat man gern, so kontrolliert zu werden wie—", er zögerte° etwas, „ein Verbrecher°!" Seine Stimme stand spröde° im Raum. Er hatte doch gar nicht so laut gesprochen. „Man sieht manchmal jemand ähnlich°", sagte der Mann, grinste°, als hätte er einen feinen Witz gemacht. „Feuer?" Er fingerte eine halbe Zigarre aus der Manteltasche. Redluff schob seine Hand mit dem brennenden Streichholz° längs der Tischkante ihm entgegen. Die beiden gingen.

---

der Dunst, ⁓e smell, odor
der Qualm smoke
auf·takeln to rig up
der Bursche, -n fellow, lad
auf·schauen to look up
flüchtig casual, cursory, hasty
der Zug, ⁓e puff, whiff
benommen machen to numb
jaulen to howl
zu·fallen, ä, ie, a to fall shut
stockig stocky, stumpy
zu·steuern to head for
hinüber·schielen to cast a furtive glance at
es durchfuhr ihn it came over him, it dawned on him suddenly
etwas Blinkendes something shiny
aus·setzen to stop
wulstig thick
kramen . . . aus to produce, come up with
eigensinnig stubborn
sich klammern an (+ acc.) to cling to
die Tischkante, -n edge of the table
sich entfärben to discolor, grow pale
schwanken to move
sich neigen to incline
samt together with
der Ausweis, -e identification, passport

berühren to touch

die Falte, -n crease
gerunzelt wrinkled
die Stirn forehead
zögern to hesitate
der Verbrecher, - criminal
spröde brittle
jemand ähnlich sehen to look like someone else
grinsen to grin
das Streichholz, ⁓er match

Straßenbahnhaltestelle und Verkehr bei Regen.

1. Ist die Straßenbahn voll? Welche Tageszeit kann es sein?
2. Können die Auto schnell fahren?
3. Kann man leicht angefahren werden? Warum?

Redluff lehnte sich in seinen Stuhl zurück. Die Spannung° in ihm zerbrök-
kelte°, die eisige Ruhe schmolz. Er hätte jubeln können. Das war es, das war
die Probe, und er hatte sie bestanden°. Triumphierend setzte der Musikautomat wieder ein. „He, Sie vergessen Ihren Hut", sagte der Dicke hinter der
Theke. Draußen atmete° er tief, seine Schritte schwangen weit aus°, am
liebsten hätte er gesungen.

Langsam kam er wieder in belebtere° Straßen, die Lichter nahmen zu, die
Läden, die Leuchtzeichen° an den Wänden. Aus einem Kino kam ein Knäuel°
Menschen, sie lachten und schwatzten°, er mitten unter ihnen. Es tat ihm
wohl, wenn sie ihn streiften. „Hans", hörte er eine Frauenstimme hinter sich,
jemand faßte° seinen Arm. „Tut mir leid", sagte er und lächelte in das ent-
täuschte° Gesicht. Verdammt hübsch, sagte er zu sich. Im Weitergehen nes-
telte° er an seiner Krawatte. Dunkelglänzende Wagen sangen über den blan-
ken° Asphalt, Kaskaden wechselnden Lichts ergossen sich° von den Fassaden,
Zeitungsverkäufer riefen die Abendausgaben° aus. Hinter einer großen, leicht
beschlagenen° Spiegelglasscheibe° sah er undeutlich tanzende Paare; pulsi-
erend drang die Musik abgedämpft° bis auf die Straße. Ihm war wie nach°
Sekt°. Ewig hätte er so gehen können, so wie jetzt. Er gehörte wieder dazu,

die **Spannung, -en** tension

zerbröckeln to crumble

bestehen, a, a to pass, get
through

atmen to breathe

aus·schwingen, a, u to
bound, vault, leap

belebt crowded

das **Leuchtzeichen, -** neon
lights

der **Knäuel, -** throng,
crowd, cluster

schwatzen to chat, chatter,
tattle

fassen to grasp, seize

enttäuscht disappointed

nesteln to fasten, tighten

blank shining, bright, clean

sich **ergießen, o, o** to flow,
gush forth

die **Abendausgabe, -n** evening edition

beschlagen clouded up,
covered with moisture

die **Spiegelglasscheibe, -n**
mirror glass

ab·dämpfen to muffle, sub-
due

ihm war wie nach Sekt he
felt as if he had been drinking champagne

der **Sekt** champagne, spar-
kling wine

er hatte den Schritt der vielen, es machte ihm keine Mühe° mehr. Im Sog° der Menge ging er über den großen Platz auf die große Halle zu mit ihren Ketten von Glühlampen und riesigen Transparenten°. Um die Kassen vor dem Einlaß° drängten sich° Menschen. Von irgendwoher flutete Lautsprechermusik. Stand dort nicht das Mädchen von vorhin? Redluff stellte sich hinter sie in die Reihe. Sie wandte° den Kopf, er spürte° einen Hauch von Parfüm. Dicht hinter° ihr zwängte er sich° durch den Einlaß. Immer noch flutete die Musik, er hörte ein Gewirr° von Hunderten von Stimmen. Ein paar Polizisten suchten etwas Ordnung in das Gedränge° zu bringen. Ein Mann in einer Art von Portiersuniform° nahm ihm seine Einlaßkarte ab. „Der, der!" rief er auf einmal° und deutete° aufgeregt° hinter ihm her. Gesichter wandten sich, jemand im schwarzen Anzug kam auf ihn zu, ein blitzendes Ding in der Hand. Gleißendes° Scheinwerferlicht° übergoß° ihn. Jemand drückte ihm einen Riesenblumenstrauß° in die Hände. Zwei strahlend° lächelnde Mädchen hakten° ihn rechts und links unter, Fotoblitze zuckten°. Und zu allem dröhnte° eine geölte° Stimme, die vor innerer Freudigkeit fast zu bersten° schien: „Ich darf Ihnen im Namen der Direktion von ganzem Herzen gratulieren, Sie sind der hunderttausendste Besucher der Ausstellung°!" Redluff stand wie betäubt°. „Und jetzt sagen Sie uns Ihren werten° Namen", schmalzte° die Stimme unwider-

es macht ihm Mühe it gives him trouble	
der Sog, -e undertow, suction	
das Transparent, -e banner	
der Einlaß, ∵sse entrance	
sich drängen to push, shove, press	
wenden, a, a to turn (around)	
spüren to feel, sense	
dicht hinter close behind	
sich zwängen to squeeze	
das Gewirr jumble, whirl, maze	
das Gedränge pushing	
der Portier, -s doorkeeper, porter	
auf einmal all of a sudden	
deuten to point	
aufgeregt excited	
gleißen to glisten	
der Scheinwerfer, - spotlight	
übergießen, o, o to pour over	
der Riesenblumenstrauß, ∵e huge bouquet of flowers	
strahlen to beam, shine	
unter·haken to take (by the elbow)	
zucken to flash	
dröhnen to roar, boom	
ölen to oil	
bersten to burst	
die Ausstellung, -en exhibition, fair	
betäuben to numb	
wert valued, esteemed	
schmalzen to flatter, butter up	

Ein Berliner Kino am Abend.

1. Welchen Film kann man heute sehen? Wer spielt darin die Hauptrolle?
2. Was kann man nach dem Kino machen?
3. Wenn Sie Lotto gespielt hätten, welche Zahl hätten Sie wählen müssen?

stehlich° weiter. „Redluff, Jens Redluff", sagte er, noch ehe er wußte, was er sagte, und schon hatten es die Lautsprecher dröhnend bis in den letzten Winkel der riesigen Halle getragen.

    Der Kordon der Polizisten, der eben noch die applaudierende Menge zurückgehalten hatte, löste sich langsam auf. Sie kamen auf ihn zu.

unwiderstehlich irresistible

Redewendungen

Hat es Ihnen was gemacht?	Here: *Did you get hurt?* (Did you mind?)
Das hätte ihm gerade noch gefehlt.	*That's all he needed.*
Stimmen schlugen an sein Ohr.	*Voices hit his ear.*
Sie entschuldigen.	*Excuse me.*
Ihren Ausweis bitte!	*Your I.D., please.*
Er hatte die Probe bestanden.	*He had passed the test.*
Es tat ihm wohl.	*He felt good.*
Tut mir leid.	*I am sorry.*
Es machte ihm keine Mühe mehr.	*He did not have any trouble any more.*

20 Wichtige Wörter

der **Gehweg**	der **Platzregen**	**wechseln**	**atmen**
der **Ellbogen**	der **Kragen**	**sich anstrengen**	**plötzlich**
die **Schulter**	die **Einbildung**	**verschwinden**	**ehe**
die **Übelkeit**	die **Schlagzeile**	**berühren**	**riesig**
der **Paß**	die **Krawatte**	**zögern**	**undeutlich**

Übungen

I. Fragen

Beantworten Sie die Fragen.

1. Was wäre Redluff am Anfang fast passiert?
2. Was wollte er vermeiden?
3. Warum war er in die Stadt gekommen?
4. Warum war es gefährlich für ihn, in die Stadt zu kommen?
5. Was hatte er sich besorgt, um sich zu schützen?
6. Wo konnte man vor drei Monaten seinen Namen lesen?
7. Wie sah die Kneipe aus, in die Redluff eintrat?
8. Wer kam bald nach Redluff in die Kneipe?
9. Was taten die Polizisten in der Kneipe?
10. Wie fühlte sich Redluff, während die Polisten durch den Raum gingen?
11. Was dachte Redluff, als die Polizisten seinen Paß kontrolliert hatten?
12. Was geschah Redluff vor dem Kino?
13. Wie fühlte er sich nach der Kontrolle?
14. Warum ging Redluff zur Ausstellung?
15. Warum fand Redluff in der Ausstellung so große Beachtung?
16. Welchen Fehler beging Redluff am Ende?

17. Was wird nach dem Ende der Geschichte passieren?

18. Hat Redluff die Probe bestanden?

19. Was dachte Redluff über die anderen Menschen, als er Angst hatte, und was dachte er, als er keine Angst mehr hatte?

20. Warum sagte Redluff am Ende seinen wahren Namen?

II. Grammatische Übungen

A. *Setzen Sie die Präpositionen und Artikel / Pronomen ein.*

1. Jemand kam _____ _____ kleinen Lokal.   (out of the)

2. Redluff schob seine Hand _____ _____ (with the) brennenden Streichholz längs der Tischkante _____ _____.   (towards him)

3. Dunkelglänzende Wagen sangen _____ _____ blanken Asphalt. (across the)

4. Im Weitergehen nestelte er _____ _____ Krawatte.   (at his)

5. Menschen drängten sich _____ _____ (around the) Kassen _____ _____ Einlaß.   (in front of the)

6. Er blieb _____ _____ Mitte stehen.   (in the)

7. _____ _____ (On the) kleinen Tischen standen Lämpchen.

8. _____ _____ Theke lehnte ein dicker Bursche mit bloßen Armen. (Behind the)

9. Er tanzte wie ein Kork _____ _____ Wasser.   (on the)

10. Redluff war jetzt _____ _____ Seitenstraße abgebogen.   (into a)

B. *Bilden Sie Sätze, indem Sie das Modalverb einsetzen.*

1. Er wurde jetzt nicht schwach.   (dürfen)   /Imperfekt/

2. Ein Schiff ließ sich finden.   (müssen)   /Imperfekt/

3. Er öffnete den Kragen.   (können)   /Imperfekt/

4. Er verstand es nicht.   (wollen)   /Präsens/

5. Ich gratuliere Ihnen im Namen der Direktion.   (dürfen)   /Präsens/

6. Die Polizisten brachten Ordnung in das Gedränge.   (sollen)   /Imperfekt/

C. *Bilden Sie Sätze mit den trennbaren / untrennbaren Verben; Imperfekt und Perfekt.*

1. Der Mann / unauffällig / weiterlaufen /

2. Tier / ängstlich / sich verkriechen / in / Loch /

3. Nach / Krankheit / sie / Kontakt / mit / Leben / aufnehmen /

4. Er / Schritt / andere / Leute / annehmen /

5. Niemand / in / Stadt / er / erkennen /

6. Das Kind / in / Seitenstraße / abbiegen /

7. Die Angst / er / durchfahren / wie / Blitz /

8. Mann / ruhig / in / Stuhl / sich zurücklehnen /

9. Zeitungsverkäufer / neue Ausgabe / laut / ausrufen /

10. Ich / schmutzig / Hund / mit / Wasser / übergießen /

D. *Verbinden Sie die Sätze mit dem angegebenen Wort.*

1. Er sah, // das Gesicht des Fahrers verzog sich.   (wie)

2. Er wollte wegfahren, // es wurde kalt.   (bevor)

3. Er achtete darauf, // die Menschen streiften ihn nicht.   (daß)

4. Er ging in eine Seitenstraße, // weniger Menschen waren dort.   (wo)

5. Er wußte selbst, // etwas machte ihn ruhig.   (was)

6. Er hatte die erste Probe bestanden, // die zweite folgte sogleich.   (aber)

7. Er hatte nichts mehr dagegen, // sie kamen ihm nahe.   (wenn)

8. Er sagte seinen richtigen Namen, // er konnte darüber nachdenken.   (ehe)

E. *Setzen Sie das richtige Verb ein.*

1. Das Auto bremste sehr stark, die Räder _____.

2. Das Auto muß halten. Dann kann es wieder _____.

3. Die Aufgabe fällt mir gar nicht leicht, ich muß _____.

4. Der Gehsteig ist sehr glatt. Viele Fußgänger fangen an zu _____.

5. Der Schauspieler hat gut gespielt. Die Zuschauer _____.

6. Ich komme an die Tür. Ich sehe keine Klingel. Also _____ ich.

7. Das Mädchen lächelte, aber der Mann _____.

8. Ich rutsche den Berg hinunter; ich _____ an einen Baum.

F. *Bilden Sie Sätze mit einer „als ob"-Konstruktion.*

Beispiel: Der Mann sah aus—er hatte Schmerzen

   Der Mann sah aus, als ob er Schmerzen hätte.

1. Der rote Mund sah aus—er war schwarz

2. Er ging—er hatte zuviel getrunken

3. Sie sah ihn an—sie erkannte ihn

4. Die Frau sprach mit dem Polizisten—sie hatte keine Angst

5. Sie fragte—sie verstand nichts

6. Er freute sich—er hatte die Probe bestanden

7. Sie blieb stehen—sie wollte ins Kino gehen

8. Er tat so—er wußte nichts

III. Übungen zum Sprechen und Schreiben.

A. *Fragen Sie Ihren Nachbarn / Ihre Nachbarin.*

1. Hast du dich einmal verfolgt gefühlt?

2. Bist du einmal von einem Auto angefahren worden?

3. Wie fühlst du dich, wenn du durch die dunklen Straßen der Stadt gehst?

4. Was hältst du von diesem Jens Redluff? Was hat er wohl verbrochen? (verbrechen = to commit a crime)

5. Warum macht dieser Jens Redluff Fehler?

6. Könnte so etwas überall passieren?

B. *Stellen Sie sich eine Situation vor.*

1. Ich halte mich versteckt.

2. Ich werde verfolgt.

3. Die Scheinwerfer richten sich auf mich.

C. *Beschreiben Sie.*

1. Leute warten vor einem Kino.

2. Eine Straße nach einem Regen.

3. Menschen in einer Bar.

D. *Schreiben Sie.*

1. Eine Reportage: Eine Verbrecherjagd.

2. Ich lerne jemand im Kino kennen.

3. Der hunderttausendste Besucher in einer Autoshow.

4. Eine Geschichte: Die Polizei sucht seit langem einen Verbrecher und findet ihn durch einen komischen Zufall.

GRAMMATIK

Indefinite Pronouns

Indefinite pronouns refer to one or several indefinite (= not precisely specified) persons or objects. This category includes the following pronouns, which make use of the declensional system to some extent:

1. The pronoun **man** is declined like **einer.**

NOMINATIVE	**man**
ACCUSATIVE	**einen**
DATIVE	**einem**

Man soll nicht alles glauben, was **einem** die Leute erzählen.   *One should not believe everything that people tell you.*

Man uses the possessive pronoun **sein** and the reflexive pronoun **sich:**

Man möchte doch **seine** Freunde einladen.   One would like to invite one's friends too.

Man kann **sich** nicht immer auf andere verlassen.   One can't rely on others all the time.

2. The pronouns **jemand** (*someone*), **niemand** (*nobody*), and **jedermann** (*everyone*) are nowadays frequently used without endings in the dative and accusative case.

NOMINATIVE	**jemand**	**niemand**	**jedermann**
ACCUSATIVE	**jemand(en)**	**niemand(en)**	**jedermann**
DATIVE	**jemand(em)**	**niemand(em)**	**jedermann**
GENITIVE	**jemand(e)s**	**niemand(e)s**	**jedermanns**

Haben Sie **jemand**(em) davon etwas gesagt?   *Did you tell anyone about that?*

Ich habe **niemand**(en) gesehen.   *I didn't see anybody.*

Man kann doch nicht **jedermanns** Freund sein.   *One can't be friendly with everyone.*

3. In order to emphasize the point that the person or object cannot be specified, the prefix **irgend-** can be added to the following pronouns:

jemand   —irgendjemand   (*somebody*)

einer   —irgendeiner   (*someone, or other*)

wer	—irgendwer	(*someone*)
etwas / was	—irgendetwas / irgendwas	(*anything at all*)
wann	—irgendwann	(*some time or other*)
wo	—irgendwo	(*somewhere, anywhere*)
woher	—irgendwoher	(*from anywhere*)
wohin	—irgendwohin	(*to any place*)

Hast du **irgendjemand** gesehen?	*Did you see anybody?*
Irgendwo habe ich ihn schon gesehen, aber ich weiß nicht mehr wo.	*I have seen him somewhere but I don't remember where.*

4. **Etwas / was** and **nichts** are also indefinite pronouns. When these pronouns are followed by an adjective, the adjective is then treated as a noun (cf. Chapter 4). The pronouns **jemand** and **niemand** can also precede adjectival nouns:

Die Überschwemmung muß **etwas Schreckliches** gewesen sein.	*The flood must have been something terrible.*
Mit **jemand Fremdem** würde ich dieses Thema nicht besprechen.	*It would not discuss this subject with a stranger.*

5. Indefinite numerical pronouns also belong to this group: **jeder** (*every*); **einige** (*some*); **manche** (*some*); **viele** (*many, a lot*); **wenige** (*few*); **alle** (*all*). For a review of the use of these pronouns see Chapter 4.

Übung:

A. *Vervollständigen Sie die Sätze.*

1. Man soll nicht alles glauben, was _____ erzählt wird.
2. Weiß man, ob _____ die Medizin hilft?
3. Man kann _____ das nicht vorstellen.
4. Man möchte am liebsten _____ Sachen packen.
5. An diesem Spielzeug hat man _____ wahre Freude.
6. In diesem Geschäft kann man alles kaufen, was _____ gefällt.
7. Wenn man diesen Schlager einmal gehört hat, geht er _____ nicht mehr aus dem Kopf.
7. Man soll _____ nie in die Angelegenheiten anderer mischen.
8. Man möchte _____ Kaffee in Ruhe trinken.
9. Wie kann man _____ für so etwas interessieren?
10. In diesem Büro hat man doch nie _____ Ruhe.
11. Daran kann man _____ aber nicht leicht gewöhnen.
12. So ein Lärm! Wie kann man denn da _____ Hausaufgaben machen?

B. *Setzen Sie die Endungen ein.*

1. Er kam mit viel _____ neu _____ Ideen.
2. Hier gibt es einige gut _____ Geschäfte, aber wenige gut _____ Restaurants.

3. Wir haben einig _____ leicht _____ und manch _____ schwer _____ Übungen.

4. Du hast etwas Schwierig _____ vor dir, ich wünsche dir all _____ Gut _____.

5. Etlich _____ intelligent _____ Studenten verstanden all _____, und jed _____ gut _____ Student verstand etwas.

6. Er spricht mit viel _____ fremd _____ Leute _____, aber wenig _____ Fremd _____ antworten ihm.

7. Kennst du dies _____ beid _____ hübsch _____ Mädchen? Es gibt einig _____ schön _____ Frauen in beid _____ klein _____ Städte _____.

8. Er kennt schon all _____ neu _____ Nachbarn, er ist zu viel _____ fremd _____ Leute _____ gegangen, einig _____ nett _____ Leute geben ihm ein paar frisch _____ Blumen.

9. Ich habe von niemand _____ gehört, der da war. Irgendjemand _____ muß doch da gewesen sein. Wenn ich jemand _____ finde, frage ich ihn.

10. Die viel _____ neu _____ Wörter sind verwirrend, für viel _____ eifrig _____ Studenten, in mehrer _____ neu _____ Übungen müssen sie sie lernen.

C. *Setzen Sie die passenden Indefinita an die Stelle der unterstrichenen Wörter; oder setzen Sie Indefinita ein.*

1. Wenn <u>einer</u> ein Problem hat, dann soll er zu mir kommen. Ich kann <u>gewisse</u> Probleme lösen, aber natürlich gibt es <u>eine große</u> Zahl schwieriger Fragen.

2. Das ist ganz leicht, _____ kann das machen.

3. _____ hat an die Wand gekritzelt, ich weiß nicht, wer es war.

4. Ich habe diese Frau schon _____ und _____ gesehen, aber ich weiß nicht mehr wo und wann.

5. Ich habe <u>ein paar</u> Fragen, es sind wirklich <u>nicht viele</u>, können Sie mir <u>etwas</u> helfen?

D. *Geben Sie Synonyme an.*

1. alle Studenten
2. alle Leute
3. ziemlich viele Autos
4. kein Mensch
5. keine Gruppe, sondern nur
6. einige Polizisten
7. auf eine ungewisse Weise
8. einer, aber ganz gleich wer

E. *Auf deutsch.*

1. Both of them were very pretty.
2. The police checks everybody sitting around.
3. Anybody may have a false passport.
4. We only check individual cases here and there.
5. Could you help me a little?
6. Many a visitor of the exhibition had no ticket.
7. All of these visitors were standing in line.
8. They had too few policemen.

Possessive Pronouns and Adjectives

The possessive adjectives for the three persons singular and plural are:

Person	Singular	Plural
First	**mein**	**unser**
Second	**dein**	**euer**
Third	**sein** **ihr** **sein**	**ihr** **Ihr**

The possessive adjectives are also called "**ein**-words," since the declension follows the pattern of **ein.** They do not have endings in the nominative masculine and the nominative and accusative neuter forms. This results in the following pattern:

	masculine	feminine	neuter	plural
NOMINATIVE	**mein** Vater	**meine** Mutter	**mein** Haus	**meine** Häuser
ACCUSATIVE	**meinen** Vater	**meine** Mutter	**mein** Haus	**meine** Häuser
DATIVE	**meinem** Vater	**meiner** Mutter	**meinem** Haus	**meinen** Häusern
GENITIVE	**meines** Vaters	**meiner** Mutter	**meines** Hauses	**meiner** Häuser

When a possessive adjective has no ending, a descriptive adjective following it takes a strong ending: mein gut**er** Vater, mein neu**es** Haus.

Possessive adjectives can also be used without nouns following them, especially in reference to a previously mentioned noun. They use strong endings in this instance.

Das ist nicht mein Haus, sondern sein**(e)s.**
Das ist nicht ihr Wagen, sondern unse**rer.**

Occasionally, the possessive can be used with an article. In this case it has a weak adjective ending.

Wo hast du dein Buch? Dies ist **das meine.**

A special problem occurs when the reference is ambivalent.

Er spricht mit seinem Freund und seiner Frau.

Whose wife is it? In this sentence, it would be the wife of "er." If the speaker wants to make unambiguously clear that he means the wife of the friend, he uses **dessen** (resp. **deren**).

Er spricht mit seinem Freund und **dessen** Frau.

Note: In letters, all possessives, together with personal pronouns of the 2nd person are capitalized!

„Ich habe Euren Brief erhalten und danke Euch dafür. Wie geht es Dir, Fritz, hast Du Deine Grippe überstanden?"

Übungen:

A. *Setzen Sie die Wörter ein.*

1. Hier sind _____ Bruder und _____ Schwester.   (his)

2. Wo wohnt ihr? Neulich konnte ich _____ Haus nicht finden. In _____ Stadt kennt keiner den anderen. Kennt ihr _____ Nachbarn nicht?   (your)

3. Ich beneide Sie um _____ Beruf. Im Beruf muß man sich anstrengen, aber _____ Erfolge sind konkret sichtbar.   (your)

4. Wir kennen _____ Stadt gut, _____ Hauptstraßen mit _____ (their) Reklamen und _____ (their) Anschlagsäulen. Wir kennen auch _____ (our) Kneipen und _____ (their) Theken.

5. Können Sie mir _____ Paß zeigen? Auf _____ (my) Paß sehe ich nicht gut aus. _____ (my) grinsendes Gesicht gefällt mir selbst nicht. Ich habe es nicht gern, wenn man mich nach _____ (my) Paß fragt.

6. Mein Bruder hat _____ (his) Zimmer unten, _____ (my) Schwester hat _____ (her) zwei Zimmer oben, _____ (my) Vater hat _____ (his) Werkstatt hinten, _____ (my) Mutter arbeitet meistens in _____ (her) Arbeitszimmer.

B. *Ersetzen Sie das Nomen durch ein Pronomen; beantworten Sie die Frage.*

Beispiel: Ist das dein Hut? Ja, das ist meiner.
                            Ja, das ist der meine.

1. Ist das ihr Auto?   4. Ist das dein Bleistift?

2. Ist das euer Haus?   5. Sind das ihre Fahrräder?

3. Ist das seine Tante?   6. Sind das unsere Katzen?

C. *Wie sagt man das auf deutsch?*

1. I saw his wife and her brother.

2. Fritz, did somebody ask for your passport?

3. We did not recognize ours. (= our house)

4. She went to see her friend and his brother.

5. He asked his friend and (the friend's) his brother.

6. Don't you want to read your paper, Mr. Stark? No, yours is better, mine does not have enough news.

The Uses of Present and Past Participles

1. Present participles of verbs are formed by adding **-d** to the infinitive: **wissend, laufend, fragend**

   a) The use of the present participle in German is much more restricted than that of English *-ing* forms (*knowing, running, asking*). Its main use is that of a verbal adjective, as an attribute to the noun: der **fallende** Baum.

   b) Participles used as adjectives are subject to the same ending system as other adjectives.

c) As verb forms, however, participles may take complements and thus incorporate a shortened dependent clause, usually a relative clause.

ein **ihm auf den Kopf** fallender Baum = ein Baum, der ihm auf den Kopf fällt

2. Note the word order: The phrase that depends on the participle precedes it immediately and usually follows the article of the noun to which the participle is attached. Note the difference in German and English:

. . . ein	ihm auf den Kopf	fallender	Baum . . .
a	*on his head*	*falling*	*tree*

a tree falling on his head

3. As adjectives, present participles can be used as adjectival nouns.

der Reisende, der Schlafende, der Arbeitende.

They also can function as adverbs.

Er fand ihn lesend.	*He found him reading.*
<u>Also</u>: Er fand ihn im Bette lesend.	*He found him reading in bed.*

Unlike English, German <u>cannot</u> use present participles as progressive forms for verbs. (*I am going . . .*)

4. Besides their primary function in the formation of perfect and past perfect tenses, <u>past participles</u> can also be used as nouns and adjectives (with the adjective ending system) to indicate past actions.

Das von meinem Freund an mich verkaufte Haus.	*The house sold to me by my friend.*

Das Haus, das von meinem Freund an mich **verkauft worden ist.**

5. Sometimes participles can function as a predicate in a dependent clause.

Schnell seine Wertsachen suchend, lief er aus dem Haus.	*Quickly looking for his valuables, he ran out of the house.*
Von dem Feuer überrascht, sprangen etliche Leute aus dem Fenster.	*Surprised by the fire, several people jumped out of the window.*

Übungen:

A. *Bilden Sie Wendungen mit dem Partizip Präsens.*

Beispiel: Eine Menge, die ihn angaffte / **eine ihn angaffende Menge**

1. Der Paß, der in der Innentasche steckt.
2. Sie verfärbten sich mit dem Reklamelicht, das dauernd wechselte.
3. Man hörte Gitarrentöne, die sehr laut jaulten.
4. Er sah auf die Tischplatte, die sich nach unten neigte.
5. Seine Hand mit dem Streichholz, das schon brannte, war ruhig.
6. Zwei Mädchen, die die ganze Zeit strahlend lächelten, hakten ihn unter.

B. *Bilden Sie gleiche Wendungen mit dem Partizip Perfekt.*

1. Der Junge, der fast von dem Auto angefahren worden war.
2. Der Mann, der bereits zum nächsten Tisch gegangen war.
3. Das war die Probe, die von ihm bestanden worden war.
4. Er sah die Frau, die durch das Mißverständnis enttäuscht wurde.
5. Die Polizisten, die eben zurückgegangen waren, kamen auf ihn zu.
6. Die Karte, die von ihm gekauft worden war, war die hunderttausendste.

C. *Setzen Sie ein partizipiales Adverb ein (Präsens oder Perfekt).*

Beispiel: Er geht durch die Straße—er singt / **Er geht singend durch die Straße.**

1. Er lag auf der Straße—er war angefahren worden.
2. Die Autos schoben sich vorwärts—sie stockten.
3. Es war ein Strom Gesichter—sie fluteten.
4. Er saß an der Theke—er schwankte.
5. Er blieb am Tisch sitzen—er jubelte innerlich.
6. Die Frau wandte sich ab—sie war enttäuscht worden.
7. Der Mann sah ihn an—er fragte.

D. *Bilden Sie das partizipiale Substantiv.*

1. der Mann, der gesucht wird   4. die aufgeregte Frau
2. ein lachender Bursche   5. Die Leute, die warten
3. der Mann, der kontrolliert wird   6. der Verkäufer, der schreit

E. *Bilden Sie Sätze mit den Wörtern von Übung D.*

F. *Setzen Sie die Endungen und Artikel ein.*

1. Er ging durch _____ gaffend _____ Menge.
2. Er hörte abgerissen _____ Gesprächsfetzen.
3. Ihr bemalt _____ Mund sah schwarz aus.
4. Es war ein Strom flutend _____ Gesichter.
5. Er blätterte in _____ gefälscht _____ Paß.
6. Er hatte Falten auf _____ gerunzelt _____ Stirn.
7. Seine Hand mit _____ brennend _____ Streichholz.
8. Es waren Kaskaden wechselnd _____ Licht _____.
9. Er hat ein _____ blitzend _____ Ding in der Hand.
10. Die Polizisten hielten _____ applaudierend _____ Menge zurück.

Cardinal Numbers

1. Cardinal numbers answer the question "how much? / how many?" They determine the quantity of a known amount. In German, cardinal numbers up to 999 999 are always written in one word.

   455023 = vierhundertfünfundfünfzigtausenddreiundzwanzig

   In German, the reading of numbers differs somewhat from English.

   23 = dreiundzwanzig   76 = sechsundsiebzig

When reading the number of a year, say:

1983 = neunzehnhundertdreiundachtzig
<u>but</u>: 1002 = tausendzwei

2. The numeral **ein, eine, ein** has to be declined:
   a) When it precedes a noun, it is declined like the indefinite article.

   Zehn Leute aßen von **einem** Teller.   *Ten people ate from one plate.*

   b) When **ein** is used as a noun substitute without an article or pronoun,
   it takes the strong declensional endings.

   Nicht **einer** meiner Freunde hat mich im Kranken-   *Not one of my friends visited me in the hospital.*
   haus besucht.

   c) After a definite article or a pronoun, **ein** uses the weak adjective
   declension.

   Wegen dieses **einen** Fehlers hat er eine Fünf bekom-   *Because of this single (= one) mistake he got a five*
   men.   *(= bad grade).*

   d) The word **eins** is used in referring to one o'clock.

   Ich komme um **Eins** (= um ein Uhr) zu dir.   *I'll come to your place at one.*

   e) When cardinal numbers are used as nouns, they are of feminine gender.

   Ist **die** Dreizehn eine Glücks- oder Unglückszahl für   *Is thirteen a lucky or unlucky number for you?*
   dich?

Übungen:

A. *Lesen Sie diese Zahlen und schreiben Sie sie aus.*
   1. 0   6. 134 592
   2. 1267   7. 77 045
   3. 63 758   8. 59
   4. 21   9. 1025
   5. 117   10. 837

B. *Was geschah im Jahre . . .? Lesen Sie und geben Sie die Antwort.*
   1. Im Jahre 1945 . . .   4. Im Jahre 1933 . . .
   2. Im Jahre 1776 . . .   5. Im Jahre 1066 . . .
   3. Im Jahre 1983 . . .

C. *Setzen Sie die richtigen Endungen ein.*
   1. Das kann ein _____ Mann nicht allein machen.
   2. Ich habe nicht ein _____ meiner Bekannten bei dem Fest gesehen.
   3. Die Uhr schlug ein _____.
   4. Das ein _____ sage ich dir, das mache ich nie wieder.
   5. Von ein _____ ihrer fünf Söhne bekam die Mutter einen Brief.

Ordinal Numbers

1. Ordinal numbers answer the question „der / die / das wievielte?" They indicate the place of an object in a sequence. In German, all ordinal numbers are treated like adjectives and must therefore use the appropriate declensional system. Ordinal numbers are derived from the cardinal numbers.

   a) Ordinal numbers from 2 through 19 add the ending **-te** to the cardinal number.

   > der zwei**te** Tag; das fünf**te** Kind; der siebzehn**te** Juni

   b) Changes in the stem or ending occur in these numbers.

   > 3 (drit -); 7 (sieb-); 8 (ach-)
   > beim **dritten** Mal; im **siebten** Himmel; Heinrich der **Achte;**

   c) Ordinal numbers from 20 onwards add the ending **-ste** to their stem.

   > die zweiundzwanzig**ste** Flasche; zum hundert**sten** Mal; der hunderttausend**ste** Besucher;

   d) When written as numerals, ordinal numbers are followed by a period.

   > der 1. (= erste) Mai; Ludwig XIV. (= der vierzehnte); Ich bin am 10.4.1965 (zehnten, vierten / April 10) geboren.

   e) The date of a letter is written this way:

   > Frankfurt, den 23.6.1983 / 23.VI.1983 / den 23.Juni 1983

2. To indicate that something happened repeatedly, the German language adds **-mal** to cardinal numbers.

   > dreimal; hundertmal; tausendmal
   > Das habe ich schon **hundertmal** gehört.   *I have heard that a hundred times.*

   They can also be used as adjectives by adding the ending **-ig** and the appropriate declensional ending:

   > Das war eine **einmalige** Angelegenheit.   *That was a onetime affair.*

3. To express multiplication by or division into a certain number, German adds the suffix **-fach** (English equivalent is *-fold*) to numerals:

   > einfach; zweifach (= doppelt); zehnfach; tausendfach.
   > Heute muß man den fünffachen Preis   *Today one has to pay five times as*
   > von 1970 für Benzin bezahlen.   *much for gasoline as in 1970.*

Übungen

A. *Lesen Sie diese Ordnungszahlen und schreiben Sie sie aus.*
   1. Er war der _____ Mensch auf dem Mond.   (1.)
   2. Wilhelm II. _____ ging nach Holland ins Exil.

   3. Mein Freund ist jetzt in der _____ Klasse. (7.)

   4. Heute ist der _____. (das Datum)

   5. Redluff war der _____ Besucher. (100 000.)

   6. Am _____ Mai feiern wir ein Fest. (17.)

   7. In der _____ Runde schlug der Boxer seinen Gegner k.o.. (3.)

   8. Nimm eine Fahrkarte _____ Klasse! (2.)

   9. Das war Liebe auf den _____ Blick. (1.)

  10. Was weißt du über Heinrich VI. _____?

B. _Wie heißt das auf deutsch?_

   1. Das habe ich dir doch schon _____ gesagt. (three times)

   2. Ich bin auf dieser Bundesstraße schon _____ gefahren. (ten times)

   3. Jetzt kostet ein Brief das _____. (threefold)

   4. Sie hatten dem Jaguar _____ gegenübergestanden. (five times)

   5. Das war keine _____ Farbe. (primary)

C. _Grundzahl° oder Ordnungszahl?_   cardinal number

   1. Im Jahre 1848 _____ gab es eine Revolution.

   2. Kommst du um _____ Uhr? (1)

   3. Sie fährt schon ihren _____ Mercedes. (3)

   4. Was geschah mit ihrem _____ Mann? (2)

   5. Mein Büro ist im _____ Stock. (22)

   6. In diesem Hotel gibt es kein Zimmer mit der Nummer _____. (13)

   7. Bei den Lottozahlen fehlte mir nur noch _____. (13)

LANDESKUNDE

Dieter E. Zimmer

Die Zweierkiste läuft nicht mehr Trends in der deutschen Gegenwartssprache

Unser Wortschatz hat einen deutlichen Hang zum Abstrakten. Wörter wie **System, Prozeß, Struktur, Kontakt, Funktion, Sektor, Faktor, Integration, Partizipation, Kommunikation, Rezeption, Problem, Krise** (von der **Strukturkrise** bis zur **Mini-** und **Zweitkrise**) haben Hochkonjunktur°. Oft sind die Abstrakta bloße Angabe°, wie die **Technologie des Dampfbügeleisens**°; aber meistens braucht man einen allgemeinen Begriff, der zusammenfaßt°, was einzelnen Dingen gemeinsam ist: Zeitung, Rundfunk und Fernsehen sind **Medien.** Es gibt viele Arten wechselseitigen° Handelns unter den Menschen, und alle werden mit dem Wort **Interaktion** erfaßt°.

die Hochkonjunktur, -en boom, high (cycle of) prosperity

bloße Angabe (die Angabe) mere boasting

das Dampfbügeleisen, steam iron

zusammen·fassen to combine

wechselseitig mutual

erfassen to describe

Aber ebenso mächtig wie der Trend zur Abstraktion ist der zum Euphemismus°. Wir haben keine Wohnung mehr, sondern eine **Residenz,** der Klempner° hat einen **Abflußservice**°, der Schlosser° hat eine **Schlüsselzentrale,** das Spaghettilokal wird zum **Spezialitätenforum,** und Friseure° nennen sich **Hairstylist, Coiffeur, Beauty Shop.** Der Verkäufer wird zum **Verkaufsberater**°, der Schneider **Anzugsspezialist,** die Putzfrau° **Raumpflegerin**°. Gottseidank ist der Lehrling noch Lehrling und nicht **Azubi** (Auszubildender); das liegt wohl an° der umständlichen° Künstlichkeit. Da es keine Armen mehr geben soll, bekamen wir erst Minderbemittelte° und inzwischen **sozial Schwache;** aus dem Armenrecht° wurde **Prozeßkostenhilfe.** Auch Alte darf es nicht mehr geben, sie sind **Senioren** geworden, und die Altersheime° damit **Seniorenzentren.** Der Arbeitgeber möchte den Klassenkampf hinter sich bringen und sucht statt des Arbeiters einen **Sozialpartner;** der Arzt kümmert sich um **Krankengut**° im Krankenhaus. Die Luftverschmutzung ist nur halb so schlimm, wenn sie als **Schadstoffemission**° angesprochen wird. Die Beseitigung° des Atommülls° soll **Entsorgung**° heißen, im Gegensatz zur Versorgung° wahrscheinlich und offenbar das Ende aller Sorgen. Und wo geschieht die Entsorgung? Im **Entsorgungspark.** Gottseidank gibt es keine Kriege mehr; was Deutschland in Schutt° und Asche legen könnte, ist nur ein **Verteidigungsfall**°. Dafür dürfen wir uns mit der Polizei freuen, denn sie hat den **finalen** Rettungsschuß°—sonst hieß er gezielter Todesschuß, aber es muß eine Freude und Ehre sein, von einem Rettungsschuß getroffen zu werden.

Die gründlichste Änderung der Sprache hat in unserer sogenannten **Privatsphäre** stattgefunden. Liebe, die Geliebte, das Verhältnis, der Liebeskummer°, die Sehnsucht° sind aus der Sprache so gut wie verschwunden; wir sprechen abstrakt und ohne Verpflichtung° von **Beziehungen.** Da hocken° wir in unseren **WGs** (Wohngemeinschaften), **gestreßt** vom **Leistungsdruck**°, **Anpassungszwängen**°, **Konsumterror** und der **total stressigen Hektik.** Wir haben nichts **im Griff**°. Wir sind **depressiv. Wir hängen herum**°. Der **Frust** hat uns. **Emotional läuft** nichts; unser **Dauerpartner**° hat **Terror gemacht.** Das **haut einen um**°, und es wird eine **kaputte Beziehung.** Die **Beziehungs-** oder **Zweierkiste**° läuft nicht mehr. Es fehlen **Erfolgserlebnisse**°. Wir sind **geschockt** und **genervt.** Wir sind zwar auf Selbstverwirklichung° aus, aber eigentlich **dackeln, gurken, düsen** wir nur in der Gegend umher°. Wir sind **verunsichert**° und **hinterfragen**° unser **Rollenverhalten**°. Wir müßten noch einen **Lernprozeß** durchmachen. Zu oft gehen wir auf den **Egotrip** und **ziehen** nur **unsere eigene Sache durch**°. Allerdings, wenn uns jemand **motiviert,** werden wir **irre kreativ**° und **spontan.** Verglichen mit° der raschen° Veränderung des Wortschatzes gehen Änderungen in der Syntax immer langsam vor sich°. Der Genitiv ist weiter im Schwinden°, und nach dem Dativ -/e/ wird es sicher dem Dativ selbst an den Kragen gehen°. „Die Leiden des jungen Werthers" wurden die „Leiden des jungen Werther"; heute wären sie die „Leiden von Jung-Werther" oder „Das Wertherboy-Problem".

Sprachpfleger° haben seit Generationen das Vordringen° des Nominalstils

---

der Euphemismus, -en euphemism (use of a mild or indirect expression instead of one that is harsh or unpleasantly direct)
der Klempner, - plumber
der Abfluß, ¨sse drain
der Schlosser, - locksmith
der Friseur, -e barber, hairdresser
der Berater, - advisor
die Putzfrau, -en cleaning woman
die Raumpflegerin, -nen (lit.) room "nurse"
es liegt wohl an (+ dat.) it is probably due to
umständlich awkward, cumbersome
der Minderbemittelte, -n economically deprived, poor
das Armenrecht legal aid for the poor
das Altersheim, -e home for old people
das Krankengut (lit.) sick entities
der Schadstoff, -e harmful substance
die Beseitigung, -en removal
der Atommüll nuclear waste
die Entsorgung removal
die Versorgung supply
der Schutt rubble
der Verteidigungsfall, ¨e case of defense
der Rettungsschuß, ¨sse rescue shot
der Liebeskummer lover's grief
die Sehnsucht longing
die Verpflichtung, -en commitment
hocken squat, sit
der Leistungsdruck stress (of performance)
der Anpassungszwang, ¨e pressure to conform
im Griff haben to have under control
herum hängen to hang out
der Dauerpartner, - steady partner
das haut mich um that floors me
die Beziehungs- / Zweierkiste relationship between two people

beklagt. So etwa: „Zu dieser Informationsflut führt vor allem die geradezu manische Fixiertheit° auf Produktion, auf Material- und Informationsausstoß°, wobei der Informationsausstoß eine Rechtfertigung° von zahlreichen Behörden°, Institutionen und Einzelpersonen ist." Elf Substantive, zwei kümmerliche Verben: **führt, ist.**

Unser Sprachgefühl verlangt, daß ein Satz im Gleichgewicht° sein soll: ein Subjekt (das Nomen) mit der Aussage° (Verb). Aber im Nominalstil sind die Verben nur noch da, um den Satz *pro forma* zu einem Ende zu bringen. Sie sind nicht nur in der Minderzahl°, sondern auch blaß und inhaltslos°: sein, haben, werden, zeigen, führen zu, durchführen, erfordern° und das schreckliche beinhalten°. Aber gegen den Nominalstil ist kein Kraut gewachsen°. Er ist nicht schön, aber knapper, sparsamer, gedrängter. Das gibt ihm die Aura° der Wichtigkeit. Die Wichtigtuer lesen nicht mehr, sie **nehmen einen Lektürevorgang° vor;** sie essen nicht, sie **führen die Nahrungsaufnahme° durch°.**

Ständig muß sich das konservative System der Sprache einer höchst wandelbaren Wirklichkeit anpassen°. Diese Wirklichkeit ist eine der Abstraktionen, der Euphemismen, des Nominalismus, d.h. der Verdinglichung°, und in unserem persönlichen Leben der Verfremdung° und Distanzierung der Gefühle. Die Sprache ist ein Spiegel unseres Lebens, sie drückt aus, was wir auszudrücken für nötig finden°.

Redewendungen

es liegt wohl an (+ dat.)	*it is probably due to*
im Gegensatz zu	*in contrast to*
im Griff haben	*to have under control*
das haut mich um	*that floors me, hits me over the head*
aus sein (auf + acc.)	*to look out for*
verglichen mit	*compared to*
es geht langsam vor sich	*it takes place slowly*
im Schwinden sein	*to be in the process of fading away*
es geht mir an den Kragen	*I am being threatened*
dagegen ist kein Kraut gewachsen	*there is no cure for that*

20 Wichtige Wörter

der **Begriff**	die **Beseitigung**	die **Verpflichtung**	**blaß**
der **Prozeß**	die **Versorgung**	die **Rechtfertigung**	**kümmerlich**
der **Arbeitgeber**	die **Änderung**	die **Wichtigkeit**	**gemeinsam**
der **Klassenkampf**	die **Sehnsucht**	**sparsam**	**deutlich**
die **Luftverschmutzung**	die **Beziehung**	**knapp**	**mächtig**

Übungen

A. *Beantworten Sie diese Fragen.*

1. Welchen deutlichen Hang hat die deutsche Sprache?
2. Welche Arten von Euphemismen lassen sich unterscheiden?

---

das Erfolgserlebnis, -se the elation of success, "high"
die Selbstverwirklichung self-realization
umher·/-dackeln, -gurken, -düsen to bum around
verunsichert insecure
hinterfragen to question
das Rollenverhalten role play
seine eigene Sache durch·ziehen, o, o to pursue one's own goal
irre kreativ "super" creative
verglichen mit compared to
rasch quick, rapid
vor sich gehen to happen
der Sprachpfleger, - language purist
das Vordringen emergence
die Fixiertheit fixation
der Ausstoß output
die Rechtfertigung, -en justification
die Behörde, -n bureaucracy
das Gleichgewicht balance
die Aussage, -n predicate
die Minderzahl minority
inhaltslos without content, bland
erfordern to require
beinhalten to contain, have as contents
dagegen ist kein Kraut gewachsen there is no remedy for that
die Aura, aura, air
der Lektürevorgang, ⁻e reading process
die Nahrungsaufnahme food intake
durch·führen to carry out
sich an·passen to adapt, adjust
die Verdinglichung reification
die Verfremdung alienation
für nötig finden to find necessary

3. Welche Berufe werden mit einem Euphemismus bezeichnet?

4. Welche Phänomene sollen harmloser erscheinen?

5. Wo hat die gründlichste Sprachrevision stattgefunden?

6. Welches Wort ist fast verschwunden?

7. Aus welchem Bereich kommen die neuen Wörter?

8. In welchem Bereich gehen Änderungen langsamer vor sich?

9. Was wird über den Dativ gesagt?

10. Welcher Stil wird immer populärer?

B. *Erklären Sie diese Wörter in einem Satz.*

1. der Abflußservice

2. die Raumpflegerin

3. das Seniorenzentrum

4. die Schadstoffemission

5. der Dauerpartner

6. das Erfolgserlebnis

7. das Rollenverhalten

8. geschockt

9. die Verfremdung

10. die Hochkonjunktur

C. *Wie kann man das anders sagen?*

1. Das haut mich um.

2. Dagegen ist kein Kraut gewachsen.

3. Das ist wirklich eine kaputte Beziehung.

4. Emotional läuft bei uns nichts mehr.

5. Er fühlte sich sehr gestreßt.

6. Wir sind geschockt und genervt.

7. Wir hängen herum.

8. Sie führt die Nahrungsaufnahme durch.

9. Ich nehme einen Lektürevorgang vor.

10. Wenn mich jemand motiviert, dann werde ich irre kreativ.

LEKTÜRE

Franz Carl Weiskopf

geboren am 3. April 1900 in Prag, gestorben in Berlin am 4. November 1955. Er war tschechischer Herkunft, schrieb aber auf deutsch. Das Exil verbrachte er hauptsächlich in New York. Nach 1945 kehrte er in die Tschechoslowakei zurück und war im diplomatischen Dienst tätig. Er wurde bekannt durch Romane wie Die Versuchung *(1936),* Himmelfahrtskommando *(1944) und mehrere Romane über das Ende Österreich-Ungarns, wie* Abschied vom Frieden; *aber ganz besonders durch kurze Erzählungen und Anekdoten in der Tradition Heinrich von Kleists.*

Die Geschwister° von Ravensbrück

Die nachfolgende Geschichte wurde mir von Anna Seghers erzählt, als wir uns nach sieben Jahren des Exils (die sie in Mexiko, ich in den Vereinigten Staaten verbracht hatte) im Hause eines gemeinsamen° New-Yorker Freundes wiedersahen.

„Ich habe dir", sagte Anna gleich nach den ersten Worten der Begrüßung, „den Stoff zu einer Anekdote mitgebracht. Es handelt sich um einen Vorfall° von der Art, wie du sie in deinen *Unwahrscheinlichen° Wahrhaftigkeiten°* beschrieben hast."

Sie sprach in der ihr eigenen zerstreuten° und zugleich überaus° eindringlichen° Weise, mit dem Glimmer° des Traums in den jung gebliebenen Augen° unter dem weiß gewordenen Haar°. „Ja, ich kann mir den Bericht über diesen Vorfall nur in deiner Anekdotensammlung vorstellen, und deshalb bekommst du auch den Stoff geschenkt. Sonst hätte ich mir ihn nämlich selbst behalten."

Sie lachte, fuhr dann aber mit doppelter Eindringlichkeit° fort: „Du mußt mir nur versprechen, daß du dir dazu auch die richtige Moral ausdenken wirst, damit es zum Schluß nicht etwa so aussieht, als werde die ganze Geschichte bloß° erzählt, um das Walten° einer gnädigen° Vorsehung° zu zeigen . . . Aber was denn?" unterbrach sie sich im selben Atemzug°, „was wäre das für eine Vorsehung, die, um ihr gütiges° Walten an drei Menschen zu erweisen°, Hunderttausende in den Gaskammern und auf den Hinrichtungsstätten° der faschistischen Vernichtungslager° umkommen lassen muß! Nein, mit dem, was man ein Mirakel der Vorsehung nennt, hat der Fall, von dem ich dir erzählen will, nichts zu tun; wohl aber ist er im besten Sinne des Wortes wunderbar. Du weißt doch", sie neigte° sich über den Tisch zu mir und senkte ihre Stimme°, „ich glaube an Wunder. Freilich ist es eine besondere Gattung°; ich heiße sie die Wunder der Wirklichkeit, und wenn ich ihnen begegne, fühle ich mich in meine Kindheit zurückversetzt°—in die Zeit, da die Märchen noch zum Alltag gehörten."

Verloren in den Rauch ihrer Zigarette blickend, machte sie eine Pause.

Dann begann sie unvermittelt° mit ihrer Geschichte, die ich hier wiederzugeben° versuche, wie sie mir, über die Jahre hin, im Ohr haftengeblieben° ist. Als nach dem Zusammenbruch des Dritten Reiches bekannt wurde, daß sich

---

die Geschwister (pl.) siblings

gemeinsam common

der Vorfall, ⸚e event, happening

unwahrscheinlich improbable, unlikely

die Wahrhaftigkeit, -en veracity

zerstreut distracted, absentminded

überaus extremely

eindringlich affecting

der Glimmer glimmer, glow

in den jung gebliebenen Augen in the eyes which had remained young

unter dem weiß gewordenen Haar under the hair which had become white

die Eindringlichkeit forcefulness, urgency

bloß only

das Walten work

gnädig gracious, kind

die Vorsehung providence

der Atemzug, ⸚e breath

gütig good, kind, benevolent

erweisen to show, demonstrate

die Hinrichtungsstätte, -n place of execution

das Vernichtungslager, - extermination camp

sich neigen (+ über) to bend (over)

die Stimme senken to lower the voice

die Gattung, -en type, class, kind

zurück·versetzen to return to, step back

unvermittelt abrupt(ly), all of a sudden

wieder·geben, i, a, e to reproduce, render, quote

haften·bleiben, ie, ie to stick, remain, cling

unter den sogenannten entwurzelten Personen°, welche die Landstraßen Deutschlands und die Sammellager° der Alliierten bevölkerten, zahlreiche Kinder von vergasten° und lebendig verbrannten° Juden befanden, beschlossen die wenigen jüdischen Emigrantenfamilien, die auf der Flucht vor den Nazis ein Asyl in Mexiko gefunden hatten, dreißig dieser Waisen° in ihre neue Heimat kommen zu lassen und an Kindes Statt bei sich aufzunehmen°.

Es kostete Mühe, Geduld und Geld über alle Maßen°, das Unterfangen° in die Wege zu leiten°, und mehr als einmal waren die Mitglieder des mit seiner Durchführung betrauten° Komitees nahe daran°, vor den unzähligen° Transportschwierigkeiten, bürokratischen Tücken°, Paßhindernissen° und anderen Hürden° mehr zu kapitulieren. Schließlich gelang es jedoch, auch die letzten Widrigkeiten° zu überwinden, und an einem Herbsttag des Jahres 1946 sahen die nach dem Hafen von Veracruz gerufenen Pflegeeltern° ihre künftigen Adoptivkinder die Fallreeptreppe° eines brasilianischen Frachtdampfers heruntersteigen und auf sich zukommen. Jeder der kleinen Ankömmlinge° hatte ein Medaillon aus Pappe° mit seinen—zumeist sehr dürftigen°—Personaldaten umgehängt. Zwei der Medaillons waren blank. Über ihre Träger°, einen ungefähr sechsjährigen Knaben und ein etwas jüngeres Mädchen, hatte das Hilfskomitee° trotz eifrigster° Nachforschungen° nichts anderes in Erfahrung bringen° können, als daß sie in der Nähe des Konzentrationslagers Ravensbrück gefunden worden und daß sie vermutlich° Geschwister waren.

Als sich bei der nach einem lange vorher festgelegten Plan° vorgenommenen Aufteilung° der Waisen auf die Adoptiveltern herausstellte°, daß die Geschwister von Ravensbrück (so hatte man die beiden, deren Identität nicht feststand, getauft°) voneinander getrennt und bei verschiedenen Familien—der Junge in Acapulco, das Mädchen in Puebla—untergebracht werden würden, fing die Kleine, indem sie sich verzweifelt° an den Bruder klammerte, herzbrechend zu weinen an und konnte weder durch Zureden° noch durch Liebkosungen° beruhigt werden.

So rührend erschien das Mädchen in seinem Kummer° den Eheleuten° B., bei denen es Aufnahme finden° sollte, daß sie sich, ohne Rücksicht° darauf, wie schwer es ihnen fallen würde, entschlossen, auch den Knaben zu sich zu nehmen. Welches Vorhaben° allerdings leichter gefaßt als ausgeführt war, denn die Familie aus Acapulco wollte den Jungen zunächst unter keinen Umständen° freigeben, und es bedurfte° vieler beredter° Vorstellungen, vieler Tränen° und Versprechen, bis sie sich umstimmen ließ°.

---

entwurzelte Personen displaced persons
das Sammellager, - assembly camp
vergasen to gas
lebendig verbrennen to burn alive
der Waise, -n orphan
an Kindes Statt auf nehmen, i, a, o to adopt as one's own
über alle Maßen beyond all expectations
das Unterfangen project, plan
in die Wege leiten to get underway, carry out, get started
betrauen (+ mit) to put in charge of
nahe daran sein to be close to (doing s.th.)
unzählig innumerable, countless
die Tücke, -n trick
das Hindernis, -se obstacle
die Hürde, -n hurdle, obstacle
die Widrigkeit, -en adversity
die Pflegeeltern (pl.) foster parents
die Fallreeptreppe, -n steps of the gangway
der Ankömmling, -e newcomer, new arrival
die Pappe cardboard
dürftig scant(y)
der Träger, - bearer, carrier
das Hilfskomitee, s rescue committee
eifrig diligent
die Nachforschung, -en search

in Erfahrung bringen to find out
vermutlich presumably
ein lang vorher festgelegter Plan a scheme that had been worked out long ago
die vorgenommene Aufteilung the planned distribution
sich heraus·stellen to turn out
taufen here: to call, name
verzweifelt desparate(ly)
das Zureden persuasion, encouragement
die Liebkosung, -en caress, fondling
der Kummer sorrow, distress
die Eheleute (pl.) couple
Aufnahme finden (+bei) to find refuge (with)
ohne Rücksicht (+auf) without regard (to)
ein Vorhaben fassen to decide on a plan
unter keinen Umständen under no circumstances
es bedarf (+gen.) u, u it requires
beredt persuasive
die Träne, -n tear
sich um·stimmen lassen to agree to change one's mind

Endlich aber war es soweit, und die B.s. konnten mit den beiden Geschwistern nach ihrem Wohnort Puebla abreisen. Dort angelangt°, machte Frau B. sich sogleich daran°, die Kinder, die noch in dem Zeug steckten, das sie bei ihrer Auffindung° im Ravensbrückischen getragen, frisch einzukleiden°. Sie hatte die alten Kleider schon zu einem Bündel° für den Lumpensammler° zusammengeschnürt°, als ihr der Gedanke kam°, den Geschwistern je ein Kleidungsstück—eine Schürze° und einen Rock°—als Andenken an ihre dunkle Frühzeit aufzuheben.

Wer beschreibt die Erschütterung° der Frau, als sie beim Säubern° des Rockes einen mit halbverwischten° Bleistiftkritzeln° bedeckten° Zettel entdeckte, dessen Botschaft lautete:

„Ich schreibe diese Zeilen eine Stunde vor meinem Abtransport nach dem Vergasungslager in der wahnwitzigen° und doch nicht untergehenwollenden° Hoffnung, daß meine zwei Kinder mit dem Leben davonkommen° und Unterschlupf° und Hilfe bei großherzigen Menschen finden könnten. Wenn diese Hoffnung sich erfüllt, bitte ich die Beschützer° meiner Kinder, ein übriges zu tun° und von ihrer Rettung meine Schwester, das einzige Mitglied unserer Familie, das sich ins Ausland retten konnte, zu benachrichtigen . . .“

Diese Schwester im Auslande war aber niemand anders als Frau B.

Redewendungen

an Kindes Statt aufnehmen	*to adopt as one's own*
über alle Maßen	*beyond all expectations*
in die Wege leiten	*to get underway, get started*
nahe daran sein	*to be close to (doing something)*
in Erfahrung bringen	*to find out*
sie sollten bei ihnen Aufnahme finden	*they were supposed to find refuge at their place*
ohne Rücksicht auf	*without regard to*
es fällt ihnen schwer	*it is hard for them*
ein Vorhaben fassen	*to decide on a plan*
unter keinen Umständen	*under no circumstances*
sie ließ sich umstimmen	*she agreed to change her mind*
sich daran machen	*to get started (doing s.th.)*
ihr kam der Gedanke	*the thought occurred to her*
mit dem Leben davonkommen	*to escape alive, to survive*
ein übriges tun	*to do one more thing*

20 Wichtige Wörter

der **Bericht**	der **Waise**	der **Beschützer**	**umhängen**
das **Wunder**	das **Hindernis**	**benachrichtigen**	**sich herausstellen**
das **Märchen**	die **Geschwister**	**sich erfüllen**	**gelingen**
die **Wirklichkeit**	der **Zettel**	**einkleiden**	**umkommen**
das **Asyl**	die **Botschaft**	**abreisen**	**unwahrscheinlich**

angelangt having arrived

sich daran machen to begin, set out to

die Auffindung discovery

ein·kleiden to clothe

das Bündel, - bundle

der Lumpensammler, - collector of rags

zusammen·schnüren to tie together

ihr kommt der Gedanke the thought occurs to her

die Schürze, -n apron

der Rock, ⸚e jacket

die Erschütterung, -en shock, violent emotion

das Säubern cleaning

halbverwischt half-effaced, half-blurred

die Bleistiftkritzeln (pl.) pencil marks

bedecken to cover

wahnwitzig crazy, mad

nicht untergehenwollend (hope that) will not be lost

mit dem Leben davon·kommen to survive, escape alive

der Unterschlupf refuge

der Beschützer, - protector

ein übriges tun to do one more thing

Übungen

I. Fragen

Beantworten Sie die Fragen.

1. Was beschlossen die jüdischen Emigrantenfamilien in Mexiko?
2. Warum war es schwer, die Kinder nach Mexiko zu bringen?
3. Was trugen die Waisenkinder bei ihrer Ankunft in Veracruz um den Hals?
4. Wie nannte man die Geschwister und warum?
5. Was tat das Mädchen, als die Geschwister getrennt werden sollten?
6. Wozu entschlossen sich die Eheleute B.?
7. Was tat Frau B., als sie mit den Kindern in Puebla angekommen war?
8. Was fand Frau B. in der Tasche des Rockes?
9. Welche zwei Bitten und Hoffnungen hatte die Frau in dem Zettel ausgedrückt?
10. Was sagt der Erzähler über Frau B., als sie den Zettel gelesen hatte?

II. Grammatische Übungen

A. *Bilden Sie Relativsätze.*

Beispiel: . . . die wenigen nach Mexiko gelangten jüdischen Familien . . .

    . . . die wenigen jüdischen Familien, **die nach Mexiko gelangt waren,** . . .

1. die Mitglieder des mit der Durchführung des Transports betrauten Komitees
2. die nach dem Hafen von Veracruz gerufenen Pflegeeltern
3. bei der nach einem lange vorher festgelegten Plan vorgenommenen Aufteilung der Waisen
4. die noch in dem alten Zeug steckenden Kinder
5. ich schreibe dies in der nicht untergehenwollenden Hoffnung
6. das einzige ins Ausland gerettete Mitglied unserer Familie

B. *Bilden Sie Infinitivsätze.*

1. Die Familien beschlossen, / sie nahmen dreißig Waisen an Kindes Statt auf
2. Die Mitglieder des Komitees waren nahe daran, / sie kapitulierten vor den unzähligen Schwierigkeiten
3. Die Pflegeeltern sahen, / die Kinder stiegen die Fallreeptreppe des Dampfers hinunter
4. Das Mädchen fing an, / sie weinte herzbrechend
5. Die Frau machte sich daran, / sie kleidete die Kinder sogleich neu ein
6. Ihr kam der Gedanke, / sie hob je ein Kleidungsstück für die Kinder als Erinnerung auf
7. Ich bitte den Beschützer meiner Kinder, / er benachrichtigt meine Schwester in Mexiko
8. Es ist nicht möglich, / man beschreibt die Erschütterung der Frau

C. *Bilden Sie Sätze im Präsens, Imperfekt und Perfekt.*

1. Diese Personen / bevölkern / das Sammellager
2. Die jüdischen Familien / diese Aktion / beschließen
3. Der Mann / die Schwierigkeiten / überwinden

4. Ich / die Kinder / hier / unterbringen

5. Jetzt / es / sich herausstellen /

6. Das Mädchen / bekannt / die Familie / erscheinen

7. Wir / umstimmen / die Familie

8. Die Frau / je ein Kleidungsstück / aufheben

D. *Setzen Sie die fehlenden Redewendungen ein.*

1. Es kostete viel Geld und Mühe, den Plan _____ zu leiten.

2. Die jüdischen Emigrantenfamilien beschlossen, 30 Waisen _____ _____ bei sich aufzunehmen.

3. Über die Geschwister konnte das Komitee nichts _____ bringen.

4. Die Familie in Puebla adoptierte auch den Knaben, obwohl es ihr _____.

5. Die Frau machte sich daran, die Kinder neu _____.

6. Ich habe die wahnwitzige Hoffnung, daß meine Kinder mit dem Leben _____.

7. Ich bitte den Retter der Kinder, _____ und meine Schwester zu benachrichtigen.

8. Der Frau kam der Gedanke, je ein Kleidungsstück _____.

E. *Bilden Sie einen neuen Satzteil mit dem Partizip Perfekt.*

Beispiel: Das Auto fuhr den Fußgänger fast an.
Der fast von dem Auto **angefahrene** Fußgänger . . .

1. Er streifte einen alten Mann. Ein von ihm . . .

2. Die Polizei hatte den Verbrecher gesucht. Der von der Polizei . . .

3. Sie öffnete die kleine Tür des Cafés. Die von ihr . . .

4. Er schlug die Tür des Wagens zu. Die von ihm . . .

5. Der Polizist fragte den Mann nach dem Paß. Der von dem Polizisten . . .

6. Der Mann verfolgte den Verbrecher. Der von dem Mann . . .

7. Die Verwaltung zählte die Besucher der Ausstellung.
Die von der Verwaltung . . .

8. Der Portier fragte den Besucher nach seinem Namen. Der von dem Portier . . .

III. Übungen zum Sprechen und Schreiben

A. *Fragen Sie ihren Nachbarn / Ihre Nachbarin.*

1. Kennst du irgendwelche Geschichten von Überlebenden aus einem Konzentrationslager?

2. Erzähle mir ein überraschendes Wiedersehen!

3. Hast du schon einmal Kindern in Not geholfen?

4. Kennst du Waisenkinder und ihr Schicksal?

5. Warst du einmal in Mexiko?

B. *Wir diskutieren.*

1. „Wunder der Wirklichkeit."   3. Die Grausamkeit der Menschen.

2. Die Judenverfolgung.

C. *Beschreiben Sie die Situation.*

1. Ankunft eines Schiffes im Hafen.

2. Ein Kind bittet um Hilfe.

3. Ich hole jemand, den ich nicht kenne, vom Bahnhof / Flughafen ab.

D. *Erfinden Sie einen Dialog.*

1. Die Familie B. aus Puebla überzeugt die Familie in Acapulco, daß sie auch den Jungen mit sich nehmen will.

2. Frau B. fragt die Kinder, was sie von ihrer Vergangenheit wissen.

E. *Schreiben Sie einen Satz mit diesen Wörten.*

1. der Vorfall	6. sich herausstellen
2. die Mühe	7. sich klammern an
3. die Hürde	8. beredt
4. der Ankömmling	9. das Bündel
5. in Erfahrung bringen	10. der Unterschlupf

F. *Schreiben Sie.*

1. Eine Bitte an gute Menschen und ihre Erfüllung.

2. Jemand erinnert sich später an eine traumatische Kindheit.

3. Die Begegnung mit einem ganz fremden Land, in dem man leben soll.

4. Ein Wunder.

GRAMMATIK

Time Expressions

There are numerous expressions in German defining temporal relationships, either within the framework of our clock-time and calender system or in relative terms (before, after, at the same time etc.). Words and phrases may express single occurrences, repetitions, durations, or certain amounts of time. There are phrases, nouns, adverbs, adjectives, and prepositions indicating temporal relations. Examples of all of these occur in the following list.

1. <u>Months of the year</u>. (All months have masculine gender.)

der Januar	Februar	März	April
Mai	Juni	Juli	August
September	Oktober	November	Dezember

im Januar   seit (dem) Januar   bis (zum) März (*until March*)

2. <u>Days of the week</u>. (All days of the week have masculine gender.)

der Montag	Dienstag	Mittwoch	Donnerstag
Freitag	Sonnabend *or* Samstag		Sonntag

am Montag   jeden Montag   montags (*Mondays*)

3. <u>Parts of the day</u>.

der Morgen	morgens (*mornings*)	am Morgen (*in the morning*)
der Vormittag	vormittags	am Vormittag (*in the forenoon*)

der Mittag	mittags	am Mittag (*at noon*)
der Nachmittag	nachmittags	am Nachmittag (*in the afternoon*)
der Abend	abends	am Abend (*in the evening*)
die Nacht	nachts	in der Nacht (*in the night, at night*)
die Mitternacht	mitternachts	um/zu Mitternacht (*at midnight*)
also: der Tag	tags(über)	am Tag (*during the day*)

4. Dates.

Heute ist Mittwoch, der 27. August 1999 (siebenundzwanzigste)
In letters: Berlin, den 17. Juni 1953 (siebzehnten)
In a story: Es geschah am 20. Juli 1944 (zwanzigsten)

5. Clock time.

um acht Uhr	(*at eight o'clock*)
Es ist acht (Uhr).	(*It is eight o'clock*)
Es ist halb acht.	(*It is 7:30*)
Es ist viertel nach acht.	(*It is 8:15*)
Es ist viertel vor acht.	(*It is 7:45*)
Es ist zehn (Minuten) nach acht.	(*It is 8:10*)
Es ist fünf (Minuten) vor halb acht.	(*It is 7:25*)
Es ist zwanzig vor acht.	(*It is 7:40*)

6. Official time.

20^{15} Uhr. Es ist zwanzig Uhr fünfzehn (Minuten). (Es ist viertel nach acht.)
14^{50} Uhr. Es ist vierzehn Uhr fünfzig (Minuten). (Es ist zehn Minuten vor drei.)

7. Time referring to a day.

heute (*today*)	am heutigen Tag	heutig-
gestern (*yesterday*)	am gestrigen Tag	gestrig-
vorgestern (*day before yesterday*)		vorgestrig-
morgen (*tomorrow*)		morgig-
übermorgen (*day after tomorrow*)		übermorgig-

Combinations: morgen vormittag (*tomorrow morning*)
　　　　　　　　morgen früh (<u>not</u>: morgen morgen) (*tomorrow morning*)
　　　　　　　　morgen nachmittag (*tomorrow afternoon*)
　　　　　　　　morgen abend (*tomorrow evening*)

8. Definite and indefinite time.
   a) The <u>accusative</u> usually expresses definite time.

jeden Tag (*every day*)	diesen Dienstag (*this Tuesday*)
nächste Woche (*next week*)	letztes Jahr (*last year*)
den ganzen Tag (*all day*)	den vorigen Dienstag (*the last Tuesday*)

   b) The <u>genitive</u> expresses not duration, but a beginning in an indefinite time frame.

eines Tages (*some day*) eines Nachts (!)
eines Morgens   eines Abends

c) From past to present: **seit** (=*for*).

Er ist **seit** einer Woche hier. *He has been here for a week.*

Past: two weeks ago (=**vor**).

Er war **vor** zwei Wochen hier. *He was here two weeks ago.*

Duration, no preposition, just accusative!

Er blieb ein**en** Monat hier. *He stayed here for a month.*

Duration, in the future; **für** cannot be used as temporal preposition in any other context.

Er wird **für** zwei Monate nach Deutschland fahren. *He will go to Germany for two months.*
Also: Er fährt **auf** zwei Monate dorthin. *He is going there for two months.*
Während dieser zwei Monate hat es nie geregnet. (duration) *During these two months it never rained.*
Nach zwei Monaten änderte sich alles. (after) *After two months everything changed.*
Er blieb dort **über** einen Monat. (more than) *He stayed there over a month.*

d) Adverbs of duration and repetition. Time expressions can be combined with **-lang** to form adverbs of duration.

jahrelang (*for years*) monatelang (*for months*)
tagelang   minutenlang
stundenlang   nächtelang

Occasionally this is also spelled: **Monate lang** (*for months*). Repetition is expressed by **-mal,** either with cardinal numbers, **einmal** (*once*), **zweimal** (*twice*), **dreimal** (*three times*), **hundertmal** (*a hundred times*) . . . or with ordinal numbers, **das erste Mal** (*the first time*); **zum ersten Mal** (*for the first time*); **das zwanzigste Mal; zum zwanzigsten Mal** (it is not possible to use: **die erste Zeit.**)

Übungen

A. *Ergänzen Sie die Präpositionen und Artikel.*

1. Er schlief immer _____ Vormittag. (in the)
2. _____ Januar fällt bei uns viel Schnee. (In)
3. Das Gespenst° kam _____ Mitternacht. (at)   **Gespenst** ghost
4. Er arbeitete _____ Tag und _____ Nacht. (during the)
5. Ich komme heute abend _____ zehn. (at)
6. Es ist noch nicht zehn Uhr, sondern erst zehn _____ zehn. (before)
7. Wir bleiben hier _____ _____ nächsten Mai. (until (the))
8. Mozart starb _____ 1793. (in the year)

B. *Schreiben Sie die Uhrzeiten auf zwei Weisen.*

    1. 7:35 a.m.   4. 6:15 a.m.   7. 8:45 p.m.

    2. 11:50 p.m.   5. 12:03 p.m.   8. 10:10 p.m.

    3. 1:20 p.m.   6. 7:47 a.m.

C. *Geben Sie Ausdrücke mit gleicher Bedeutung.*

    1. plötzlich an einem Abend   4. Ich bin schon drei Wochen hier.

    2. am Vormittag   5. am Dienstag

    3. Wir sind viele Monate dort gewesen.

D. *Auf deutsch.*

    1. He was born June 29, 1899.

    2. He arrived in the morning.

    3. They have been here for five weeks.

    4. That happened in 1945.

    5. Yesterday's performance was not very good.

    6. One evening he found his house empty.

    7. Next Tuesday we'll go to town.

    8. That was the third time you told me that joke.

    9. I have known him for years.

E. *Setzen Sie die Zeitausdrücke ein.*

    1. _____ war er zum erstenmal wieder in der Stadt.   (Since three months)

    2. _____ haftete sein Blick an dem Gesicht einer Frau.   (For a second)

    3. Es war ja noch anders _____ (three months ago).

    4. Sein Name stand _____ (at that time) fett in den Schlagzeilen.

    5. Der alte Mann blätterte _____ in alten Büchern, bis er darin seinen Namen fand.   (for days)

    6. Es sieht so aus, als würde die Sonne _____ _____ (in the morning) aus dem Meer steigen und _____ (evenings) zurücksinken ins Meer.

    7. Aber nur die Erde dreht sich, die runde Erde, _____ (once every day)

    8. Das geschah _____ (ten years ago).

    9. Ich würde mich freuen, wenn er _____ _____ (some day) aus dem Wald träte.

    10. Es war kein Betrieb an der Grenze _____ _____ _____ _____ _____.   (at that evening in the month of December)

    11. _____ (Ten minutes after 11 p.m.) klingelte das Telefon auf dem Schreibtisch des Wachtmeisters Siegele.

Fractions

1. In German, fractions can be used as nouns and can be declined. If they are used as adjectives, they take the appropriate endings.
2. The simplest fraction in German is **halb-** (*half . . .*), an adjective. The noun counterpart is: **die Hälfte.**

Er brauchte dazu eine halbe Stunde.   *He needed half an hour for that.*
Teile den Apfel in zwei Hälften!   *Cut the apple into two halves.*

If **halb-** follows the numeral **ein,** it is *not* declined when it is spelled in one word, otherwise it has adjective endings.

Die Reise dauert **zweieinhalb** Stunden.   *The voyage takes two and a half hours.*
BUT: Die Reise dauert zwei und eine halbe Stunde.

3. All other fractions are of neuter gender and add the suffix **-el.** They are derived from ordinal numbers:

¼ = ein Viertel   1/8 = ein Achtel   3/5 = dreifünftel

The fractions are capitalized when they are used as nouns, and they are not capitalized when they are used as attributive adjectives.

Ich möchte ein viertel (Pfund) Käse. (ein viertel =   *I would like to have a quarter (pound) of cheese.*
attributive adj.)
Ich habe ein Viertel der Rechnung bezahlt. (ein Viertel   *I paid a quarter of the bill.*
= noun)

Übungen

A. *Lesen Sie und schreiben Sie diese Bruchzahlen°.*   **die Bruchzahl** *fraction*
   1. 5/8   4. 3/4   7. 1/1000
   2. 4/7   5. 5/16
   3. 1/2   6. 1/100

B. *Setzen Sie die passenden Bruchzahlen ein.*
   1. Ich komme in einer _____ Stunde zu dir.   (½)
   2. Die eine _____ ist für dich, die andere _____ für mich.   (½)
   3. Er hat eine _____ Flasche Wein ausgetrunken.   (½)
   4. Es ist schon _____ acht.   (¾)
   5. 250 Gramm ist _____ Kilogramm.
   6. _____ des Landes gehört mir.   (⅓)
   7. Sie kaufte _____ Liter Wein.   (2½)
   8. Für den Rock brauchte man _____ Meter Stoff.   (2¼)
   9. Hier hast du ein _____ Brot.   (½)
  10. Das Auto ist zu _____ bezahlt.   (¾)

Reading Comprehension: Extended Adjective Constructions

Look at the following sentence:

„Als sich bei der nach einem lange vorher festgelegten Plan vorgenommenen Aufteilung der Waisen auf die Adoptiveltern herausstellte, daß . . .“

In order to recognize and understand such a sentence with an extended adjective construction, follow these steps:

1. Identify the noun to which the entire extended adjective is related and, if present, locate the noun's definite or indefinite article (**der**-word, **ein**-word, possessive adjective, or indefinite pronoun). In our example we have two extended constructions in the same sentence:

   A. . . . bei **der** . . . **Aufteilung** . . .
   B. . . . nach **einem** . . . **Plan** . . .

2. Identify the adjective that modifies the noun:

   A. . . . bei der . . . **vorgenommenen** Aufteilung . . .
   B. . . . nach einem . . . **festgelegten** Plan . . .

3. Identify all the other elements which "extend" the adjective:

   A. . . . bei der . . . (<u>element is B</u>) vorgenommenen Aufteilung . . .
   B. . . . nach einem . . . **lange vorher festgelegten** Plan . . .

4. After you have identified these elements, render the expansion elements as a relative clause. Remember that the adjective can in most cases be traced back to a verb and appears either as a present or past participle:

   A. vorgenommen—**vornehmen**
   B. festgelegten—**festlegen**

   In our example, the reconstruction as a relative clause would be:

   A. Als sich bei der Aufteilung der Waisen, die . . . vorgenommen worden war, herausstellte, daß . . .
   B. . . . die nach einem Plan, der vorher festgelegt worden war, vorgenommen . . .

Not all extended adjective constructions are as complex as this one. The length of the reconstruction in relative clauses demonstrates adequately that the extended adjective construction can provide extensive information to a noun in an abbreviated fashion.

Übungen

A. *Setzen Sie die Elemente der Adjektivkonstruktion ein.*

   Beispiel: . . . die Mitglieder des mit seiner Durchführung betrauten Komitees . . .
        a. (article / noun) . . . des . . . Komitees . . .
        b. (adjective) . . . betrauten . . .
        c. (expansion element) . . . mit seiner Durchführung . . .

   1. in den jung gebliebenen Augen
   2. unter dem weiß gewordenen Haar
   3. einen mit halbverwischten Bleistiftkritzeln bedeckten Zettel
   4. Sie ging in ein von vielen Menschen überfülltes Straßencafé.

5. Der aus einer Nadelkurve herausfahrende VW kam auf vereister Straße ins Schleudern.

6. der von einem heftigen Wind angerichtete Schaden . . .

7. Das durch einen Wolkenbruch überflutete Maisfeld glich einem See.

8. Die mit mordlustigen Augen herüberblickenden Aasgeier trieben den Strom hinab.

9. Der durch das fast feindselige Geräusch aufgeweckte Fischer angelt nach seinen Zigaretten.

10. Die von der Nationalen Front vorzuschlagenden Kandidaten sind verpflichtet, sich in Wählerversammlungen vorzustellen.

B. *Bilden Sie Relativsätze.*

Beispiel: . . . die Mitglieder des mit seiner Durchführung betrauten Komitees . . .
Die Mitglieder des Komitees, **das mit seiner Durchführung betraut war, . . .**

1. unter dem weiß gewordenen Haar
unter dem Haar, . . .

2. der von einem heftigen Wind angerichtete Schaden . . .
der Schaden, . . .

3. einen mit halbverwischten Bleistiftkritzeln bedeckten Zettel . . .
einen Zettel, . . .

4. in den jung gebliebenen Augen
in den Augen, . . .

5. der aus einer Nadelkurve herausfahrende VW . . .
der VW, . . .

C. *Übersetzen Sie die Relativsätze der Übung B.*

LANDESKUNDE

Haben Sie davon gewußt?????

(Der Lehrer und Romanautor Walter Kempowski hat eine Umfrage gemacht°, was die Deutschen während des Zweiten Weltkrieges über Konzentrationslager° und Judenverfolgungen° gewußt haben. Das Buch heißt: Haben Sie davon gewußt? Deutsche Antworten. *Albrecht Knaus Verlag. Hamburg 1979.)*

Hier sind einige dieser Antworten:

Mir ist unverständlich, daß die ältere Generation heute immer wieder sagt, sie hätte von all diesen Geschehnissen° nichts gewußt. Jeder Bürger wußte zumindest während des Krieges: wenn einer nicht spurte° im Sinne der Partei°, dann mußte er verschwinden und wohin, das war bestimmt jedem bekannt.

—Landwirt

eine Umfrage machen to make a survey

das Konzentrationslager, - concentration camp

die Verfolgung, -en persecution

die Geschehnisse (pl.) events, happenings

spuren to obey, to follow orders

im Sinne der Partei as defined by the NS-party

Man wußte, daß die Juden weg sind, aber daß es so etwas wie Vernichtungslager° gegeben hat—nein.

In der Gefangenschaft hat man's dann zum erstenmal gehört!

—Ingenieur, 1924

die Vernichtung annihilation, extermination

Ich habe einen Vortrag gehalten vor Amerikanern, die Deutschland kennenlernen wollten, und da bin ich auf die KZ-Lager° zu sprechen gekommen, und da haben die gesagt, davon wollen wir nun nichts mehr hören.

—Jurist, 1927

KZ-Lager (Konzentrationslager) concentration camp

Mein Bruder war fünf, da ist er mit meinem Vater und einem Pastor am See spazierengegangen, und die haben sich da was übers KZ erzählt und dachten nicht, daß da Leute eingesperrt° und geschlagen werden.

—Elektriker, 1929

ein·sperren to incarcerate

Das hat man mehr als so eine Art Gefängnis angesehen, aber daß die da umkamen, hat man nicht gedacht. Ein Malermeister aus der Nachbarschaft, ein Zeuge Jehova°, der war im KZ und ist wiedergekommen. Der hat gesagt: „Fragt mich bloß nichts . . .“

—Tischler°, 1920

Zeuge Jehova Jehovah's witness
der Tischler, - carpenter
die Marinefachschule, -n Naval Academy
die Alster river in Hamburg
zum Dienst gehen to go to work
erschüttern to affect deeply, to move, to shock

Ich war während des Krieges in Hamburg an der Marinefachschule°. Und als ich eines Morgens die Alster° entlang zum Dienst ging°, da sah ich ein offenes Auto, in dem Juden saßen. Das hat mich tief erschüttert°. Da war

Das Kaufhaus A. Brünn in Berlin 1938: Verschmiert mit Judensternen, Karikaturen und dem Wort „Jude“, damit Deutsche dort nicht mehr kaufen sollten.

einer dabei, den erkannte ich, ein feiner Herr, der in der Bergstraße ein Geschäft hatte, ein vornehmer°, gar nicht jüdisch aussehender Herr.—Es war ein richtiger Lastwagen, wie man Vieh verlädt, so waren Männer und Frauen zusammengepfercht°. Das Lastauto verschwand in Richtung Lombardsbrücke.

—Mann, 1899

Unsere Reinemachefrau° hat mal bitterlich geweint, weil ihre alte Herrschaft° abgeholt wurde. Er was Kommerzienrat° und Jude, und mit fünf Mark und einer Tasche voll Sachen mußten die sich melden°.

—Redakteur, 1933

Mein Bruder war im Rußlandfeldzug° beim Flugzeug-Bodenpersonal°, also zum Reparieren. Als er krank wurde—er bekam Gelbsucht°—, wurde er nach Deutschland ausgeflogen, und da erzählte er uns, daß die Nazis die Juden vergasen° würden. Wir wollten das aber nicht glauben, weil unser Bruder ein großer Nazi-Gegner war und die Militärausbilder° nicht mochte.

—Hausfrau, 1923

Mein Vater war in der schwarzen SS, und 1942 war er mal sechs Wochen aushilfsweise° Arzt in Sachsenhausen. Und als er da wiederkam, da war Feierabend°. Das Hitlerbild hing zwar noch da, aber es wurde nicht mehr gesprochen über Nationalsozialismus. Da war er wohl kuriert°. Da hat er wohl zuviel gesehen.

—Geograph, 1928

vornehm distinguished, refined
zusammen·pferchen to pack closely, to cram together

die Reinemachefrau, -en cleaning lady
die Herrschaft, -en employer
der Kommerzienrat, ¨e ''commercial councillor'': honorary title for rich businessman
sich melden to report (to the authorities)
der Feldzug, ¨e campaign
das Bodenpersonal ground crew
die Gelbsucht jaundice
vergasen to gas
der Ausbilder, - drillmaster
aushilfsweise temporarily
Feierabend sein to be the end of s.th., to have enough
kuriert sein to be cured, to have had it

Polnische Juden auf dem Marsch ins Konzentrationslager.

Bei uns in der Geschichtsstunde hat der Lehrer mal geheult°. Er hat vorgelesen, wie die Juden in die Gaskammern° kamen, da vergast wurden und noch nach dem Tode alle aufrecht° standen, so nackend, ineinander verkrampft°. Und als er das vorgelesen hat, da hat er geweint, konnte nicht weiterlesen. Da hab' ich mir das Buch genommen und weitergelesen und habe auch geheult.

Und die andern saßen völlig starr° da.

—Schülerin, 1955

heulen to weep, cry
die Gaskammer, -n gas chamber
aufrecht upright
ineinander verkrampft tightly clenched to each other
starr motionless, transfixed

Fragen und Aufgaben.

A. *Beantworten Sie folgende Fragen.*

1. Welche Reaktionen werden hier beschrieben, z.B. von dem Mann (1899) und der Schülerin (1955)?
2. Beschreiben Sie, wie die einzelnen Leute über die Konzentrationslager und Judenverfolgungen informiert wurden.
3. Welche Reaktion hatten die Amerikaner, die Deutschland kennenlernen wollten?

B. *Beschreibung oder Bericht.*

1. Beschreiben Sie oder berichten Sie, was Sie über die Konzentrationslager und die Judenverfolgungen wissen.
2. Woher stammt Ihre Information? Haben Sie Filme gesehen oder darüber in Büchern gelesen? Berichten Sie darüber.

C. *Erklären Sie folgende Ausdrücke durch einen Satz.*

1. wenn jemand nicht spurt
2. aushilfsweise
3. einen Vortrag halten
4. etwas mitkriegen
5. auf etwas zu sprechen kommen

APPENDIX

Summary of Forms

1. Articles

a. The Definite Article

| | Singular | | | Plural |
	Masculine	Feminine	Neuter	All Genders
NOM.	der	die	das	die
ACC.	den	die	das	die
DAT.	dem	der	dem	den
GEN.	des	der	des	der

b. The Demonstrative *dieser*

| | Singular | | | Plural |
	Masculine	Feminine	Neuter	All Genders
NOM.	dieser	diese	dieses	diese
ACC.	diesen	diese	dieses	diese
DAT.	diesem	dieser	diesem	diesen
GEN.	dieses	dieser	dieses	dieser

Note: All **der**-words are declined like **dieser** (see section 8. Declension of Pronouns).

c. The Indefinite Article

| | Singular | | | Plural |
	Masculine	Feminine	Neuter	All Genders
NOM.	ein	eine	ein	keine
ACC.	einen	eine	ein	keine
DAT.	einem	einer	einem	keinen
GEN.	eines	einer	eines	keiner

Note: **Ein** has no plural forms.

d. **The Possessive *Mein***

	Singular			Plural
	Masculine	Feminine	Neuter	All Genders
NOM.	mein	meine	mein	meine
ACC.	meinen	meine	mein	meine
DAT.	meinem	meiner	meinem	meinen
GEN.	meines	meiner	meines	meiner

Note: All **ein**-words are declined like **mein**.

2. Prepositions

a. **With the accusative**

bis	until, up to, as far as	ohne	without
durch	through, by	um	around, at, about
für	for	wider	against
gegen	against, around		

b. **With the dative**

aus	out of, from, for	nach	to, according to, after
außer	except, beside, beyond	seit	since
bei	with, at	von	from, by
gegenüber	opposite	zu	to, at
mit	with		

c. **With the dative or accusative**

an	on, onto, at, by	über	above, about, across
auf	on, upon	unter	under, among
hinter	behind	vor	in front of, before, ago
in	in, into	zwischen	between
neben	next to, beside		

d. **With the genitive**

(an)statt	instead of	jenseits	on that side of
aufgrund	on account of, because of	trotz	in spite of, despite
außerhalb	outside of	während	during
innerhalb	inside of	wegen	on account of, because of
diesseits	on this side of		

3. Verbs

a. sein

INDICATIVE

Present	Past	Present Perfect	Past Perfect
ich **bin**	war	bin gewesen	war gewesen
du **bist**	warst	bist gewesen	warst gewesen
er, sie, es **ist**	war	ist gewesen	war gewesen
wir **sind**	waren	sind gewesen	waren gewesen
ihr **seid**	wart	seid gewesen	wart gewesen
sie, Sie **sind**	waren	sind gewesen	waren gewesen

Future	Future Perfect	Imperative
ich **werde sein**	werde gewesen sein	sei!
du **wirst sein**	wirst gewesen sein	seien wir!
er, sie, es **wird sein**	wird gewesen sein	seid!
wir **werden sein**	werden gewesen sein	seien Sie!
ihr **werdet sein**	werdet gewesen sein	
sie, Sie **werden sein**	werden gewesen sein	

Past Infinitive: **gewesen sein**

SUBJUNCTIVE

Present Subjunctive I	Present Subjunctive II	Past Subjunctive I	Past Subjunctive II
ich **sei**	wäre	sei gewesen	wäre gewesen
du **seiest**	wärest	seiest gewesen	wärest gewesen
er, sie, es **sei**	wäre	sei gewesen	wäre gewesen
wir **seien**	wären	seien gewesen	wären gewesen
ihr **seiet**	wäret	seiet gewesen	wäret gewesen
sie, Sie **seien**	wären	seien gewesen	wären gewesen

b. haben

INDICATIVE

Present	Past	Present Perfect	Past Perfect
ich **habe**	hatte	habe gehabt	hatte gehabt
du **hast**	hattest	hast gehabt	hattest gehabt
er, sie, es **hat**	hatte	hat gehabt	hatte gehabt
wir **haben**	hatten	haben gehabt	hatten gehabt
ihr **habt**	hattet	habt gehabt	hattet gehabt
sie, Sie **haben**	hatten	haben gehabt	hatten gehabt

Future		Future Perfect	Imperative
ich	**werde haben**	**werde gehabt haben**	**habe!**
du	**wirst haben**	**wirst gehabt haben**	**haben wir!**
er, sie, es	**wird haben**	**wird gehabt haben**	**habt!**
wir	**werden haben**	**werden gehabt haben**	**haben Sie!**
ihr	**werdet haben**	**werdet gehabt haben**	
sie, Sie	**werden haben**	**werden gehabt haben**	

Past Infinitive: **gehabt haben**

SUBJUNCTIVE

Present Subjunctive I		Present Subjunctive II	Past Subjunctive I	Past Subjunctive II
ich	**habe**	**hätte**	**habe gehabt**	**hätte gehabt**
du	**habest**	**hättest**	**habest gehabt**	**hättest gehabt**
er, sie, es	**habe**	**hätte**	**habe gehabt**	**hätte gehabt**
wir	**haben**	**hätten**	**haben gehabt**	**hätten gehabt**
ihr	**habet**	**hättet**	**habet gehabt**	**hättet gehabt**
sie, Sie	**haben**	**hätten**	**haben gehabt**	**hätten gehabt**

c. **werden**

INDICATIVE

Present		Past	Present Perfect	Past Perfect
ich	**werde**	**wurde**	**bin geworden**	**war geworden**
du	**wirst**	**wurdest**	**bist geworden**	**warst geworden**
er, sie, es	**wird**	**wurde**	**ist geworden**	**war geworden**
wir	**werden**	**wurden**	**sind geworden**	**waren geworden**
ihr	**werdet**	**wurdet**	**seid geworden**	**wart geworden**
sie, Sie	**werden**	**wurden**	**sind geworden**	**waren geworden**

Future		Future Perfect	Imperative
ich	**werde werden**	**werde geworden sein**	**werde!**
du	**wirst werden**	**wirst geworden sein**	**werden wir!**
er, sie, es	**wird werden**	**wird geworden sein**	**werdet!**
wir	**werden werden**	**werden geworden sein**	**werden Sie!**
ihr	**werdet werden**	**werdet geworden sein**	
sie, Sie	**werden werden**	**werden geworden sein**	

Past Infinitive: **geworden sein**

SUBJUNCTIVE

Present Subjunctive I	Present Subjunctive II	Past Subjunctive I	Past Subjunctive II
ich **werde**	**würde**	**sei geworden**	**wäre geworden**
du **werdest**	**würdest**	**seiest geworden**	**wärest geworden**
er, sie, es **werde**	**würde**	**sei geworden**	**wäre geworden**
wir **werden**	**würden**	**seien geworden**	**wären geworden**
ihr **werdet**	**würdet**	**seiet geworden**	**wäret geworden**
sie, Sie **werden**	**würden**	**seien geworden**	**wären geworden**

d. Weak-verb conjugation: **lernen**

INDICATIVE

Present	Past	Present Perfect	Past Perfect
ich **lerne**	**lernte**	**habe gelernt**	**hatte gelernt**
du **lernst**	**lerntest**	**hast gelernt**	**hattest gelernt**
er, sie, es **lernt**	**lernte**	**hat gelernt**	**hatte gelernt**
wir **lernen**	**lernten**	**haben gelernt**	**hatten gelernt**
ihr **lernt**	**lerntet**	**habt gelernt**	**hattet gelernt**
sie, Sie **lernen**	**lernten**	**haben gelernt**	**hatten gelernt**

Future	Future Perfect	Imperative
ich **werde lernen**	**werde gelernt haben**	**lerne!**
du **wirst lernen**	**wirst gelernt haben**	**lernen wir!**
er, sie, es **wird lernen**	**wird gelernt haben**	**lernt!**
wir **werden lernen**	**werden gelernt haben**	**lernen Sie!**
ihr **werdet lernen**	**werdet gelernt haben**	
sie, Sie **werden lernen**	**werden gelernt haben**	

Past Infinitive: **gelernt haben**

SUBJUNCTIVE

Present Subjunctive I	Present Subjunctive II	Past Subjunctive I	Past Subjunctive II
ich **lerne**	**lernte**	**habe gelernt**	**hätte gelernt**
du **lernest**	**lerntest**	**habest gelernt**	**hättest gelernt**
er, sie, es **lerne**	**lernte**	**habe gelernt**	**hätte gelernt**
wir **lernen**	**lernten**	**haben gelernt**	**hätten gelernt**
ihr **lernet**	**lerntet**	**habet gelernt**	**hättet gelernt**
sie, Sie **lernen**	**lernten**	**haben gelernt**	**hätten gelernt**

e. Strong-verb conjugation: **lesen**

INDICATIVE

Present	Past	Present Perfect	Past Perfect
ich **lese**	las	habe gelesen	hatte gelesen
du **liest**	lasest	hast gelesen	hattest gelesen
er, sie, es **liest**	las	hat gelesen	hatte gelesen
wir **lesen**	lasen	haben gelesen	hatten gelesen
ihr **lest**	last	habt gelesen	hattet gelesen
sie, Sie **lesen**	lasen	haben gelesen	hatten gelesen

Future	Future Perfect	Imperative
ich **werde lesen**	werde gelesen haben	**lies!**
du **wirst lesen**	wirst gelesen haben	**lesen wir!**
er, sie, es **wird lesen**	wird gelesen haben	**lest!**
wir **werden lesen**	werden gelesen haben	**lesen Sie!**
ihr **werdet lesen**	werdet gelesen haben	
sie, Sie **werden lesen**	werden gelesen haben	

Past Infinitive: **gelesen haben**

SUBJUNCTIVE

Present Subjunctive I	Present Subjunctive II	Past Subjunctive I	Past Subjunctive II
ich **lese**	läse	habe gelesen	hätte gelesen
du **lesest**	läsest	habest gelesen	hättest gelesen
er, sie, es **lese**	läse	habe gelesen	hätte gelesen
wir **lesen**	läsen	haben gelesen	hätten gelesen
ihr **leset**	läset	habet gelesen	hättet gelesen
sie, Sie **lesen**	läsen	haben gelesen	hätten gelesen

f. Strong-verb conjugation: **laufen**

INDICATIVE

Present	Past	Present Perfect	Past Perfect
ich **laufe**	lief	bin gelaufen	war gelaufen
du **läufst**	liefst	bist gelaufen	warst gelaufen
er, sie, es **läuft**	lief	ist gelaufen	war gelaufen
wir **laufen**	liefen	sind gelaufen	waren gelaufen
ihr **lauft**	lieft	seid gelaufen	wart gelaufen
sie, Sie **laufen**	liefen	sind gelaufen	waren gelaufen

Future	Future Perfect	Imperative
ich **werde laufen**	**werde gelaufen sein**	**lauf!**
du **wirst laufen**	**wirst gelaufen sein**	**laufen wir!**
er, sie, es **wird laufen**	**wird gelaufen sein**	**lauft!**
wir **werden laufen**	**werden gelaufen sein**	**laufen Sie!**
ihr **werdet laufen**	**werdet gelaufen sein**	
sie, Sie **werden laufen**	**werden gelaufen sein**	

Past Infinitive: **gelaufen sein**

SUBJUNCTIVE

Present Subjunctive I	Present Subjunctive II	Past Subjunctive I	Past Subjunctive II
ich **laufe**	**liefe**	**sei gelaufen**	**wäre gelaufen**
du **laufest**	**liefest**	**seiest gelaufen**	**wärest gelaufen**
er, sie, es **laufe**	**liefe**	**sei gelaufen**	**wäre gelaufen**
wir **laufen**	**liefen**	**seien gelaufen**	**wären gelaufen**
ihr **laufet**	**liefet**	**seiet gelaufen**	**wäret gelaufen**
sie, Sie **laufen**	**liefen**	**seien gelaufen**	**wären gelaufen**

4. Passive Voice

a. Present tense, indicative

Form of **werden** + past participle of main verb

ich **werde gesucht**	wir **werden gesucht**
du **wirst gesucht**	ihr **werdet gesucht**
er, sie, es **wird gesucht**	sie, Sie **werden gesucht**

b. Past tense, indicative

Form of **wurden** + past participle of main verb

ich **wurde gesucht**	wir **wurden gesucht**
du **wurdest gesucht**	ihr **wurdet gesucht**
er, sie, es **wurde gesucht**	sie, Sie **wurden gesucht**

c. Present perfect, indicative

Form of **sein** + past participle of main verb + **worden**

ich **bin gesucht worden**	wir **sind gesucht worden**
du **bist gesucht worden**	ihr **seid gesucht worden**
er, sie, es **ist gesucht worden**	sie, Sie **sind gesucht worden**

d.   Past perfect, indicative

Past tense of **sein** + past participle of main verb + **worden**

ich **war gesucht worden**	wir **waren gesucht worden**
du **warst gesucht worden**	ihr **wart gesucht worden**
er, sie, es **war gesucht worden**	sie, Sie **waren gesucht worden**

e.   Future, indicative

Form of **werden** + past participle of main verb + **werden**

ich **werde gesucht werden**	wir **werden gesucht werden**
du **wirst gesucht werden**	ihr **werdet gesucht werden**
er, sie, es **wird gesucht werden**	sie, Sie **werden gesucht werden**

f.   Future perfect, indicative

Form of **werden** + past participle of main verb + **worden** + **sein**

ich **werde gesucht worden sein**	wir **werden gesucht worden sein**
du **wirst gesucht worden sein**	ihr **werdet gesucht worden sein**
er, sie, es **wird gesucht worden sein**	sie, Sie **werden gesucht worden sein**

g.   Present tense, Subjunctive I

Subjunctive I form of **werden** + past participle

ich **werde gesucht**	wir **werden gesucht**
du **werdest gesucht**	ihr **werdet gesucht**
er, sie, es **werde gesucht**	sie, Sie **werden gesucht**

h.   Present tense, Subjunctive II

Subjunctive II form of **werden** + past participle

ich **würde gesucht**	wir **würden gesucht**
du **würdest gesucht**	ihr **würdet gesucht**
er, sie, es **würde gesucht**	sie, Sie **würden gesucht**

i.   Past tense, Subjunctive I

Subjunctive I form of **sein** + past participle + **worden**

ich **sei gesucht worden**	wir **seien gesucht worden**
du **seiest gesucht worden**	ihr **seiet gesucht worden**
er, sie, es **sei gesucht worden**	sie, Sie **seien gesucht worden**

j.   Past tense, Subjunctive II

Subjunctive II form of **sein** + past participle + **worden**

ich **wäre gesucht worden**	wir **wären gesucht worden**
du **wärest gesucht worden**	ihr **wäret gesucht worden**
er, sie, es **wäre gesucht worden**	sie, Sie **wären gesucht worden**

k. Future, Subjunctive II

Subjunctive II form of **werden** + past participle + **werden**

ich **würde gesucht werden**	wir **würden gesucht werden**
du **würdest gesucht werden**	ihr **würdet gesucht werden**
er, sie, es **würde gesucht werden**	sie, Sie **würden gesucht werden**

l. Future perfect, Subjunctive II

Subjunctive II form of **werden** + past participle + **worden** + **sein**

ich **würde gesucht worden sein**	wir **würden gesucht worden sein**
du **würdest gesucht worden sein**	ihr **würdet gesucht worden sein**
er, sie, es **würde gesucht worden sein**	sie, Sie **würden gesucht worden sein**

5. Modal Verbs

a. Meanings

können	*to be able to, can*
wollen	*to want to, intend to*
müssen	*to have to, must*
mögen	*to like to, like*
dürfen	*to be permitted to, may*
sollen	*to be supposed to, ought*

b. Present tense, indicative

	können	wollen	müssen	mögen	dürfen	sollen
ich	**kann**	**will**	**muß**	**mag**	**darf**	**soll**
du	**kannst**	**willst**	**mußt**	**magst**	**darfst**	**sollst**
er, sie, es	**kann**	**will**	**muß**	**mag**	**darf**	**soll**
wir	**können**	**wollen**	**müssen**	**mögen**	**dürfen**	**sollen**
ihr	**könnt**	**wollt**	**müßt**	**mögt**	**dürft**	**sollt**
sie, Sie	**können**	**wollen**	**müssen**	**mögen**	**dürfen**	**sollen**

c. Past tense, indicative

ich	**konnte**	**wollte**	**mußte**	**mochte**	**durfte**	**sollte**
du	**konntest**	**wolltest**	**mußtest**	**mochtest**	**durftest**	**solltest**
er, sie, es	**konnte**	**wollte**	**mußte**	**mochte**	**durfte**	**sollte**
wir	**konnten**	**wollten**	**mußten**	**mochten**	**durften**	**sollten**
ihr	**konntet**	**wolltet**	**mußtet**	**mochtet**	**durftet**	**solltet**
sie, Sie	**konnten**	**wollten**	**mußten**	**mochten**	**durften**	**sollten**

d.   Present perfect, indicative

1.   Form of **haben** + past participle of modal verb

ich **habe**	⎰	**gekonnt**
du **hast**		**gewollt**
er, sie, es **hat**		**gemußt**
wir **haben**		**gemocht**
ihr **habt**		**gedurft**
sie, Sie **haben**	⎱	**gesollt**

2.   Form of **haben** + infinitive of main verb + infinitive of modal

er **hat** (ihn) **sehen können**

e.   Past perfect, indicative

1.   Past tense form of **haben** + past participle of modal verb

er **hatte gekonnt; gewollt; gemußt; gemocht; gedurft; gesollt**

2.   Past tense form + infinitive of + infinitive of
of **haben**   main verb   modal verb

er **hatte** (ihn) **sehen können**

f.   Future tense, indicative

Form of **werden** + infinitive of modal verb

er **wird können**

g.   Future perfect, indicative

Form of **werden** + past participle of modal verb + infinitive of **haben**

er **wird gekonnt haben**

h.   Present tense, Subjunctive I

ich **könne**	**wolle**	**müsse**	**möge**	**dürfe**	**solle**
du **könnest**	**wollest**	**müssest**	**mögest**	**dürfest**	**sollest**
er, sie, es **könne**	**wolle**	**müsse**	**möge**	**dürfe**	**solle**
wir **können**	**wollen**	**müssen**	**mögen**	**dürfen**	**sollen**
ihr **könnet**	**wollet**	**müsset**	**möget**	**dürfet**	**sollet**
sie, Sie **können**	**wollen**	**müssen**	**mögen**	**dürfen**	**sollen**

i. Present tense, Subjunctive II

ich	**könnte**	**wollte**	**müßte**	**möchte**	**dürfte**	**sollte**
du	**könntest**	**wolltest**	**müßtest**	**möchtest**	**dürftest**	**solltest**
er, sie, es	**könnte**	**wollte**	**müßte**	**möchte**	**dürfte**	**sollte**
wir	**könnten**	**wollten**	**müßten**	**möchten**	**dürften**	**sollten**
ihr	**könntet**	**wolltet**	**müßtet**	**möchtet**	**dürftet**	**solltet**
sie, Sie	**könnten**	**wollten**	**müßten**	**möchten**	**dürften**	**sollten**

j. Past tense, Subjunctive I

Subjunctive I form of **haben** + past participle of modal verb

er **habe gekonnt; gewollt; gemußt; gemocht; gedurft; gesollt**

k. Past tense, Subjunctive II

Subjunctive II form of **haben** + past participle of modal verb

er **hätte gekonnt; gewollt; gemußt; gemocht; gedurft; gesollt**

l. Future, Subjunctive I

Subjunctive I form of **werden** + infinitive of modal verb

er **werde können**

m. Future perfect, Subjunctive I

Subjunctive I form + past participle of + infinitive of
werden modal verb **haben**

er **werde gekonnt haben**

6. Inseparable Verb Prefixes

be-, ent-, emp-, er-, ver-, zer-, ge-, miß-, wider-, voll-

7. Selective List of Strong and Irregular Verbs

Infinitive	3rd pers. pres.	past	past participle	English
anfangen	fängt an	fing an	angefangen	begin
annehmen	nimmt an	nahm an	angenommen	accept, receive
beginnen		begann	begonnen	begin
begreifen		begriff	begriffen	understand
bersten	birst	barst	ist geborsten	burst, explode
beschließen		beschloß	beschlossen	decide
betragen	beträgt	betrug	betragen	amount to
beweisen		bewies	bewiesen	prove

Infinitive	3rd pers. pres.	past	past participle	English
biegen		bog	gebogen	bend
bieten		bot	geboten	offer
binden		band	gebunden	tie, bind
bitten		bat	gebeten	request, ask
blasen	bläst	blies	geblasen	blow
bleiben		blieb	ist geblieben	stay
brechen	bricht	brach	(ist) gebrochen	break
brennen		brannte	gebrannt	burn
bringen		brachte	gebracht	bring
denken		dachte	gedacht	think
einladen	lädt ein	lud ein	eingeladen	invite
eintreten	tritt ein	trat ein	ist eingetreten	enter
empfehlen	empfiehlt	empfahl	empfohlen	recommend
erfahren	erfährt	erfuhr	erfahren	learn, experience
erschrecken	erschrickt	erschrak	ist erschrocken	be frightened
erhalten	erhält	erhielt	erhalten	receive
erscheinen		erschien	ist erschienen	appear
fahren	fährt	fuhr	ist gefahren	drive, go
fallen	fällt	fiel	ist gefallen	fall
finden		fand	gefunden	find
fliegen		flog	ist geflogen	fly
fliehen		floh	ist geflohen	flee
fließen		floß	ist geflossen	flow
frieren		fror	gefroren	freeze
geben	gibt	gab	gegeben	give
gehen		ging	ist gegangen	go, walk
gelingen		gelang	ist gelungen	succeed
gelten	gilt	galt	gegolten	be valid
genießen		genoß	genossen	enjoy
geraten	gerät	geriet	ist geraten	get into
geschehen	geschieht	geschah	ist geschehen	happen
gewinnen		gewann	gewonnen	win
halten	hält	hielt	gehalten	hold, stop
heißen		hieß	geheißen	be called
helfen	hilft	half	geholfen	help
kennen		kannte	gekannt	know
kommen		kam	ist gekommen	come
kriechen		kroch	ist gekrochen	creep
lassen	läßt	ließ	gelassen	leave, let
laufen	läuft	lief	ist gelaufen	run
leiden		litt	gelitten	suffer
lesen	liest	las	gelesen	read
liegen		lag	(ist) gelegen	lie
lügen		log	gelogen	tell lies
messen	mißt	maß	gemessen	measure
nehmen	nimmt	nahm	genommen	take
nennen		nannte	genannt	name

Infinitive	3rd pers. pres.	past	past participle	English
quellen	quillt	quoll	ist gequollen	gush, flow
raten	rät	riet	geraten	advise, guess
rufen		rief	gerufen	call
schaffen		schuf	geschaffen	create
scheinen		schien	geschienen	shine, seem
schlafen	schläft	schlief	geschlafen	sleep
schlagen	schlägt	schlug	geschlagen	hit, beat
schließen		schloß	geschlossen	close
schmelzen	schmilzt	schmolz	ist geschmolzen	melt
schneiden		schnitt	geschnitten	cut
schreiben		schrieb	geschrieben	write
schreien		schrie	geschrien	shout
schweigen		schwieg	geschwiegen	be silent
schwimmen		schwamm	ist geschwommen	swim
schwören		schwor	geschworen	swear
sehen	sieht	sah	gesehen	see
senden		sandte	gesandt	send
singen		sang	gesungen	sing
sitzen		saß	(ist) gesessen	sit
sprechen	spricht	sprach	gesprochen	speak
stattfinden		fand statt	stattgefunden	take place
stehen		stand	(ist) gestanden	stand
steigen		stieg	ist gestiegen	climb, rise
sterben	stirbt	starb	ist gestorben	die
streichen		strich	gestrichen	cut, strike
tragen	trägt	trug	getragen	carry, wear
treffen	trifft	traf	getroffen	meet, hit
treiben		trieb	getrieben	drive
treten	tritt	trat	ist getreten	step, kick
trinken		trank	getrunken	drink
tun		tat	getan	do
verbieten		verbot	verboten	forbid
verbringen		verbrachte	verbracht	spend
vergessen	vergißt	vergaß	vergessen	forget
vergleichen		verglich	verglichen	compare
verleihen		verlieh	verliehen	give, bestow
verlieren		verlor	verloren	loose
verschwinden		verschwand	ist verschwunden	disappear
verstehen		verstand	verstanden	understand
wachsen	wächst	wuchs	ist gewachsen	grow
waschen	wäscht	wusch	gewaschen	wash
wenden		wandte	gewandt	turn
werden	wird	wurde	ist geworden	become
werfen	wirft	warf	geworfen	throw
wissen	weiß	wußte	gewußt	know
ziehen		zog	(ist) gezogen	pull, move
zwingen		zwang	gezwungen	force

8.   Declension of Pronouns

a.   Personal pronouns

Singular

NOMINATIVE	ich	du	er	sie	es
ACCUSATIVE	mich	dich	ihn	sie	es
DATIVE	mir	dir	ihm	ihr	ihm
GENITIVE	(meiner)	(deiner)	(seiner)	(ihrer)	(seiner)

Plural

NOMINATIVE	wir	ihr	sie	Sie (*sing. and pl.*)
ACCUSATIVE	uns	euch	sie	Sie
DATIVE	uns	euch	ihnen	Ihnen
GENITIVE	(unser)	(euer)	(ihrer)	(Ihrer)

b.   Interrogative pronouns

	Masculine and Feminine	**Neuter**
NOMINATIVE	wer	was
ACCUSATIVE	wen	was
DATIVE	wem	—
GENITIVE	wessen	—

c.   Relative pronouns

	Singular			**Plural**
	Masculine	**Feminine**	**Neuter**	**All Genders**
NOMINATIVE	der	die	das	die
ACCUSATIVE	den	die	das	die
DATIVE	dem	der	dem	denen
GENITIVE	dessen	deren	dessen	deren

d.   Reflexive pronouns

	Accusative		**Dative**
(ich setze)	mich	(ich schmeichle)	mir
(du setzt)	dich	(du schmeichelst)	dir
(er, sie, es setzt)	sich	(er, sie, es schmeichelt)	sich
(wir setzen)	uns	(wir schmeicheln)	uns
(ihr setzt)	euch	(ihr schmeichelt)	euch
(sie, Sie setzen)	sich	(sie, Sie schmeicheln)	sich

9. Adjective Declensions

a. Adjectives preceded by **der**-words (weak declension):

SINGULAR:	MASCULINE			FEMININE			NEUTER		
NOMINATIVE	**der**	gute	Mann	**die**	gute	Frau	**das**	gute	Kind
ACCUSATIVE	**den**	guten	Mann	**die**	gute	Frau	**das**	gute	Kind
DATIVE	**dem**	guten	Mann	**der**	guten	Frau	**dem**	guten	Kind
GENITIVE	**des**	guten	Mannes	**der**	guten	Frau	**des**	guten	Kindes

PLURAL:	ALL GENDERS		
NOMINATIVE	**die**	guten	Kinder
ACCUSATIVE	**die**	guten	Kinder
DATIVE	**den**	guten	Kindern
GENITIVE	**der**	guten	Kinder

b. Unpreceded adjectives (strong declension):

	SINGULAR						PLURAL	
	MASCULINE		FEMININE		NEUTER		ALL GENDERS	
NOMINATIVE	guter	Tee	gute	Milch	gutes	Bier	gute	Weine
ACCUSATIVE	guten	Tee	gute	Milch	gutes	Bier	gute	Weine
DATIVE	gutem	Tee	guter	Milch	gutem	Bier	guten	Weinen
GENITIVE	guten	Tees	guter	Milch	guten	Bieres	guter	Weine

c. Adjectives preceded by **ein**-words (mixed declension):

SINGULAR:	MASCULINE			FEMININE			NEUTER		
NOMINATIVE	**ein**	guter	Mann	**eine**	gute	Frau	**ein**	gutes	Kind
ACCUSATIVE	**einen**	guten	Mann	**eine**	gute	Frau	**ein**	gutes	Kind
DATIVE	**einem**	guten	Mann	**einer**	guten	Frau	**einem**	guten	Kind
GENITIVE	**eines**	guten	Mannes	**einer**	guten	Frau	**eines**	guten	Kindes

PLURAL:	ALL GENDERS		
NOMINATIVE	**keine**	guten	Kinder
ACCUSATIVE	**keine**	guten	Kinder
DATIVE	**keinen**	guten	Kindern
GENITIVE	**keiner**	guten	Kinder

10. Comparison of Adjectives and Adverbs

	Positive	Comparative	Superlative
REGULAR	schön	schöner	am schönsten
	jung	jünger	am jüngsten
	groß	größer	am größten
	dunkel	dunkler	am dunkelsten
IRREGULAR	gut	besser	am besten
	viel	mehr	am meisten
	hoch	höher	am höchsten
	nah	näher	am nächsten
ADVERBS	gern	lieber	am liebsten
	bald	eher	am ehesten
	sehr	mehr	am meisten

11. Numbers

a.   Cardinal numbers

0	null	11	elf	21	einundzwanzig
1	eins	12	zwölf	22	zweiundzwanzig
2	zwei	13	dreizehn	30	dreißig
3	drei	14	vierzehn	40	vierzig
4	vier	15	fünfzehn	50	fünfzig
5	fünf	16	sechzehn	60	sechzig
6	sechs	17	siebzehn	70	siebzig
7	sieben	18	achtzehn	80	achtzig
8	acht	19	neunzehn	90	neunzig
9	neun	20	zwanzig	100	hundert
10	zehn				

200	zweihundert	1 000 000	eine	Million, en
300	dreihundert	2 000 000	zwei	Millionen
1000	tausend	1 000 000 000	eine	Milliarde, -n
2000	zweitausend	1 000 000 000 000	eine	Billion, -en
10 000	zehntausend			
11 234	elftausendzweihundertvierunddreißig			

b. Ordinal numbers

1st	der, die, das	erste
2nd	der, die, das	zweite
3rd		dritte
4th		vierte
5th		fünfte
6th		sechste
7th		siebte
8th		achte
9th		neunte
10th		zehnte
19th		neunzehnte
20th		zwanzigste
21st		einundzwanzigste
100th		hundertste
1000th		tausendste
1000000th		millionste

c. Fractions

1/2	ein halb or: die Hälfte, -n
1/3	ein Drittel, das Drittel, -
2/3	zwei Drittel
1/4	ein Viertel
3/4	drei Viertel, dreiviertel
1/10	ein Zehntel
1/19	ein Neunzehntel
1/20	ein Zwanzigstel
1/21	ein Einundzwanzigstel
1/100	ein Hundertstel
1/1000	ein Tausendstel
1/1000000	ein Millionstel

d. Other numbers

firstly	erstens		once	einmal
secondly	zweitens		twice	zweimal
thirdly	drittens		three times	dreimal
fourthly	viertens		four times	viermal
tenthly	zehntens		ten times	zehnmal
twentieth	zwanzigstens		twenty times	zwanzigmal
hundredth	hundertstens		hundred times	hundertmal

GLOSSARY

This vocabulary contains the words and their meanings, as they appear in the text. Many entries may have additional meanings in different contexts.
Nouns are listed with articles and plural number endings:

der **Abgeordnete, -n**	die **Abgeordneten**
die **Abbiegung, -en**	die **Abbiegungen**
der **Abschnitt, -e**	die **Abschnitte**
der **Abschluß, ⸚sse**	die **Abschlüsse**
das **Aktiv, -s**	die **Aktivs**
der **Anführer, -**	die **Anführer**
das **Billigland, ⸚er**	die **Billigländer**

Strong and irregular <u>verbs</u> are listed with infinitive, past tense, and past participle, and also with the third person present tense, if there is a vowel change: *annehmen, nimmt an, nahm an, angenommen.* <u>Separable</u> verb prefixes are indicated by a dot.

der **Aasgeier, -** vulture
ab·biegen, bog ab, abgebogen to turn off, turn into
die **Abbiegung, -en** turn
ab·blättern to peel off
ab·dämpfen to dampen, tone down
die **Abendausgabe, -n** evening edition
der **Abfluß, ⸚sse** drain
abgelegen remote
der **Abgeordnete, -n** representative, delegate
abgesehen von aside from, except for
ab·grenzen to delineate
die **Abgrenzung, -en** delineation, separation
abhanden kommen to get lost, disappear
abhängig dependant
ab·klopfen to knock around
ab·reiben, rieb ab, abgerieben to rub (off)
ab·reisen to depart
ab·reißen, riß ab, abgerissen to tear off, be interrupted

ab·schließen, schloß ab, abgeschlossen to conclude; lock
der **Abschluß, ⸚sse** conclusion, settlement (of contracts, treaties); end
der **Abschnitt, -e** section, part
sich abschwächen to fall off, diminish, decrease
ab·setzen to remove
sich **ab·setzen** to escape, remove o.s.
die **Absicht, -en** intention
ab·spülen to rinse, wash
die **Abstammung, -en** origin
ab·sterben, stirbt ab, starb ab, abgestorben to cease, die
die **Abtei, -en** abbey
die **Abteilung, -en** section, division
ab·trennen to separate, cut off
ab·wehren to defend, ward off, fight off
ab·werben, wirbt ab, warb ab, abgeworben to lure away
achten to esteem, respect
achten auf to pay attention to
achtseitig eight-page

der **Adlige, -n** nobleman, aristocrat
ahnen to suspect, anticipate
ähnlich similar
das **Aktiv, -s** group of officials or workers
die **Alarmstufe, -n** alarm stage
allerdings however, indeed, certainly
allgemein general
die **Alliierten** (pl.) allies
der **Alltag** everyday life
das **Alltagsgeschäft, -e** everyday business
der **Alptraum, ⸚e** nightmare
der **Altar, ⸚e** altar
das **Altersheim, -e** home for old people
die **Amalgamierung, -en** amalgamation, fusion
das **Amt, ⸚er** office
die **Amtshandlung, -en** official function, duty
an·brechen, bricht an, brach an, angebrochen to start
das **Andenken** souvenir
sich ändern to change

die **Änderung, -en** change

an·fahren, fährt an, fuhr an, angefahren to start; run over

der **Anfang, ¨e** beginning, start

anfänglich initial

anfangs in the beginning

an·fassen to touch, grab, seize

der **Anführer, -** ringleader, leader

die **Angabe, -n** statement, figure; boasting

die **Angelegenheit, -en** affair, matter

angeln to fish, angle; reach for

angemessen appropriate, suitable

angenehm pleasant, agreeable

angesehen als regarded, respected as

der **Angestellte, -n** employee

die **Angst, ¨e** anxiety, fear

Angst haben vor to be afraid of

an·knüpfen an to revive, resume; tie to

der **Ankömmling, -e** newcomer, arrival

an·langen to arrive

die **Anleihe, -n** loan

die **Anleitung, -en** guidance

an·locken to attract, allure

sich nichts anmerken lassen to act as if nothing had happened

an·nehmen, nimmt an, nahm an, angenommen to accept; assume

anonym anonymous

sich an·passen to adjust, adapt

der **Anpassungszwang, ¨e** forced adjustment to existing conditions

der **Anreger, -** initiator

an·richten to cause; prepare

anrüchig dubious, notorious, disreputable

der **Anruf, -e** phone call

sich etwas an·schaffen to make a major purchase

die **Anschaffung, -en** acquisition, purchase

an·schauen to look at

die **Anschauung, -en** view, belief

der **Anschein** appearance

den Anschein erwecken to create the impression, illusion

anscheinend apparently, seemingly

die **Anschlagsäule, -n** pillar for posters

der **Anschluß, ¨sse** union, connection

an·schwellen, schwillt an, schwoll an, angeschwollen to swell

die **Ansicht, -en** view, picture

an·sprechen, spricht an, sprach an, angesprochen to address, accost, talk to

anstandslos immediately; without problems

an·starren to stare at s.o.

an·stecken to infect, transmit, kindle

an·stellen to put against, put up; employ

sich an·strengen to make an effort, exert o.s.

anstrengend strenuous, exacting

die **Antwort, -en** answer

der **Anteil, -e** share, part, portion

die **Anweisung, -en** instruction

die **Anzahl, -en** number

an·ziehen, zog an, angezogen to attract; dress

applaudieren to applaude

die **Arbeiterdichtung** proletarian art

die **Arbeiterschaft** workers, proletariat, working class

der **Arbeitgeber, -** employer

die **Arbeitskraft, ¨e** worker, employee, work force

die **Arbeitslosigkeit** unemployment

die **Arbeitsmoral** work ethics

ärgern to make angry, annoy, tease

das **Armenrecht** legal aid to poor people

ärmlich poor, shabby

arrangieren to arrange

die **Art, -en** kind, type

die **Asche** ash(es)

der **Asphalt** asphalt, tar

das **Asyl, -e** asylum

das **Atelier, -s** studio

der **Atemzug, ¨e** breath

atmen to breathe

der **Atommüll** nuclear waste

auf·arbeiten to digest, dispose, think through

der **Aufbau** structure; construction

auf·brechen, bricht auf, brach auf, aufgebrochen to start; break up, break open

auf·fallen, fällt auf, fiel auf, aufgefallen to attract attention

es fällt mir auf I notice, it strikes me

die **Auffassung, -en** opinion, interpretation

die **Auffindung** finding

auf·führen to produce, perform

die **Aufgabe, -n** assignment, task

auf·geben, gibt auf, gab auf, aufgegeben give up

aufgeregt excited

aufgrund (*or:* **auf Grund**) based upon, on the basis of

sich auf·halten, hält auf, hielt auf, aufgehalten to stay, delay

auf·heben, hob auf, aufgehoben to keep; revoke, annul; lift

auf·hören to stop, cease

auf·lockern to loosen up

sich auf·lösen to dissolve

auf·nehmen, nimmt auf, nahm auf, aufgenommen to accept; pick up

aufrecht upright

aufrecht·erhalten, erhält aufrecht, erhielt aufrecht, aufrechterhalten to maintain, preserve

sich auf·richten to get up, sit up, straighten

auf·schauen to look up

die **Aufsicht, -en** supervision

auf·steigen, stieg auf, aufgestiegen to rise, climb

auf·summen to howl

auf·takeln to rig up, embellish

auf·tauchen to emerge, appear

auf·tauen to thaw; become sociable

auf·teilen to divide up

der **Auftrag, ¨e** order, mission, task

auf·treiben, trieb auf, aufgetrieben to find, come up with

auf·wachsen, wächst auf, wuchs auf, aufgewachsen to grow up

die **Aufwärtsentwicklung, -en** upward development, boom

auf·zeigen to demonstrate

auf·ziehen, zog auf, aufgezogen to wind up; make fun of s.o.

der **Augenblick, -e** moment

die **Aura** aura, air
aus sein auf to look out for
aus·arbeiten to prepare, work out
aus·bilden to train, teach
der **Ausbilder, -** trainer, drillmaster
die **Ausbildung, -en** training
die **Ausbildungsstätte, -n** place of training or school
aus·breiten to extend, spread
also: **sich aus·breiten**
der **Ausdruck, ⸚e** expression
auseinander·nehmen, nimmt auseinander, nahm auseinander, auseinandergenommen to take apart
ausgelassen exuberant, in high spirits
aus·gehen, ging aus, ausgegangen von to originate, come from; take one's point of departure from
ausgeprägt pronounced, distinct
ausgesetzt exposed
ausgiebig thorough, extensive
aus·handeln to work out a deal
aushilfsweise temporarily, as a substitute
aus·kommen, kam aus, ausgekommen to manage, get along
aus·kramen to come up with, rummage
aus·lachen to laugh at
das **Ausland** foreign countries, abroad
ausländisch foreign
aus·lernen to finish one's apprenticeship
aus·machen to locate
die **Ausnahme, -n** exception
aus·probieren to try out
der **Auspuff, -s** exhaust
aus·reizen to take full advantage of an opportunity (term from the card game Skat)
die **Aussage, -n** statement, predicate
ausschließlich exclusive
der **Ausschuß, ⸚sse** committee
aus·schwingen, schwang aus, ausgeschwungen to bound, leap
das **Aussehen** look, aspect
aus·sehen, sieht aus, sah aus, ausgesehen to look like
aus·setzen to stop

die **Aussicht, -en** prospect, perspective, view
aus·stellen to exhibit
die **Ausstellung, -en** exhibition, fair
der **Ausstoß** output
aus·stoßen, stößt aus, stieß aus, ausgestoßen to utter, exclaim; push out, expel
aus·strecken to stretch out
aus·trinken, trank aus, ausgetrunken to finish drinking
aus·üben to exercise
die **Ausübung, -en** pratice, exercise
ausweichend evasive
der **Ausweis, -e** identification card
die **Ausweitung, -en** expansion
auswendig können to know by heart
auswendig lernen to learn by heart, memorize
aus·zählen to count out
die **Auszeichnung, -en** award
aus·zementieren to fill with cement
der **Auszubildende, -n** apprentice, s.o. to be trained
außerdem besides
der **Autor, -en** author
das **Autorennen, -** auto race
autoritär authoritarian
der **Autounfall, ⸚e** car accident

der **Ballungsraum, ⸚e** area of agglomeration, concentration of population
die **Bank, -en** bank
das **Bankgeheimnis, -se** banking secret
der **Bär, -en** bear
der/das **Barock** Baroque
basteln to tinker
die **Bauart, -en** type of construction
der **Bauer, -n** farmer, peasant
der **Baum, ⸚e** tree
der **Baumast, ⸚e** branch of tree
das **Bauwesen** housing industry
der **Bayer, -n** Bavarian
der **Beamte, -n** official, civil servant
beantworten to answer

die **Bearbeitung, -en** adaptation; cultivation
bebauen to build; cultivate
der **Bedarf** need
bedauern to regret
bedecken to cover, fill
bedenkenlos without hesitation, unhesitatingly
bedeutend significant, imporant
die **Bedeutung, -en** influence, impact; meaning
die **Bedienung, -en** service; service personnel
bedingungslos unconditional
bedürfen, bedarf, bedurfte, bedurft to require
sich beeilen to hurry
beeinflussen to influence
die **Beerdigung, -en** funeral
sich befassen mit to be concerned with, deal with
sich befinden, befand, befunden to be located, be situated
sich begeben, begibt, begab, begeben (es begibt sich) to go; happen
begegnen to meet, encounter
die **Begeisterung** enthusiasm
beginnen, begann, begonnen to begin, start
sich begnügen mit to be content with, be satisfied
begraben, begräbt, begrub, begraben to bury
begreifen, begriff, begriffen to understand, comprehend
begrenzt limited
der **Begriff, -e** concept, term
die **Begrüßung, -en** greeting, welcome
behaupten to assert, maintain, assume
die **Behauptung, -en** statement, argument
beheben, behob, behoben to fix, repair
beherrschen to rule, master
behindern to hinder, obstruct, be an obstacle
die **Behörde, -n** government office, bureaucracy
bei·bringen, brachte bei, beigebracht to teach, inform

der **Beifahrer, -** passenger, person next to the driver

der **Beifahrersitz, -e** passenger seat (in front)

die **Beilage, -n** supplement

das **Bein, -e** leg

beinahe almost

beinhalten to contain, include

bei·pflichten to agree

beispielsweise for instance

sich **bekennen, bekannte, bekannt zu** to profess, declare adherence to

beklagen to lament, bemoan

die **Bekleidung, -en** clothes, clothing

sich **bekreuzigen** to make the sign of the cross

belasten to burden

belastet burdened

belauschen to eavesdrop, overhear

belebt crowded

belehren to enlighten, teach

beleibt fat, obese

beleuchten to shine onto, light

bemalt painted; *here:* full of lipstick

sich **bemühen** to strive, try hard

benachbart neighboring

benachrichtigen to inform

benachteiligen to discriminate against

der **Benediktiner, -** Benedictine monk

benommen numb

benutzen, *also:* **benützen** to use, employ

beobachten to observe

bepflanzen to plant, cultivate

der **Berater, -** advisor

beredt persuasive

der **Bereich, -e** area, region, phase

sich **bereit·halten, hält bereit, hielt bereit, bereitgehalten** to stand ready, be prepared

bereits already

bergauf upward, uphill

der **Bergschuh, -e** mountain climbing shoe

die **Bergung, -en** salvage

der **Bericht, -e** report

bersten, birst, barst, geborsten to burst, explode

der **Beruf, -e** profession, trade

der **Berufstätige, -n** worker, person employed

beruhigen to quiet down

beruhigend assuring, soothing

die **Beruhigungsgeste, -n** gesture of reassurance

berühren to touch

die **Besatzungsmacht, ¨e** occupation force, power

die **Besatzungszone, -n** occupation zone

beschäftigen to occupy, employ

sich **beschäftigen mit** to be concerned with

der **Beschäftigte, -n** employee

die **Beschaulichkeit** contemplation, quiet scene

bescheiden modest

beschlagen (adj.) foggy, covered with moisture

beschließen, beschloß, beschlossen to decide

beschränken auf to limit to, confine to

beschreiben, beschrieb, beschrieben to describe

die **Beschreibung, -en** description

der **Beschützer, -** protector

die **Beschwerde, -n** complaint

die **Beseitigung, -en** removal

besetzt occupied

besichtigen to visit; to view

der **Besitz** property, estate

besitzen, besaß, besessen to own, possess

die **Besitzung, -en** estate, dominion

besorgt worried

der **Bestandteil, -e** constituent part

die **Bestätigungsfunktion, -en** affirmative function

bestehend existing, consisting

bestehen, bestand, bestanden to exist

bestehen aus consist of

bestellen to order

bestimmen to determine

bestimmen zu to destine for, gear for

bestreiten, bestritt, bestritten to fill; dispute

der **Besucher, -** visitor

betäuben to numb

beteiligt an involved in, participating

betonen to emphasize, stress

betragen, beträgt, betrug, betragen to amount to

betrauen mit to put in charge of, charge with

betreffend respective

betreuen to take care of

der **Betrieb, -e** plant, factory, company

betrübt depressed, grieved

betrügen to cheat, betray

der **Betrunkene, -n** drunk person

bevölkern to populate

die **Bevölkerung, -en** population

bevorzugen to prefer, favor, privilege

bewaffnet armed

die **Bewahrung** preservation

sich **bewegen** to move

der **Beweis, -e** proof

beweisen, bewies, bewiesen to prove

der **Bewohner, -** inhabitant

bewundern to admire

sich **bezahlt machen** to pay off, be lucrative

bezeichnen to label, call, designate

die **Beziehung, -en** relation, connection

die **Beziehungskiste** relationship

die **Bezirksebene, -n** district level

die **Bezugsperson, -en** reference person, person to whom others relate

der **Bibeltext, -e** Bible text

die **Bibliothek, -en** library

sich **biegen, bog, gebogen zu** to bend into

bilanziert balanced

die **Bildgestaltung, -en** style of the drawing

bilden to form

das **Billigland, ¨er** country with cheap labor

das **Bindeglied, -er** connecting link

binden, band, gebunden to bind, tie

bisher until now

bißchen a little

blank shining, bright, clean

die **Blase, -n** bubble

blasen, bläst, blies, geblasen to blow

das **Blasinstrument, -e** wind instrument

blaß pale, colorless

das **Blatt, ¨er** leaf, sheet, newspaper

blättern to leaf through

das **Blei** lead

die **Bleistiftkritzel** (pl.) pencil marks, scrawls

der **Blick, -e** view, look

blicken to look

sich blicken lassen to appear, show up

blinken to shine

etwas Blinkendes something shining

blöde dumb, stupid

der **Blödsinn** nonsense

bodenlang full-length, to the ground

das **Bodenpersonal** ground crew

der **Bombensplitter, -** bomb fragment

die **Börse, -n** stock exchange

bösartig malicious, threatening

der **Bösewicht, -e** rascal

die **Bosheit, -en** malice, evil

die **Botschaft, -en** message

brackig brackish, briny

der **Brauch, ¨e** custom, tradition

brav upright, well behaved

brechen, bricht, brach, gebrochen to break

die **Bremse, -n** brake

brennen, brannte, gebrannt to burn

das **Brett, -er** board

ein Brett vor dem Kopf haben to be stupid, not understand

das **Briefgeheimnis** privacy of letters

der **Briefkasten, ¨** mail box

die **Briefmarke, -n** stamp

die **Brücke, -n** bridge

brüllen to shout, roar

der **Brunnen, -** fountain, well

brüsk blunt, curt, brusque

die **Brust, ¨e** chest, breast

die **Brustseite, -n** side of chest

sich bücken to bend down

das **Bündel, -** bundle

das **Bundesgebiet, -e** Federal territory, area of the federation

die **Bundeshauptstadt, ¨e** Federal capital

der **Bundeskanzler, -** Federal chancellor

die **Bundesrepublik** Federal Republic

die **Bundesstraße, -n** Federal highway

das **Bundesverfassungsgericht** Supreme Court of the FRG dealing with constitutional questions

die **Bundesverwaltung** Federal administration

das **Bündnis, -se** alliance

die **Burg, -en** fortified castle

der **Bürger, -** citizen, bourgeois

der **Bürgerkrieg, -e** civil war

die **Burgunden** (pl.) Burgundians

der **Bursche, -n** lad, fellow, guy

das **Cembalo, -s** (or: **-i**) harpsichord

die **Chance, -n** opportunity, good fortune

der **Chorleiter, -** choir director

der **Computergigant, -en** giant computer company

dahinter stecken to be behind, hide behind, pull the ropes

damals then, at that time

das **Dampfbügeleisen, -** steam iron

die **Dampferfahrt, -en** steamship excursion, voyage

das **Datum, Daten** date

dauern to last, take time

der **Dauerpartner, -** permanent partner

davon·kommen, kam davon, davongekommen to escape, survive

mit dem Leben davonkommen to survive

davon·laufen, läuft davon, lief davon, davongelaufen to run away

davon·treiben, trieb davon, davongetrieben to drift away

der **Defekt, -e** defect

demgegenüber compared with this

demonstrieren to demonstrate

demontiert dismantled

denken, dachte, gedacht an to think of, about

das **Denkmal, ¨er** monument, memorial

dennoch nevertheless

depressiv depressed

dereinst someday, in the distant future

deuten auf to point to

deutlich clear, distinct

deutschstämmig of German ancestry

dicht close, thick

die **Dichtung, -en** poetry, literature

der **Dicke, -n** fat person

der **Dicksack, ¨e** chubby person

didaktisch educational, instructional

der **Dienst, -e** service, work

im Dienst on duty

die **Dienstleistung, -en** service

diffamierend defamatory, slanderous

das **Ding, -e** thing, object

diphtherieverdächtig suspected of having diphtheria, having a possible case of . . .

dirigieren to direct, control, rule

der **Disput, -e** debate, quarrel

die **Distanzierung** distancing

der **Dom, -e** cathedral

die **Domäne, -n** domain, area

die **Dominanz** dominance, rule

dominieren to dominate

doppelt double

das **Dorf, ¨er** village

der **Dorfgasthof, ¨e** village inn

das **Dorfwirtshaus, ¨er** village inn

dösen to nap, drowse, doze

sich drängen to push, shove, press

draußen outside

sich drehen to turn, revolve

die **Drehung, -en** turn

der **Dreikönigstag** Epiphany, Twelfth Night, January 6

dringend urgent

drohen to threaten

dröhnen to roar, boom

das **Dromedar, -e** dromedary

der **Dunst, ⸚e** smell, haze

durchaus by all means, absolutely

durch·führen to carry out, execute

die **Durchführung, -en** execution, administration

durch·machen undergo, experience

die **Durchschnittsfamilie -n** average family

durchwachen to lie awake

durch·ziehen, zog durch, durchgezogen to pursue, realize, pull through

dürftig scant, incomplete

dürr dry

das **Dutzend, -e** dozen

eben just, just now

die **Ebene, -n** plain, flatland

ebenfalls also

ebenso just as much, in the same manner

ebensowenig just as little

echt genuine, real, true

die **Echtheit** genuineness, authenticity

effektvoll effective, striking

die **Egge, -n** harrow

die **Ehe, -n** marriage

die **Ehefrau, -en** wife

die **Eheleute** (pl.) couple

ehemalig former

das **Ehepaar, -e** couple

eher rather

die **Ehre, -n** honor

ehrenamtlich as an honorary office

die **Eiche, -n** oak

eifrig eager, keen, zealous, diligent

eigen own

eigenartigerweise strangely

eigensinnig stubborn

eigenständig independent

eigentlich actually, really

das **Eigentum, ⸚er** property

Eile haben to be in a hurry

eilfertig hasty, rash, overzealous

eilig in a hurry

die **Einbildung, -en** imagination, fancy, illusion

eindeutig clear, unequivocal

die **Eindringlichkeit** urgency, forcefulness

eindrucksvoll impressive

einfach simple

ein·flößen to instill, inspire

der **Einfluß, ⸚sse** influence

ein·fügen to insert

ein·gravieren to engrave

ein·hängen to hang up

die **Einheit, -en** unity, unit

einheitlich centralized, unified

die **Einheitsliste, -n** unified listing

einhöckrig one-humped

sich einigen über to agree upon

ein·kleiden to clothe, fit out

ein·kochen to preserve, make

der **Einlaß, ⸚sse** entrance

sich ein·lassen, läßt ein, ließ ein, eingelassen auf, in to get involved in

ein·leuchten to understand, realize

die **Einnahmen** (pl.) income

ein·passen in to fit in

ein·reisen to enter, cross the border

ein·richten to establish, arrange, prepare, furnish

ein·sehen, sieht ein, sah ein, eingesehen to realize, understand

ein·setzen to start, begin

einsilbig taciturn, silent

ein·sperren to imprison, incarcerate

einst previously, at one time

ein·stellen to adjust; park (car); employ

die **Einstellung, -en** attitude

ein·tauchen to submerge, dive in, disappear

ein·treten, tritt ein, trat ein, eingetreten to enter, occur

einverstanden mit consenting, agreeing with

der **Einwohner, -** inhabitant

das **Einzelbild, -er** individual picture

einzig only, unique, single, individual

einzigartig unique

das **Eisen** iron

eisern made of iron, tough

die **Elektrobranche, -n** electrical industry

das **Elektrounternehmen, -** manufacturer of electrical goods

das **Elend** misery

der **Ellbogen, -** elbow

der **Elternabend, -e** evening meeting with parents

empfangen, empfängt, empfing, empfangen to receive, welcome

der **Empfehlungsbrief, -e** letter of recommendation

die **Empore, -n** gallery in churches

empor·steigen, stieg empor, emporgestiegen to rise, climb high

endgültig definitely, permanently

endlich finally

eng close, narrow, tight

das **Engagement, -s** commitment, dedication

sich entfalten to develop

die **Entfaltung, -en** development

sich entfärben to lose color, grow pale

entfernt distant, away

entführen to kidnap, abduct

entgegen·klingen, klang entgegen, entgegengeklungen to ring into s.o.'s ear

enthalten, enthält, enthielt, enthalten to contain

entlang·gehen, ging entlang, entlanggegangen to walk alongside

sich entlang·ziehen, zog entlang, entlanggezogen to stretch alongside

entlarven to unmask

die **Entnazifizierung** denazification

entnehmen, entnimmt, entnahm, entnommen to take away from, deduct, conclude

sich entscheiden, entschied, entschieden to make a choice, decide

die **Entscheidungsfähigkeit, -en** ability to make decisions

das **Entscheidungsrecht, -e** right to make decisions

entsenden, entsandte, entsandt to send out, delegate

die **Entsorgung** removal

entstehen, entstand, entstanden to arise, develop

die **Entstehung, -en** development, rise, origin

enttäuscht disappointed

entwurzeln to deracinate, displace

entziehen, entzog, entzogen to remove, eliminate, deprive of, take away

das **Epos, Epen** epic (poem)

erblicken to see, lay one's eyes on

das **Erbrecht** law regulating inheritance

die **Erde** earth

das **Erdengut, ⸚er** earthly good(s)

das **Ereignis, -se** event

erfahren, erfährt, erfuhr, erfahren to hear, learn, become known

die **Erfahrung, -en** experience

in Erfahrung bringen to find out

erfassen grasp, describe

die **Erfindung, -en** invention

erfolgreich successful

das **Erfolgserlebnis, -se** feeling of success

erfordern to require

sich erfreuen to enjoy

sich erfüllen to be fulfilled

ergeben, ergibt, ergab, ergeben to result in, show

ergehen, erging, ergangen to happen to s.o., feel

sich ergießen, ergoß, ergossen to gush forward, flow

ergreifen, ergriff, ergriffen to grasp, seize

einen Beruf ergreifen to choose a trade, profession

erhalten, erhält, erhielt, erhalten to receive, get

erheblich considerable

die **Erhebung, -en** elevation, promotion

erheiraten to gain through marriage

sich erholen to recover, recuperate, relax

sich erinnern an to remember

die **Erinnerung, -en** memory; *pl.* reminiscences

erklären to explain, declare

die **Erlaßkompetenz, -en** authority to decree

erleben to experience, meet

erledigen to take care of, finish

erleichtern to relieve, ease, facilitate, alleviate

die **Erleichterung, -en** relief

erlöschen, erlosch, erloschen to go out, extinguish

erlügen, erlog, erlogen to invent, fabricate

ernst serious

erobern to conquer

eröffnen to open

sich erquicken to refresh, revive

erregen to inspire, stimulate, excite

erregt excited

die **Erregung, -en** excitement

erreichen to reach, achieve

erscheinen, erschien, erschienen to appear, seem, be published

erschießen, erschoß, erschossen to shoot, kill

erschlagen, erschlägt, erschlug, erschlagen to slay, kill

erschüttern to affect deeply, shock, move

die **Erschütterung, -en** shock, violent emotion

erschwinglich affordable

ersetzen to replace

das **Erstaunen** astonishment

erstmals for the first time

erteilen to give (lessons)

der **Ertrag, ⸚e** revenue, yield, profit

der **Erwachsene, -n** adult

der **Erwartungsdruck** pressure due to expectations

erwecken wake, cause

sich erweisen, erwies, erwiesen to turn out to be

erwerben, erwirbt, erwarb, erworben to acquire, earn, obtain

die **Erwerbstätigkeit, -en** gainful employment

erwirtschaften to produce

der **Erzähler, -** narrator, writer

die **Erzählung, -en** story, tale

der **Erzbischof, ⸚e** archbishop

erzeugen to produce, create

erzielen to achieve, gain

der **Esel, -** donkey

die **Etappe, -n** stage, phase

ethisch ethical

etlich several, a number of

der **Euphemismus, -en** euphemism

evangelisch protestant, evangelical

ewig eternal

das **Fachgeschäft, -e** specialty store

fahl pale

eine Fahne haben smell of liquor, be drunk

fahrbar (car) ready to be driven, passable

das **Fahrerhäuschen, -** truck-cab

das **Fahrzeug, -e** vehicle

das **Faible** weak spot, hobby, predilection

der **Fall, ⸚e** case

fallen, fällt, fiel, gefallen to fall

fällen to cut down, fell

fällig due

die **Fallreeptreppe, -n** steps of the gangway

die **Falte, -n** fold, crease

der **Familienkreis, -e** family circle

der **Fang, ⸚e** catch

die **Fassade, -n** façade

das **Federvieh** feathered animals, poultry

fegen to sweep, blow

fehlen to be absent, be lacking

die **Feier, -n** celebration

der **Feierabend** leisure time, closing time

der **Feigling, -e** coward

feindselig hostile

der **Feldzug, ⸚e** campaign, expedition

fern far, distant

fertig·werden, wird fertig, wurde fertig, fertiggeworden mit to manage, deal with

der **Fesselballon, -e** captive balloon

das **Festspiel, -e** festival (of the arts)

fest·stehen, stand fest, festgestanden to be certain

fest·stellen to determine

der **Fettsack, ⸚e** fatso

das **Feuerzeug, -e** lighter

der **Filz, -e** felt

der **Fingerritz, -e** crack between the fingers of a closed hand

der **Fischschwarm, ⸚e** school of fish

die **Fixiertheit** fixation

flach flat

das **Fläschchen, -** small bottle

fließend fluid, permeable, liquid

flink fast, rapid

die **Flöte, -n** flute

flott (fast) moving

die **Flucht**   escape, flight
flüchtig   casual, cursory
der **Flüchtling, -e**   refugee
der **Fluß, ¨sse**   river
die **Flut, -en**   tide, water, flood
fluten   to stream, flood
die **Folge, -n**   sequence, consequence
folgenschwer   grave, portentous
die **Formulierung, -en**   wording, phrasing
forsch   energetic, quick
die **Forschung, -en**   research
fort·fahren, fährt fort, fuhr fort, fortgefahren   to continue
fort·setzen   to continue
der **Fotoblitz, -e**   flash, flashlight
der **Frachtdampfer, -**   freighter
in Frage stellen   to question
das **Fragezeichen, -**   question mark
die **Fraktion, -en**   parliamentary party or group
die **Fraktionsstärke, -n**   size of parliamentary group or party
der **Franken, -**   franc (Swiss currency)
frankieren   to put a stamp on a letter
freilich   of course
der **Freiwillige, -n**   volunteer
die **Freizeit**   leisure time
die **Freizügigkeit**   freedom of movement
der **Fremde, -n**   stranger, foreigner
es macht einem Freude   one enjoys it
die **Freudigkeit**   happiness, joy
der **Freundeskreis, -e**   group of friends
friedlich   peaceful
frieren, fror, gefroren   to be cold, freeze
der **Friseur, -e**   barber, hairdresser
froh   glad, happy
frösteln   to shiver, be chilly
früher   former(ly)
frühstücken   to have breakfast
die **Frühzeit, -en**   early age, early times
der **Frust**   frustration
der **Fuchsschwanz, ¨e**   fox tail
führen   to lead, guide, manage
führend   leading

der **Führerschein, -e**   driver's license
der **Funk**   radio, wireless communication
das **Fürstentum, ¨er**   principality
der **Fußgängerstreifen, -**   pedestrian crosswalk
die **Fußgängerzone, -n**   pedestrian zone, mall

gaffen   to gape, stare
gähnen   to yawn
der **Galgen, -**   gallow
gallisch   Gallic
das **Gangstertum**   gangsterism, crime organisation
garantieren   to guarantee
das **Gartengerät, -e**   garden tool
Gas geben   to accelerate
die **Gaskammer, -n**   gas chamber
die **Gasse, -n**   narrow street, alley
die **Gastwirtschaft, -en**   inn, pub, restaurant
die **Gattung, -en**   class, genre, type
gebannt   captivated, fixed
das **Gebäude, -**   building
das **Gebiet, -e**   area, territory
geborgen   safe
das **Gebrumm**   mumble, mutter
der **Geburtshelfer, -**   obstetrician
das **Gedächtnis**   memory
der **Gedenkstein, -e**   memorial stone
das **Gedicht, -e**   poem
das **Gedränge**   crowd, mass
gedrängt   crammed
die **Geduld**   patience
einen Gefallen tun   to do a favor
gefangen·nehmen, nimmt gefangen, nahm gefangen, gefangengenommen   to take prisoner
die **Gefangenschaft**   imprisonment
das **Gefängnis, -se**   prison
das **Gefühl, -e**   emotion, feeling, sensation
die **Gegend, -en**   region, area
der **Gegensatz, ¨e**   contrast, opposite
der **Gegenstand, ¨e**   topic, object, subject
im Gegenteil   on the contrary
die **Gegenwart**   present

gegenwärtig   current
der **Gegner, -**   opponent, enemy, foe
geheim·halten, hält geheim, hielt geheim, geheimgehalten   to keep secret
das **Geheimnis, -se**   secret, mystery
gehören zu   to belong to
der **Gehweg, -e**   sidewalk, footpath
geistig   spiritual, intellectual, mental
geistlich   clerical, religious
gekleidet   dressed
gelassen   calm, composed
die **Gelbsucht**   jaundice
das **Geldgeschäft, -e**   monetary, financial business
die **Gelegenheit, -en**   opportunity
gelegentlich   occasional
gelten, gilt, galt, gegolten   to be valid, be regarded as
die **Gemäldesammlung -en**   art collection
die **Gemeinde, -n**   municipality, town, parish
das **Gemeindemitglied, -er**   parishioner, church member
das **Gemeineigentum**   communal property, property belonging to the people
gemeinsam   common, together
genau   exact, just
genießen, genoß, genossen   to enjoy
genügen   to suffice, be sufficient
genügend   sufficient
das **Gepäck, -stücke**   luggage
geprägt   shaped, stamped
gerade   straight
geradeaus   straight ahead
gerade·rücken   to straighten out
geradesogut   just as well
geradezu   straight, sheer, even
geraten, gerät, geriet, geraten   to get into
das **Geräusch, -e**   noise
gereizt   irritated, vexed
das **Gericht, -e**   court of law
der **Gerichtsbeschluß, ¨sse**   court decision, decree
gerunzelt   wrinkled
das **Geschäft, -e**   business, deal
das **Geschehen**   event, incident, happening

geschehen, geschieht, geschah, geschehen to happen

das **Geschick, -e** skill; fate

geschickt skilfull, clever

das **Geschlecht, -er** sex, gender, family

die **Geschwindigkeit, -en** speed

die **Geschwister** (pl.) siblings

die **Gesellschaft, -en** society, association

das **Gesetz, -e** law

die **Gesetzgebung** legislation, legislature

das **Gesicht, -er** face

der **Gesichtsausdruck, ̈e** facial expression

das **Gespräch, -e** conversation

der **Gesprächsfetzen, -** snatch of dialogue

das **Gespür** sensitivity, feeling, flair

die **Gestaltung, -en** organization, creation

das **Gesuchte** what one is looking for

das **Getreide** grain

die **Gewalt, -en** power, force

die **Gewaltenkonzentration** concentration of power

gewaltig huge, powerful

das **Gewerbe, -** profession, business

das **Gewerbemuseum, -en** trade museum

gewillt willing

gewinnen, gewann, gewonnen to win

das **Gewirr** maze, jumble, whirl

das **Gewissen** conscience

gewiß certainly

die **Gewißheit, -en** certainty

gezielt aimed at, directly

der **Giebel, -** gable

der **Glanz** glitter, gloss, gleam

glatzköpfig baldheaded

der **Glaube** faith, religion

glauben an to believe in

gleichberechtigt having equal rights

das **Gleichgewicht** balance

die **Gleichstellung** equality

gleißen to glisten

gleitend gliding, sliding, gradual

das **Glied, -er** limb

der **Glimmer** glimmer, glow

der **Globus, -ben** globe

glotzäugig goggle-eyed

glotzen to gape, stare, goggle

das **Glück** luck, happiness

die **Glühlampe, -n** lightbulb

gnädig gracious, kind

gotisch Gothic

der **Gottesdienst, -e** (divine) service

der **Grat, -e** ridge

gratulieren to congratulate

das **Grauen** horror

grausam cruel

grell glaring, dazzling (colors)

das **Gremium, -mien** committee, panel, board

die **Grenze, -n** border, frontier, limit

die **Grenzpolizei** border police

im Griff haben to have under control

grinsen to grin

großartig splendid

die **Größe, -n** size, greatness

großherzig generous

die **Großmacht, ̈e** great power

das **Großmünster** main cathedral

großziehen, zog groß, großgezogen to raise (children)

die **Großzügigkeit** generosity

der **Grund, ̈e** reason, ground

im Grunde basically

gründen to found, start

das **Grundgesetz** Basic Law, name of the Constitution of the FRG, 1949

die **Grundlage, -n** basis

gründlich thorough

das **Grundmuster, -** basic pattern

das **Grundrecht, -e** basic right

die **Grundsatzentscheidung, -en** basic decision

gültig valid

günstig favorable

es gut meinen (mit) to mean well

das **Guthaben, -** balance, credit

gütig kind, benevolent, good

gutmütig good-natured

der **Hafen, ̈** harbor, port

haften to stick, cling

haften·bleiben, blieb haften, haf-

tengeblieben to get stuck

halberstickt half-choked

halbverwischt half-effaced

der **Halt** stability; stop

haltbar durable, solid

halten, hält, hielt, gehalten to stop, hold

sich die Hand geben to shake hands

das **Handeln** action

das **Handelszentrum, -en** trade center

der **Händler, -** dealer, merchant

die **Handlung, -en** action

die **Handlungsanleitung, -en** direction how to act

die **Handschrift, -en** manuscript, handwriting

der **Handschuh, -e** glove

die **Handtasche, -n** purse, handbag

der **Hang, ̈e** trend, tendency

hänseln to tease

das **Haschisch** hashish

hassen to hate

häßlich ugly

die **Häßlichkeit** ugliness

hastig hasty

der **Hauch, -e** breeze, breath

die **Hauptsache, -n** main point

der **Hauptsitz, -e** head office

die **Hauptstadt, ̈e** capital (city)

der **Hausbesuch, -e** house call

die **Haushälterin, -nen** housekeeper

häuslich domestic

heben, hob, gehoben to lift

das **Heckfenster, -** rear window

das **Heft, -e** notebook, booklet

heftig heated, vehement, severe

heikel controversial

die **Heiliggeistkirche** Church of the Holy Spirit

die **Heimat** home (town or region)

heim·bringen, brachte heim, heimgebracht to take home

die **Heirat, -en** marriage

der **Held, -en** hero

hell bright, light

hellwach wide awake

der **Helvetier, -** Helvetian, Gallic inhabitant of Switzerland at the time of Caesar

heranwachsend growing up

heran·zischen to hiss (coming closer)

heraus·platzen to blurt out, burst out with s.th.

sich heraus·stellen to result, show, turn out

der **Herd, -e** stove, hearth

sich herein·fressen, frißt herein, fraß herein, hereingefressen to eat o.s. into s.th., intrude, smash into

herein·rollen to roll in

die **Herkunft** origin

herrlich wonderful

die **Herrschaft, -en** dominion, rule; employer

die **Herrschaftsinteressen** (pl.) power interests

her·stellen to produce, establish, restore

vor sich her·treiben, trieb her, hergetrieben to push ahead of o.s.

herüber·schauen to look at, look at s.o. from a distance

herum·gehen, ging herum, herumgegangen to go, walk around

herum·hängen to hang around

herum·plappern to babble around

herum·schleppen to drag around

herunter·steigen, stieg herunter, heruntergestiegen to climb down

das **Herz, -en** heart

der **Herzog, ⸚e** duke

hessisch Hessian

heulen to howl; weep, cry

heutig today's, of today

hie und da here and there; now and then

Hilfe leisten to assist

das **Hilfskomitee, -s** rescue committee

das **Hilfsmittel, -** aid

hin und wieder now and then

hinaus·gehen über to exceed

das **Hindernis, -se** obstacle, hindrance

hin·hören to listen

von hinnen away from there

die **Hinrichtungsstätte, -n** place of execution

hinterfragen to question (again)

hinüber·schielen to cast a glance at

hinunter·kippen to tip over the edge; pour down

der **Hinweis, -** hint

hin·weisen, wies hin, hingewiesen to point out, call attention to

hinzu·eilen to rush to the scene

das **Hirtenvolk, ⸚er** pastoral people, people of shepherds

hoch·fahren, fährt hoch, fuhr hoch, hochgefahren to be startled, jump up

hoch·kommen, kam hoch, hochgekommen to rise again, overcome

die **Hochkonjunktur, -en** boom, high cycle of prosperity

hoch·ragen to rise up high

die **Hochschule, -n** college, university-level institution

die **Hochzeit, -en** wedding

hocken to sit, squat

sich hocken to crouch

die **Hofkirche, -n** court church

die **Höflichkeit, -en** politeness

der **Höhenflug, ⸚e** flight at great height, rise

der **Höhenunterschied, -e** difference in altitude

der **Höhepunkt, -e** climax

holländisch Dutch

die **Hölle, -n** hell

das **Holz, ⸚er** wood, lumber

die **Holzbrücke, -n** wooden bridge

die **Holzdiele, -n** wooden floor, board, plank

der **Holzsplitter, -** wood splinter

hops gone, dead

der **Hörer, -** telephone receiver; listener, auditor

der **Hubschrauber, -** helicopter

die **Hüfte, -n** hip

das **Hügelland, ⸚er** hilly, rolling country

das **Huhn, ⸚er** chicken

der **Hühnerhof, ⸚e** poultry yard

hundertfach hundredfold

Hunderttausende (pl.) hundreds of thousands

der **Hunger** hunger, famine

die **Hürde, -n** hurdle, obstacle

das **Hütchen, -** little hat

die **Identität, -en** identity

idyllisch idyllic, simple and charming

immerhin after all, nevertheless

imponieren impress

imposant impressive

der **Industrieort, -e** industrial town

der **Industriestandort, -e** industrial site

die **Informationsflut, -en** flood of information

inhaltslos bland, without content

der **Innenanstrich, -e** paint on the inside

die **Innenstadt, ⸚e** inner city, center of the city

der **Insasse, -n** passenger, inmate

insgesamt altogether, total (of)

das **Instrument, -e** instrument

die **Interessenübereinstimmung** agreement of interests

sich interessieren für to be interested in

die **Investition, -en** investment

inzwischen meanwhile, in the meantime

irgendwann sometime, anytime

irgendwie somehow

irre crazy; terrific, super

das **Jackett, -e (or -s)** jacket

die **Jagd, -en** hunt(ing)

der **Jaguar, -e** jaguar

das **Jahrhundert, -e** century

die **Jahrhundertwende** turn of the century

jaulen to howl

jederzeit anytime, at all times

jedoch however

der **Jude, -n** Jew

jüdisch Jewish

die **Jugend** youth, young generation

die **Jugendfrage, -n** problems concerning young people

der **Jugendkreis, -e** youth group

der **Jugendliche, -n** youth, adolescent, teenager

der **Jurist, -en** lawyer

der **Kaiman, -e** cayman
das **Kamel, -e** camel
der **Kampf, ⸚e** fight, battle
die **Kandidatenauswahl** selection of candidates
der **Kanton, -e** canton, state of the Swiss Confederation
die **Kapitulation, -en** surrender, capitulation
die **Kartoffel, -n** potato
das **Kartoffelkraut** potato stalks, potato tops
die **Kaskade, -n** cascade
die **Kasse, -n** ticket office, cashier's desk
der **Kasten, ⸚** box
die **Katakombe, -n** catacomb
die **Katastrophe, -n** catastrophe
katechetisch catechetic
der **Katechismus, -chismen** catechism
kauen to chew
kaufmännisch related to business
die **Kehrseite, -n** reverse side, other side of the coin
zur Kenntnis nehmen to acknowledge
das **Kennzeichen, -** license plate
kennzeichnen to characterize
kennzeichnend characteristic
die **Kette, -n** chain, row
kichern to giggle
der **Kinderchor, ⸚e** children's choir
der **Kindergottesdienst, -e** church service for children, Sunday school
an Kindes statt as one's own child
die **Kindheit** childhood
die **Kirche, -n** church
das **Kirchenlied, -er** hymn
der **Kirchenvorsteher, -** churchwarden
das **Kirchspiel, -e** parish
klagen to complain
sich klammern an to cling to
klapprig rattling
klar! okay, sure
sich im klaren sein über to be aware of, know full well
der **Klassengegensatz, ⸚e** antagonism of classes

die **Klassenherrschaft, -en** rule of a particular class
der **Klassenkampf, ⸚e** class struggle
die **Klause, -n** hermitage
das **Klavier, -e** piano
das **Kleidungsstück, -e** piece of clothing
der **Klempner, -** plumber
das **Klettereisen, -** crampons, climbing iron
klettern to climb
klingeln to ring
das **Klopfen** knocking, pounding
das **Kloster, ⸚** monastery
klugerweise wisely
der **Knabe, -n** boy
knacken to crack
knapp scarce, brief, concise
der/das **Knäuel, -** cluster, crowd, throng
der **Knecht, -e** servant, farm hand
die **Kneipe, -n** bar, pub
der **Knöchel, -** knuckle
komisch comic, funny
das **Komitee, -s** committee
der **Kommerzienrat, ⸚e** honorary title of a rich merchant or industrialist
der **Komponist, -en** composer
der **Konfirmand, -en** candidate for confirmation
der **Konfirmandenunterricht** instruction before confirmation
die **Konkurrenz, -en** competition, competitor
der **Konkurrenzkampf, ⸚e** competition
der **Konsumterror** pressure exerted upon consumers to buy
der **Kontakt, -e** contact
das **Konzentrationslager, -** concentration camp
sich konzentrieren auf to concentrate on
kopernikanisch Copernican
der **Kopf, ⸚e** head
die **Kopfschale, -n** head cover
die **Korallenschlange, -n** coral snake
der **Korb, ⸚e** basket
der **Kordon, -s** cordon, barrier
der **Kork(en), -** cork
der **Körper, -** body

körperlich physical, bodily
kostspielig expensive
krachen to crash, explode
der **Kraftwagen, -** motor car, vehicle
der **Kragen, -** collar
krähen to crow
krallen to claw, clutch
der **Kran, ⸚e** crane
der **Kranführer, -** crane operator
das **Krankengut** sick people (as commodities)
das **Krankenhaus, ⸚er** hospital
das **Krankenlager, -** sick bed
der **Krater, -** crater
die **Krawatte, -n** necktie
kreideweiß white as chalk
das **Kreischen** shriek(ing)
kreisen circle
der **Kreuzungspunkt, -e** point of intersection
der **Krieg, -e** war
kriegen to get, obtain
der **Kriegsdienst, -e** military service
die **Kriegsfolgen** (pl.) aftereffects of the war
der **Kriegsverbrecher, -** war criminal
der **Kriminalfall, ⸚e** criminal case
die **Krone, -n** crown, top of a tree
die **Kugel, -n** ball, sphere
die **Kühle** coolness
das **Kühlhaus, ⸚er** cold-storage building
der **Kummer** sorrow, distress
kümmerlich miserable, poor, puny
sich kümmern um to take care of, be concerned with
die **Kümmernis, -se** worry, distress, affliction
der **Kunde, -n** customer
künftig future
die **Kunst, ⸚e** art
künstlerisch artistic
die **Künstlichkeit** artificiality
kurieren to cure
die **Küste, -n** coast
der **Kutter, -** cutter, small ship

der **Lachs, -e** salmon
laden, lädt, lud, geladen to load

der **Laden, ⁝** shop, store
die **Lage, -n** situation
die **Länderei, -en** property, land
die **Landessprache, -n** local language, native language
der **Landfrauenverein, -e** club for farm-women
ländlich rural
die **Landstraße, -n** highway, rural road
der **Landtag, -e** state legislature, provincial diet
der **Landvogt, ⁝e** provincial governor
lange for a long time
langfristig longterm
langjährig of many years
langweilig boring
der **Lastkraftwagen, -** or **LKW, -s** truck
der **Lastwagen, -** truck
die **Laube, -n** arcade, covered way
der **Laufsteg, -e** footbridge
laut according to
lauten to read, say
läuten to ring
lauter nothing but; pure
der **Lautsprecher, -** loudspeaker
lebendig alive
die **Lebensgewohnheit, -en** habit
die **Lebensmittel** (pl.) groceries, food
lebenswert worth living
der **Lebenszweck, -e** goal in life
lebhaft lively, vivid; considerable
leblos lifeless
lecker tasty, nice; choosy
der **Ledermantel, ⁝** leather coat
die **Leere** emptiness, vacuum
sich lehnen an to lean against
die **Lehre, -n** teaching, doctrine
lehren to teach
das **Lehrfach, ⁝er** subject
der **Lehrling, -e** apprentice
der **Lehrplan, ⁝e** curriculum
die **Leiche, -n** corpse
die **Leichtindustrie, -n** consumer goods industry
leichtsinnig frivolous, careless, thoughtless
das **Leiden, -** sorrow, suffering
leider unfortunately
leise soft, gentle, low (voice)

die **Leistung, -en** achievement, social services
der **Leistungsdruck** pressure to achieve, stress (of performance)
die **Leiter, -n** ladder
die **Leitung, -en** leadership, administration
der **Lektürevorgang, ⁝e** reading process
lenken to steer, control
das **Lenkrad, ⁝er** steering wheel
der **Lernprozeß, -sse** learning process
letzlich finally
das **Leuchtzeichen, -** neon light(s)
das **Lichtband, ⁝er** stream of light
das **Lichterpaar, -e** pair of lights
das **Lichterfeld, -er** lighted area
lichtsuchend searching for light
der **Liebeskummer** lover's grief
die **Liebkosung, -en** caress, love
die **Lieblingsspeise, -n** favorite meal
das **Lieblingswort, ⁝er** favorite word
die **Lieferung, -en** delivery
es liegt mir an I care for
der **Lippenstift, -e** lipstick
loben to praise
das **Loch, ⁝er** hole
nicht locker lassen to insist, not give up
der **Lohnarbeiter, -** wage earner, laborer
sich lohnen be worthwhile
das **Lokal, -e** pub, bar, restaurant, inn
die **Lokomotive, -n** locomotive, engine
das **Lösegeld, -er** ransom money
los·gehen, ging los, losgegangen to start(walking)
die **Luft, ⁝e** air
der **Luftangriff, -e** air raid
der **Lufthauch** breeze, breath of air
die **Luftverschmutzung** air pollution
das **Lumpenpack** rabble, scoundrels
der **Lumpensammler. -** collector of rags
der **Lungenzug, ⁝e** inhalation of smoke into the lungs

die **Lust** joy, fun
lustig funny

die **Macht, ⁝e** power, might
die **Machtbefugnis, -se** authority, power
mächtig powerful; competent, having mastery of
das **Machtorgan, -e** institution of power
die **Machtverteilung, -en** distribution of power
die **Magermilch** skim milk
mahlen to grind
die **Makrele, -n** mackerel
der **Maler, -** painter
der/das **Malter** corn measure (about 150 liters)
manchmal sometimes
manisch manic
das **Mannequin, -s** fashion model
der **Männerpulk, -s** group of men, men's society
mannshoch as high as a man
das **Märchen, -** fairy tale
die **Marinadenfabrik, -en** fish cannery
die **Marinefachschule, -n** Naval Academy
die **Marktbedingung, -en** market condition
die **Marktlücke, -n** opening in the market, opportunity
massenweise in masses, in great quantities
maßgeblich decisive
mäßig moderate
die **Maßnahme, -n** measure
das **Medaillon, -s** tag, label, medallion
das **Meer, -e** sea, ocean
die **Mehrheit, -en** majority
das **Mehrparteiensystem, -e** multi-party system
meinetwegen by all means, for all I care
die **Meinung, -en** opinion
sich melden to report (to authorities); answer (phone)
die **Meldung, -en** report, announcement, news item
die **Menge, -n** crowd

menschenfresserisch cannibalistic

die **Menschenrechte** (pl.) human rights, rights of man

die **Menschheit** humanity, mankind

merken to notice

meßbar measurable

die **Milchrechnung, -en** bill for milk

das **Militärbündnis, -se** military alliance

das **Militärlager, -** military camp

die **Militärverwaltung, -en** military government

die **Mimik, -en** facial expression

der **Minderbemittelte, -n** poor, economically-deprived person

die **Minderheit, -en** minority

die **Minderzahl, -en** minority

mindestens at least

das **Mirakel, -** miracle

sich mischen in to interfere in

der **Mist** dung, manure

auf seinem Mist wachsen a thought of one's own mind

das **Mißtrauen** distrust, suspicion

die **Mitarbeit** cooperation, assistance

der **Mitarbeiter, -** coworker, staff member, assistant

mit·bestimmen to share in a decision

das **Mitglied, -er** member

mit·kriegen to understand, catch, get

das **Mitleid** pity

mitleidig sympathetic, compassionate

mit·montieren to help with the construction

mitsamt together with

die **Mittagspause, -n** lunch break

die **Mitte, -n** middle, center

das **Mittel, -** means, method, tool

das **Mittelalter** Middle Ages

Mitteleuropa Central Europe

mittelgroß medium-sized

der **Mittelpunkt, -e** center

mittendrin right in the midst, in the center

mittlerweile meanwhile, in the meantime

mit·wirken to participate in, work together

die **Mode, -n** fashion

der **Modeschöpfer, -** fashion designer

möglicherweise possibly

die **Möglichkeit, -en** possibility

der **Mond, -e** moon

mordlustig murderous, bloodthirsty

motivieren to motivate

das **Motorrad, ˦er** motorcycle

die **Müdigkeit** fatigue

die **Mühe, -n** effort

die **Mühle, -n** mill

mühsam with an effort, with difficulty

der **Müller, -** miller

der **Mund, ˦er** mouth

die **Munition** ammunition

das **Münster, -** cathedral

munter lively, happy

die **Muschel, -n** receiver; clam

die **Musikhochschule, -n** conservatory, school of music

das **Musische** artistic, poetic, musical

das **Muster, -** model, pattern

mustern to examine, inspect, select

die **Mütze, -n** cap

das **Mutterkreuz, -e** Motherhood Award (1933–45)

das **Nacharbeiten** reworking, touch-up work

die **Nachbarschaft, -en** neighborhood

nachdenkenswert worth thinking about

nachdenklich pensive, thoughtful, reflective

der **Nachdruck** stress, emphasis

die **Nachforschung, -en** search, investigation

die **Nachkriegsjahre** (pl.) postwar years

nach·lassen, läßt nach, ließ nach, nachgelassen to subside, abate, loosen, diminish

nachlässig negligent

nachmittäglich (in the) afternoon

nach·plappern to repeat mechanically

nach·starren to stare after

nächtelang night after night

nachweisbar evident, demonstrable

nackend (or: **nackt**) naked

die **Nadelkurve, -n** hairpin curve, very sharp curve

nagen to gnaw, nibble

sich nähern to approach, come closer

die **Nahrungsaufnahme** food intake

namens by the name of

nämlich namely, that is

natürlich naturally, of course

die **Naturschätze** (pl.) natural resources, minerals

die **Naturwissenschaft, -en** (natural) science

nebenamtlich as a second job

der **Nebenfluß, ˦sse** tributary

der **Neger, -** black, negro

nehmen, nimmt, nahm, genommen to take

der **Neid** envy

sich neigen to incline

sich neigen über to bend over

nesteln to fasten, tighten

neulich recently

nicken to nod

nie und nimmer never ever

niederdrückend depressing

der **Nieselregen, -** drizzle

nirgends nowhere

nötig necessary

der **Notruf, -e** emergency call

notwendig necessary

das **Nummernkonto, -en** numbered account

nunmehr now, from now on

nuscheln to mumble

der **Oberrhein** Upper Rhine

der **Oberstudienrat, ˦e** assistant principal of a highschool, rank of highschool teacher

obligat obligatory

offenbar evident, obvious

offensichtlich evident, obvious

öffentlich public

ohnehin anyway

ölen to oil

die **Olympiade, -n** Olympic Games
die **Oper, -n** opera
das **Opfer, -** victim
zum Opfer fallen to fall victim to
ordentlich regular, orderly
ordnen to put in order, arrange
die **Ordnung, -en** order
sich in die Ordnung fügen to comply with the rules
der **Organisator, -en** organizer
der **Organist, -en** organist
die **Orgel, -n** organ
der **Orgelsachverständige, -n** organ music expert
der **Ort, -e** village, town
örtlich local
der **Ortsausgang, ̈e** town limit, end of town
das **Ortsgeschehen** local events
der **Osten** East
östlich east of

der **Pädagoge, -n** educator, teacher
die **Pappe, -n** cardboard
das **Parfüm, -s** perfume
die **Partei, -en** (political) party
der **Paß, ̈sse** passport
passen to fit
passieren to happen, occur
die **Patrone, -n** cartridge
das **Pech** bad luck; pitch
pendeln to commute
der **Personalchef, -s** head of personnel
persönlich personal
der **Pfarrer, -** minister, preacher
der **Pfeiler, -** pillar, column
der **Pfifferling, -e** kind of mushroom; chanterelle
keinen Pfifferling geben für write s.o. off, not care for
der **Pflanzer, -** planter
das **Pflaster, -** pavement
die **Pflegeeltern** (pl.) foster parents
der **Pflug, ̈e** plough
der **Pfosten, -** post
das **Phänomen, -e** phenomenon
die **Phrase, -n** empty phrase, claptrap
der **Pillenknick** drop in birth rate because of the pill
am Platz indicated

platzen to blow up, burst
der **Platzregen, -** downpour
plötzlich suddenly
das **Plüschsofa, -s** sofa covered with plush
der **Portier, -s** doorkeeper, porter
die **Pracht** splendor
prachtvoll spendid, magnificent
das **Präsidium, -dien** presidium, board
die **Predigt, -en** sermon
der **Preis, -e** price, prize
die **Pressefreiheit** freedom of the press
Preußen Prussia
die **Primärproduktion, -en** primary production
das **Prinzip, -ien** principle
prinzipiell fundamental; on principle
die **Privatsphäre, -n** private sphere, privacy
pro per
die **Probe, -n** test, trial; rehearsal
das **Produktionsmittel, -** means of production
die **Produktionsverhältnisse** (pl.) means of production
der **Prozeß, -sse** trial, law suit; process
prüfen to examine, test, check
die **Prunkbauten** (pl.) ostentatious represenative buildings (palaces)
der **Puma, -s** puma, cougar
pünktlich punctual, on time
die **Putzfrau, -en** cleaning lady

die **Qual, -en** pain, torture
quälen to torture, torment
der **Qualm** (dense) smoke
quellen, quillt, quoll, gequollen to gush, flow
quer crosswise, across
sich quetschen to squeeze o.s.
quietschen to squeal

der **Rand, ̈er** edge, rim
der **Rangierbahnhof, ̈er** shunting yard

der **Rappen** Swiss cent (100 Rappen = 1 Franken)
rasch quick, rapid
die **Rasse, -n** race
ratlos helpless, perplexed, at a loss
rationieren to ration
Rätoromanisch Rhaeto-Romanic, group of closely-related Romance languages
rauben to rob, steal
die **Räucherei, -en** smoke house
rauchig smoky
die **Raumpflegerin, -nen** lit.: room nurse, cleaning woman
rauschen to roar, rush
das **Rauschgift, -e** hard drug(s)
die **Recherche, -n** investigation
rechnen to calculate
das **Recht, -e** right
die **Rechtfertigung, -en** justification
die **Rechtsprechung** administration of justice
rechtzeitig in time; on time
sich recken to stretch o.s.
die **Rede, -n** speech
reden to talk, speak
redlich honest
regelmäßig regular, orderly
der **Regenschutz** protection against the rain, raincoat
die **Regierung, -en** government
der **Regierungsrat, ̈e** senior administrative officer
das **Reich, -e** empire
reichen to be sufficient
reichen bis to reach up to
reichsunmittelbar subject to the Emperor only
der **Reichtum, ̈er** wealth
der **Reifen, -** tire
die **Reihe, -n** series
die **Reihenfolge, -n** sequence
die **Reinmachefrau, -en** cleaning woman
das **Reis, -er** twig, shoot
die **Reise, -n** travel, trip
der **Reiseführer, -** tour guide
reizen to attract; irritate
reizvoll attractive, charming
das **Reizwort, -e** emotive word, cue word that causes a reaction
das **Reklamelicht, -er** neon sign
renovieren to renovate

der **Rest, -e** remainder, rest

die **Restaurierung, -en** restauration

der **Rettungsschuß, -̈sse** rescue shot

der **Rheinbund** Federation of the Rhine (Napoleonic era)

die **Richtung, -en** direction

in Richtung auf in the direction of

der **Riesenblumenstrauß, -̈e** huge bouquet

riesengroß colossal, enormous

riesig huge, gigantic

ringsum all around

rinnen, rann, geronnen to flow, run

das **Rinnsal, -e** streamlet, run

der **Riß, -sse** crack, tear

der **Rock, -̈e** skirt; jacket (boy)

der **Röhrenriese, -n** giant producer of (steel) pipes

das **Rollenverhalten** role behavior

der **Roman, -e** novel

romanisch Romanesque architecture; Romance (language)

der **Römer, -** Roman

römisch Roman

rot werden to blush

rotgerändert with red rims

rotieren to rotate

die **Rübe, -n** beet, turnip

der **Rücken, -** back

ohne Rücksicht auf without, regard to

die **Rücksichtnahme, -n** consideration, considerateness

der **Rücksitz, -e** back seat

der **Ruf** reputation

die **Ruhe** peace, quiet

rührend moving, touching

der **Rundfunk** radio, network

rundherum all around

rüsten to arm

Rußland Russia

rutschen to slide, slip

rütteln to shake

in Sachen in the matter of . . .

die **Sachgüter** (pl.) material goods

der **Sachverständige, -n** expert

saftgrün sap green

die **Sage, -n** legend

die **Sagenfigur, -en** legendary figure

die **Sahara** Sahara desert

der **Salat, -e** salad; lettuce

das **Salzbergwerk, -e** salt mine

das **Sammellager, -** assembly camp; collecting point

die **Sammlung, -en** collection

satt satisfied; well-fed; full

der **Satz, -̈e** sentence

säubern to clean

die **Schachtel, -n** box

der **Schadstoff, -e** harmful substance

schaffen, schaffte, geschafft to manage, succeed

schaffen, schuf, geschaffen create, produce

die **Schaffung** establishment, creation

sich schämen to be ashamed

schaufeln to shovel

das **Schaufeln** shoveling

schaukeln to swing, rock

scheindemokratisch pseudo-democratic

scheinen, schien, geschienen to shine; seem

der **Scheinwerfer, -** spotlight

das **Scheit, -er** log, firewood

scheitern to fail

schenken to give as a present

scheuen to draw back

sich scheuen vor to be afraid of

die **Scheune, -n** barn

schichten to pile up

schick chic, stylish, smart

das **Schiff, -e** ship

das **Schilfdach, -̈er** thatched roof, reed roof

schimpfen to curse, scold

der **Schirm, -e** umbrella, lampshade

die **Schlacht, -en** battle

schlachten to slaughter

schläfrig sleepy

der **Schlagbaum, -̈e** barrier, tollgate

der **Schlager, -** pop song, hit

das **Schlaginstrument, -e** percussion instrument

das **Schlagwort, -e** slogan, catchword

die **Schlagzeile, -n** headline

der **Schlamassel** mess

sich schlängeln to meander, wind

die **Schleife, -n** bend, curve

schlendern to stroll

schleppen to drag

schleudern to skid, spin

schließlich finally, after all

schlimm bad, terrible

schlittern to skid, slide

der **Schlosser, -** locksmith

das **Schloß, -̈sser** castle; lock

der **Schlüssel, -** key

der **Schluß, -̈sse** end

schmalzen to speak with unctuous flattery

schmelzen, schmilzt, schmolz, geschmolzen to melt

schneiden, schnitt, geschnitten to cut

der **Schneider, -** tailor

der **Schoß, -̈e** lap

der **Schritt, -e** step

schroten to grind (to grits), crush

der **Schreck, -e** scare, fear, terror

schrecklich terrible

der **Schriftsteller, -** writer

schrill shrill

der **Schuh, -e** shoe

die **Schuld, -en** debt

das **Schulkind, -er** school-age child

die **Schulter, -n** shoulder

das **Schulwesen** educational system

schüren to stir, stir up

die **Schürze, -n** apron

der **Schutt** rubble

schütteln to shake

der **Schutz** protection

schützen to protect

der **Schwabe, -n** Swabian

der **Schwache, -n** weak person

schwanken to stagger; vacillate

der **schwarze Markt** black market

schwarzgerändert with a black rim

schwatzen to chatter, tattle

schweigen, schwieg, geschwiegen to be silent

schweigend in silence, silent

schweißig sweaty

schwer·fallen, fällt schwer, fiel schwer, schwergefallen to be hard, be difficult der **Schwermaschinenbau** heavy-machinery construction

die **Schwiegermutter, ⁚** mother-in-law

im **Schwinden** (in the process of) decreasing, dwindling

schwitzen to sweat

schwül humid, muggy; ill at ease

der **See, -n** lake

die **Seele, -n** soul

der **Seelsorger, -** minister, spiritual adviser

sehen, sieht, sah, gesehen to see, look

sich sehen lassen to show oneself, put in an appearance

sehenswert worth seeing, remarkable

die **Sehenswürdigkeit, -en** object of interest

sich sehnen nach to long for

die **Sehnsucht** longing

die **Seife, -n** soap

das **Seil, -e** rope

die **Seilbahn, -en** cable car

der **Sekt** champagne

der **Selbständige, -n** self-employed, independent

die **Selbstbehauptung** self-assertion

die **Selbstverteidigung** self-defense

die **Selbstverwirklichung** self-realization

selten seldom

das **Seniorenzentrum, -tren** senior citizen center

senken to lower

die **Stimme senken** to lower the voice

die **Senkung, -en** lowering, decrease, reduction

die **Serie, -n** series

die **Sicherheit** security

die **Siedlung, -en** settlement

der **Sinn, -e** sense, meaning

sinnvoll meaningful

die **Sirene, -n** siren

das **Sittengesetz, -e** moral code of behavior

die **Sitzordnung, -en** seating arrangement

der **Skat** German card game for three players

soeben just now

der **Sog, -e** suction, undertow

sogar even

sogenannt so-called

sogleich at once, right away, immediately

solange as long as

solcherlei such, of such a kind

der **Sonderbund, ⁚e** special alliance, separatist group

der **Sonderstatus** special status

die **Sonnenbrille, -n** sunglasses

sonntäglich on Sundays

sonst otherwise

sonst nichts nothing else

die **Sorge, -n** worry, care

sowieso anyway

das **Sozialprodukt** gross national product

die **Spalte, -n** column (paper); crack

die **Spannung, -en** tension

sparsam thrifty, frugal

die **Sparsamkeit** thrift, thriftiness

keinen Spaß verstehen not to appreciate a joke, resp. that joke

spaßig funny

der **Spaten, -** spade

spätestens at the latest

die **Spiegelglasscheibe, -n** plate glass window

spiegelglatt slippery, smooth like a mirror

spitz sharp, shrill; pointed

spontan spontaneous

das **Sprachgefühl** sensitivity for one's language

der **Sprachpfleger, -** language purist

die **Sprechblase, -n** (word) bubble, balloon (in comics)

der **Sprechfunk** radio, CB radio

sprengen to burst open, break, blast

der **Spruch, ⁚e** motto, slogan, word

spröde brittle

die **Spur, -en** trace

spürbar noticeable

spuren to obey, follow orders, toe the line

spüren to feel, sense

der **Staatenbund, ⁚e** confederation

die **Staatsangehörigkeit, -en** nationality

die **Staatsbahn, -en** state-owned railway

das **Staatsoberhaupt, ⁚er** head of state

das **Stadtbild, -er** image of the city

die **Stadtmauer, -n** city wall

das **Stadttor, -e** city gate

die **Stadtverordnetenversammlung, -en** city council meeting

der **Stamm, ⁚e** tree trunk, stem; ethnic group

stammen von to stem from, come from

der **Ständerat** Swiss council representing the cantons

ständig permanent, constant

standrechtlich according to martial law

starr stiff, motionless, benumbed

starren to stare

statt·finden, fand statt, stattgefunden to take place

staunen über to be surprised at

stehen·bleiben, blieb stehen, stehengeblieben to stop, get stuck, stall

steigen, stieg, gestiegen to rise, climb

steigend rising, increasing

steil steep

die **Stelle, -n** place, spot; job

von der Stelle kommen to move

sich stellen to pretend, do as if

der **Stellvertreter, -** deputy

die **Sterbezeit, -en** time of death

die **Sternwanderung, -en** hike from different locations to one destination

stetig constant

die **Steuer, -n** tax

das **Stichwort, -e** key word, cue, catchword

der **Stiefel, -** boot

die **Stiftskirche, -n** collegiate church

die **Stimme, -n** voice

stimmen to be correct, be right

stimmungsvoll atmospheric, cheerful

die **Stirn, -en** forehead

stocken to hesitate, stop short

stockig stocky

der **Stoff, -e** material, substance; subject (matter)

stören to disturb
stoßen, stößt, stieß, gestoßen
to push; happen to run into, meet
stottern to stutter
straffen to tighten, stretch
strahlen to beam, shine
sich sträuben gegen to resist, oppose
der **Strauß, -e** ostrich
streben nach to strive, aim for
der **Streich, -e** prank
einen Streich spielen to play a trick, a prank
streichen, strich, gestrichen to cross out; strike, haul down
das **Streichholz, ̈er** match
das **Streichinstrument, -e** string instrument
der **Streifen, -** strip
streifen to touch lightly; stroll, roam
streuen to disperse, scatter
der **Streuwagen, -** salt-spreading truck (for icy roads)
der **Strich, -e** line
der **Strom, ̈e** stream, large river; current
das **Strukturmerkmal, -e** structural characteristic
das **Stück, -e** piece; play
der **Studienleiter, -** director of studies
stürmisch frantic; stormy; rapid
stützen auf to base upon
sich stützen auf to rest on, lean on
das **Substantiv, -e** noun

tagelang for days
die **Tageszeitung, -en** daily paper
tagtäglich daily, every day
die **Tagung, -en** meeting, conference
das **Tal, ̈er** valley
die **Taschenapotheke, -n** pocket-size first-aid kit
tasten to grope, feel
in der Tat indeed
der **Tatbestand** evidence, facts of the case
tatkräftig dynamic, energetic
tatsächlich actually; factual
die **Taufe, -n** baptism
taufen to baptize

taumelig reeling, giddy
tauschen to trade, exchange, change
der **Teilnehmer, -** participant; party (telephone)
der **Teller, -** plate
der **Tappichrand, ̈er** border of carpet
der **Theaterregisseur, -e** stage director
die **Theke, -n** counter, bar
das **Thema, -men** subject, topic, theme
das **Tier, -e** animal
die **Tischkante, -n** edge of the table
der **Tischler, -** cabinet maker, carpenter
der **Tod, -e** death
todesdurstig bloodthirsty
der **Todesschuß, ̈sse** fatal shot
das **Todesurteil, -e** death sentence
der **Topf, ̈e** pot
töricht dumb, stupid
der **Tote, -n** dead person
tragen, trägt, trug, getragen to carry, bear, wear
der **Träger, -** bearer, carrier
die **Träne, -n** tear
das **Transparent, -e** banner
die **Trauer** grief, mourning, sadness
der **Traum, ̈e** dream
das **Trauma, -ta** trauma
traurig sad
der **Trend, -s** trend
trennen to separate
die **Trennung, -en** separation
die **Treue** loyalty, faithfulness
die **Treue halten** to remain loyal to, stay with s.o.
der **Trichter, -** funnel
triefen to drip
trotzdem nevertheless, in spite of
die **Truppe, -n** unit, troop; pl. armed forces
die **Tücke, -n** trick
der **Türke, -n** Turk
tun, tat, getan to do
der **Typus, -en** type

die **Übelkeit, -en** nausea, sickness, disgust
die **Übeltäterei** mischief

überaus extremely, very
überbieten, überbot, überboten to outdo; outbid
überbrücken to overcome; bridge
überein·stimmen to agree, concur
überführen in; also: über·führen to transfer, change to
überfüllt overcrowded
übergeben, übergibt, übergab, übergeben to hand over
übergehen, überging, übergangen to ignore, disregard
übergießen, übergoß, übergossen to pour over, douse
überhaupt anyway, actually
überhöht excessive, too high
überklettern to climb over
überleben to survive
sich etwas überlegen to reflect on, ponder over, change one's mind
übermüde tired out, exhausted
übernächst next but one
übernachten to stay overnight
überraschen to surprise
überschätzen to overestimate
überschauen to look over, view
sich überschlagen, überschlägt, überschlug, überschlagen to turn upside down, crack (voice)
der **Überschuß, ̈sse** surplus, profit
überschwemmen to inundate, flood
übersehen, übersieht, übersah, übersehen to overlook, ignore
die **Übersetzung, -en** translation
überstehen, überstand, überstanden to survive, withstand, overcome
übersteigend surpassing
sich übertragen, überträgt, übertrug, übertragen to transfer, transmit, carry over
übervorteilen to take advantage of s.o., cheat s.o. in a deal
überwiegen, überwog, überwogen to predominate
überwinden, überwand, überwunden to overcome
die **Überzeichnung, -en** exaggeration
überzeugen to convince
übrig·bleiben, blieb übrig, übriggeblieben to remain

ein übriges one more thing
um·blättern to turn a page
umfassen to comprise, include
um·formen to reshape
die **Umfrage, -n** survey
umgeben sein von to be surrounded by
die **Umgebung, -en** environment, surroundings
umgehen, umging, umgangen to avoid
umgekehrt contrary, in return
um·hängen to wrap around one, put on
um·hauen to knock down, floor
um·kommen, kam um, umgekommen to be killed, perish
umkrampfen to grip tightly
umliegend surrounding
der **Umsatz, ⸚e** turnover, sale
umschreiben, umschrieb, umschrieben to circumscribe, paraphrase
sich **um·sehen, sieht um, sah um, umgesehen** to look around
umständlich akward, cumbersome
sich **um·stimmen lassen** to let one's mind be changed
unangebracht inappropriate
unangenehm disagreeable, miserable
unantastbar inalienable, sacred
unauffällig inconspicuous
unausstehlich unbearable, odious, intolerable
unbebaut barren, uncultivated
unbedingt at all cost, absolutely
unbeteiligt unconcerned, not involved, not playing any part
undeutlich unclear
undurchsichtig opaque, nontransparent
Ungarn Hungary
von ungefähr by chance, by accident
ungefährlich harmless, not dangerous
ungeheuer huge, gigantic, tremendous
der **Unglückswagen, -** car involved in the accident
Unheil stiften to cause damage
unheilig profane, unholy
unlauter criminal, illegal

unmittelbar immediate, direct
unreif immature
unscharf blurred, hazy
der **Unsinn** nonsense
unsinnig absurd, foolish
unterbrechen, unterbricht, unterbrach, unterbrochen to interrupt
unter·bringen, brachte unter, untergebracht to lodge, accommodate
das **Unterfangen** plan, project, undertaking
der **Untergang** fall, demise, decline
unter·haken to take hold of s.o.'s arm, hook on
die **Unterklasse, -n** lower class
die **Unternehmerin, -nen** female entrepreneur, owner of a company
die **Unternehmerschaft** management class, entrepreneurs
der **Unterricht** instruction, lessons
sich **unterscheiden, unterschied, unterschieden** to differ
der **Unterschied, -e** difference
der **Unterschlupf, -e** refuge, hiding place
die **Untersuchung, -en** investigation, examination
der **Untertan, -en** subject (of a ruler)
unterwegs on the way, en route
unüberbrückbar insurmountable
unverantwortlich irresponsible
unvergleichlich incomparable
unverletzlich inviolate
unvermittelt sudden, abrupt
die **Unversehrtheit** integrity, intactness
unwahrscheinlich improbable
unwiderstehlich irresistible
unwillkürlich automatical, spontaneous
unwissend ignorant, unconscious
unzählig innumerable
uralt ancient, primeval
der **Urlaub, -e** vacation, leave
ursprünglich original

sich **verabschieden** to leave, say goodbye
veralbern to make fun of s.o.

die **Veranstaltung, -en** event, meeting
der **Veranstaltungsort, -e** host city
verbieten, verbot, verboten to forbid
verbindlich binding
die **Verbindung, -en** tie, connection
verblüffend amazing, startling
der **Verbrecher, -** criminal
verbrennen, verbrannte, verbrannt to burn
verbringen, verbrachte, verbracht to spend (time), pass
verdeutlichen to clarify, exemplify, demonstrate
verdienen to earn, merit
die **Verdinglichung** reification
verdoppeln to double
verehren to venerate
der **Verein, -e** club, association
vereinzelt here and there
vereist icy
sich **verfärben** to discolor
die **Verfassung, -en** constitution
die **Verfassungsauslegung** interpretation of the constitution
verfluchen to curse
die **Verfolgung, -en** persecution
die **Verfremdung** alienation
verfügbar available
die **Vergangenheit, -en** past, past tense
vergasen to gas (kill with gas)
vergeblich in vain, unsuccessful
vergessen, vergißt, vergaß, vergessen to forget
der **Vergnügungspark, -s** amusement park
vergrößern to expand, enlarge
das **Verhältnis, -se** relation; pl. conditions
die **Verhandlung, -en** negotiation
verheimlichen to conceal, hide
verheiratet married
verkehren to invert, pervert, reverse
verklingen, verklang, verklungen to fade away
verkrampft cramped, clenched
sich **verkriechen, verkroch, verkrochen** to hide, crawl into
verkünden, *also:* **verkündigen** to proclaim, announce

verladen, verlädt, verlud, verladen to load

sich verlagern to shift

verlangen to demand

verläßlich reliable

verlaufen, verläuft, verlief, verlaufen to pass (time), elapse; come off

die **Verlegenheit, -en** embarrassment, dilemma

der **Verleger, -** publisher

verleihen, verlieh, verliehen to give, bestow

verletzen to violate (law); hurt, wound

sich verletzen to get hurt, get injured

sich verlieben to fall in love

verlieren, verlor, verloren to lose

verlocken to entice, allure

verloren gehen to get lost, be lost

der **Verlust, -e** loss

verlustig deprived of

vermissen to miss

vermitteln to communicate, mediate

vermuten to assume, surmise

vermutlich presumably

vernachlässigen to neglect

die **Vernichtung, -en** extermination, annihilation

das **Vernichtungslager, -** death camp

verpassen to miss (train, etc.)

verpflichten zu to commit, bind to

verpflichtet obliged, obligated

die **Verpflichtung, -en** obligation

der **Verräter, -** traitor

versammeln to call together, assemble

die **Versammlung, -en** meeting, gathering, assembly

versäumen to miss

verschlagen, verschlägt, verschlug, verschlagen to fail

sich verschlucken to swallow the wrong way

verschneit covered with snow

verschwinden, verschwand, verschwunden to disappear

sich verschwören, verschwor, verschworen to conspire, plot

versetzen to displace, transplant

die **Versicherungsgesellschaft, -en** insurance company

die **Versorgung** supply, provision

sich verspäten to be late

versuchen to try, attempt

das **Verständnis, -se** understanding, comprehension

sich verstecken to hide

verstehen, verstand, verstanden to understand

verstohlen furtive

verstopfen to obstruct, clog, block

verstoßen, verstößt, verstieß, verstoßen gegen to violate, infringe upon

die **Versuchung, -en** temptation

verteidigen to defend

der **Verteidigungsfall, ⸚e** war, case of defense

das **Verteidigungsmittel,** means of defense

die **Verteilung, -en** distribution

vertiefen to deepen, reinforce

das **Vertrauen** trust, confidence

vertraulich confidential

vertreten, vertritt, vertrat, vertreten to represent, substitute for

der **Vertreter, -** representative

das **Vertretungsorgan, -e** representative body

verunsichert insecure

die **Verwaltungsarbeit, -en** administrative work

die **Verwaltungsaufgabe, -n** administrative task, duty

sich verwandeln in to change into, be transformed

verwechseln to confuse

verwegen bold, daring

verweisen, verwies, verwiesen to point to, hint, refer to

verwischen to obliterate, wipe out

verwirren to confuse

verwirrend confusing

verwunderlich strange

verwundert astonished

verwüsten to devastate, destroy

verzehren to devour, eat

verzichten auf to give up, renounce

verziehen, verzog, verzogen to distort

das **Gesicht verziehen** to make a wry face, grimace

verzollen to declare; pay duty on

verzweifelt desperate

die **Verzweiflung** despair

das **Vieh** livestock, animals

vielbesprochen much talked about

vielerlei many kinds of

der **Vielfraß, -e** glutton

vielmehr rather

die **Vielzahl** multitude

das **Volk, ⸚er** people; nation

völkerrechtlich under international law

die **Volksabstimmung, -en** referendum

die **Volksarmee, -n** People's Army

vollführen to carry out, execute

völlig completely

vollziehen, vollzog, vollzogen to execute, accomplish, finish

sich vollziehen to take place

voraus·haben to have an advantage

vorbei over, finished

vorbei·schrammen to scrape past

der **Vorbote, -n** precursor

das **Vordringen** advance, emergence

der **Vorfall, ⸚e** event, incident

vorhanden present, existing

vorindustriell preindustrial

vor·kommen, kam vor, vorgekommen to occur, happen; appear, seem

die **Vorladung, -en** summons to appear in court

vor·lesen, liest vor, las vor, vorgelesen to read aloud to an audience

vor·machen to demonstrate, show how to do s.th.; deceive

sich etwas vor·machen to deceive o.s., have illusions

der **Vormarsch, ⸚e** advance

vornehm elegant, distinguished, noble

vor·nehmen, nimmt vor, nahm vor, vorgenommen to plan, undertake

vornüber (bent) forward

der **Vorort, -e** suburb

vorprogrammieren to preprogram

vor·sagen to recite

vor·schlagen, schlägt vor, schlug vor, vorgeschlagen to propose

die **Vorsehung** providence

die **Vorsicht** precaution
der **Vorsitzende, -n** chairman
die **Vorsitzende, -n** chairwoman
**vor·stehen, stand vor, vorgestan-
den** to supervise, direct
vor·stellen to introduce
sich etwas vor·stellen to imagine
s.th.
die **Vorstellung, -en** representa-
tion, persuasion
der **Vorteil, -e** advantage
der **Vortrag, ⸚e** lecture
**vorüber·gehen, ging vorüber, vo-
rübergegangen** to go by, pass

der **Wachtmeister, -** sergeant (police)
die **Waffe, -n** weapon
die **Wahl, -en** election
wählen to vote, choose, select
die **Wählerversammlung, -en**
election meeting, meeting of voters
der **Wahlkreis, -e** electoral district
der **Wahlspruch, ⸚e** campaign slogan, motto
der **Wahlvorgang, ⸚e** election process
der **Wahlzettel, -** ballot
wahnwitzig crazy
wahrhaft truly
die **Wahrhaftigkeit, -en** veracity,
truth
**wahr·nehmen, nimmt wahr, nahm
wahr, wahrgenommen** to per-
ceive, take care of
die **Währung, -en** currency
die **Währungsreform, -en** monetary reform
das **Wahrzeichen, -** landmark
der **Waise, -n** orphan
der **Wald, ⸚er** forest, woods
das **Walten** working(s)
der **Walzer, -** waltz
der **Wandel** change, transformation
der **Wanderschuh, -e** hiking shoe
das **Wappen, -** coat of arms
die **Ware, -n** goods
der **Waschschüsselständer, -**
washbasin stand
waten to wade
wechseln to change
wechselseitig mutual

wecken to awake, rouse
der **Wecken, -** bun, roll
der **Weg, -e** way, path
in die Wege leiten to start, get underway
weg·wischen to wipe off
der **Wehrdienst, -e** military service
weiblich female, feminine
weich gentle, soft
das **Weinlokal, -e** wine shop
weise wise, smart
die **Weise, -n** manner, way
der **Weise, -n** wise man
es so weit bringen to succeed in,
go so far
**weiter·bestehen, bestand weiter,
weiterbestanden** to continue to
exist
weiterhin further, still
**weiter·lesen, liest weiter, las wei-
ter, weitergelesen** to continue
to read, read on
weiter·produzieren to continue to
produce
**weiter·treiben, trieb weiter, wei-
tergetrieben** to drift on, drift
away
weiter·zeichnen to continue to
draw
weitgehend largely
welken to wilt
die **Welle, -n** wave
der **Wellenkamm, ⸚e** crest (of the
wave)
die **Weltausstellung, -en** World's
Fair, world exhibition
der **Weltkrieg, -e** world war
weltweit worldwide
wenden, wandte gewandt to turn
wenigstens at least
die **Werkstatt, ⸚en** workshop, place
of work
wert valued, esteemed
der **Wert, -e** value
das **Wesen** essence
wetten to bet
die **Wichtigkeit** importance
der **Wichtigtuer, -** braggart, busy-
body
wickeln to wind, roll
widerspiegeln to reflect
der **Widerstand** resistance
widerstehen, widerstand, wider-

standen to resist
widmen to dedicate
die **Widrigkeit, -en** adverse condition
der **Wiederaufbau** reconstruction
**wieder·geben, gibt wieder, gab
wieder, wiedergegeben** to render, retell; give back
wieder·kriegen to get back
die **Wiege, -n** cradle; birth place
die **Windschutzscheibe, -n** windshield
die **Winterkleider** (pl.) winter
clothes
wirbeln to whirl
wirken to have an effect; look,
seem
das **Wirken** work, activity
wirklich real, true
der **Wirkungsbereich, -e** radius of
action
wirtschaftlich economic
die **Wirtschaftsansiedlung, -en**
development of industry
das **Wirtschaftsmagazin, -e** business machine
das **Wirtschaftswunder** economic
miracle
die **Wissenschaft, -en** science,
field of study
die **Witwe, -n** widow
der **Witz, -e** joke
woanders somewhere else
wohl probably; well
das **Wohl** well-being, welfare
wohlerhalten well-preserved
der **Wohlstand** prosperity, wealth
die **Wohngemeinschaft, -en** com-
munity, people sharing living quar-
ters
der **Wohnsitz, -e** residence
die **Wohnungsnot** (extreme) housing shortage
der **Wolkenbruch, ⸚e** cloudburst
wortlos wordless, without saying a
word
der **Wortschatz** vocabulary
wulstig thick, protruding
das **Wunderkind, -er** child prodigy
sich wundern to be astonished, be
surprised
die **Würde, -n** dignity, honor
würzig aromatic, tasty

zaghaft hesitant, timid
die **Zahl, -en** number, figure
zahlreich numerous
einen Zahn drauf haben to drive at high speed
zart tender, soft
zauberhaft enchanting
der **Zaun, ˙˙e** fence
das **Zeichen, -** sign, signal
die **Zeichensprache, -n** sign language
der **Zeichner, -** artist, draftsman
zeichnerisch graphic, relating to sketches
die **Zeile, -n** (printed) line
das **Zeitalter, -** era, age, period
der **Zeitraum, ˙˙e** time span, period
die **Zensur, -en** censorship; marks (in school)
zerborsten smashed
zerbröckeln to crumble
zerfallen, zerfällt, zerfiel, zerfallen to fall apart, disintegrate
die **Zerlegung, -en** dissection
zerstören to destroy
zerstreut absent-minded, distracted
der **Zettel, -** slip, piece of paper
das **Zeug** stuff; cloth
der **Zeuge, -n** witness
der **Zeuge Jehovas** Jehovah's witness
ziehen, zog, gezogen to pull, draw
zierlich petite, slim, delicate
zischen to hiss
zivilisatorisch civilizing, belonging to civilization
der **Zoll, ˙˙e** customs
das **Zollgebiet, -e** customs area
der **Zollgrenzposten, -** customs station
zornglühend glowing with anger
zucken to flash
zu·drücken to close, press shut
der **Zufall, ˙˙e** chance, accident
zu·fallen, fällt zu, fiel zu, zugefallen to slam shut
sich zufrieden·geben, gibt zufrieden, gab zufrieden, zufrieden-

gegeben mit to be satisfied with
der **Zug, ˙˙e** puff, whiff; train
der **Zugang, ˙˙e** access
zu·gehen, ging zu, zugegangen auf to walk towards, head for
die **Zugmaschine, -n** tow vehicle
zugrunde gehen to perish
zu·hauen to trim to fit
die **Zukunft** future
zuletzt at last, the last time
zumal especially
zumindest at least
zunächst at first
zu·nehmen, nimmt zu, nahm zu, zugenommen to increase
die **Zuordnung, -en** relationship, classification
zurecht·kommen, kam zurecht, zurechtgekommen mit to get along with
das **Zureden** persuasion, encouragement
zurück·gehen, ging zurück, zurückgegangen to go back
zurückhaltend reserved
zurück·setzen to put back
zurück·taumeln to stagger back
zurück·schrecken to shy away from
zurück·tauchen to drive back; return
zurück·versetzen to turn one's thoughts back; demote
zusammen·basteln to put together
zusammen·bauen to put together, build
der **Zusammenbruch, ˙˙e** collapse
zusammen·fassen to combine, summarize
der **Zusammenhang, ˙˙e** context, connection
das **Zusammenleben** living together
zusammen·pferchen to cram together, pack closely together
zusammen·raffen to amass, collect hurriedly
sich zusammen·schließen, schloß zusammen, zusammen-

geschlossen to merge, unite
zusammen·schnüren to tie together
sich zusammen·setzen aus to be composed of
zusammen·stellen to compile, put together
zusammen·strömen to stream together
zusammen·treten, tritt zusammen, trat zusammen, zusammengetreten to convene, assemble
zusätzlich additional
zu·schauen to watch
zu·schippen to cover up
zu·schneiden, schnitt zu, zugeschnitten auf to design for, tailor to
zustande·kommen, kam zustande, zustandegekommen to come about
zuständig in charge, responsible, competent, appropriate
zu·steuern to head for
die **Zustimmung** consent, agreement
zu·stoßen, stößt zu, stieß zu, zugestoßen to happen (to s.o.); slam
zu·treffen, trifft zu, traf zu, zugetroffen to be correct, be exact
die **Zuwachsrate, -n** growth rate
zu·weisen, wies zu, zugewiesen to assign
sich zwängen to squeeze
die **Zweierkiste** relationship between two persons
zweierlei twofold, of two kinds
zweistellig double-digit
der **Zwergstaat, -en** tiny state
der **Zwilling, -e** twin
zwingen, zwang, gezwungen to force, oblige
der **Zwischenfall, ˙˙e** incident
der **Zwischenhändler, -** distributor, middle man
die **Zwischenlandung, -en** stopover

GRAMMATICAL TERMS

das Adjektiv, -e adjective
das Adverb, -ien adverb
der Akkusativ accusative case, direct object
das Aktiv active voice
angegeben- given
der Artikel, - article
der Ausdruck, ¨e expression

die Bedeutung, -en meaning
der Bericht, -e report
die Beschreibung, -en description
die Bruchzahl, -en fraction (number)

der Dativ dative case, indirect object
die da-Verbindung da-compound

die Endung, -en ending
entsprechend- respective, appropriate

das Futur future tense
fehlend- missing

gemischt- mixed
der Genitiv genitive case
das Genus, die Genera gender
gleich- same, equal
die Grundzahl, -en cardinal number

höflich polite

das Imperfekt past tense
die Indefinita (pl.) indefinite numerical adjective
der Infinitiv, -e infinitive (of verb)
die indirekte Rede indirect discourse

der irreale Vergleich, -e unreal comparison

der Komparativ, -e comparative form (of adjective)
die Konjunktion, -en conjunction
der Konjunktiv, -e subjunctive
die Konstruktion, -en construction (in grammar)

das Modalverb, -en modal verb

der Nebensatz, ¨e subordinate clause
das Nomen, - noun
der Nominativ nominative case, subject case

die Ordnungszahl, -en ordinal number

das Partizip, -ien participle
das Partizip Perfekt past participle
das Partizip Präsens present participle
das partizipiale Adverb adverb derived from participle
das partizipiale Substantiv noun derived from a participle
passend- appropriate
das Passiv passive voice
die Passiversatzform, -en passive voice substitution
das Perfekt present perfect tense
der Plural plural
das Plusquamperfekt past perfect tense
die Präposition, -en preposition
das präpositionale Objekt prepositional object
das Präsens present tense
das Pronomen, - pronoun

das Reflexivpronomen, - reflexive pronoun
das Relativpronomen, - relative pronoun
der Relativsatz relative clause

der Satz, ¨e sentence
das schwache Verb, -en weak verb
der Singular singular
der Stamm, ¨e stem (of verb)
das starke Verb, -en strong verb
das Subjekt, -e subject
das Substantiv, -e noun
das Suffix, -e suffix
der Superlativ, -e superlative
das Synonym, -e synonym (noun)

transitiv transitive verb (direct object)
trennbar- separable

die Uhrzeit clock time
unpersönlich- impersonal
untrennbar- inseparable

das Verb, -en verb
die Vergangenheit past tense
die Vorsilbe, -n prefix

die Weise, -n way
das Wort, ¨er word
die Wortstellung word order

die Zahl, -en number
der Zeitausdruck, ¨e time expression
die Zeitform, -en tense
das Zustandspassiv statal passive, false passive
zusammengesetzte Wörter compound words

PHOTO CREDITS

INDEX